쉬운 도쿄 여행

이지 city 도쿄

東京 Bucketlist
TOKYO

인생의 버킷리스트를 쓰듯 여행의 버킷리스트를 써보자. 하나 둘 써내려가는 순간 여행의 설렘은 배가 될 것이다.
계획을 세우고 준비하며 여행을 즐기는 그 순간까지, 단 한 순간도 놓치지 말고 만끽하길. 남겨진 버킷리스트가 있다면
과감하게 미래의 여행지로 떠나 보내자. 아쉬움은 곧 다시 떠나는 이유가 될 터이니.

새로운 것도 화려한 것도 없지만
운치 있는 한적한 도쿄 거리 산책

일상 탈출, 영혼 탈출
근사한 테라스 카페에서 멍 때리기

TOKYO Bucketlist

아마 계속 생각날 걸?
일본 라멘 섭렵하기

디저트 배는 따로 있는 것 아닌가요?
달콤한 디저트로 배 채우기

행복한 어른이 되게 해 준
캐릭터 인형 쇼핑

차원이 다른
드러그스토어 쇼핑하기

출출할 때 호텔에서 맥주 한잔 어때?
야식은 편의점에서!

모르는 사람과도 간빠이!
오래된 이자카야에서 술 한잔

따뜻한 연기가 모락모락 피어오르는
하코네 온천 마을 걷기

글 김진희

딱 2년 만이라고 생각하고 떠났다.
2년은 8년이 되었고 8년째 되던 2월(일본의 2월은 겨울의 냉기가 응축되어 뼛속까지 추운 계절이라고 생각한다), 바깥보다 더 추운, 온기가 없는 다다미방이 싫어 한국으로 돌아왔다. 일본 쪽은 쳐다보지도 않겠다고 말했지만, 한국으로 돌아온 후 십여 년간 꾸준히 일본과 관련되는 일을 하며 밥벌이를 하고 있다. 일어판 한국문화관광잡지 「ATT」, 한류문화관광잡지 「韓스타일」, 일간스포츠가 발행한 일어판 K-POP매거진 「K&」의 편집장을 맡았으며, 2017년 《이지 시티 도쿄》를 쓰기에 이르렀다.

makiz0zikam@gmail.com

사진 김현숙

편집디자이너로 벌써 20년의 시간이 흘렀다.
그 시간 동안 한류문화관광잡지 「韓スタイル」와 「K&」을 제작하면서 일본, 그리고 김진희 작가님과의 인연이 만들어졌다.
그리고 디자이너 초창기 시절, 내가 디자인한 것을 잘 정리해서 닦아준 피그마리온 송민지 실장님과의 인연, 또한 이지 시리즈와의 인연이 하나씩 모여 지금 내게 또 한 번의 소중한 경험인 《이지 시티 도쿄》에 이르게 되었다.

gugosse@naver.com

| 저 자 |
| 소 개 |

• 　　도쿄는 지금 세계에서 가장 볼거리가 많은 도시입니다. 도심 곳곳에서 세련된 쇼핑 공간과 맛집, 향기로운 커피를 맘껏 즐길 수 있을 것입니다. 그러한 트렌디한 공간은 그 자체로 볼거리가 무궁무진하지만, 도쿄 여행을 하시고자 하는 분들이 놓치지 않았으면 하는 것이 있습니다. 그것은 도심 공원 산책과 한적한 동네 산책입니다. 콘크리트 빌딩이 가득한 도쿄 도심 속에서도 찬란히 빛나던 초록빛 공원을 보며 일본이라는 나라가 얄미울 정도로 부러웠습니다. 그리고 또 한가지, 한적한 동네 산책. 본서의 '도쿄 들여다보기' 편에서 걷기에 좋은 한적한 동네의 산책 루트를 만들어 놓았습니다. 유명한 관광지도 아니고 화려한 볼거리가 있는 곳도 아닙니다. 하지만 이곳은 지금 도쿄를 사는 사람들에게 다른 의미로 가장 트렌디한 곳이라고 감히 말할 수 있을 것 같습니다. 도심 유명 관광지에만 머물지 마시고 조금만 옆길로 발걸음을 옮겨 또 다른 도쿄의 매력을 만끽하시길 바랍니다. 일상을 살다가 문득, 도쿄를 만나고 싶을 때 《이지 시티 도쿄》가 여러분의 손에 들려져 있길 감히 바랍니다.
묵묵히 기다려 주시고 꼼꼼하게 챙겨주신 이지앤북스 식구들, 이 지난한 글쓰기를 하는 동안 격려가 되어준 내 식구 김현숙 실장님, 그리고 응원해 주시는 많은 분들께 감사의 마음을 전합니다.

김진희

• 　　디자이너의 감성으로 도쿄의 감동을 전하고 싶었습니다. 사진기 하나 들고 따라나섰던 도쿄가 이렇게 큰일이 될 줄이야. 1차 촬영을 끝내고 책상 앞에서만 작업했던 나는 "내가 얼마나 무모했었나(그동안 사진 안 예쁘다고 타박했던 모든 분들께 사과드립니다)." 뼈저리게 느꼈습니다. 무사히 이 책이 나올 수 있도록 최선을 다하자고 다짐하는 것밖에 할 수 있는 일이 없었습니다. 지금까지 다른 이가 찍은, 전문가들이 찍은 사진으로 디자인만을 해오던 디자이너가(사진에 대해 이러쿵저러쿵 트집만 잡던 내가!) 직접 사진기를 들고 떠났습니다. 익숙하면서도 낯선 도쿄의 풍경을 보며 즐거웠습니다. 그 모든 감동을 카메라에 담고 싶었습니다. 전문가가 아니기에 잘 찍지는 못하였지만, 도쿄를 떠나는 여행자와 같은 마음으로 《이지 시티 도쿄》에 최상의 사진을 담기 위해 최선을 다했습니다. 도쿄를 처음 가는 분께도, 혹은 두 번째, 세 번째 가는 분들께도 설렘과 감동이 가득한 도쿄 여행에 《이지 시티 도쿄》가 함께하기를 바랍니다. 《이지 시티 도쿄》를 만드느라 너무나 많은 수고를 한 김진희 작가님, 그리고 함께 고민하고 힘써준 이지앤북스 식구들 수고했고 감사합니다.

김현숙

CONTENTS

SPECIAL THEME
도쿄 들여다보기

신명소 산책
Walk Road

- 016 야네센
- 022 기요스미시라카와
- 028 가구라자카
- 034 오쿠시부야
- 040 후타코타마가와

트래블
Travel

- 048 NEW SPOT
  - 긴자 식스
  - 긴자 로프트
  - 그랑스타 마루노우치
  - 우에노 프론티어 타워
- 056 BEST SPOT
  - 도쿄 스카이트리타운
  - 도쿄 디즈니리조트
  - 미타카의 숲 지브리 미술관
- 066 도쿄 야경
- 068 도쿄의 전망대
- 070 요코초 투어
- 072 철로 고가 아래 **낭만 투어**
- 074 흥분의 도가니 **도쿄 대표 축제**

푸드
Food

- 078 꼭 맛보아야 할 **일본의 맛**
- 080 쫄깃한 면, 잘 우려낸 육수가 맛의 비결 **라멘**
- 082 달콤한 짭조름한 맛의 절묘한 조화 **스위츠**
- 086 편의점조차도 맛있다는 **빵**
- 088 달콤함의 유혹, 디저트 천국 **데파지카**
- 090 숙소 가까운 곳 **마트를 공략하라**
- 092 싸다고 무시하지 마라 **편의점의 맛**

쇼핑
Shopping

- 096 생활에 활력을 더해 줄 **도큐핸즈**
- 097 생활용품이 강한 **로프트**
- 098 자연주의적 삶 **무인양품**
- 099 디자인과 가격, 두 마리 토끼를 모두 잡은 **니토리**
- 100 애니메이션 강국 일본의 **캐릭터 숍**
- 102 건강과 아름다움을 책임져 줄 **드러그스토어**
- 104 일본여행을 기억해 줄 **기념품**
- 105 전자제품 전문점이 달라졌어요 **전자제품**
- 106 남자도 즐거운 쇼핑 천국 for men, TOKYO

① TRANSPORTATION
도쿄 교통 정복

- 110 도쿄 입국하기
  - 나리타 국제공항
  - 하네다 국제공항
  - 한눈에 보는 입국절차
- 114 공항에서 시내로
- 120 도쿄 시내교통 파헤치기
- 122 간편한 이동, 프리티켓
- 123 IC카드, 스이카
- 124 도쿄 지하철 노선도
- 126 특별한 교통 수단

② TRAVELING COURSE
도쿄 추천 여행 코스

- 130 한눈에 쏙, 훑어보는 도쿄 MAP
- 132 테마별 하루코스
- 136 일정별 코스
  - 1박 2일
  - 2박 3일
  - 3박 4일

③ WALK AROUND
도쿄 지역 정보

- 144 **❶ 도쿄 역 & 마루노우치**
- 146 간단 지하철 MAP 및 추천 일정
- 153 SPECIAL TIPS 도쿄 역 풍경
- 157 SPECIAL TIPS 한눈에 보는 고쿄 MAP
- 161 SPECIAL TIPS 미쓰비시 1호관 재탄생의 배경

- 172 **❷ 긴자**
- 174 간단 지하철 MAP 및 추천 일정
- 180 SPECIAL TIPS 긴자 명품관 MAP
- 181 SPECIAL TIPS 일본 노포 백화점
- 190 SPECIAL TIPS 남자, 긴자에 매료되다
- 192 +SPOT **츠키지**
- 194 +SPOT **츠키시마**

- 206 **❸ 오다이바**
- 208 간단 지하철 MAP 및 추천 일정
- 215 SPECIAL TIPS 반짝반짝 빛나는 후지테레비
- 219 SPECIAL TIPS 다이바시티, 특히 주목할 곳
- 225 SPECIAL TIPS 오다이바 추천 데이트 코스

③ WALK AROUND
도쿄 지역 정보

232 ④ 시부야
- 234 간단 지하철 MAP 및 추천 일정
- 241 SPECIAL TIPS 시부야 역 만남의 장소
- 245 SPECIAL TIPS 시부야 센터가이 내 쇼핑몰
- 251 SPECIAL TIPS 시부야 히카리에 SHOP
- 252 +AREA 지유가오카
- 260 +AREA 나카메구로

274 ⑤ 하라주쿠 & 오모테산도
- 276 간단 지하철 MAP 및 추천 일정
- 286 SPECIAL TIPS 다케시타도리 인기 SHOP
- 287 SPECIAL TIPS 다케시타도리 SPOT
- 288 SPECIAL TIPS 스트리트별 성격

308 ⑥ 에비스 & 다이칸야마
- 310 간단 지하철 MAP 및 추천 일정
- 317 SPECIAL TIPS 에비스 가든 플레이스 타워 볼거리
- 319 SPECIAL TIPS 에비스 맥주 이야기
- 321 SPECIAL TIPS 놓치기 아까운 볼거리
- 322 SPECIAL TIPS 길목에서 만난 SHOP
- 327 SPECIAL TIPS 다이칸야마 티사이트 둘러보기
- 332 SPECIAL TIPS 주목도 No.1 콘셉트 SHOP

342 ⑦ 롯폰기
- 344 간단 지하철 MAP 및 추천 일정
- 351 SPECIAL TIPS 롯폰기 힐즈 MAP
- 364 SPECIAL TIPS 도쿄타워 관망 포인트

372 ⑧ 신주쿠
- 374 간단 지하철 MAP 및 추천 일정
- 383 SPECIAL TIPS 다카시마야 타임즈스퀘어 SHOP
- 385 SPECIAL TIPS 뉴우먼 트렌디 SHOP
- 394 +AREA 키치죠지 & 미타카
- 400 +AREA 시모키타자와

414 ⑨ 우에노 & 아키하바라
- 416 간단 지하철 MAP 및 추천 일정
- 424 SPECIAL TIPS 우에노 공원 ART 순례
- 429 SPECIAL TIPS 아메요코의 명물
- 434 SPECIAL TIPS 2k540 AKI-OKA ARTISAN
- 438 SPECIAL TIPS 키덜트를 위한 HOBBY SHOP

452 ⑩ 아사쿠사 & 도쿄 스카이트리타운
- 454 간단 지하철 MAP 및 추천 일정
- 463 SPECIAL TIPS 나카미세도리 전통 스위츠
- 465 SPECIAL TIPS 마루고토닛폰 각 지역 대표 선수
- 469 SPECIAL TIPS 갓파바시도구거리 추천 SHOP
- 472 SPECIAL TIPS 도쿄 스카이트리타운 3대 포인트
- 475 SPECIAL TIPS 풍경과 음식에 취해 보자

④ TOKYO SURBURBS
도쿄 근교 여행

488 ① 요코하마
- 490 간단 지하철 MAP 및 추천 일정
- 499 SPECIAL TIPS 모토마치 스트리트 노포 브랜드
- 503 SPECIAL TIPS 주카가이 거리 주전부리
- 503 SPECIAL TIPS 노포 레스토랑
- 505 SPECIAL TIPS 요코하마 3대 탑

510 ② 가마쿠라
- 512 간단 지하철 MAP 및 추천 일정
- 521 SPECIAL TIPS 고마치도리 주전부리
- 526 SPECIAL TIPS 에노시마

528 ③ 하코네
- 530 간단 지하철 MAP 및 추천 일정
- 538 SPECIAL TIPS 하코네 베스트 코스
- 539 SPECIAL TIPS 하코네 교통수단
- 546 SPECIAL TIPS 하코네 온천 즐기기

⑤ STAY
도쿄 숙소의 모든 것

- 550 도쿄의 다양한 숙박시설
- 552 특급호텔
- 554 비즈니스호텔
- 556 호스텔

⑥ PLANNING
도쿄 여행을 준비하며

- 560 일본 기본정보
- 561 위급상황 시 필요한 정보
- 562 비자와 여권 / 기후와 옷차림
- 563 주요 축제 및 연례행사
- 564 휴대전화 이용하기
- 565 유용한 어플리케이션 & 웹사이트
- 566 항공권 현명하게 구매하기
- 568 여행의 시작과 끝 예산짜기
- 570 환전하기
- 572 현명하게 짐 꾸리기
- 574 도쿄가 알고 싶다! 여행에 관한 궁금증
- 576 출국하기(공항소개)
- 578 출국 절차(인천국제공항)
- 580 일본어 일상회화

일러두기

정보 수집
이 책은 2018년 4월까지의 정보를 바탕으로 서술하였습니다. 주요 관광지의 위치나 전화번호가 바뀔 일은 거의 없겠지만, 책에 기재된 일부 레스토랑과 카페는 이전하였거나, 사라질 가능성이 있습니다. 예를 들어 긴자의 500년 이상이 된 과자점이 사라지거나 하는 일은 없겠지만, 최근에 오픈해서 잠시 인기를 끌다가 흔적 없이 사라지는 가게들은 있을 수 있습니다.

외국어 표기
각 스폿마다 표기된 이름은 최대한 일본인이 사용하는 일본식의 발음을 사용하였으나, 모두 그러하지는 않습니다. 표기의 기준은 '알기 쉬운 표기'입니다. 우에노 공원의 경우, 우에노는 일본어 발음, 공원은 한국어로 표기하여 스폿의 성격을 알 수 있도록 하였습니다. 더욱 정확한 검색을 위해서는 예를 들어 구글에서 검색할 때, 스폿명에 쓰인 영문명으로 검색하는 것이 가장 정확합니다. 우에노 공원을 검색할 경우 Ueno Park로 검색해야 가장 정확한 정보를 얻을 수 있습니다.

별도 첨부 지도
별도로 첨부된 지도의 한쪽 면은 도쿄의 전체 지도, 한쪽 면은 도쿄 지하철 노선도를 넣어 지도와 노선도를 함께 볼 수 있도록 했습니다. 도쿄 현지에서 구할 수 있는 노선도는 각 회사별로 노선이 표기되어 있어 환승할 때 불편했던 점을 감안해 《이지 시티 도쿄》에서는 JR야마노테 선을 중심으로 JR 선과 지하철의 환승을 알기 쉽도록 한 장에 정리해 놓았습니다. 가장 알기 쉬운 한국어판 도쿄 지하철 노선도라고 자부합니다.

교통 정보

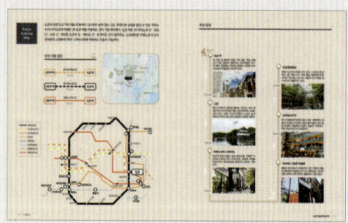

거미줄처럼 얽혀있는 도쿄 지하철. 여행자들이 쉽고, 편하게 이해하고 이동할 수 있도록 꼭 필요한 노선도를 선별하여 교통 정보를 설명하고 있습니다. 지역별 이동, 주요 관광지 이동 시 JR야마노테 선을 활용하여 누구보다 편리하고, 쉽게 도쿄 여행을 즐길 수 있도록 하였습니다. 또한 《이지 시티 도쿄》에서는 각 지역별 액세스 MAP을 독자적으로 개발하여 다양한 지점에서의 가장 빠른 접근 방법과 환승역, 소요시간을 한눈에 알기 쉽도록 표기하였습니다. 스폿별 접근 방법에 대한 설명은 스폿을 기준으로 가장 가까운 역을 우선으로 하였으며, 그 외에 JR 선도 함께 표기하고 있습니다.

일러두기

여행 일정

여행 일정은 코스별, 메이트별로 나누어 보았습니다. 하루 코스를 여러 테마로 나누어 두었으니 하루 일정을 모아서 2박 3일, 혹은 3박 4일 일정을 자유롭게 만들 수도 있습니다. 모든 여행지를 추천하지는 못해 아쉬움이 남지만, 근교여행을 비롯하여 +Area, +Spot을 추가하여 더욱 다채로운 도쿄 여행을 즐겨보시기 바랍니다.

레스토랑 예산

예산은 일반적인 일본 엔화의 화폐표기 ¥을 사용하였습니다. ¥1,000 이하는 '¥', ¥1,000~¥2,000 사이는 '¥¥', ¥3,000 이상은 '¥¥¥'로 표기하였습니다. 무엇을 먹느냐에 따라 천차만별이겠지만 식사는 보편적으로 아침은 ¥1,000 이하, 점심은 ¥1,000~¥1,500, 저녁은 ¥1,500~¥2,000 정도로 예산을 짭니다. 라멘은 보통 ¥800~¥1,000, 커피는 1잔에 ¥300~¥500, 생맥주는 1잔에 ¥500~¥700 정도이니 식사 예산을 짜는 데 참고하시기 바랍니다.

일본의 연호 표기

일본에서는 서기와 별도로 고유 연호를 사용하고 있습니다. 이는 왕위 계승이 있을 시에 바뀌며 참고로 2018년 현재는 일본 연호로 헤이세이平成 30년이 됩니다. 현재 왕이 왕위를 계승 받은 지 30년 되는 해인 것입니다. 이 연호 제도는 아스카시대(592년~710년)에 사용하기 시작한 것으로 알려져 있습니다. 《이지 시티 도쿄》에 주로 사용한 연호와 그 연호의 서기 연도는 아래와 같습니다.

헤이세이(平成) 시대	1989년~현재
쇼와(昭和) 시대	1926년~1989년
다이쇼(大正) 시대	1912년~1926년
메이지(明治) 시대	1868년~1912년

숙소 정보

도쿄는 다른 나라에서는 볼 수 없는 다양한 스타일의 숙소를 경험할 수 있는 곳입니다. 본서에서는 일본의 최고급 노포 호텔에서부터 저렴하지만 다양한 문화를 체험할 수 있는 호스텔까지, 여행의 스타일에 맞추어 선택할 수 있도록 정리하였습니다.

지도 아이콘

❶ 스폿　ⓒ 카페　Ⓑ 바　Ⓗ 호텔　Ⓡ 레스토랑

Special Theme

東京
TOKYO
신명소 ; 산책

WALK ROAD

'화려한 쇼핑 천국' '달콤한 스위츠의 천국'과 같은 단어로 도쿄를 대변할 수 있겠지만 차원이 다른 도쿄 여행을 즐기고 싶다면 '도쿄 신명소'를 추천하고 싶다. 산책이 곧 휴식이 될, 지금 로컬들에게 가장 사랑 받는 '신명소'를 소개한다.

야네센
기요스미시라카와
가구라자카
오쿠시부야
후타코타마가와

016
谷根千

절과 골목과 언덕이 많아 옛 정취가 물씬
풍기는 멋스러운 동네
야네센

022
清澄白河

미국의 블루 보틀 커피가 선택한 곳.
일명 '커피 격전지'로 불린다.
기요스미시라카와

028
神楽坂

예술가들이 사랑했던 동네.
지금도 뒷골목에는 그 자취가 남아 있다.
가구라자카

034
奥渋谷

지금 시부야보다 더 뜨거운
또 하나의 시부야
오쿠시부야

040
二子玉川

역을 중심으로 동과 서가 다른
매력을 발산하는 동네
후타코타마가와

절과 골목과 언덕의 마을

오밀조밀한 상점가, 골목 여기저기 눈에 띄는 절과 언덕길, 그리고 고택을 개조한 카페와 갤러리. 신구의 절묘한 조화가 매력적인 야나카谷中, 네즈根津, 센다기千駄木 지역이 도쿄의 새로운 명소로 주목받고 있다. 이 지역을 묶어 통칭 야네센谷根千이라고 부른다. 화려한 건물도 없고 많은 사람이 찾는 명소도 아니지만 도심 속 소란을 벗어난 한적한 거리 산책에는 더할 나위 없는 곳이다. 닛포리 역을 시작하여 우구이스다니 역까지를 기점으로 산책하면서 눈에 띄는 카페나 상점가, 고택들을 중심으로 소개하고자 한다. 시간이 유독 천천히 흘러간 마을이다. 양손을 가볍게 하고 천천히 걸어보자.

🚶 JR 닛포리 역 서쪽 출구로 나와 왼편 고텐자카에서 여행은 시작된다.

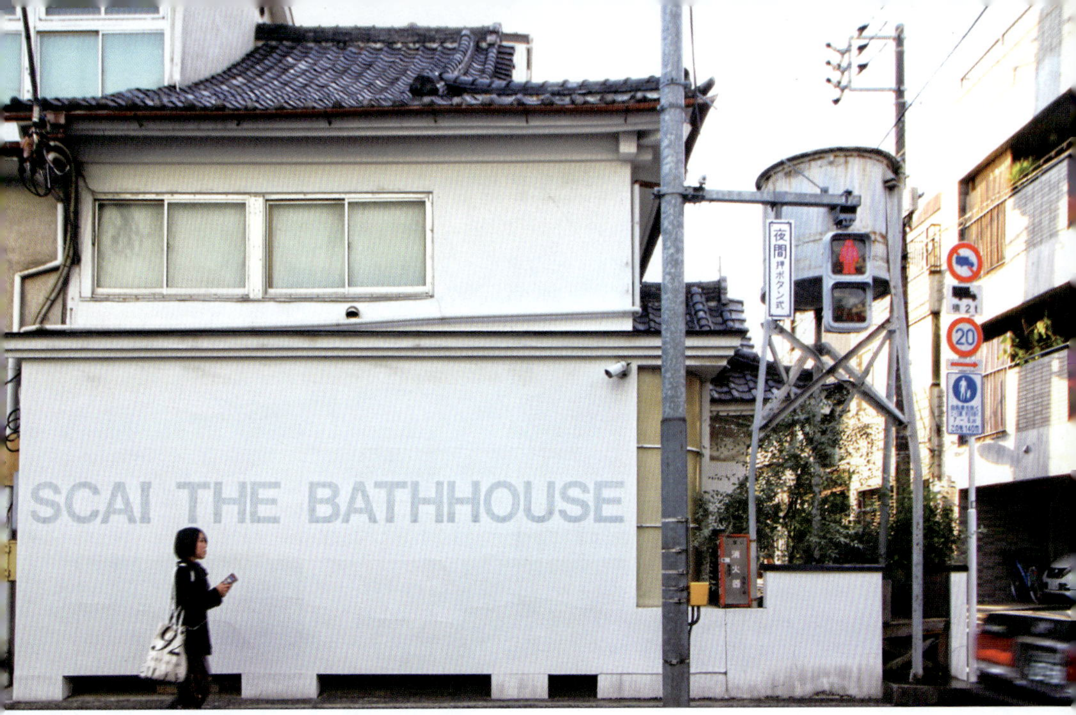

SCAI THE BATHHOUSE

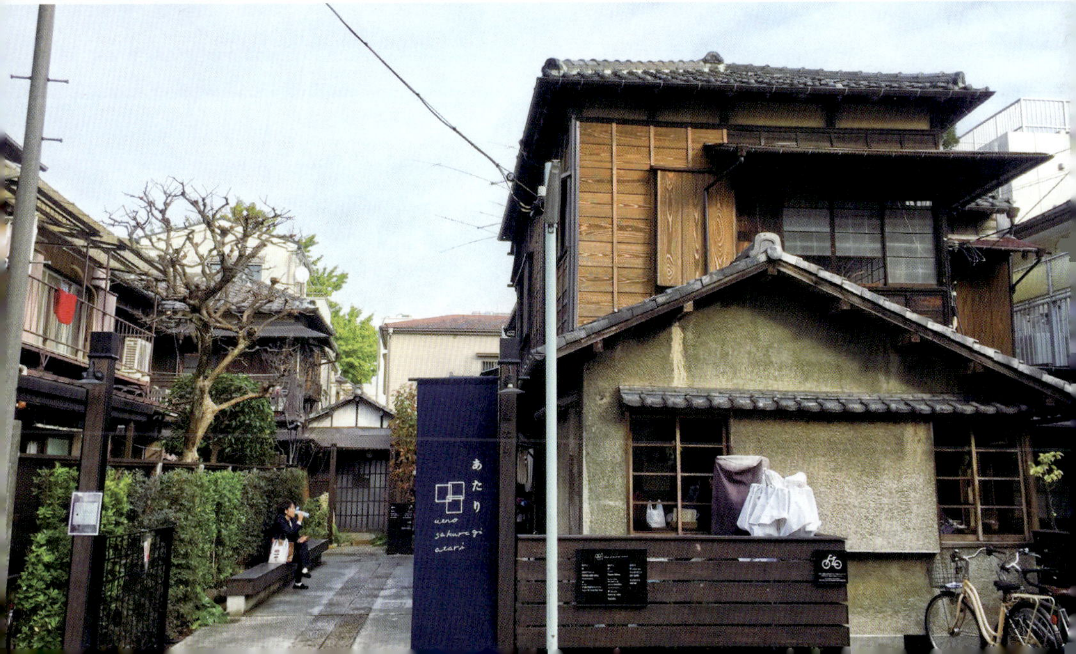

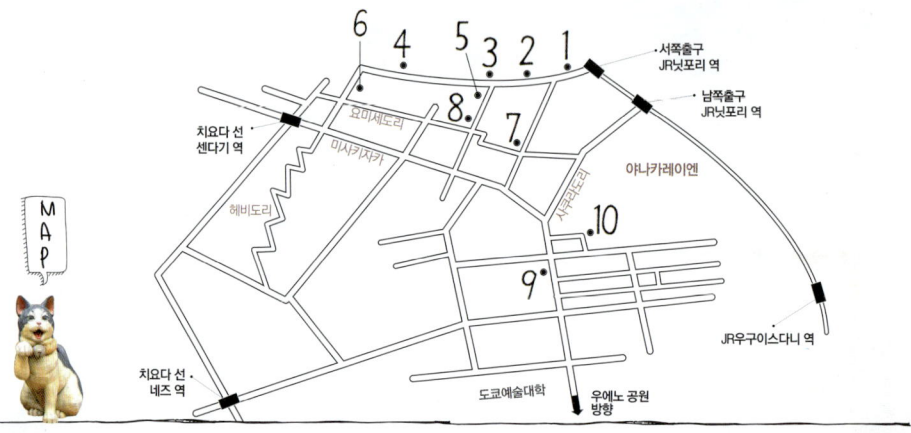

1 고텐자카 御殿坂

닛포리 역 서쪽 출구로 나와 왼편으로 고개를 돌리면 고텐자카라고 적힌 글이 보인다. 좁은 돌담길을 따라 올라 언덕을 넘으면 야네센 여행의 상징과도 같은 유야케단단의 계단과 야나카긴자의 간판이 보인다.

2 야나카센베이 신센도 谷中せんべい 信泉堂

고텐자카에 오르면 오래된 커피점과 식당이 하나둘 나타나기 시작한다. 먼저 눈에 띄는 것이 100년 이상의 전통을 자랑하는 야나카센베이 신센도이다. 쇼케이스 유리창 안에 잘 정리된 센베이가 이곳의 트레이드마크. 가격은 1개 ¥65부터.
Ⓐ 7-18-18, Yanaka, Taito-ku Ⓒ 03-3821-6421 Ⓞ 09:30~18:20

3 유야케단단 夕焼けだんだん

석양이 아름답기로 유명하다. 돌계단에 앉아 해가 지는 모습을 보게 된다면 길고양이가 다가와 살포시 옆에 앉을지도. 유야케단단에서 내려다보면 야네센의 상징과도 같은 야나카긴자 상점가의 간판이 보인다.

4 야나카긴자 상점가 谷中銀座商店街

좁고 작은 상점가 골목 안으로 아기자기한 소품, 생활용품, 고로케나 반찬거리들을 파는 가게들이 줄지어 있다. 여기저기 고양이 모양을 한 소품들이 눈에 띄는 이유는 이곳에 일명 칠복묘七福猫라 불리는 일곱 마리의 목조 고양이가 유명하기 때문이다. 길을 걸으면서 숨어 있는 칠복묘를 찾아보자.

5 야나카 겐신도
やなか健真堂

야나카 긴자상점가가 시작되는 입구 왼쪽, 새하얀 외벽을 한 작은 건물이다. 점포는 2층에 위치하고 있으며 두 팀 정도만 앉을 수 있는 아주 작은 공간으로 일본 전통 색상의 아기자기한 소품, 일본풍의 카페 메뉴를 판매한다. 2층 창가에서 야나카긴자 간판과 유야케 단단의 계단을 감상할 수 있는 촬영 스폿으로 훌륭한 공간이다.

ⓐ 2F, 5-11-15, Yanaka, Tato-ku 11:00~19:00

6 야나카커피 やなか珈琲店

2000년, 대규모 커피 체인점에 맞선다는 취지로 야나카에 1호점을 내면서 시작되었다. 현재 도쿄 내 25개의 점포가 운영 중이고 원두의 신선도를 위해 주문하면 그 자리에서 로스팅해서 손님에게 전달하는 시스템을 갖추고 있다. 커피 볶는 향기가 가던 길을 멈추게 하는데 레트로한 가게 분위기도 한 몫 한다.

ⓐ 3-8-6, Yanaka, Taito-ku   ⓒ 10:00~20:00

7 츠키지베이 築地塀

츠키지베이는 관음사 경내 남쪽의 37.6m에 이르는 벽을 일컫는데, 절의 마을이라고도 불리는 야나카의 심볼적인 존재이다. 기와와 흙을 교차하여 만든 토벽 위에 기와 지붕을 얹는 방식은 에도시대에 주로 사용한 방식이다. 츠키지베이를 통해 야나카속의 에도풍경을 전하고 있다.

ⓐ 5-8-28, Yanaka, Taito-ku

9 사카이 자 바스하우스
SCAI THE BATHHOUSE

200년이 넘는 오래된 목욕탕을 개조하여 만든 갤러리이다. 기와지붕과 굴뚝이 있는 외관은 200년 전 그대로이지만 안으로 들어서면 콘크리트 바닥과 화이트 벽면이 멋스러운 현대식 갤러리이다. 신예 작가를 발굴하는 데에 힘쓰고 있다.

Ⓐ 6-1-23, Yanaka, Taito-ku
Ⓣ 03-3821-114
Ⓞ 12:00~18:00

예전 목욕탕 그대로 사용하고 있어요~

한국 작가의 전시회가 열리고 있어요

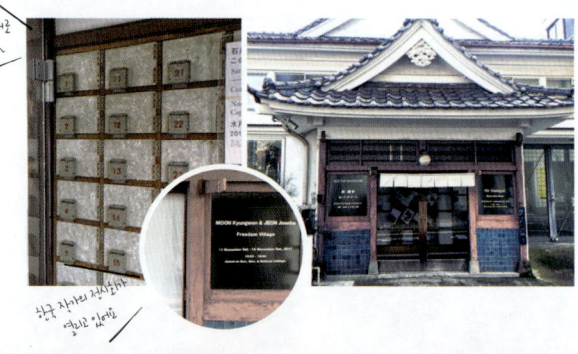

8 하기소 HAGISO

지은 지 60년 된 낡은 목조 하기소萩荘가 문화복합시설 HAGISO로 재탄생했다. 1층은 카페와 함께 하는 아트 갤러리를 통해 각종 전시회가 펼쳐지며 2층은 호텔 겸 숍, 이벤트 공간으로 활용되고 있다. 오래된 공간을 어떻게 활용할 지, 이 낡은 공간이 지역사회에 어떠한 역할을 할 지에 대한 고민이 엿보인다.

Ⓐ 3-10-25, Yanaka, Taito-ku Ⓣ 03-5832-9808 Ⓞ 08:00~10:30, 12:00~21:00

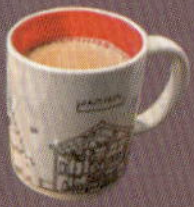

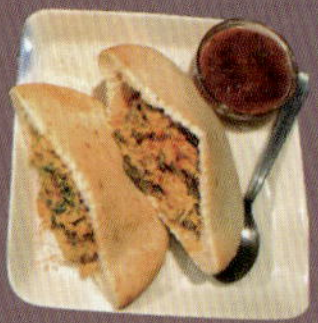

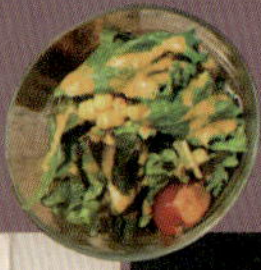

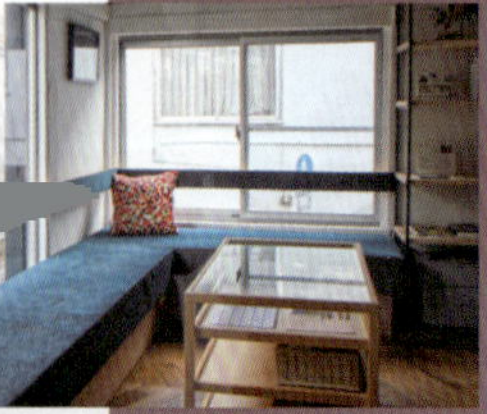

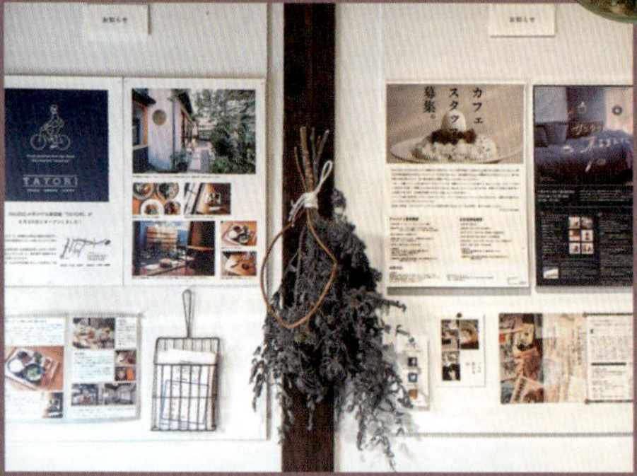

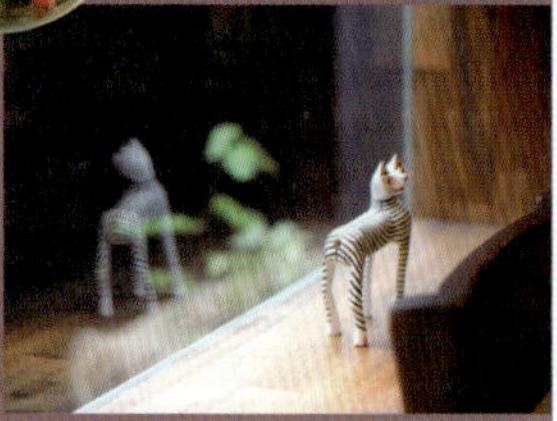

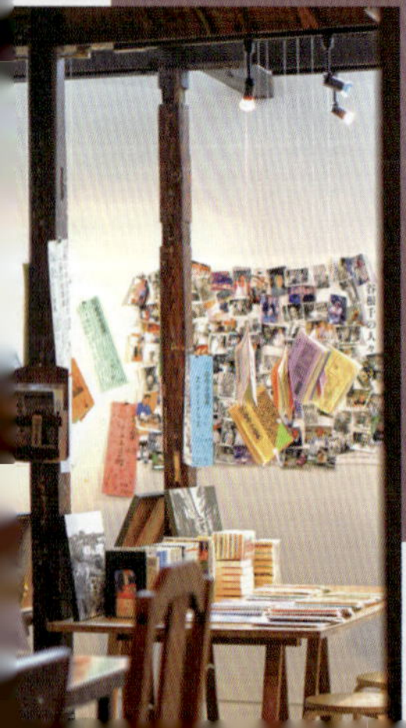

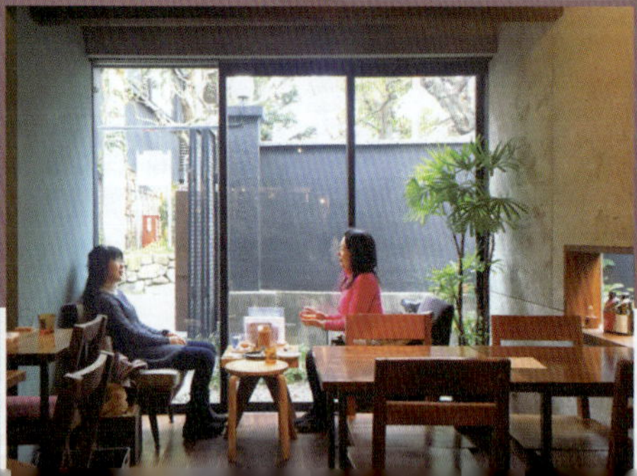

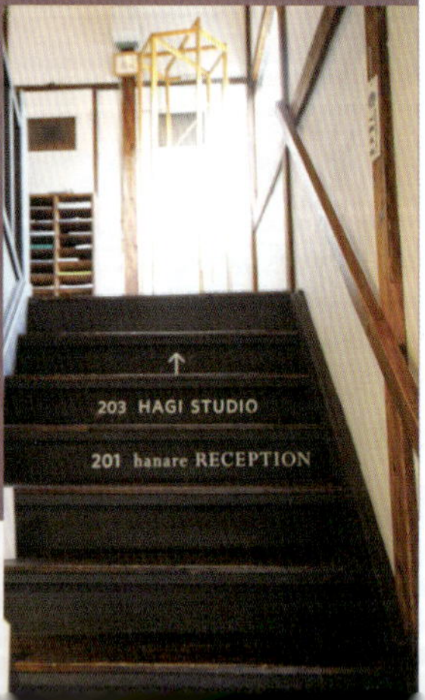

10 우에노사쿠라키아타리
上野桜木あたり

1938년 세워진 일본가옥 세 채가 복합문화공간으로 재탄생했다. 갤러리, 오피스, 비어홀, 베이커리 등 세련된 점포들이 운영되고 있다. 가장 안쪽에 위치한 카야바 베이커리에서는 일본 식재료를 이용해 구운 빵이 인기다.

ⓐ 2-15-6, Uenosakuraki, Taito-ku
ⓣ 03-5809-0789
ⓞ 08:00~19:00

야네센 여행의 팁! 야네센은 우에노와 묶어서 여행할 수 있다. 닛포리 역에서 시작해 각 스폿을 모두 둘러보았다면 도쿄예술대학 방향으로 진입해 우에노 공원까지 여행의 범위를 넓혀 보자. 우에노 동물원, 박물관, 미술관을 둘러본 후 우에노 역을 이용해 이동하면 편리하다.

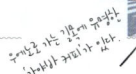

도쿄 들여다보기 021

후카가와에도자료관도
놓치지 말아요

기요스미시라카와

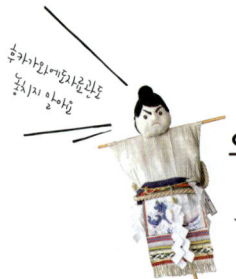

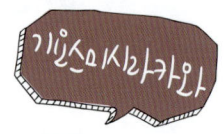

오래된 책방, 그리고 커피가 함께하는

清澄白河

블루 보틀 커피 1호점이 기요스미시라카와에 오픈하면서 이 지역은 마치 커피를 대표하는 지역, 커피의 격전지로 대변되고 있다. 개인이 운영하는 개성 강한 작은 카페들과 오래된 아파트를 개조한 카페 후카다소HUKADASO가 이 지역의 분위기를 대신 말해 준다. 기요스미시라카와가 떠오르는 커피 격전지라는 이미지도 있지만 그것이 전부는 아니다. 오래된 창고나 빈 공간을 공방이나 숍으로 개조해 활동하는 예술가들이 마을의 변화에 기여하고 있으며, 인쇄소가 많았던 지역적 특성 때문인지 지금도 골목에 서점이 많다. 정갈하게 다듬어진 기요스미 정원을 둘러보며 산책을 시작해 보자.

오에도 선 · 한조몬 선 기요스미시라카와 역 A3출구가 가장 편리하다.

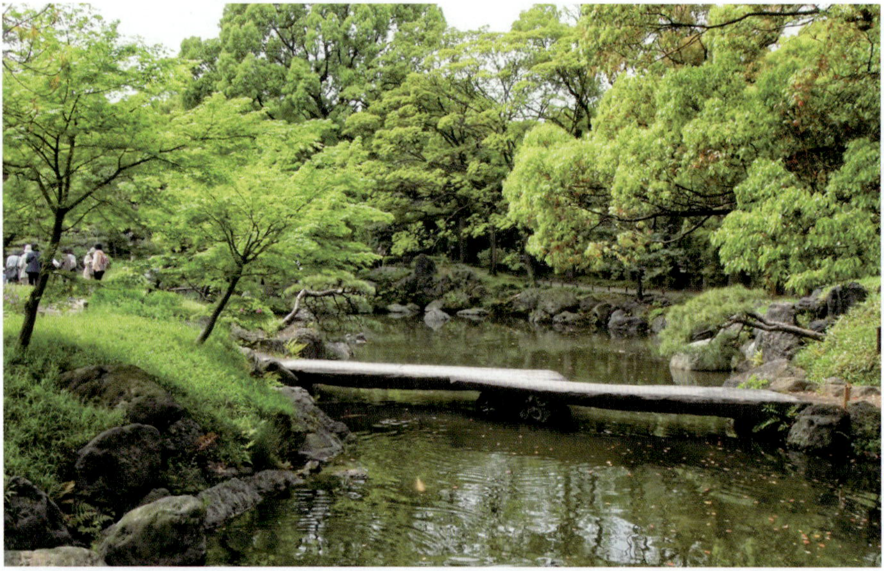

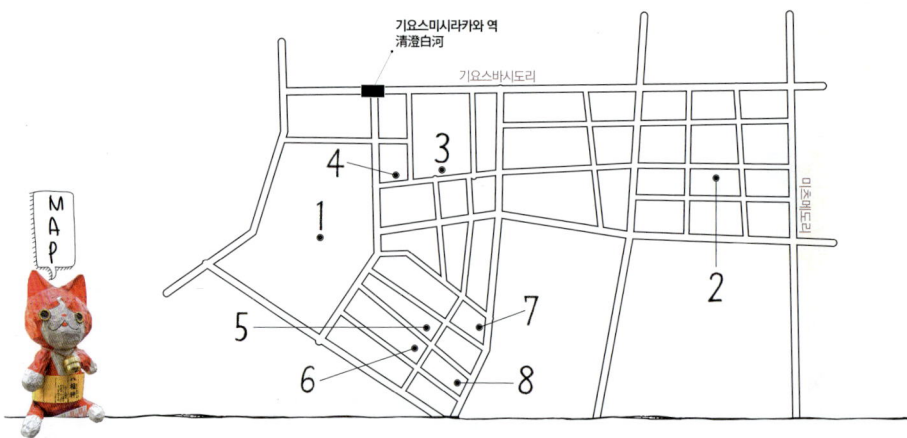

1 기요스미 정원 清澄庭園

기요스미시라카와 역에서 도보 약 3분여 거리에 위치한 기요스미 정원은 커다란 연못을 둘러싼 산책길을 따라 걸을 수 있는 정원이다. 원래 이곳은 미쓰비시 창업자가 직원의 격려하고 귀빈을 모시기 위한 장소로 만들었다고 한다. 작지만 정갈하게 잘 다듬어진 고요한 장소이다.

Ⓐ 3-3-9, Kiyosumi, Koto-ku ⓞ 09:00~17:00 ¥150

2 이스트엔드 도쿄 북스
eastend TOKYO BOOKS

작고 아담한 이 서점은 미술, 디자인 중심으로 건축, 음악 등 예술 관련 서적을 주로 판매하고 있다. 갤러리와 인쇄소가 많았던 이 마을의 정서를 느낄 수 있는 서점이다. 흰색 외관과 오래된 기요스미시라카와라는 마을과 딱 맞아 떨어져 발걸음이 멈춰진다.

Ⓐ 3-9-6, Miyoshi, Koto-ku ⓞ 화-토 12:00~17:00
※ 2018년 1월에서 4월까지(예정) 개장을 위해 임시 휴업 중이다.

3 후카가와 에도자료관
深川江戶資料館

후카가와深川는 고토구江東区의 서쪽에 위치하는 지역이다. 조개와 채소를 넣어 푹 끓여 밥에 부어먹는 후카가와메시深川めし가 명물로 유명하다. 후카가와 에도자료관은 에도시대의 후카가와의 풍경과 삶을 재현해 놓은 공간이다.

ⓐ 1-3-28, Shirakawa, Koto-ku ⓞ 09:30~17:00 ￥400

4 오네리넨 Onnellinen

북미스타일의 주방용품, 테이블웨어, 의류나 실내화를 판매하는 잡화점이다. 내부는 주인의 안목이 돋보이는 셀렉트 상품이 가득하다. 모로코에서 온 실내화, 덴마크에서 온 크리스마스 카드, 울이 가득 들어가 따뜻한 뜨개질실, 재배에서 수확까지 모든 작업이 토스카나 지방에서 이루어져야만 받을 수 있다는 1GP 등급의 엑스트라 버진 올리브 오일 등. 계절이 바뀌면 상품도 바뀐다.

ⓐ 1-1-2, Shirakawa, Koto-ku
ⓣ 03-6458-5477
ⓞ 화-토 11:00~18:00

5 후카다소
Fukadaso

후카다소야말로 기요스미시라카와의 오래된 건물이 카페로 전환된 모습을 가장 잘 표현해 준다고 할 수 있다. 부수지 않고, 너무 많은 것을 집어 넣지 않고 건물이 살아갈 수 있는 시간을 늘려 나가고 있다. 폐쇄 직전이었던 아파트 건물을 리뉴얼해 1층은 카페, 2층은 세계 각국의 수공예품을 판매하는 바할Bahar과 바디케어 전문스파 브리코Brico로 운영 중이다.

Ⓐ 1-9-7, Hirano, Koto-ku
Ⓞ 토~일 14:00~19:00 월~금 17:00~21:00 부정기적 휴일

6 와일드 실크 뮤지엄 WILD SILK MUSEUM

블루 보틀 커피 근처 골목 안쪽에 위치한 와일드 실크 뮤지엄은 전 세계의 다양한 누에고치와 실크 실, 그리고 100% 실크로 만들어 낸 의류, 소품을 전시해 놓은 곳이다. 누에고치에서 실제로 실을 뽑아내는 체험이 가능하다.

Ⓐ 1-5-5, Hirano, Koto-ku
Ⓞ 토·일·공휴일 10:00~일몰까지

7 아라이즈 커피 로스터스
ARiSE COFFE ROASTERS

가게 안에 1인용 의자가 3개, 작은 테이블이 고작 2개. 벽면에는 점장이 실제로 탔던 스케이트보드가 접객용 의자보다 더 많이 걸려 있다. 이 작은 공간에서 생두를 직접 볶아 내린 드립 커피를 판매한다. 손님은 원하는 커피를 고르거나 점장의 추천 커피를 맛볼 수 있다.

Ⓐ 1-13-8, Hirano, Koto-ku Ⓞ 화~일 09:30~18:00

8 블루 보틀 커피
Blue Bottle Coffee

자택 창고에서 시작한 커피. 그래서 커피계의 애플이라고 불리는 블루 보틀 커피가 도쿄의 1호점으로 선택한 곳이 기요스미시라카와였다. 오직 한 사람을 위해 내려주는 따뜻한 한 잔의 커피, 기다림이라는 다소 아날로그적인 부분이 이 마을과 닮아 있다.

Ⓐ 1-4-8, Hirano, Koto-ku
Ⓞ 08:00~19:00

좁은 골목길 돌계단이 운치 있는
神楽坂

일명 쁘띠 프랑스로 불리는 가구라자카는 작은 언덕길 골목골목마다 일본, 프랑스, 이탈리아 등 다양한 이국적 요리점과 아기자기한 소품가게가 많아 여성들에게 인기가 많은 곳이다. 원래 문호와 예술인들이 사랑했던 가구라자카는 당시 예술인들이 사람들의 눈을 피해 지나다닌 뒷골목이 그대로 남아 있어 그 옛 정취에 감탄사가 절로 터져 나온다. 가구라자카는 이다바시 역과 가구라자카 역 사이에 위치하고 있어 어느 역에서 시작하든 일직선인 언덕길을 따라 걸을 수 있다. 오래되고 번잡한 상점가에서 시작하고 싶다면 이다바시 역을, 조용한 브런치부터 시작하고 싶다면 가구라자카 역을 추천한다.
본서는 이다바시 역에서 내려 가구라자카 언덕길을 올라가는 코스를 선택했다.

JR · 난보쿠 선 · 오에도 선 · 도자이 선 이다바시 역 B3 출구로 나오면 바로 오르막길이 시작된다.

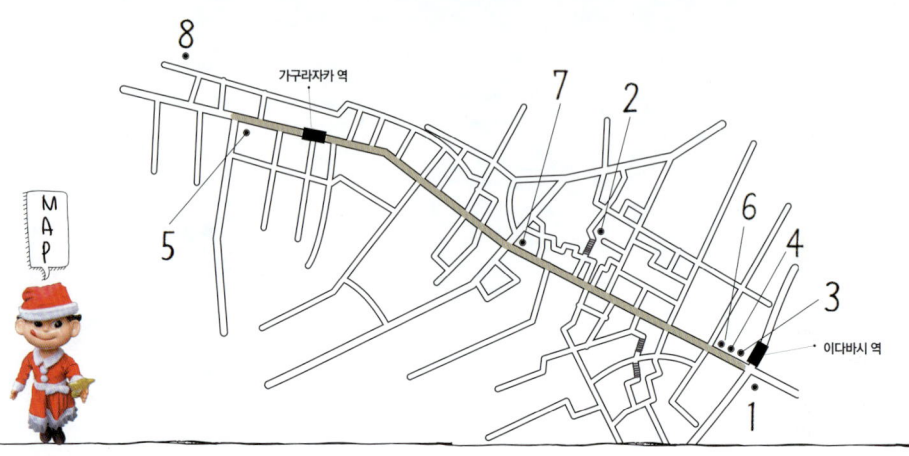

1 카날카페
CANAL CAFÉ

이다바시 역에 내리면 바로 상점가가 시작되지만 그래도 커피 한 잔은 마시고 시작하고 싶다면 카날카페로! 레스토랑 사이드와 데크 사이드 두 갈래로 나누어져 있다. 레스토랑 사이드에서는 본격 이탈리안 요리를, 데크 사이드에서는 간단한 음료만도 주문 가능하다. 도쿄 도심에서 강이 바라다 보이는 카페라니! 결코 흔하지 않으니 꼭 들러보길. 강 너머로 덜컹덜컹 전철이 지나가는 풍경은 덤이다.

Ⓐ 1-9 Kagurazaka, Shinjuku-ku 新宿区神楽坂1-9
Ⓣ 03-3260-8068
Ⓞ 11:30~23:30(일요일은 21:30까지)
www.canalcafe.jp

2 가구라자카 오이신보
神楽坂おいしんぼ

니노미야 카즈나리 주연의 영화 '친애하는 아버지'의 배경이 된 요리점으로 가구라자카의 작은 교토라고도 불리는 곳이다. 가쿠라무자카에는 프랑스 요리점이 많기로 유명하지만 그보다 꼭 가 봐야 할 일본 전통 요리점이 훨씬 많다. 영화에도 등장하는 돌계단이 이어지는 좁은 골목길에 들어서면 시공을 초월한다는 의미를 실감하게 된다. 음식에 취하고 분위기에 매료되는 곳이다.

ⓐ 4-8, Kagurazaka, Shinjuku-ku 新宿区神楽坂4-8　ⓣ 03-3269-0779
ⓞ 런치 11:30~15:00 디너 17:30~23:00

3 노렌 のレン

옛 문호들이 드나들던 문방구가 일본 수베니어 전문점으로 재탄생하였다. 일본의 아기자기하고 신박한 기념품이 가게 안에 가득하다. 사악한 가격대에서부터 500엔 정도의 가볍게 손이 가는 물건까지 다양한 상품 구성이 추천 포인트이다. 상품 가짓수가 많을 뿐 아니라 무엇보다 상품의 질이 뛰어나 무엇을 선택해도 후회없을 만족할 만한 상품으로 가득하다.

ⓐ 1-12, Kagurazaka, Shinjuku-ku 新宿区神楽坂1-12　ⓣ 03-5579-2975　ⓞ 10:00~21:00(연중무휴)
www.noren-net.jp/fs/noren/c/shop-kagurazaka

4 후지야 不二家

100년 역사를 자랑하는 후지야이지만 마스코트인 페코짱야키를 먹을 수 있는 곳은 일본에서 가구라자카가 유일하다. 가장 인기 있는 페코짱야키는 커스타드 맛. 하지만 이 귀여운 페코짱을 입에 넣어야만 할지 고민된다는 점 주의! 이 외에도 유명한 후지야의 조각 케이크도 맛볼 수 있다. 이다바시 역에서 내리면 바로.

Ⓐ 1-12, Kagurazaka, Shinjuku-ku 新宿区神楽坂1-12
Ⓣ 03-3269-1526
이다바시역 B3출구에서 바로

귀여운 얼굴을 먹자니ㅠㅠ
페코짱야키 150엔

5 라 가구 La kagu

나무 데크가 층층이 펼쳐지는 계단은 웅장한 오페라 하우스를 연상시킨다. 디자인은 유명한 건축가 구마 겐고의 작품이다. 이 계단은 커뮤니티의 장으로 누구나 자유롭게 이용할 수 있다. 라 가구는 의식주와 관련된 다양한 상품을 판매하는 편집매장이다. 1960년대에 지어진 출판사의 서고를 개조해 2014년 오픈한 이래 가구라자카의 상징적 건축물이 되었다. 각종 브랜드와의 컬레버레이션을 비롯, 디자인 전시회 등 생활과 아트와의 연관성을 끊임없이 보여주고 있다. 독특한 조리법의 타마고 샌드위치가 라 가구의 명물이다.

Ⓐ 67, Yaraicho, Shinjuku-ku 新宿区矢来町67
Ⓣ 03-5579-2130　⏰ 11:00-20:30

6 기노젠 紀の善

가구라자카에서 가장 많은 행렬이 늘어선 곳이며 가구라자카하면 기노젠을 떠올릴 정도로 유명하다. 팥과 떡과 아이스크림을 함께 먹는 앙미츠가 유명하지만, 꼭 먹어야 하는 메뉴로 말차바바로아를 꼽는 사람이 많다. 말차가루와 젤라틴을 섞어 만든 말차바바로아와 팥앙금, 생크림이 함께 어우러진 모습은 보기만 해도 군침이 돈다.

Ⓐ 1-12, Kagurazaka, Shinjuku-ku 新宿区神楽坂1-12
Ⓣ 03-3269-2920
Ⓗ 11:00~20:00(월요일 휴무)

7 치카리셔스 뉴욕 아마리쥬
チカリシャスニューヨーク アマリージュ

뉴욕의 디저트로 유명한 치카리셔스 뉴욕이 일본에 상륙했다. 일본 첫 진출이며 그 첫 진출이 가구라자카이다. 아마리쥬amarige는 달콤함을 의미하는 아마이甘い라는 일본어와 술과 잘 어울리는 조합을 의미하는 마리아주marriage를 합친 단어이다. 과일과 밀가루 반죽을 오븐에 구워 낸 파이의 일종이며 미국의 대중적인 간식인 코블러를 맛볼 수 있다. 코블러는 차 또는 술과 함께 먹는 디저트이다.

Ⓐ 5-12-5, Kagurazaka, Shinjuku-ku 新宿区神楽坂5-12-5
Ⓣ 03-6265-3191　Ⓗ 11:00~20:00
amarige.co.jp

8 언플랜 가구라자카 UNPLAN 神楽坂

2016년에 오픈한 호스텔로 깔끔한 화이트 톤의 인테리어에 여성전용 도미토리 룸이 있어 여성들에게 특히 인기 있는 호스텔이다. 1층 라운지 전체가 카페로 이루어져 식사, 혹은 커피를 무료로 마실 수 있다. 카페는 일반인에게도 개방되어 있다. 스탭들의 프렌들리한 접객이야말로 많은 외국인들로부터 높은 점수를 받는 이유이기도 하다. 여성전용 도미토리룸의 경우 4,500엔, 호텔처럼 이용할 수 있는 더블 룸의 경우 1만9,800엔.

Ⓐ 23-1, Tenjincho, Shinjuku-ku 新宿区天神町23-1　Ⓣ 03-6457-5171　Ⓔ Café 08:00~18:00　unplan.jp

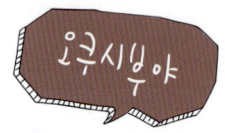

오쿠시부야

おさんぽだいすきだにゃん
나도 산책 좋아한다냥

시부야와의 분위기 반전이 매력적인

奥渋谷

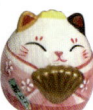

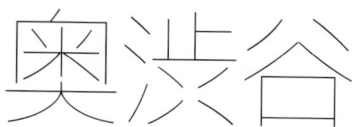

시부야의 안쪽에 위치한다고 해서 오쿠시부야라고 불린다. 정확하게는 도큐백화점 본점에서 이노카시라도리 방향에 위치한 가미야마쵸神山町, 우다가와쵸宇田川町, 도미가야富ヶ谷 부근을 일컫는다. 오쿠시부야, 혹은 우라시부야裏渋谷, 짧게는 오쿠시부奥渋로 불린다. 시부야의 번잡함이 싫다면 걸음을 시부야의 깊은 곳으로 옮겨 보자. 지금 도쿄에서 가장 핫하다는 카페, 일러스트가 화려한 여행서적과 커피는 팔지 않지만 원두는 파는 서점, 전 세계의 레어 제품을 모아놓은 편집숍, 아카이브 대마왕이 운영하는 아이덴티티 최고의 라이프 스타일 숍, 외국인이 더 많이 눈에 띄는 오코노미야키 가게를 만나게 될 것이다. 시부야가 아닌 듯, 이 골목의 모든 것이 어른스럽고 트렌디하게 느껴진다.

시부야 역에서 109방향으로 길을 건너 도큐백화점 본점을 지나면 오쿠시부야가 시작된다.

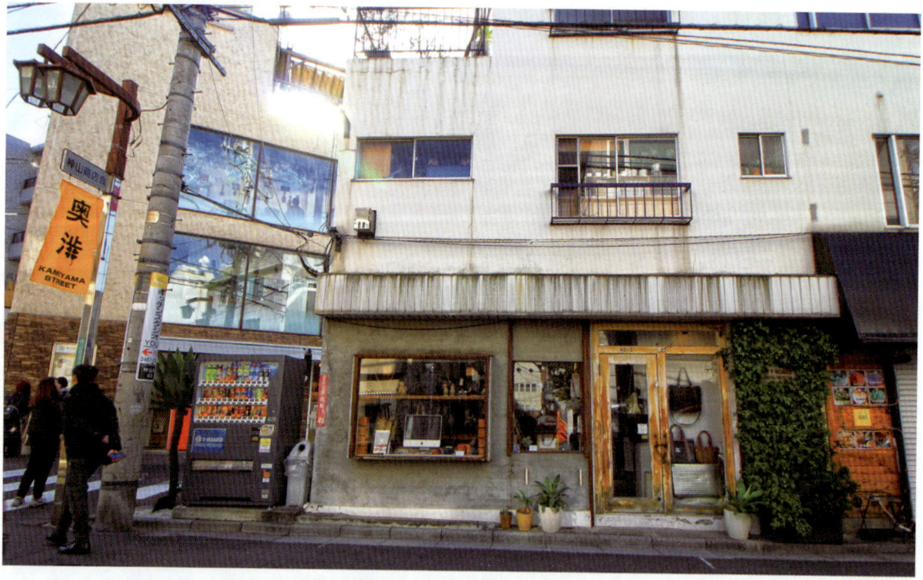

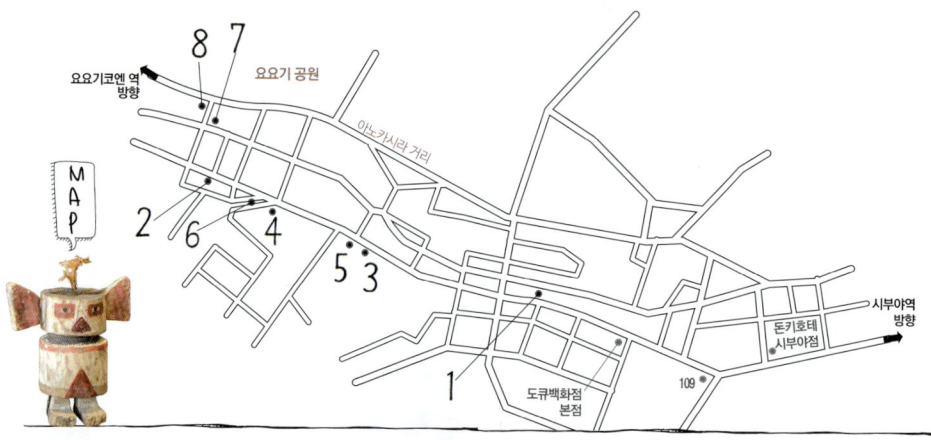

1 츠츠무 팩토리 包むファクトリ

이름에 걸맞게 포장지 400종류, 리본 450종류 등 주로 선물 포장 용품을 판매하는 곳이다. 포장지에 접착제가 부착되어 있어 필요한 만큼 잘라서 붙이기만 하면 되는 편리한 상품들이 눈에 띈다. 귀여운 일러스트가 그려진 아이폰 케이스, 장갑, 목도리, 에코백 등 생활 잡화도 함께 판매한다.

Ⓐ 37-15, Udagawacho, Shibuya 渋谷区宇田川町37-15
Ⓣ 03-5478-1330 Ⓞ 10:00~19:00
www.tsutsumu.co.jp

2 모노클 숍 도쿄 モノクルショップ トウキョウ

다양한 정보를 전세계로 발신하는 잡지 모노클의 숍&도쿄 편집부 역할을 하는 곳이다. 모노클은 영국 런던을 기반으로 전세계의 통신원들이 각종 분야의 다양한 정보를 발신하고 있는 잡지이다. 오쿠시부야의 모노클 숍 도쿄에서는 모노클이 발행하는 여행 가이드북, 오리지널 멘즈 의류, 그리고 REMOWA, PORTER 등 세계적인 브랜드와의 컬래버레이션도 눈여겨볼 만 하다. 편집 업무, 인터넷 방송도 이곳에서 진행된다. 모노클이 지향하는 정보의 발신이 바로 이 공간에서 모두 이루어지고 있는 셈이다.

Ⓐ 1-19-2, Tomigaya, Shibuya 渋谷区富ケ谷1-19-2
Ⓣ 03-6407-0845
Ⓞ 11:00~20:00
www.monocle.com

3 시부야 퍼블리싱&북셀러
SHIBUYA PUBLISHING & BOOKSELLERS(SPBS)

일반 서점에서는 볼 수 없는 책들을 발견해내는 즐거움이 있는 곳이다. SPBS는 작가나 편집자, 디자이너, 일러스트레이터들과 함께 직접 책을 출판하고 있다. 직접 발행하는 잡지 'Made in Shibuya'를 통해 실제로 시부야에서 생활하는 사람들이 시부야와 관련된 재미있는 이야기를 발신하고 있다. 매장내에서 이러한 재미있는 발상들이 베이스가 된 책과 문구류, 의류와 패션잡화들을 만날 수 있다.

Ⓐ 17-3, Kamiyamacho, Shibuya 渋谷区神山町17-3 ☏ 03-5465-0577
⊙ 11:00~23:00(일요일은 22:00까지)

4 아르치반도 アルチヴァンド

오쿠시부야의 작은 골목, 콘크리트 벽 인테리어의 단조로움이 눈에 띄는 아르치반도는 오랜 기간 점포 설계 디자이너로 일해 온 오너의 꿈이 고스란히 담겨있는 라이프 스타일 숍이다. '사람과 사람이 만나는 공간'을 만들고 싶었다는 오너는 일본 국내외의 질 좋은 생활도구를 선보이고 있다. 아르치반도는 스페인어로 아카이브(기록을 보아 보관하는 것)를 의미한다. 오너 자신이 어마어마한 양의 인쇄물, 사진, 각종 자료들을 모두 모아둔 아카이브 대마왕이라고 소개하고 있다.

Ⓐ 41-5, Kamiyamacho, Shibuya 渋谷区神山町41-5
☏ 03-5738-7253
⊙ 13:00~22:00(주말은 12:00~21:00, 수요일 정휴)
www.archivando.jp

5 파파부부레 パパブブレ

주얼리 캔디라니! 말만 들어도 설렌다. 보석과도 같은 캔디, 파파부부레는 바르셀로나에 본점을 두고 있는 캔디 전문점이다. 오쿠시부야의 파파부부레에서는 오픈 주방에서 직접 캔디 만드는 과정을 볼 수 있다. 직경 1센티미터로 잘려진 캔디의 단면은 키위, 라임, 오렌지 등 각종 과일의 단면을 그대로 그려 넣은 듯 먹음직스럽다. 섬세한 기술력이 놀라울 따름이다. 입에 넣으면 살살 부서지는 식감이 특징이다.

- 17-2, Kamayamacho, Shibuya
  渋谷区神山町17-2
- 03-6407-8552 10:30~20:00(화요일 정휴)
- www.papabubble.jp

6 카멜백 キャメルバック

샌드위치와 커피전문점이다. 오너인 두 남자의 와일드함이 샌드위치와 커피에서도 느껴진다. 카멜백은 커피 못지않게 샌드위치가 유명하다. 빵을 좋아하는 오너가 주변의 빵집에서 직접 고른 바게트로 샌드위치를 만든다. 커피 추천 메뉴는 이모탈 라떼라고 하는 바닐라 라떼이다. 이모탈이란 영원불멸을 의미하는데 바닐라의 꽃말이 영원불멸이라고. 원두의 컨디션뿐만 아니라 그날 그날 기계와 얼음 상태까지 꼼꼼히 체크한다. 실내에 좌석은 없고 밖에 작고 긴 벤치가 하나가 있을 뿐이다. 오쿠시부야의 작지만 강렬한 인상을 주는 카페이다.

- 42-2, Kamiyamacho, Shibuya-ku
- 03-6407-0069 08:00~17:00(월요일 휴무)

7 푸글렌 도쿄 フグレン トウキョウ

푸글렌 도쿄는 노르웨이 유명 커피점 푸글렌의 해외 첫 진출이다. 1963년 오슬로에 작은 점포를 낸 이후 첫 해외 진출점인 것이다. 〈뉴욕타임즈〉가 비행기를 타고서라도 맛볼 가치가 있다고 평했던 그 푸글렌을 도쿄에서 맛볼 수 있다. 과일처럼 상큼한 맛을 내는 것이 특징이다. 저녁에는 카테일도 한 잔 할 수 있다. 어스름할 무렵 따뜻한 조명이 밝혀진 푸글렌은 오슬로의 작은 카페를 연상시킨다. 내부의 가구와 인테리어는 1963년 본점 오픈 당시의 제품과 분위기로 꾸며져 있다.

ⓐ 1-16-11, Tomigaya, Shibuya 渋谷区富ケ谷1-16-11 ⓣ 03-3481-0884
ⓞ 월・화 08:00~22:00, 수・목 08:00~25:00, 금 08:00~26:00, 토 10:00~26:00, 일 10:00~25:00

8 본디카페 ボンダイカフェ

요요기 공원이 바다라 보이는 곳에 위치한 본디카페는 오스트레일리아의 본디 비치를 콘셉트로 한 카페이다. 개방적이고 자유로운 분위기에서 비치타운의 여유로움이 느껴진다. 반려동물과 함께 식사를 할 수 있으며 가족단위의 손님이 많고 예약을 해야 할 정도로 인기다. 〈오오사마노 브란치〉라고 하는 인기 있는 아침 방송에 소개되어 찾는 사람이 더 많아졌다. 테라스 석은 요요기 공원 방향으로 소파가 비치되어 있어 공원을 바라보며 여유로운 시간을 만끽할 수 있다.

ⓐ 1-15-2, Tomigaya, Shibuya-ku 渋谷富ケ谷1-15-2
ⓣ 03-5790-9888 ⓞ 09:00~26:00(주말 11:00~25:00)

여성 취향 저격
二子玉川

일명 니코타마로 더 익숙한 후타코타마가와 위치한 세타가야구는 고급주택가가 많기로 유명하다. 학구열이 높고 젊은 엄마들이 선호하는 동네이며 대체적으로 여유 있는 라이프 스타일을 즐긴다. 최근 동쪽 출구에 대규모 쇼핑센터 후타코타마가와 라이즈가 들어서면서 분위기도 확 바뀌었다. 초고층 맨션이 우뚝 섰으며 츠타야가 츠타야 가전이라는 새로운 브랜드를 만들어서 들어왔고 유명 맛집들도 자리를 잡았다. 하지만 원래는 서쪽 출구의 다카시마야SC(쇼핑센터)가 유명했다. 지금도 그 주변으로 세타가야의 부인들이 즐겨 찾는 카페, 가구점, 잡화점, 린넨 전문점 등 독특하고 개성 강한 숍들이 많다. 천천히 돌아다니면서 구석구석 구경해 보자. 해 질 무렵 타마가 강변에 위치한 스타벅스에서 붉게 물든 석양과 함께 마시는 커피 한 잔은 오랫동안 기억에 남을 것이다.

도큐덴엔도시 선 후타코다마가와 역에서 하차. 동쪽에는 새로운 시설인 라이즈, 서쪽에는 개성 넘치는 편집 숍이 가득하다.

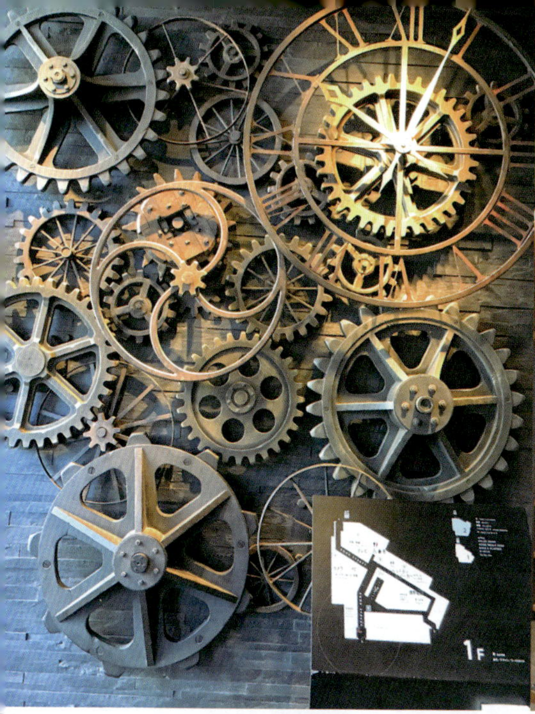
1F

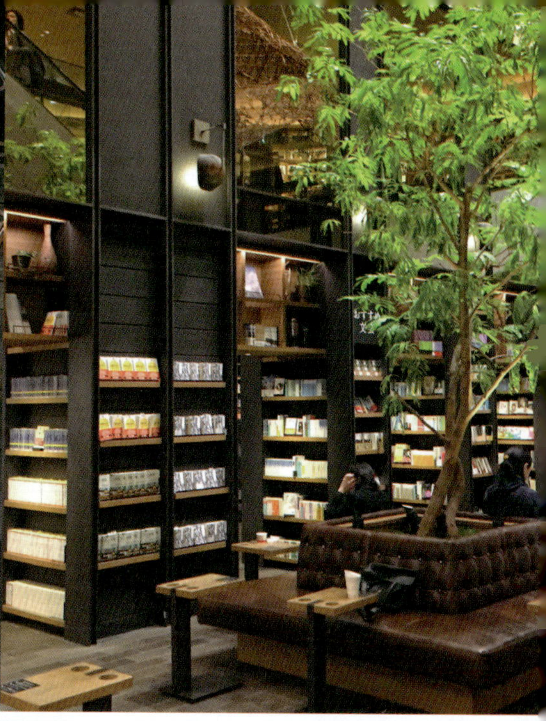

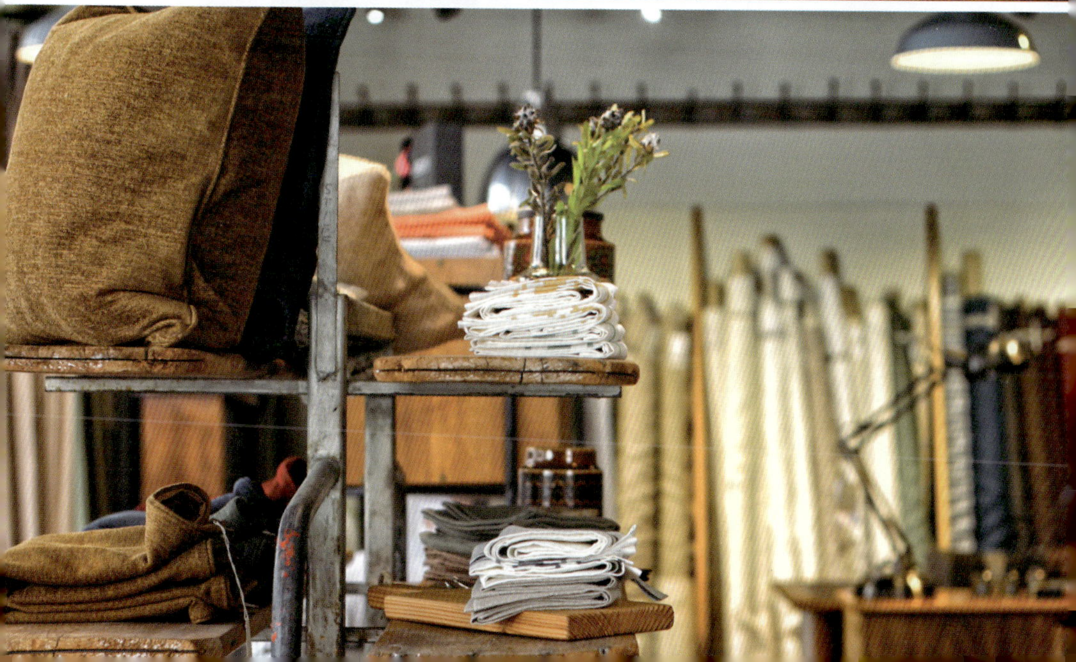

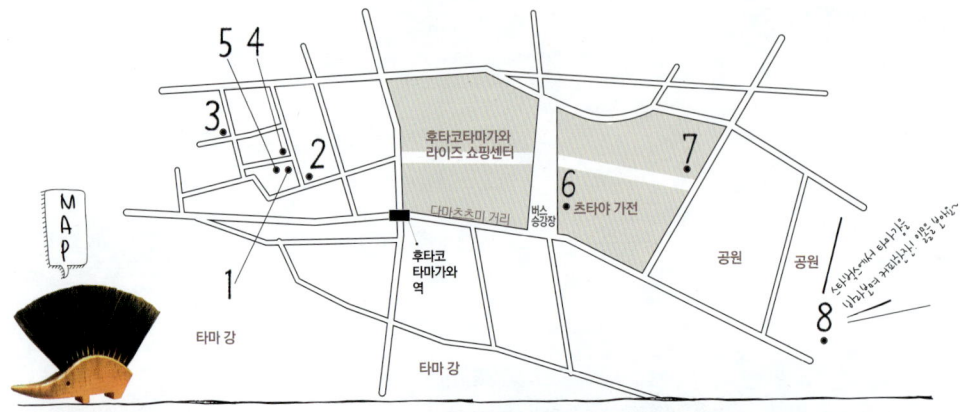

1 고호로 KOHORO

주말이면 거대한 교통혼란이 일어날 정도로 사람들이 모이는 후타코타마가와 역의 동쪽 출구에 위치한 라이즈 부근과 비교해 반대편인 다카시마야SC 부근의 작은 골목길은 그리 번잡스럽지 않고 작은 인테리어 잡화점, 카페, 맛집이 모여 있어 산책하기에 좋다. 고호로는 그 골목안에서 도기를 비롯한 각종 테이블 웨어와 잡화를 판매하고 있는 곳이다. 회색벽에 녹슨 철문이 이렇게 멋질 일인가! 매월 일본 각지에서 활동하는 도예 작가들의 작품전이 열린다.

- Ⓐ 3-12-1, Tamagawa, Setagaya-ku 世田谷区玉川3-12-11
- Ⓣ 03-5717-9401 Ⓞ 11:00~19:00
- kohoro.jp

2 리세노 リセノ Re:CENO

카페를 병행하고 있는 인테리어 숍이다. 카페 전용의 의자나 테이블을 따로 두지 않고 비치되어 있는 판매용 소파나 의자에 자유로이 앉아서 차를 마실 수 있다. 벽면 한쪽 가득하게 커피 관련 도구들을 판매하고 있어 눈길을 끈다. 칼리타, 킨토 등 한국에서도 익숙한 브랜드들이지만 일본 브랜드답게 신상품 라인업이 놀랍다. 푸글렌 커피를 선택할 수 있다는 것도 매력적이다. 주문과 동시에 원두를 갈아서 핸드 드립으로 내려주는데 시간은 걸리지만 커피 맛은 시부야의 푸글렌 못지 않다.

- Ⓐ 2F, 3-9-3, Tamagawa, Shibuya-ku 世田谷区玉川3-9-3 2F
- Ⓣ 03-5797-2278 Ⓞ 11:00~20:00(수요일 정휴)
- www.receno.com

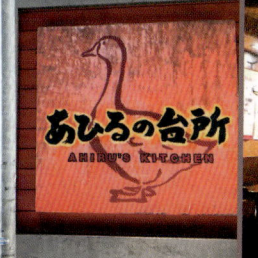

3 아히루의 부엌 あひるの台所

산책을 하다 보니 출출해지는 시간. 후타코타마가와에서의 런치가 기대되는 순간이다. 무엇을 선택할지 고민이라면 중식이 어떨까? '이 고급스럽고 트렌디한 동네에서 중식이라니!' 라고 생각할지도 모르겠지만 아히루의 부엌에서 내놓는 수제 야키교자를 맛본다면 그 말은 쏙 들어갈 것이다. 일단 만두 사이즈가 크다는 점이 매력적이다. 표면은 바삭하고 한입 베물면 촉촉한 고기의 육즙이 줄줄 흐른다. 이 외에도 후카히레 차한 등 볶음밥류도 인기다. 일단 생맥주와 야키교자부터 시키고 메뉴는 천천히 결정하자.

Ⓐ 3-14-7, Tamagawa, Setagaya 世田谷区玉川3-14-7
03-3707-7571
11:30~23:00(브레이크타임 14:30~17:00)

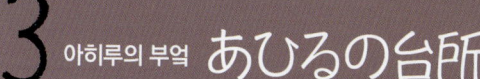

4 린넨 버드 リネンバード **The Linen Bird**

후타코타마가와의 마담들이 즐겨찾는 린넨 전문점이다. 벨기에산 린넨을 중심으로 최고급 린넨 제품과 원단을 판매하고 있다. 테이블 크로스, 앞치마, 쿠션커버, 욕실 타올, 나이트 가운 등 집안의 곳곳에 원단을 사용할 수 있는 모든 제품들이 진열되어 있다. 집안을 내추럴한 분위기로 장식하는데 린넨보다 더 나은 것이 있을까. 자연스럽고 코지한 분위기가 저절로 발걸음을 멈추게 한다.

Ⓐ 3-12-11, Tamagawa, Setagaya 世田谷区玉川3-12-11　03-5797-5517　10:30~19:00
www.linenbird.com

5 박스앤니들 ボックスアンドニードル
BOX & NEEDLE

후타코타마가와에서 가장 유니크한 숍을 꼽는다면 단연코 박스앤니들을 꼽겠다. 교토의 종이도구 노포가 만들어낸 세계 최초의 상자 전문점이다. 실생활에 종이가 얼마나 소중하게 쓰이는지 그리고 얼마나 아름다운지 다시 한번 느끼게 해 주는 곳이다. 커피 필터 꽂이, 휴지케이스, 작은 상자들을 여러 개 구성해 서랍 속을 정리할 수 있도록 하는 등 아이디어가 돋보이는 제품들로 구성되어 있다. 2층의 좁은 계단을 오르면 종이만 따로 판매하는 쇼룸이 나타나는데 전 세계에서 들여온 각양각색의 무늬와 색들의 종이 원단을 보면 입이 떡 벌어진다. 그중에 세일하는 제품들도 있으니 눈여겨보면 좋겠다.

ⓐ 3-12-11, Tamagawa, Setagaya 世田谷区玉川3-12-11
ⓣ 03-6411-7886 ⓞ 11:00~19:00(수요일 정휴)
Boxandneedle.com

6 츠타야 가전 蔦屋家電

언제나 현재진행형이며 머무르지 않는 츠타야를 많은 사람들이 응원한다. 지역 밀착형으로 언제나 새로운 스타일의 츠타야를 전개해 오고 있어 지역마다 발견해내는 재미가 있다. 후타코타마가와의 새로운 쇼핑센터 라이즈를 찾는 가장 큰 이유는 츠타야 가전이 있기 때문이라고 감히 말하겠다. 이번의 콘셉트는 '아트와 테크놀로지로 가득한 공간'이다. 마치 미술관과도 같은 매장 분위기에 이번에도 빠짐없이 스타벅스가 더해져 차와 함께하는 책 읽는 공간이 마련되어 있다. 생활에 편리함을 더해줄 가전제품들을 츠타야만의 스마트한 감각으로 제안하고 있다

ⓐ Hutakotamagawa Rise S.C. Terrace Market, 1-14-1, Tamagawa, Setagaya 世田谷区 玉川 1-14-1 二子玉川ライズ S.C. テラスマーケット
ⓣ 03-5491-8550 ⓞ 09:30~22:30

7 백개의 스푼 100本のスプーン

평일에도 긴 줄을 기다려야 한다는 라이즈 테라스 마켓에 위치한 패밀리 레스토랑이다. 엄마들을 열광하게 하는 것은 거의 모든 메뉴에 하프 사이즈가 있다는 점, 그리고 세련된 인테리어. 그래서 아이들을 동반한 가족들이 즐겨 찾는다. 메뉴판에 아이들이 색을 입힐 수 있도록 테이블마다 크레용을 놓아둔 섬세한 배려도 눈에 띈다. '아이들도 글라스에 건배하고 싶다, 아빠도 넓은 플레이트에 먹고 싶은 음식을 맘껏 먹고 싶다' 한 번쯤은 생각해 보았을, 일반 레스토랑에서는 할 수 없었던 가족 모두가 즐겁기를 바라는 마음으로 만들어진 레스토랑이다.

ⓐ 2F, Hutakotamagawa Rise S.C. Terrace Market, 1-14-1, Tamagawa, Setagaya 世田谷区 玉川1-14-1 二子玉川ライズ S.C. テラスマーケット 2F
ⓒ 03-6432-7033　ⓗ 10:30~23:00
100spoons.com

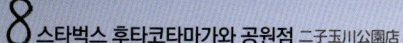

8 스타벅스 후타코타마가와 공원점 二子玉川公園店

후타코타마가와 라이즈의 레지던스 맨션 뒷편에 위치한 후타코타마가와 공원에 타마가와 강을 내려다 보며 서 있는 스타벅스가 있다. 스타벅스를 배경으로 붉은 서양이 묻든 장면은 후타코타마가와를 상징하는 한 컷이기도 하다. 이곳의 테라스에는 언제나 유모차 부대의 젊은 엄마들이 자리를 차지하고 여유로운 시간을 보낸다. 이 작은 한 컷에서 도심을 사는 사람들이 그래도 나름의 여유를 찾고 있는 듯 보여 오래 기억에 남는다.

ⓐ 1-16-1, Tamagawa, Setagaya 世田谷区玉川3-14-7　ⓒ 03-5797-5505　ⓗ 08:00~21:00(공휴일은 20:00까지)

Special Theme

東京
TOKYO
도쿄 트래블

도쿄를 힙플레이스 도쿄 스카이트리부터 남들이 잘 가지 않는 철로 고가아래 낭만투어까지. 도쿄를 제대로 즐길 수 있는 방법을 제안한다. 도쿄의 매력에 한껏 빠져 보길!

NEW SPOT
- 긴자 식스
- 긴자 로프트
- 그랑스타 마루노우치
- 우에노 프론티어 타워

BEST SPOT
- 도쿄 스카이트리타운
- 도쿄 디즈니리조트
- 미타카의 숲 지브리 미술관

도쿄의 야경
도쿄의 전망대
요코초 투어
철로 고가 아래 낭만 투어
도쿄 대표 축제

NEWspot 긴자 식스 ギンザ シックス

일본의 전통문화와 세계적인 브랜드들이 공존하는 명실공히 도쿄의 상징 긴자에 고퀄리티 복합시설이 탄생했다. 긴자 식스라는 명칭은 긴자 6초메에 위치한다는 지역적 상징성과 오감의 만족을 넘어 그 이상의 가치를 실현한다는 의미를 가진다. 긴자의 변화뿐만 아니라 도쿄의 새로운 움직임을 한눈에 느낄 수 있는 총 241개의 숍과 오피스, 그리고 문화 시설이 함께 한다. 주목도 NO.1!

↘ p.188

NEWspot

긴자 로프트 銀座ロフト

긴자의 변방, 유라쿠초 역에 위치해 있던 로프트가 긴자 내부로 자리를 옮겼다. 옮겼다라는 표현은 틀릴지도 모르겠다. 생활에 필요한 온갖 잡화를 모두 다루어 온 로프트는 '잡화'에 대한 새로운 견해의 필요성을 외치며 이전이 아닌 전혀 새로운 타입의 로프트를 탄생시켰다. 그것도 긴자에!

↘p.184

NEWspot

그랑스타 마루노우치 グランスタ丸の内

도쿄 역 개찰구 내 지하 먹거리 쇼핑몰로 유명한 그랑스타가 개찰구 외부에 그랑스타 마루노우치라는 이름으로 새롭게 오픈 했다. 에리어별로 각각 오픈 시기를 달리했던 그랑스타 마루노우치가 2017년 8월 29일 기점으로 드디어 그랜드 오픈! 도쿄 역이 더욱 젊고 풍성해졌다.

↘ p.154

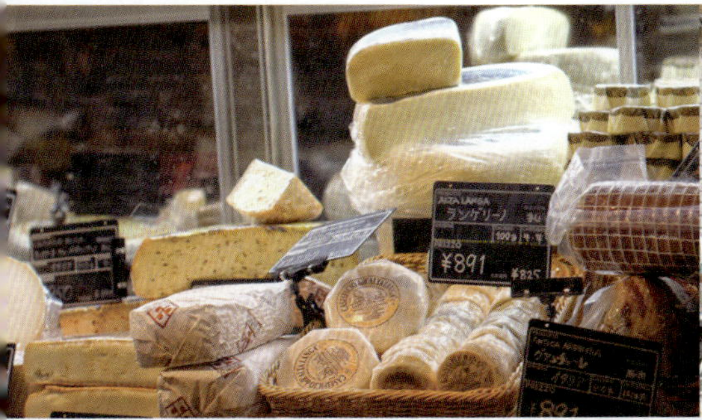

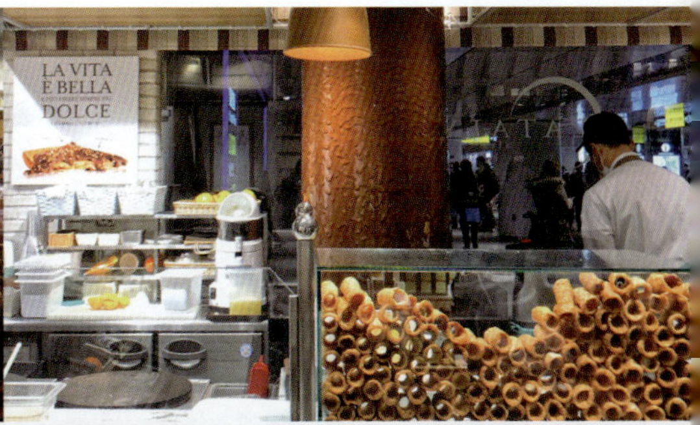

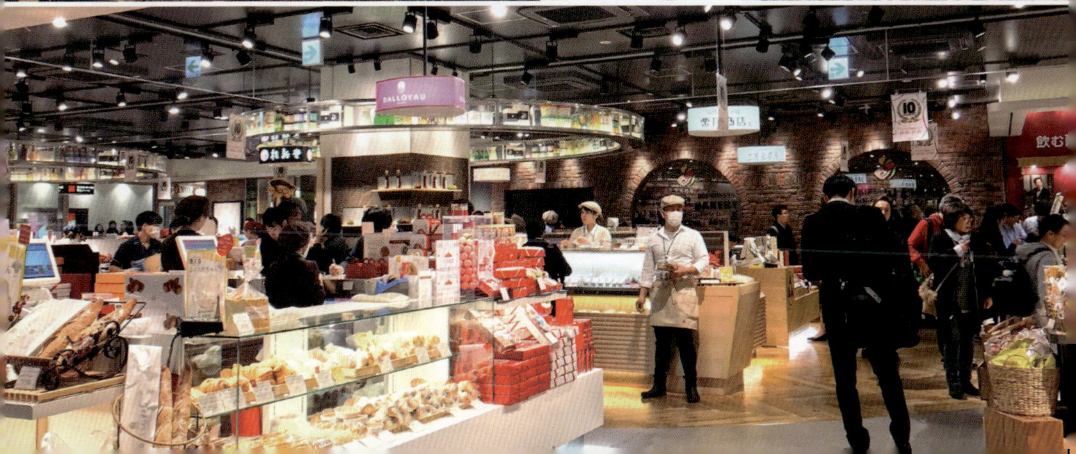

NEWspot 우에노 프론티어 타워 上野フロンティアタワー

우에노에서 250년이라는 세월을 버텨 온 마츠자카야가 우에노 프론티어 타워로 탈바꿈하여 새롭게 오픈했다. 지하 1층에는 마츠자카야, 1층~6층까지는 파르코야, 7~10층에는 토호시네마즈가 들어서며 우에노를 대표할 새로운 간판 스타로 등극할 조짐이 보인다. 대규모 백화점이 없고 그렇다고 세련된 쇼핑몰도 없었던 우에노에 여심을 사로잡을 매력적인 쇼핑몰 등장에 박수를!

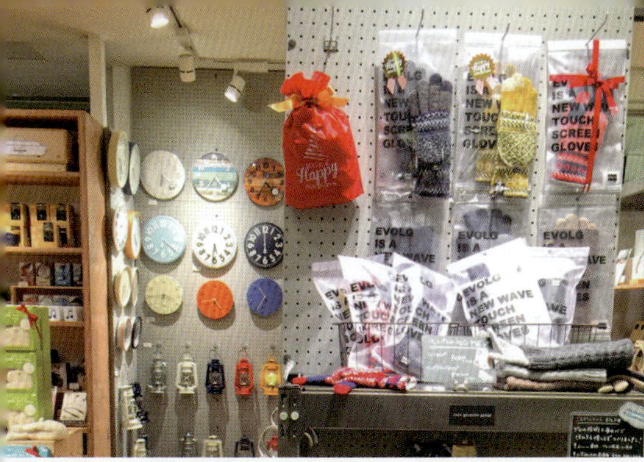

Ueno Frontier Tower

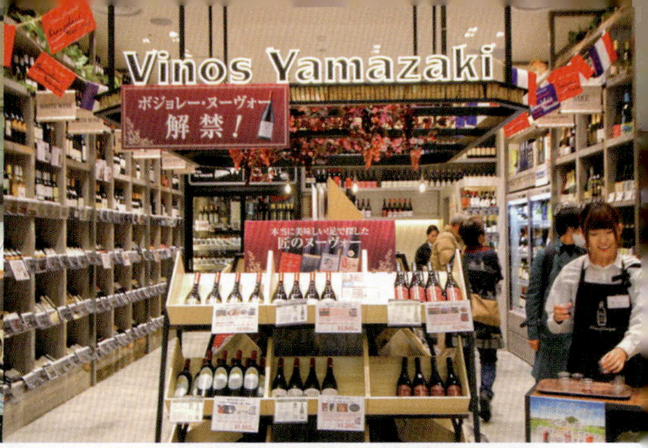

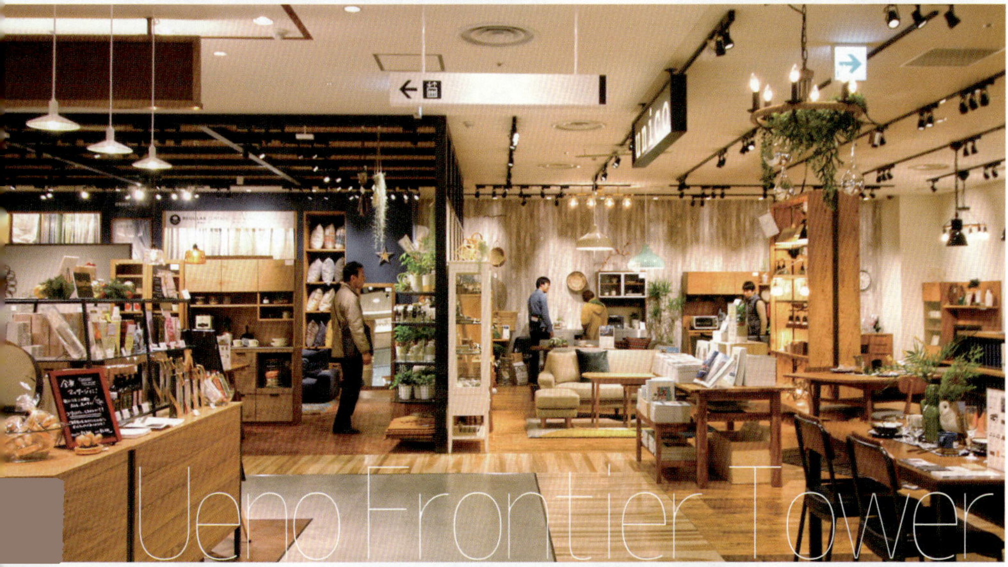

BEST spot
주목도 NO.1
도쿄 스카이트리타운

2012년 5월, 도쿄 도심을 360도 파노라마로 관망할 수 있는 높이 634m의 도쿄 스카이트리가 탄생했다. 이는 현존하는 전파탑으로서는 세계 1위, 인공 건축물로서는 세계 2위를 자랑한다. 도쿄 스카이트리는 전파탑으로서의 역할뿐만 아니라 레스토랑, 전망대, 카페 등의 상업 시설과 오피스 시설로 이루어져 있다. 도쿄 스카이트리를 둘러싸고 쇼핑과 레스토랑 중심의 상업시설인 '소라마치', 도쿄제도의 바다를 테마로 한 '스미다 수족관' 등 주변 시설을 통틀어 도쿄 스카이트리타운이라고 명명하고 있다. 도쿄 스카이트리는 높이 340m 지점에 전망데크가 위치하며 이곳에 도쿄 시내를 360도 파노라마로 즐길 수 있는 전망대와 기념품을 판매하는 스카이트리 숍, 간단한 차를 마시며 경치를 바라볼 수 있는 스카이트리 카페 등의 시설이 있다. 전망데크는 340m, 345m, 350m 지점에 3개의 층으로 나누어져 있으며 자유로이 이동이 가능하다. 전망데크 보다 100m 더 높은 곳에 위치한 전망회랑은 약 110m의 회랑 형태의 길이 이어져 마치 하늘 위를 걷는 아슬아슬한 기분을 느끼게 한다. 지금까지 보아온 전망대 풍경은 잊어주길. 한층 웅장하게 펼쳐지는 도쿄의 풍경을 감상할 수 있다.

↘p470

도쿄 스카이트리타운
즐기기

전망데크 3가지 플로어

플로어 350	• 4층의 엘리베이터를 타고 처음 도착하게 되는 플로어 • 전망회랑 티켓 구입처 • 드링크 메뉴 중심의 스카이트리 카페
플로어 345	• 도쿄 스카이트리타운의 오리지널 기념품을 구입할 수 있는 스카이트리 숍 • 장대하게 펼쳐지는 도쿄 전망을 옆에 두고 프렌치를 융합시킨 일본식 런치와 디너를 즐길 수 있는 스카이레스토랑634 무사시
플로어 340	• 발밑에 깔린 강화유리 아래로 340m 아래의 도심을 내려다볼 수 있는 스릴 만점의 장소, Glass Floo • 도쿄 도심을 바라보며 가벼운 식사나 달콤한 과일을 곁들인 디저트 메뉴를 즐길 수 있는 스카이트리 카페

● 스카이트리 전망대 요금

전망데크	어른	¥2,060
	중고생	¥1,540
	소아	¥930
	유아	¥620
전망회랑 (추가 요금)	어른	¥1,030
	중고생	¥820
	소아	¥510
	유아	¥310

티켓에 따라 다른 모습의 스카이트리 사진이 놓여져 있어 어떤 모습의 티켓을 구매하게 될지 기대된다.

도쿄 소라마치

도쿄 소라마치는 도쿄 스카이트리 타워를 중심으로 동쪽에는 이스트야드, 서쪽에는 웨스트야드가 있다. 개성 넘치는 패션·잡화점과 전국의 유명 레스토랑, 디저트 카페 등 총 312개의 점포가 모여 있는 거대 상업 시설이다. 특히 웨스트야드 5층에 위치한 스미다 수족관이 인기이며, 이스트야드 30층, 31층에 위치한 소라마치다이닝 스카이트리 뷰에는 스카이트리 뷰를 만끽할 수 있는 레스토랑과 바가 가득하다.

찾아가기 꿀팁

웨스트야드 1층은 도부스 카이트리 선 도쿄 스카이트리 역과 직결되어 있으며 이스트야드 지하 3층은 한조몬 선, 아사쿠사 선 오시아게 (스카이트리) 역과 직결되어 있다.

도쿄 스카이트리 역

웨스트야드
- 5F 스미다 수족관
- 4F 레스토랑 / TV캐릭터
- 3F 소라마치 타베테라스
- 2F 푸드 마르쉐
- 1F St.스트리트

타워야드

이스트야드
- 6F 소라마치다이닝
- 5F 재팬 익스페리언스 존
- 4F 재팬 수베니어
- 3F 패션 / 잡화
- 2F 여성 패션 / 잡화
- 1F 소라마치 상점가

- 31F 소라마치다이닝 스카이트리뷰
- 30F 소라마치다이닝 스카이트리뷰
- 10F 라이프&컬쳐
- 9F 우편박물관 / 라이프&컬쳐
- 8F 라이프&컬쳐
- 7F 소라마치다이닝

B3 오시아게 (스카이트리) 역 연결 플로어

스미다 수족관

도쿄 소라마치 웨스트야드 5층에 위치한 스미다 수족관은 펭귄이 눈앞에서 뒤뚱거리며 걸어 다니고 300t의 거대 수조는 도쿄제도의 바다를 재현하고 있다. 해파리가 어른이 되기까지의 과정을 눈으로 볼 수 있으며 스태프들이 일하는 과정을 지켜볼 수 있다. 지금까지의 수족관을 뛰어넘는 새로운 개념의 수족관이다. 영롱한 불빛이 수조를 비추고 그 안에서 자유로이 뛰어노는 생물체들의 움직임을 확인할 수 있다.

스미다 수족관 관람 순서

❶ **자연수경** : 수초의 광합성으로 인해 물고기가 호흡을 하고 이러한 과정을 통해 서로 함께 어우러져 살아가는 모습을 보여준다. ❷ **해파리** : 여러 대의 수조에서 해파리가 여유롭게 헤엄치는 모습을 볼 수 있다. ❸ **아쿠아라보** : 해파리의 성장 과정을 볼 수 있는 존이다. 안에서 사육사들의 움직임을 눈으로 확인할 수 있다. ❹ **산호초** : 잠들었던 634마리의 아나고가 먹이를 뿌리면 머리를 치켜들고 올라온다. ❺ **펭귄과 물개** : 자연의 모습을 그대로 재현한 개방형 수조에서 펭귄이 자유롭게 헤엄치거나 걸어 다니는 모습을 볼 수 있다. ❻ **에도리움** : 에도 시절부터 살아온 생물들의 모습과 생활상을 재현한 코너. 금붕어의 모습이 귀엽다. ❼ **해파리만화경터널** : 만화경에 착안한 터널이다. 길이 50m에 약 5,000장의 거울이 다양한 조명과 어우러져 환상적인 그림을 연출한다.

 스미다 수족관 SHOP

펭귄, 아나고 등 스미다 수족관의 살아 있는 생명체를 귀여운 캐릭터로 만날 수 있는 곳이다. 물고기를 모티브로 한 스미다 수족관의 독특한 로고가 새겨진 토트백, 머그컵, 노트 등 상품도 각양각색. 가격은 머그컵 ¥830, 토트백 ¥1,240, 노트 ¥520. 그중 스미다 수족관의 심볼 마젤란 펭귄 인형은 사육 스태프가 직접 디자인 감수에 참여해 세세한 부분까지 신경 쓴 인형이다. 높이 50cm의 특대 사이즈가 ¥8,230. 이 외에도 수족관의 귀여운 아이템들이 상품 테마별로 나누어져 있다.

BEST spot

꿈과 희망의 판타지 테마파크
도쿄 디즈니리조트

> 도쿄 디즈니리조트 즐기기

도쿄 디즈니랜드는 미국 이외의 국가 중 처음으로 1983년 도쿄에 문을 열었다. 이후 2001년 도쿄 디즈니씨가 오픈하며 도쿄 디즈니리조트는 2개의 테마파크로 구성된, 디즈니가 전개하는 세계에 단 여섯 곳밖에 없는 디즈니 파크이다. 스릴 만점의 놀이기구뿐만 아니라 감동 가득한 동화의 세계로 데려다줄 판타지 쇼, 거리에서 불쑥 만나게 될 동화 속 캐릭터들, 계절마다 웅장하고 화려한 퍼레이드와 각종 행사가 펼쳐진다. 이 넓은 공간에서 무엇을 선택해서 봐야 할지, 꼭 보고 싶었던 것들을 놓치게 될까 걱정이 앞선다. 놀이시설과 쇼를 미리 체크한다고 해도 하루 만에 다 보는 것은 어불성설이다. 하지만 이 넓은 땅 위에 어디에 무엇이 있는지만이라도 알면 훨씬 효율적인 시간을 보낼 수 있을 것이다. 미리 예약을 해 두고 정해진 시간에 들어갈 수 있는 패스트패스, 한국에서 미리 구매할 수 있는 e티켓 등 편리한 방법들을 100% 활용해 보자. 아무리 표현해도 그 환상적인 현장을 다 담을 수 없으니 모든 것은 직접 눈과 가슴으로 느끼길 바란다.

Ⓐ 1-1, Maihama, Urayasu, Chiba 千葉県浦安市舞浜1-1　Ⓣ 0570-00-8632
Ⓞ 08:00~22:00 (특정일의 경우, 오픈 시간이 상이하므로 홈페이지에서 확인)
Ⓦ www.tokyodisneyresort.jp/kr

JR 도쿄 역에서 케이요 선을 이용하여 마이하마 역에 하차(13분 소요). 남쪽 출구에서 오른쪽 방면으로 직진. 도보 4분.
버스 신주쿠 역 신남쪽 출구에서 도쿄 디즈니리조트 직행버스로 이동(50분 소요)
　　 나리타 공항에서 도쿄 디즈니리조트 리무진 버스(60분 소요)
　　 하네다 공항에서 도쿄 디즈니리조트 리무진 버스(45분 소요)

도쿄 디즈니랜드 관전 포인트

퍼레이드

드림 라이츠
신데렐라 성에서 펼쳐져 온 디즈니랜드의 판타지 나이트 쇼 '원스 어 폰어 타임'이 막을 내리고 2017년 7월부터 밤의 퍼레이드 쇼로 전환되었다. 정식 명칭은 '도쿄 디즈니랜드 일렉트리컬 퍼레이드-드림라이츠'. 〈알라딘〉, 〈토이스토리〉, 〈겨울왕국〉, 〈신데렐라〉, 〈미녀와 야수〉 등 디즈니를 대표하는 스타 캐릭터들이 대거 등장하고 그들을 태운 플로트는 LED조명이 더해져 더욱 화려하고 웅장해졌다. 비오는 날에는 우천 한정 퍼레이드 '나이트폴 글로우'가 따로 마련되어 있다. 빛의 마법이 펼쳐지면 플로트는 각각의 다른 다채로운 색상으로 변신하다. 나이트폴 글로우는 툰타운을 출발하여 웨스턴 랜드를 거쳐 판타지 랜드로 이동하는 코스이다.

드리밍 업
도쿄 디즈니리조트 35주년을 기념하여 기간 한정으로 진행되는 낮의 퍼레이드 쇼이다. 축제 분위기는 더욱 고조되고 디즈니 친구들이 희망이 가득한 꿈의 세계로 안내한다.
* '드리밍 업' 실시 기간 2018년 4월 15일 ~ 2019년 3월 25일

놀이시설

스플래시 마운틴
통나무 보트를 타고 높이 16m의 폭포에서 떨어지는 스릴 만점의 놀이시설이다. 최대 경사 45도의 각도로 떨어지는 결정적인 순간이 사진으로 남는다. 구매도 가능. 장소 크리터컨트리

빅 선더 마운틴
폐허가 된 광산을 무인 열차를 타고 질주하는 놀이시설이다. 약 4분간 급회전하거나 급경사 구간을 맹렬한 스피드로 달린다. 덜컹거리는 소리에 불안감은 더해만 가고 스릴감 또한 고조된다.
장소 웨스턴랜드

정글크루즈 : 와일드라이프 익스페디션
씩씩한 선장과 함께 야생동물들이 가득한 정글로 탐험을 떠나는 놀이시설이다. 하마와 악어 사이를 아슬아슬하게 빠져나오면 또 다시 험난한 정글의 세계가 기다린다. 예측할 수 없는 정글은 공포감으로 가득하다. 해가 진 후에는 낮보다 더 신비로운 나이트 크루즈가 시작된다. 장소 어드벤처랜드

도쿄 디즈니씨 관전 포인트

놀이시설

타워 오브 테러
손님을 태운 엘리베이터가 갑자기 움직이는 등 공포감과 스릴을 동시에 만끽할 수 있는 놀이시설이다.
장소 아메리칸 워터프런트

베네치안 곤돌라
운치 있는 곤돌라를 타고 운하를 일주하는 놀이시설이다. 소원이 이루어진다는 다리 밑을 지날 때면 조용히 소원을 빌어보자. 곤돌라 안에서 보는 항구의 풍경이 매력적이다.
장소 메디테레이니언 하버

아쿠아토피아
3명이 탈 수 있는 워터위클이라는 놀이기구에 올라타면 포트 디스커버리 바다가 연출해 내는 소용돌이를 만난다. 휘말리지 않기 위해서는 전력을 다해 도망쳐야 하건만, 이 워터위클은 어디로 향할지 아무도 모른다.
장소 포트 디스커버리

토이스토리 매니아!
토이스토리의 주인공 우디가 커다란 입을 벌리고 있다. 입 속으로 들어가면 장난감의 세상이 펼쳐진다. 우디의 침대에 누워도 보고 슈팅게임을 3D로 즐길 수 있는 곳이다.
장소 아메리칸 워터프런트

쇼

판타즈믹
연기와 빛을 뿜어 내는 도쿄 디즈니씨의 밤에 펼쳐지는 메인 쇼이다. 마술사가 된 미키의 모습이 밤하늘에 수놓아진 불꽃과 어우러져 한층 판타스틱하다.
장소 메디테레이니언 하버

캐릭터와의 만남

캐릭터 그리팅
디즈니씨는 캐릭터와 직접 만날 수 있는 캐릭터 그리팅 공간이 다양하게 구성되어 있다. 아메리칸 워터프런트에서는 더피를, 머메이드 라군에는 인어공주 에리얼이 큰 조가비 위에 앉아 활짝 웃고 있다. 하지만 다양한 캐릭터를 한번에 만날 수 있는 곳은 입구, 엔트런스라는 점 꼭 기억하자.

● 티켓 종류

1-Day Passport	2-Day Passport	Starlight Passport	After 6 Passport
도쿄 디즈니랜드, 혹은 도쿄 디즈니씨 중 한 곳을 1일 동안 이용할 수 있는 티켓.	도쿄 디즈니랜드, 혹은 도쿄 디즈니씨 중 한 곳을 하루에 한 곳만 입장이 가능하고 이틀 동안 사용할 수 있는 티켓. 이틀 동안 디즈니랜드와 디즈니씨를 모두 관람하고 싶을 때 유용하다.	도쿄 디즈니랜드, 혹은 도쿄 디즈니씨 중 한 곳을 주말이나 공휴일 오후 3시부터 입장이 가능한 티켓.	도쿄 디즈니랜드, 혹은 도쿄 디즈니씨 중 한 곳을 평일 6시 이후에 입장이 가능한 티켓.
어른 ¥7,400 청소년 ¥6,400 어린이 ¥4,800	어른 ¥13,200 청소년 ¥11,600 어린이 ¥8,600	어른 ¥5,400 청소년 ¥4,700 어린이 ¥3,500	어른 ¥4,200 청소년 ¥4,200 어린이 ¥4,200

※2017년 1월 기준

● 디즈니 e티켓

도쿄 디즈니 홈페이지를 통해 인터넷으로 도쿄 디즈니리조트의 티켓을 구매할 수 있다. 집에서 인쇄해 가지고 가면 판매 창구에서 기다리지 않고 입장이 가능해 시간과 수고를 줄일 수 있다. 티켓을 인쇄해서 바코드가 보이도록 접어서 다니면 편리하다.

! 입장 전에 꼭 챙겨야 할 것! GUIDE MAP & Today

티켓 구매 시, 직원이 리플렛을 나누어 주는데 하나는 디즈니의 주요 시설과 세부 놀이 시설을 안내해 주는 GUIDE MAP이며, 또 하나는 쇼와 퍼레이드, 상품 정보가 게재되어 있는 팸플릿이다. 직원에게 '코리안'이라고 말하면 한글판을 건네준다. 잊지 말고 꼭 챙기자.

찾아가기 꿀팁!

가이드 MAP이 아무리 잘 되어 있어도 원하는 목적지를 찾아가기란 쉬운 일이 아니다. 이럴 때는 힘들게 찾아가려고 하지 말고 스태프들에게 길을 물어보자. 도쿄 디즈니리조트 내에는 전문 스태프가 대거 활동하고 있을 뿐만 아니라 먹거리를 판매하는 스태프도 안내원의 역할을 하고 있다. 오른쪽, 왼쪽만 알게 되어도 그곳에서는 아주 유용하게 쓰인다는 점 잊지 말자.

디즈니 패스트패스

놀이시설의 입장 시간을 미리 지정 받아 대기시간을 자유롭게 활용할 수 있는 유용한 수단이다. 단, FP마크가 있는 놀이시설에서만 운영된다는 점 알아두자.

패스트패스 사용 방법 (어트랙션 지도에서 FP마크가 있는지 확인!)

❶ 어트랙션 주변에 위치한 패스트패스 기계를 확인한 뒤 전광판에 표시된 대기시간을 확인한다(티켓은 한정되어 있어 조기 발권 중지될 수 있다).
❷ 파크 입장 티켓의 바코드(QR코드)가 위로 가도록 하여 리더기에 넣으면 놀이기구 이름과 지정 시간이 적힌 티켓이 발권된다.
❸ 지정 시간까지 다른 놀이시설 및 장소에서 자유롭게 즐긴다.
❹ 지정 시간에 맞춰 놀이시설로 돌아와 패스트패스 전용 입구로 입장한다.

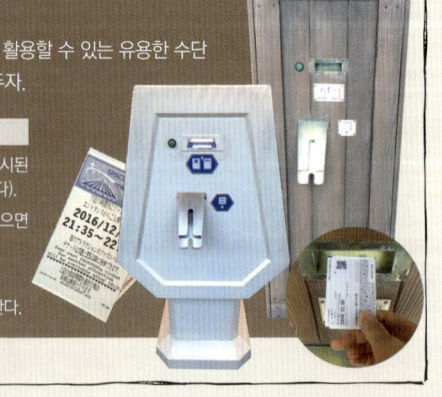

BEST spot
마음이 풍요로워지는
미타카의 숲 지브리 미술관

지브리 미술관은 《이웃집 토토로》의 작가 미야자키 하야오宮崎駿 감독의 작품 세계를 볼 수 있는 스튜디오이다. 관장을 역임하고 있는 미야자키 하야오 감독은 "재미있고 마음이 부드러워지는 미술관, 여러 가지를 발견할 수 있는 미술관, 바른 생각을 관철시킬 수 있게 하는 미술관, 들어오는 순간부터 마음이 풍요로워지는 미술관을 만들고 싶다. 훌륭한 건물, 호화로운 건물, 밀봉된 건물을 만들고 싶지 않다. 바람과 빛이 자유로이 드나들 수 있는 건물로 만들고 싶다"며 '이런 미술관으로 만들고 싶다'라는 주제로 인사말을 전하고 있다. 이러한 염원이 고스란히 담겨져 있는 지브리 미술관은 감독의 따뜻한 감성과 풍부한 상상력이 미로와 같은 공간에 펼쳐진다. 지브리 미술관 주변의 울창한 나무숲 산책도 놓치지 말자.

↘ p.398

지브리 미술관 관람순서

❶ 현관 입구에서 두 눈을 동그랗게 뜨고 맞이하는 '토토로의 접수창구'에서 START!

❷ 먼저 입장하면 1층에서 2층까지 뻥 뚫려 있는 웅장한 '중앙 홀'을 만난다.

❸ 1층 '만화가 태어나는 장소'에서 만화가 완성되는 과정을 체험할 수 있다.

❹ 지하 1층 영상전시실 '토성좌'에서는 지브리 미술관에서만 볼 수 있는 단편 영화가 상영된다. 시간은 약 15분.

❺ 지하 1층 '움직이기 시작하는 방'에서는 멈추어 있는 그림이 어떻게 움직이는지 만화의 제작 과정을 설명한다.

❻ 2층 '네코버스 룸'에서는 《이웃집 토토로》에 등장해 메이를 태우고 하늘을 날아오르던 네코(고양이)버스가 놓여져 있다. 반갑게도 직접 타 볼 수도 있다.

❼ '옥상정원'에는 만화 《천공의 성 라퓨타》에서 보아왔던 깡통 로봇이 우두커니 서 있는 모습이 압도적이다.

tip 티켓 구입 방법

지브리 미술관의 입장은 완전 예약제이다. 일본인들은 편의점 로손 LAWSON에서 전용 기기를 통해 예약 및 구매를 한다. 하지만 외국인이 직접 일본에서 예약하기란 쉬운 일이 아니다. 무엇보다 하루 4회의 입장만 허용하는 지브리의 좌석 확보가 쉽지 않다. 외국인은 자국에서 티켓을 구입할 수 있으므로 떠나기 전 미리 티켓을 구매하고 마음 편하게 지브리 여행을 떠나자. 발매 기간은 해당 월로부터 4개월간, 발매 가능한 매수는 1인당 6매다.

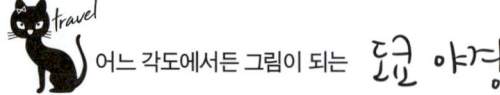

어느 각도에서든 그림이 되는 도쿄 야경

오래전부터 건축물과 도시의 조화를 중요하게 생각해 온 일본에 유독 야경 포인트가 많은 것은 당연한 일일지도 모른다. 자세히 들여다보면 건물 하나하나가 아름답다. 여행자에게 이보다 더 좋은 볼거리가 있을까. 그것도 공짜로! 오래된 것은 오래된 대로, 새로운 것은 새로운 대로 어느 것도 우위일 수 없는 각자의 스토리를 담은 황홀한 자태를 뽐내고 있다.

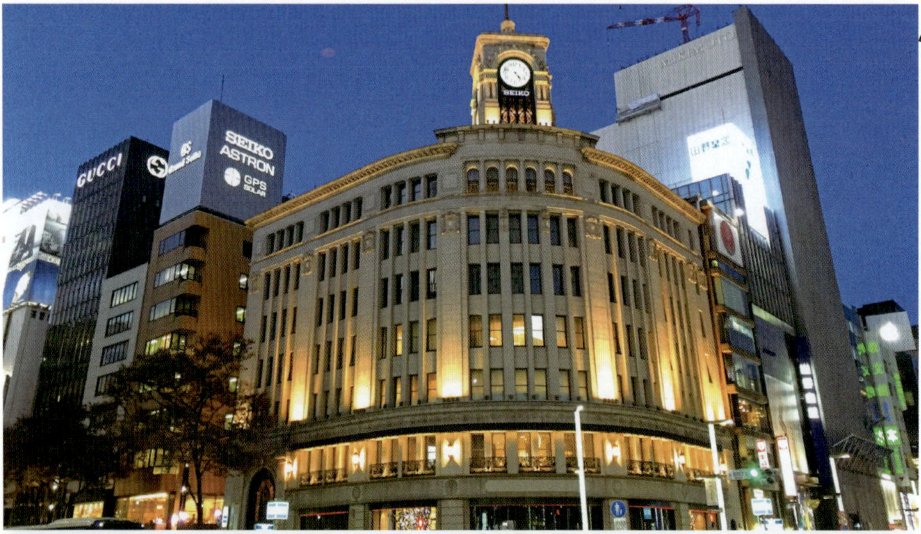

도쿄 역

하루 약 37만 명이 이용하는 거대 터미널, 도쿄 역은 밤이 되면 붉은색 벽돌 건물에 은은한 불이 들어오면서 그 자태를 뽐낸다.

긴자 와코

긴자의 아름다운 밤, 불 켜진 시계탑 건물 와코빌딩의 야경은 명실공히 도쿄 긴자를 가장 잘 나타내는 심볼과도 같은 존재라고 할 수 있다. 이탈리아에서 가져온 수입 대리석을 사용한 네오 르네상스 건축 양식 건물에 불이 들어오는 순간, 긴자라는 브랜드의 화려함은 극에 달한다.

신주쿠 뉴우먼

신주쿠에서 가장 새로운 건물인 뉴우먼은 마치 야경을 위해 만들어진 건축물인 마냥, 낮에는 특별함이 없어 보이지만 밤이 되면 그 존재감을 확실히 드러낸다.

롯폰기힐즈 케야키자카

화려한 롯폰기힐즈를 대표하는 언덕길 케야키자카. 고급스러움을 뿜어내는 이 길은 오후가 되면 석양이 물들고, 밤이 되면 야경이 아름답다.

오모테산도힐즈

유리창 건물이 상부의 무거운 콘크리트를 이고 있는 형상을 하고 있는 오모테산도힐즈는 오모테산도를 대표하는 건축물로 주거공간과 상업시설이 함께하는 건축물이다. 오모테산도 길을 따라 길게 지어진 건물에는 브랜드 숍이 들어와 있어 한층 고급스러움을 더한다. 거리와 건물과 사람이 하나가 되어 오모테산도를 대표하는 야경이다.

여행의 로맨틱을 담당할 도쿄의 전망대

여행지에서 전망대는 쉼표와도 같은 존재이다. 가만히 바라보는 것. 그것만으로도 여행이 충만해진다. 도쿄 도심 곳곳에 위치한 전망대를 화려한 다운타운의 럭셔리 전망대와 한적하고 저렴한 전망대로 나누어 보았다. 입장료가 비싼 곳은 그 값만큼 배신이 없고 저렴한 곳이라 해도 절대 초라하지 않은, 그래서 어디를 오르든 실망하지 않을 도쿄의 전망대를 소개한다.

화려한 초고층 럭셔리파

1.아사쿠사, 도쿄 도심의 화려한 시티뷰 **도쿄 스카이트리 전망데크** 현재 가장 높은 곳에서 도쿄 도심을 관망할 수 있는 전망대이다. P.470 2.아카바네바시, 정통 로맨틱파 **도쿄타워 대전망대** 도쿄타워는 어쩌면 오르는 것보다 밖에서 보는 풍경이 더 멋있을지도 모르겠다. P.363 3.오다이바, 엔터테이먼트와 로맨틱이 공존하는 **후지테레비 '하치타마'** 오다이바를 대표하는 후지테레비 구체 전망대 P.214 4.롯폰기, 예술과 함께하는 **모리타워 '도쿄시티뷰'** 모리미술관과 함께 있어 아트 산책을 겸할 수 있는 전망대. P.353

VS

1.신주쿠, 무료로 개방되는 **도쿄도청 전망대** 도심에 우뚝 솟은 도쿄도청의 2개의 타워 꼭대기 층에 각각 전망대가 있다. P.386 2.오다이바, 비밀스러운 전망대 **텔레콤센터 전망대** 컨테이너 박스가 가득 쌓인 도쿄 만 항구의 야경을 볼 수 있다. P.224 3.하마마츠초, 도쿄타워와 도쿄스카이트리를 동시에 볼 수 있는 **무역센터 전망대** 액세스가 좋아 많은 사람들이 찾는 전망대だ. *wtcbldg.co.jp* 4.에비스, 레스토랑과 함께 즐길 수 있는 **에비스 가든 플레이스 타워 전망대** 에비스의 작고 소중한 무료 전망대. P.317

비밀스럽고 한적한 **리즈너블파**

travel
허름한 골목 안, 추억이 피어오르는 요코초 투어

2016년 일본을 대표하는 키워드에 '요코초 르네상스'라는 단어가 꼽혔다. 도로 옆길에 나 있는 작은 골목을 뜻하는 요코초가 60~70년대의 정취를 물씬 풍기며 좁은 골목 안 작은 술집들이 SNS를 타고 조용히 붐을 일으키고 있는 것이다. 이러한 풍경은 여행자에게도 신선한 풍경으로 다가온다. 요코초마다 성격이 달라 술을 마실 수 있는 주점을 비롯하여 쇼핑숍까지 다양하다.

예술인들이 사랑한 골목
신주쿠 골든가이 新宿ゴールデン街
↘ p.392

고소한 향기가 후각을 자극하는
오모이데요코초 思い出横丁
↙ p.387

최신식 쇼핑몰보다 인기가 많은
하모니카요코초 ハモニカ横丁
↙ p.395

도쿄를 대표하는 재래시장 **아메야요코초** アメヤ横丁
↘p.428

쇼와시대 요코초 부흥을 꾀하는
에비스요코초 恵比寿横丁
↘p.321

신바시 직장인들의 노고를 달래는
분카요코초 ぶんか横丁 ↘p.189

논베이요코초 のんべい横丁

시부야109 등 젊음의 성지로 인식되어 있는 시부야 역 근처에 분위기가 확 바뀌는 요코초가 있다. 시부야 역 동쪽 출구에서 북쪽으로 조금만 오르다 보면 선로를 따라 좁은 골목에 술꾼이라는 이름의 논베이요코초 간판과 '맛있었다. 좋았다. 고마워'라는 어느 음식점의 문구가 눈에 들어온다. 오래된 음식점들 사이에서 한잔하기 딱 좋아 보이는 작은 퓨전 요리점도 있어 색다른 즐거움이 기대되는 곳이다.

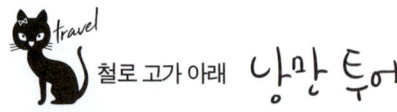
철로 고가 아래 낭만 투어

도쿄의 주요 교통수단인 JR 노선은 지하철이 아닌 지상철이다. 즉 철로를 세운 교각 사이에 빈 공간이 존재한다는 것이다. 지금까지 이 공간은 주로 창고, 싼 술집 등 어두운 이미지였다. 도쿄는 최근 이 공간을 살리기 위해 보육원, 호텔, 온천 등 유니크한 시설로의 활용으로 서서히 움직임을 시작하고 있다. 실제로 젊은 분위기의 펍이나 카페, 공방으로 활용되고 있어 기존의 어둡고 버려진 공간이 아닌 모든 세대가 즐길 수 있는 다양한 시설로 활용되고 있었다. 기찻길, 혹은 역, 이러한 것들은 고스란히 우리에게 추억이라는 단어로 다가온다. 도쿄의 주요 도심에서 인상적인 고가 아래 활용법을 모아 보았다.

마치 에큐트 간다 만세이바시 mAAch ecute KANDA MANSEIBASHI

↘ p.442

아키하바라 역에서 걸어서 10분여 거리에 간다강이 흐르고 있다. 오래된 시간의 흔적을 담고 있는 만세이바시 건너편 강을 따라 이어진 아치형 붉은 벽돌 건물이 눈에 들어온다. 붉은색 벽돌 건물 아래에서 사람들이 테라스에 앉아 흐르는 강을 바라보고 있다. 이곳은 운치 있는 철로 고가 아래 낭만 로드 '마치 에큐트 간다 만세이바시'이다. 1912년부터 1943년까지 만세이바시 근처에 만세이바시 역이 있었다. 지금은 완전히 폐쇄되었지만 역의 흔적이 고스란히 남아 전시되고 있다. 마치 에큐트 간다 만세이바시는 만세이바시 역이 있던 자리, 철로 고가 아래를 개조하여 인테리어 가구, 서점, 레스토랑, PUB, 카페가 들어와 트렌디하고 밝은 분위기의 공간으로 탈바꿈했다. 오랫동안 어두운 이미지로 있던 철로 고가 아래로 젊은 세대가 몰려들고 있다.

니케고욘마루 아키오카 아르티잔
2k540 AKI-OKA ARTISAN

JR오카치마치 역에서 아키하바라 역을 잇는 고가 아래 공간은 아티스트의 공방과 숍으로 탈바꿈했다. 2k540은 도쿄 역에서 2k540m 떨어진 거리를 의미하고, 아키오카는 아키하바라 역과 오카치마치 역을 잇는다는 의미이며, 아르티잔은 말 그대로 장인을 의미한다. 간판도 크지 않고 뭐 대단한 것이 있을까 싶겠지만, 가죽공방, 염색공방, 일본 오리지널 스니커즈 전문점, 핸드메이드 우산가게, 야나카에서 시작된 운치 있는 커피숍도 들어와 있다. 이곳은 먹거리 중심의 다른 곳과 다르다는 점에서 의미가 깊다.

↘p.432

챠바라 아키오카 마르쉐
CHABARA AKI-OKA MARCHE

2k540 아키오카 아르티잔과 마찬가지로 오카치마치 역과 아키하바라 역 사이의 고가 아래를 활용한 공간이다. 니케고욘마르 아키오카 아르티잔보다 아키하바라 역에 더 가깝게 위치하고 있으며 일본 전국에서 올라온 산지 직송의 식재료를 판매하는 먹거리 장터이다. 우리가 흔히 보아오던 먹거리나 식재료와는 전혀 다른 특이한 재료들과 아기자기한 용기에 담겨진 각지의 특산품들이 보기만 해도 먹음직스러워 보인다. 실제로 시음이 열리고 있어 맛보고 구매할 수 있다. 기념품이나 부모님께 드릴 선물을 골라봐도 좋겠다. 내부에 각 지역의 재료로 요리를 만들어내는 식당이 있어 신선하고 특색 있는 지역 음식을 맛볼 수 있다.

↘p.433

나카메구로 고카시타 Nakameguro Kokashita

나카메구로 역에서 나카메구로 강 쪽 신호등을 건너면 지금 가장 핫한 숍만을 모아놓은 나카메구로 고카시타가 역 철로 아래 약 700m 길이의 구간에 펼쳐진다. 먼저 스타벅스커피와 츠타야 서점이 고카시타의 입구를 장식하고 있다. 새로운 간가가 레스토랑과 바, 패션 잡화점 등 베리에이션도 다양해 보는 재미, 먹는 재미가 가득하다. 긴 구간은 아니지만 '쉐어'라는 콘셉트를 모토로 공간의 공유를 제대로 실천하고 있는 곳이다. 2016년 11월에 오픈했다.

↘p.261

흥분의 도가니
도쿄 대표 축제

일본에서 보아 온 여러 광경 중에서 가장 흥분되는 장면을 꼽으라면 축제를 들겠다. 음악만 나오면 리듬에 몸을 맡기는 민족은 아니지만, 축제가 열리면 거센 함성과도 같은 구호에 맞추어 춤을 춘다. 마치 샤머니즘에서 거행되는 하나의 형식과도 같이. 일 년을 오직 이날만을 기다린 사람들처럼. 특히 미코시神輿 행렬에서 흥분은 최고조에 이른다. 동네 신사를 둘러싸고 열리는 작은 마츠리에는 전통 게임이나 먹거리를 즐기는 사람들로 가득하다. 마을에 마츠리가 열리면 아이들, 연인들, 가족 모두 전통 유카타 복장을 하고 마츠리 장소로 모여들어 하루를 즐긴다. 도쿄를 대표하는 마츠리는 산자마츠리三社祭, 산노마츠리山王祭와 더불어 일본 3대 마츠리에도 속하는 간다마츠리神田祭이다. 여행 중 만나게 되는 마츠리는 오랫동안 기억에 남는 색다른 추억이 될 것이다.

© Taito City_JNTO

산노마츠리 山王祭

일본의 3대 마츠리에 속하는 산노마츠리는 아카사카에 위치한 히에신사에서 개최된다. 히에신사는 도쿠가와 이에야스가 에도성에 입성한 이후 가문의 수호신을 모셨던 곳으로 산신産神의 영험함이 있는 신사로 유명하다. 히에신사가 오래 전부터 에도산노다이곤겐江戸山王大権現이라고 불리었던 것으로 인해 산노마츠리라는 명칭이 유래하게 되었다. 6월 15일에 열리는 대제인 산노마츠리는 도쿠가와 이에야스를 칭송하는 제례로 막부에서 비용을 부담하여 어용제御用祭라고도 불리었다. 산노마츠리는 신코사이神幸祭가 유명한데, 가마를 옮기는 이 행렬이 황궁과 마루노우치, 긴자 등 도쿄 도심을 이동하는 장면이 장관을 이룬다.

장소 : 아카사카 히에신사, 황궁, 마루노우치, 긴자 일대
시기 : 격년 짝수 해 6월 7일~17일

간다마츠리 神田祭

간다마츠리는 오사카의 텐진마츠리, 교토의 기온마츠리와 더불어 일본 3대 마츠리이다. 간다에 위치한 간다묘진神田明神에서 격년 홀수 해의 5월에 개최되는 간다마츠리는 도쿠가와 이에야스가 세키가하라関ヶ原 전투에서 승리한 후 그것을 기념하기 위해 개최한 것에서 시작되었다. 에도 서민들로부터 천하제天下祭라고 불릴 정도로 예로부터 전국적으로 유명한 마츠리였다. 간다마츠리는 장기간에 걸쳐 진행되는데, 가장 볼 만한 행사는 5월 15일 가까운 토요일에 열리는 신코사이神幸祭이다. 수백 명의 사람들이 미코시神輿라는 가마를 들고 간다와 니혼바시, 마루노우치 일대에 행렬이 펼쳐진다. 거대한 미코시와 사람들의 행렬이 박진감 넘친다.

장소 : 간다묘진, 니혼바시, 마루노우치 일대
시기 : 격년 홀수 해 5월

아사쿠사, 산자마츠리 三社祭

에도의 대표적인 서민 마을인 아사쿠사 센소지浅草寺 경내 아사쿠사 신사에서 매년 5월에 열리는 도쿄를 대표하는 축제로, 5월 셋째 주 금, 토, 일 3일간 개최된다. 메이지 이전 산자마츠리는 센소지에서 개최하는 마츠리였으나 메이지 시대에 들어와 신사와 절을 분리하는 정책이 실시되면서 산자마츠리는 아사쿠사 신사에서 개최되기 시작했다. 센소지의 창립자 세 사람을 칭하는 산자곤겐三社権現 신화에서 유래한 것이라고 전해지며 축제의 가장 큰 볼거리는 둘째 날 각 마을의 신을 모신 미코시神輿가 센소지로 모여들 때인데 이때 축제의 분위기가 최고조에 달한다. 박진감 넘치는 이 장면을 보기 위해 각지에서 관광객이 모여든다.

장소 : 아사쿠사 신사
시기 : 매년 5월 셋째 주 금, 토, 일

마츠리 현지인처럼 즐기기

여름 축제의 필수품, 유카타 浴衣

여름 마츠리의 필수품 유카타를 입을 수 있는 최적의 기회는 바로 하나비(불꽃) 마츠리이다. 유카타는 축제 때 주로 입는 일본 전통 의복이다. 대체로 얇은 천으로 만든 것이기 때문에 여름 축제에 주로 입으며 주로 화려한 색을 고른다. 하지만 이 유카타가 처음 입는 사람에게 그리 편한 옷은 아니다. 유카타도 물론이거니와 함께 신어야 하는 게타下駄가 더욱 그러하다. 먼저 유카타는 보폭이 크게 벌어지지 않으므로 도보로 이동 시 평소보다 2배의 시간이 걸린다는 점, 게타까지 신었으니 말할 필요도 없다. 천천히 걸을 준비를 하고 유카타를 착용하자. 느긋한 마음으로 여름 축제의 하이라이트 하나비 축제를 즐겨보자.

마츠리의 즐거움, 다양한 먹거리

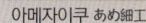

이카야키 いかやき　　아메자이쿠 あめ細工　　초코바나나 チョコナナナ

Special Theme

東京 TOKYO  FOOD
푸드

맛있는 음식을 빼놓고 도쿄 여행을 이야기할 수 없다! 전통 식사 요리에서부터 최신 유행 디저트까지. 꼭 맛보아야 할 도쿄의 맛을 소개한다

- 일본의 맛
- 라멘
- 스위츠
- 빵
- 데파지카(백화점 지하 음식 코너)
- 마트를 공략하라
- 편의점의 맛

Food

꼭 맛보아야 할 일본의 맛

일본 하면 떠오르는 음식들이 있다. 주식인 쌀과 생선을 주로 사용한 음식뿐만 아니라 라멘, 돈카츠와 같이 중국 요리나 서양 요리가 일본인의 입맛에 맞게 변형된 요리도 다양하다. 꼭 맛보아야 할 음식과 함께 오랜 세월 고집스럽게 그 맛을 이어온 노포를 소개하고자 한다. 꼭 노포에서만 제대로 된 맛을 경험할 수 있는 것은 아니다. 거리의 작은 식당이나 체인점에서도 얼마든지 맛볼 수 있으니 다양한 음식에 도전해 보자.

스키야키

돈카츠

돈카츠 豚カツ

돈카츠는 다소 두껍게 썬 돼지고기에 밀가루와 달걀, 빵가루를 입혀 기름에 튀겨 낸 요리이다. 돈카츠는 프랑스의 커틀릿(일본 발음은 카츠레츠)에서 유래된 요리이다. 주로 돼지의 등심이나 안심을 사용하며 등심을 사용한 것은 로스카츠, 안심을 사용한 것은 히레카츠라고 부른다. 서양식 요리가 일본의 요리로 바뀌어 지금은 다양한 조리법으로 맛볼 수 있는 일본의 대표 음식이다.

스키야키 すき焼き

스키야키는 간사이 지방에서 탄생한 고기와 채소를 함께 먹는 요리이다. 얇게 썬 소고기와 파, 버섯, 구운 두부, 당면을 넣고 얕은 철판에 구워 먹는 요리이다. 맛은 주로 간장, 설탕으로 간을 한다. 예로부터 전해오는 전통적인 조리방법은 먼저 기름을 두른 철판 위에 고기를 넣은 후 고기가 서서히 익으면 간장과 설탕, 술을 넣어 만든 양념장을 부은 후 채소를 넣어 익혀 먹는다. 고기는 풀어 놓은 달걀에 찍어 먹는다는 점이 특이하다.

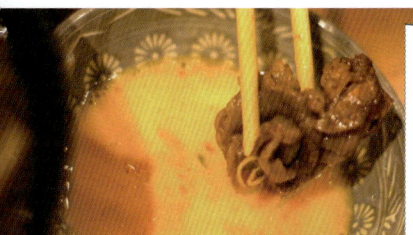

고집스러운 장인이 이어온 100년 전통 노포

아사쿠사 이마한 본점 今半本店
센소지로 들어가는 길, 나카미세도리 안에서 '이마한 본점 今半本店'의 낡은 간판을 만날 수 있다. 이곳은 메이지 28년(1895년)에 창업한 120년 전통의 스키야키를 맛볼 수 있는 곳이다. 안쪽으로 조용한 실내 분위기에 운치를 더하는 일본 정원이 자리하고 있다. P.480

나미키야부소바 並木藪そば
센소지 입구 라이몬 근처에 위치한 나미키야부소바는 일본의 유명인사들로부터 사랑받아 온 아사쿠사의 유명한 맛집이다. 1913년 창업이래 지금도 줄을 서야 맛볼 수 있는 소바 노포이다. 100년 동안 메뉴는 오직 소바 한 종류이며 짙은 쯔유가 특징이다.

덴푸라

츠나하치 つな八
신주쿠 동쪽 출구에 위치한 츠나하치는 다이쇼 13년 창업 이래 90년간 고유의 맛을 단 한 번도 변화시키지 않고 고집스럽게 지켜온 덴푸라 명품점이다. 튀김의 기술과 재료를 생명이라 생각하며 1세기를 이어오고 있다. P.409

오므라이스

렌가테이 煉瓦亭
1895년 긴자에 문을 연 렌가테이는 오므라이스, 하야시라이스, 돈카츠 등 일본을 대표하는 서양식 메뉴를 처음 시작한 곳으로 유명한 노포이다. 오래된 식당을 그대로 사용하여 옛 정취가 가득하다. P.498

소바 そば
소바는 메밀로 만든 면을 사용한 요리이다. 간장과 맛술, 설탕을 섞어 만든 멘쯔유 めんつゆ와 함께 먹는다. 우동과 마찬가지로 소바 면에 멘쯔유를 부어 깊고 큰 그릇에 뜨겁게 먹는 방법과 '세이로せいろ'라고 해서 물기를 뺀 면을 차갑고 진한 멘쯔유에 찍어 먹는 방법이 있다.

덴푸라 天ぷら
채소나 해산물과 같은 주재료에 밀가루 물을 묻혀 바삭하게 튀겨 내는 요리이다. 튀긴 덴푸라는 소금에 찍어 먹거나 무를 갈아 넣은 간장 소스에 찍어 먹는다. 무가 느끼함을 잡아주고 소화를 도와준다. 튀긴 덴푸라를 밥 위에 올려 특제 소스를 뿌려 먹으면 덴동天丼, 우동 위에 올리면 덴푸라 우동天ぷらうどん이 된다.

오므라이스 オムライス
여러 가지 채소와 토마토 케첩으로 맛을 낸 볶음밥에 달걀을 곁들여서 먹는 요리이다. 프랑스의 오믈렛과 라이스가 합쳐져 오므라이스라는 요리가 탄생했는데 우리에게도 친숙한 이 음식은 120년 전통을 가진 긴자의 작은 요리섬에서 처음 시작되었다.

Ramen
라멘
ラーメン

쫄깃한 면, 잘 우려낸 육수가 맛의 비결

쫄깃한 면과 육수가 라멘의 맛을 결정짓는 중요한 요소이다. 일본인은 불의 온도, 국물 맛을 우려내는 재료인 다시, 즉 닭 뼈와 돼지 뼈, 해산물과 채소의 비율이 얼마인지, 면발은 탄력이 있는지 등을 꼼꼼히 따져 자신의 입맛에 맞는 맛집을 찾아낸다. 전국 각 지역마다 맛도 다르고 육수를 내는 재료나 토핑에 따라서도 맛은 달라진다. 재료의 순수한 맛을 섬세하게 살려 다양한 맛을 느낄 수 있는 일본의 라멘! 내 취향대로, 입맛대로 골라 먹어보자.

탄탄멘
미소 라멘
돈코츠 라멘
쇼유 라멘
시오 라멘

츠케멘

돈코츠 라멘 とんこつラーメン
우리가 지금까지 생각해 온 라멘이라고 할 수 있겠다. 주로 돼지 뼈를 사용하고 추가로 생선이나, 채소를 넣어 우려낸 수프의 라멘. 특유의 냄새가 있지만 채소와 함께 우려내 잡내가 심하지 않고 지방과 콜라겐이 많아 걸쭉하고 깊은 맛이 나는 것이 특징이다. 처음 먹는 사람에게는 살짝 부대에 맞지 않을 수도 있지만 어느 순간 다시 먹고 싶어지는 마성의 맛이다.

미소 라멘 味噌ラーメン
일본 된장인 미소를 사용해 맛을 낸 라멘이다. 일본 된장 특유의 달작지근한 맛에 구수하고 깊은 맛이 나는 것이 특징이다.

탄탄멘 坦々麺
탄탄멘은 중국 사천요리를 대표하는 면 요리이다. 다진 고기와 매운 향료가 들어가 칼칼한 맛을 낸다. 원래 국물이 없는 면 요리를 일본인의 입맛에 맞게 변화시킨 것이다.

시오 라멘 塩ラーメン
소금을 사용해 수프가 투명하고 맑은 것이 특징이다. 뒤끝이 없고 깔끔한 맛을 내며 다시의 성격이 가장 잘 드러나는 라멘이라고 할 수 있다. 시오 라멘은 홋카이도 지방이 유명하다.

쇼유 라멘 醤油ラーメン
간장으로 맛을 낸 라멘을 쇼유 라멘이라고 한다. 국물을 우려내는 재료인 다시는 주로 어패류를 사용하고 간장으로 맛을 낸다. 깔끔하지만 짠맛이 강하다.

츠케멘 つけ麺
츠케멘은 면을 걸쭉한 라면 국물에 찍어 먹는 요리이다. 츠케멘을 먹는 사람들은 특히 면의 상태와 면발의 굵기에 민감한데 주로 굵은 면을 선호한다. 1970년대 후반 츠케멘 붐이 일어 지금도 그 인기가 이어지고 있다.

도쿄에서 추천하는 라멘스트리트

도쿄 라멘스트리트

츠케멘 계의 카리스마로 불리우는 '로쿠린샤', 도쿄 시오라멘의 자존심 '히루가오' 등 도쿄 전역의 유명 라멘 전문점을 모아 놓았다. 입맛에 맞는 라멘을 골라먹는 재미가 있다. P.170

아키하바라 라멘게키죠

아키하바라 먹거리 쇼핑타운 UDX아키바이치에 위치한 라멘푸드코트는 극장형으로 라이브감을 살린 분위기가 특징이다. 아키바이치 1~3층에서는 라멘 이외에도 다양한 일본 요리를 맛볼 수 있다. P.441

도쿄 라멘 고쿠기칸 마이

아쿠아시티 오다이바 5층에 위치한 라멘 테마파크이다. 홋카이도 미소라멘, 교토의 주카소바, 탄탄멘 등 일본 각종 라멘을 맛볼 수 있다. 점포별로 지역적 개성을 살린 인테리어가 돋보인다. P.220

tip 라멘 자판기 사용법

거의 모든 라멘 가게 앞에는 '식권'이라고 적힌 발매기가 놓여 있다. 점원에게 직접 주문하는 방식이 아닌 식권 발매기에서 메뉴를 확인하고, 구입한 식권을 점원에게 건네는 방식으로 주문이 진행된다.

Sweets

달콤함 짭조롬한 맛의 절묘한 조화
스위츠

요리에도 장인의 기술이 느껴지는 일본이다. 특히 전통 화과자나 최신 디저트에서 그 기술이 극에 달한다. 새로운 디저트가 순식간에 사람들의 입소문을 타고 화제의 중심에 서지만 전통적인 디저트의 인기도 그에 못지 않다. 수 세기에 걸쳐 기술을 전하는 사람이 있고 또한 그 맛을 존중하며 즐기는 사람이 있기에 전통은 명맥을 유지해 온 것이리라. 어느 한 쪽도 놓칠 수 없는 전통 스위츠와 신감각 스위츠의 대결. 당신은 어느 쪽에 현혹당할 것인가!

전통 스위츠

단고 団子
단고는 쌀가루를 반죽하여 한입 크기로 동그랗게 만들어 쪄낸 떡에 콩가루를 묻히거나 간장을 묻혀 꼬치에 끼워 먹는 디저트이다.

닌교야키 人形焼
반죽을 부은 후 팥소를 넣어 인형이나 새 등 주물의 형태 그대로 구워내는 빵이다.

다이후쿠 大福
한국의 찹쌀떡과 같다. 둥근 찹쌀떡 안에 팥 앙금이 들어 있는 것이 보편적이지만 딸기를 통째로 넣거나 최근에는 커스터드 크림 등 다양한 것들로 대체되기도 한다.

도라야키 どら焼き
카스텔라 맛이 나는 동그란 빵 사이에 팥 앙금을 넣어 먹는 일본 전통 과자이다. 도라銅鑼라고 하는 타악기와 모양이 비슷해 이와 같은 이름이 지어졌다.

`신감각 스위츠`

크레이프 クレープ
프랑스에서 메밀가루를 반죽하여 팬에 얇게 구워 내 먹던 것이 기원이다. 하지만 아이스크림이나 과일을 넣어 먹은 것은 프랑스가 아니라 도쿄의 하라주쿠에서 탄생했다.

팬케이크 パンケーキ
팬케이크는 사랑이자 행복이다. 달콤하고 폭신한 감촉이 일본 전역을 열광시킨 신감각 스위츠의 대표 주자이다. 생크림, 생과일, 견과류 등 다양한 토핑과 함께 즐긴다.

와플 ワッフル
와플은 네델란드어로 벌집을 뜻하는 Wafel로부터 유래되었다고 한다. 격자 모양 2개의 철제 주물판에 구워 내면 말 그대로 벌집 모양의 달콤한 디저트가 완성된다.

팝콘 ポップコーン
영화관에만 가면 먹는 흔하디 흔한 팝콘이 최신 스위츠라고?! 그 맛보다 10배 정도 맛있다고 생각하면 된다. 도쿄에서는 수십 종류의 다양한 팝콘을 맛볼 수 있다.

SNS를 뜨겁게 달구는 최강 비주얼 스위츠

스위츠에 가장 민감한 도시가 바로 도쿄이다. 맛뿐만 아니라 시각적인 만족도를 더욱 중요시하는 도쿄의 스위츠를 들여다보면 세계의 스위츠 트렌드를 읽을 수 있다. 오픈하자마자 SNS를 뜨겁게 달구었던 최강 비주얼의 스위츠를 모아 보았다.

롤 아이스크림 팩토리
ロールアイスクリームファクトリー

액체 상태의 아이스크림을 영하 10도의 플레이트 위에서 고체 상태로 전환하는 과정에서 돌돌 말아 롤 형태로 만들어 내는 아이스크림이다. 계절 과일이나 쿠키, 초코 등 토핑이 더해진 완성된 비주얼은 우주 최강! P.303

베어즈 슈거 쉑 ベアーズシュガーシャック
세상에서 가장 작은 팬케이크 베어즈 슈거 쉑은 좋아하는 토핑을 자유롭게 선택해 먹을 수 있는 캐주얼한 감각의 팬케이크이다. 오가닉 재료를 사용하고 숲의 산장을 연상시키는 숍 분위기는 누구나 자유롭게 쉬어가기를 바라는 마음을 담고 있다. P.412

밀크 ミルク
궁극의 밀크의 맛을 보여주는 밀크. 그 크리미한 맛에는 비밀 숨어 있다. 목초가 풍부한 홋카이도 곤센根釧의 우유만을 사용, 특수 제법으로 정성스럽게 공기를 넣어 어디에서도 맛볼 수 없는 깊고 쫀득쫀득한 크림 맛을 탄생시켰다. P.412

베이크 치즈 타르트 ベイクチーズタルト
바삭바삭 타르트 쿠키가 부서지는 소리가 일품인 베이크 치즈 타르트. 두 번 구워 내 더욱 바삭한 쿠키 속에 홋카이도의 크림 치즈가 가득하다. 한입 베어 물면 입안 가득 짙은 우유 향이 퍼진다. 얼려 먹으면 치즈 케이크로 변신! P.413

타피오카 밀크티 빙수
짙은 홍차의 맛이 입안 가득 퍼지는 빙수이다. 캐러멜 소스와 따뜻한 타피오카를 더해 먹는 인기 메뉴.

이치고(딸기) 빙수
유독 딸기에 열광하는, 도쿄 여성이 열광하는 메뉴이다. 딸기와 우유를 섞어 밀키한 느낌의 이치고 빙수는 연유와 함께해 더욱 달콤하다.

망고 빙수
아이스몽스터가 처음 만들어 낸 후, 세상의 빙수가게에 망고 빙수가 없는 곳이 없을 정도로 센세이션을 일으켰던 빙수이다. 대만, 도쿄 모두 인기 No.1! P.306

프로즌 스모어
Frozen S'more フローズン スモア™
바닐라 아이스크림에 초콜릿 플레이크를 뿌려 달콤한 맛의 마시멜로로 말아 나뭇가지에 꽂아 먹는 도미니크 안셀 베이커리 오리지널 스위츠이다.

크로넛츠 Cronet クロナッツ®
도미니크 안셀 베이커리 도쿄의 크로넛츠는 크루아상과 도너츠를 융합시킨 스위츠로 도미니크 안셀 셰프를 세상에 알린 메뉴이다. 2013년 5월 10일 탄생한 이 메뉴는 디저트 역사상 가장 많은 리뷰를 남겼다.

쿠키숏트
Cookie Shot クッキーショット™
숏트 글라스의 형태를 한 따뜻하고 부드러운 초코칩 쿠키 안에 바닐라밀크를 부어 만든 디저트이다. 휴식 시간이면 쿠키와 우유를 먹는 미국의 문화에서 착안한 메뉴이다. 차가운 바닐라밀크를 따뜻한 초코 쿠키가 감싸고 있다.

food
편의점조차도 맛있다는 빵
Bread

도쿄의 빵집을 궁금해하는 사람이 많다. 하긴 편의점 빵도 맛있다는 말이 나올 정도이니. 도심에서 사람들로 가득한 빵집을 찾는 일은 어렵지 않다. 밀가루 음식이라는 것으로 터부시되기도 하지만 누군가에게 빵은 위안이요, 행복이요, 휴식이다. 끌림이 있었던 빵집, 맛도 좋고 분위기도 좋았던 곳만 모아 보았다.

1 르 팡 코티디앙 Le Pain Quotidien

시바 공원에 위치한 르 팡 코티디앙은 도쿄타워 가까이에 위치한 베이커리 카페이다. 테라스에서는 반려동물과 함께 식사를 할 수 있으며 브런치를 즐기고자 하는 사람들이 즐겨 찾는 곳이다. 신선한 채소와 햄, 빵을 중심으로 한 모든 요리는 오가닉 재료를 사용한다. 중요한 것은 밀가루, 물, 소금 그리고 시간이라고 하는 르 팡 코티디앙의 취지가 새삼 위로가 되는 공간이다.

2 로터스 바게트 Lotus Baguette

한적한 메구로 강가에 퍼플과 핑크빛 간판이 눈에 띄는 베이커리, 로터스 바게트는 모든 빵을 천연효모와 유기농 밀가루를 사용하고 첨가물을 일절 사용하지 않는 건강한 빵을 만드는 곳이다. 작은 가게 안쪽에는 커피 바가 있으며 스태프는 모두 여성이다. 빵은 아주 작거나 아담한 사이즈로 잘라서 판매하는데 이것저것 맛볼 수 있게끔 해 주는 친절이 여행자에게는 고맙기만 하다. P.264

3 메종 카이저 Maison Kayser

롯폰기 미드타운에 위치한 메종 카이저는 자체 제작한 오리지널 밀가루를 사용하는 것으로 유명한 빵집이다. 그리고 최고급 버터, 천연효모, 저온도 장기간 발효라고 하는 프랑스 전통 기법으로 빵을 만든다. 단지 빵을 판매하는 것이 아니라 이러한 기법을 통해 보여주는 라이프 스타일의 중요성을 강조하는 곳이다. 재료의 중요성을 실감하게 되는 맛이다. 맛을 표현한들 무엇하리! 어느 것을 고르든 상상 이상이다. P.371

4 곤트란 쉐리에 도쿄 Gontran Cherrier Tokyo

시부야의 길목통이에서 만난 곤트란 쉐리에 도쿄는 파리의 인기 빵과 일본의 독자적인 소재를 융합한 '전통과 혁신이 결집된 빵'이라는 콘셉트로 빵을 만들고 있다. 한국에도 매장이 있는데 나라마다 특성에 맞춘 전개를 하는 것으로 유명하다. 전세계 프랑스 빵 전도사로 알려진 브랑제 파티시에는 파리의 각종 미디어에 등장하는 스타 셰프 중 한 사람이다. 최근 지유가오카 메종이에나 1층에 대규모 숍을 오픈했다.

Department

달콤함의 유혹, 디저트 천국
데파지카 (백화점 지하)

1위 신주쿠 이세탕백화점 伊勢丹百貨店

TOP'S의 초콜릿 케이크

이세탕 지하 1층에 위치한 톱스의 초콜릿 케이크는 스위스 초콜릿과 최고급 생크림, 그리고 호두가 들어가 있어 달콤하고 고소하면서도 깊은 맛이 나는 것이 특징이다. 1인용 초콜릿 케이크가 가장 인기다.

Hollandische Kakao-Stube의 바움쿠엔

지하 1층의 홀란디쉐 카카오스튜베의 바움쿠엔은 이세탕 데파지카 랭킹에 꼭 오르는 스위츠이다. 바움쿠엔을 자른 단면은 둥근 빵이 겹겹이 쌓여 있는 모양을 하고 있는데 이것은 장수, 번영을 의미한다. 그래서 결혼식이나 축하할 일이 있을 때 많은 사람들이 선물로 선택하는 스위츠이다.

기요켄의 슈마이 벤토

지하 1층에 위치한 중화요리 전문점 기요켄의 슈마이 벤토는 버릴 것 하나 없는 다양한 찬으로 가득한 도시락이다. 이 정도 볼륨에 ¥7000라는 가격이 일본인도 즐겨 찾는 이유이다.

2위 긴자 미츠코시백화점 三越百貨店

후레데릭 캇셀フレデリック・カッセル의 밀푀유바뉴

프랑스의 디저트로 유명한 밀푀유는 최근 한국에도 유행하고 있는 디저트이다. 긴자 미츠코시에 있는 후레데릭 캇셀은 파리 교외에 자신의 숍을 가진 쇼콜라티에로, 그가 만든 밀푀유는 프랑스에서도 베스트를 획득했을 정도로 유명하다. 도쿄에는 긴자 미츠코시 단 한 점포뿐이라는 점 기억하길!

센비키야 소혼텐 千疋屋総本店의 후루츠샌드

센비키야 소혼텐은 1834년에 창업한 선물용 과일 전문점으로 유명한 곳이다. 과일, 와인, 양과자 등 다양한 품목을 다루고 있다. 딸기, 키위, 파파야, 파인애플 등 4개의 과일과 생크림을 섞어 넣은 샌드위치가 인기다.

모로조후モロゾフ의 커스터드 푸딩

50년의 역사를 가진 커스터드 푸딩은 모로조후의 트레이드 마크이다. 최상급의 우유, 달걀을 사용하고 보존료는 일절 사용하지 않고 쪄낸 푸딩은 맛이 일품이다.

일본인들에게 데파지카(백화점 지하)란? 소중한 사람에게 정성스런 선물을 보내고자 할 때 들르는 곳이다. 보내는 사람의 마음을 알기에 만드는 사람도 정성과 성의를 다해 만들었다. 그러기에 선물하기에 안성맞춤인 상품들이 가득하다. 이뿐이랴, 궁극의 휴식을 위해, 지친 나를 다독이기 위해 데파지카를 찾는다. 그곳에는 달콤하고 폭신하고 따뜻한 별세상이 펼쳐지기 때문이다. 도쿄 시내 인기 데파지카 랭킹과 줄 서서라도 꼭 먹어야 하는 맛집을 모아 보았다.

시부야 히카리에ヒカリエ ShinQs

텐표앙天平庵의 히카리에 너트타르트

나라奈良 지역의 명물 텐표앙天平庵이 시부야 히카리에 한정판으로 내놓은 너트타르트는 과자위에 초콜릿과 너트가 어우러져 일반 타르트보다 가볍게, 영양가는 높인 디저트이다.

피에르 에르메 파리PIERRE HERMÉ PARIS의 마카롱

시부야 히카리에 ShinQs 지하 2층에 위치한 파스텔 컬러가 아름다운 피에르 에르메 파리의 마카롱. 단맛을 최대한 절제한 어른을 위한 스위츠이다. 컬러별로 확실히 다른 맛을 보여 준다.

가신도桂新堂의 에비히메

각각 다른 맛의 센베이가 들어 있는 에비센베이 세트이다. 달콤한 디저트보다는 짭조름한 과자 종류를 좋아하는 사람에게는 더할 나위 없는 기념품이다. 새우 향이 깊고 진하다.

도쿄 역 다이마루백화점 大丸百貨店

도쿄바나나東京ばな奈의 바나나푸딩맛

한국에서도 유명한 도쿄바나나는 도쿄 기념품 중 가장 인기 있는 스위츠이다. 여러 가지 맛의 도쿄바나나가 있지만 그중에서도 가장 인기 있는 제품은 공항과 백화점에서만 판매하는 바나나푸딩맛이다.

마후카린토麻府かりんと의 고가시쿠로미츠가린토망

검은 꿀의 달콤함과 고소함을 부드러운 텍스쳐의 옷으로 감싸 검게 튀겨 낸 만쥬의 일종이다. 온라인 판매는 일절 하지 않고 현장에서만 판매하기 때문에 직접 가야만 맛볼 수 있는 귀한 스위츠이다.

마미즈 앙 스릴マーミズ アン スリール의 애플파이

엄마의 손맛을 느끼게 하는 애플파이를 구워 내는 가게이다. 원래 가정집에서 만들었던 애플파이가 평판이 좋아져 트럭장사를 시작한 것이 마미즈 앙 스릴의 시작이다. 보존료나 향신료를 절대 사용하지 않는 엄마가 만들어 준 애플파이의 맛을 그대로 전한다.

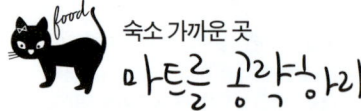
숙소 가까운 곳
마트를 공략하라

마트는 여행의 마지막 날 들리는 경우가 많은데, 귀갓길에 매일 들르라고 말하고 싶다. 여행에 지치면 안 되니 과일도 꼭 챙겨 수분과 비타민을 보충하자. 여행의 피로를 풀어 줄 맥주를 사거나 간단한 안주, 혹은 도시락을 사서 들어가면 좋다. 한국과 마찬가지로 오후 8시경이면 최소 20% 많게는 50%까지 할인한다. 저렴한 가격으로 일본 음식을 이것저것 맛볼 수 있다. 이것들이야 말로 일본의 평범한 주부가, 혹은 직장인이 즐겨 먹는 음식들이다. 그러니, 도쿄에 도착하면 숙소에서 가장 가까운 마트를 확인해 두자. 여행의 든든한 조력자가 될 것이다.

Maat

그 어떤 국물에도 어울리는,
히가시마루
우동수프

오차즈케

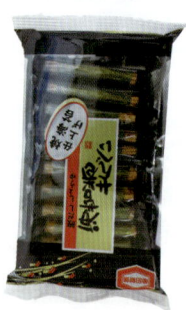

김에 돌돌 말린 고소한
노리마키 센베이

와사비 본연의
맛을 느낄 수 있는
혼와사비

간장을 발라 튀겨 낸
짭조름한 센베이,
아게이치방

100% 일본산
이토엔 녹차

아침에 먹기 좋은 각종 샐러드류

비벼 먹기만 하면 되는 차가운 중화면, 히야시주카

영양소를 충분히 생각한 각종 도시락

간단하게 데워 먹을 수 있는 도리아와 그라탕

부드럽고 달콤한 푸딩, 일본에서 반드시 맛보아야 할 맛 중 하나!

가볍게 먹을 수 있는 도시락

식후 디저트도 빠트릴 수 없네!

오키나와의 장수 채소로 불리는 고야를 넣어 만든 건강한 반찬, 고야참플

마트에서 산 재료로 간단 레시피

오차즈케

밥 위에 오차즈케 1봉을 뜯어서 붓고 팔팔 끓인 뜨거운 물만 부으면 끝! 오차의 그윽한 맛과 첨가된 김 맛이 더해서 깜짝 놀랄 만한 음식이 완성된다. 따뜻한 오차가 온몸으로 퍼지며 기분이 한층 가라앉는 신비한 음식이다.

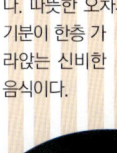

야키소바

이 한 봉지에 야키소바 면과 수프 가루가 각 3봉씩 들어있다.

1 먼저 프라이팬에 기름을 둘러 준비해 둔 양배추를 볶는다.

2 양배추가 적당히 익으면 면을 넣고 물을 조금 부어 면을 풀어 준다.

3 적당하게 익으면 수프를 넣어 골고루 스며들게끔 저어준다.

4 취향에 따라, 돼지고기 혹은 베이컨, 숙주 등 각종 부재료를 넣어 먹으면 더 맛있다.

싸다고 무시하지 마라 편의점의 맛

7-ELEVEN
세븐일레븐 セブンイレブン

도로리 치즈 소스
토마토 그라탕
とろ―リチーズソース
トマトグラタン

우마미스프노
야사이모리탄멘
旨みスープの野菜盛りタンメン

카키아게 소바
かき揚げ蕎麦

탓푸리 타마고 사라다
たっぷりたまごサラダ

레어치즈모찌
レアチーズもち

LAWSON
로손 ローソン

완숙 토마토
미트소스 도리아
完熟トマトのミートソースドリア

브랑노 치즈 무시케키
홋카이도산 크리무치즈
ブランのチーズ蒸しケーキ
北海道産クリームチーズ

나마도라야키 고쿠라크리무
生どら焼き 小倉クリーム

도로리 타마고
스키야키돈
とろ―リ卵の牛すき焼き丼

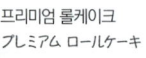

프리미엄 롤케이크
プレミアム ロールケーキ

거리에서 가장 눈에 자주 띄는 세븐일레븐, 패밀리마트, 로손 등 크게 세 가지로 분류해 보았다. 편의점은 음식이든 생활 용품이든 여행자에게는 가장 가까이 있는 즐거움이며, 없어서는 안 될 존재이기도 하다. 일본은 콘비니(콘비니언스 스토어의 약자) 오타쿠가 많아 편의점에 새로운 도시락이 출시되거나, 스위츠의 인기 순위를 따지거나, 같은 종류의 스위츠를 가지고 어디가 맛있는지 열띤 논쟁을 벌이기도 한다. 관심이 큰 만큼 상당한 제품력과 라인업을 자랑하는 일본의 편의점. 무시하면 콘코다친다.

FamilyMart 패밀리마트 ファミリーマート

쿠리무노세 쟈지 규뉴 푸린
クリームのせジャージー牛乳プリン

맛챠 앙망
抹茶あんまん

FAMIMA CAFÉ
릿치프랏페 카라메루
リッチフラッペキャラメル

프리미엄 안노이모 타르트
プレミアム安納芋のタルト

츠키시마 몬쟈망
月島もんじゃまん

FAMIMA CAFÉ
말차라떼 抹茶ラッテ

편의점에 설치된 유용한 기기

로손 로피 Loppi
로피는 로손에 설치되어 있는 티켓 판매 기기이다. 티켓뿐만 아니라 각종 상품이나 보험가입, 신용카드나 공공요금 지불을 대행하기도 한다. 판매하는 티켓은 J리그, 도쿄 디즈니리조트 날짜지정권, 유니버설 스튜디오 재팬, 지브리미술관 등의 테마파크 입장권이다. toto 스포츠복권, JTB의 여행상품권도 판매하는 멀티미디어 단말기이다. 미니스톱에 놓여 있는 기계는 미니스톱 로피로 로손의 로피와는 구분된다.

세븐일레븐 세븐 뱅크 SEVEN BANK
신용카드 활용도가 낮은 일본에서 편의점 세븐일레븐에 놓여 있는 세븐뱅크는 아주 유용한 기기이다. 해외 신용카드나 체크카드를 이용해 현금을 인출할 수 있는 ATM기기는 우체국의 유초 ATM과 세븐뱅크 ATM, 이온은행 ATM 등이다. 세븐뱅크에서 VISA, Master Card, Diners Club, American Express 등의 신용카드와 전 세계 주요 은행에서 발행한 PLUS나 Cirus의 로고가 있는 체크카드를 이용할 수 있다.

東京 TOKYO
쇼핑

SHOPPING

도쿄 여행의 큰 즐거움
중 하나가 쇼핑이다.
한국에는 없는 오리지널
캐릭터 상품에서부터 눈이
휘둥그레지는 아이디어 상품,
생활 잡화에 이르기까지.
어머, 이건 꼭 사야 해!

도큐핸즈
로프트
무인양품
니토리
캐릭터 숍
드러그스토어
기념품
전자제품
for men, TOKYO

shopping

생활에 활력을 더해 줄 아이디어가 돋보이는 도큐핸즈

가전, 인테리어 가구, 생활 잡화, 사무용품, 부엌용품, 파티용품, 아웃도어, 여행용품 등 생활에 필요한 10만 점 이상의 상품이 진열되어 있는 홈 센터이다. 아이디어 상품이 많다는 점에서는 로프트와 공통점이 있으나, 도큐핸즈는 생활 전반의 용품을 골고루 취급하고 있다는 점, 아웃도어 등 취미 생활에까지 그 범위가 넓혀져 있다는 특징이 있다.

TOKYU hands

❶ **우루오이 냥꼬 퍼스널 가습기** うるおいにゃんこパーソナル加湿気 편안하게 눈을 감은 고양이 모양을 하고 있는 이 스틱은 물이 들어 있는 생수통이나 잔에 넣어 두면 고양이 얼굴에서 김이 모락모락 피어오르는 가습기이다. USB로 연결해서 사용이 가능해 컴퓨터 옆에 놓아두면 언제나 사용이 가능하다. ❷ **마법의 군고구마 냄비** 魔法の焼きいも鍋 혼술, 혼밥이 유행인 요즘, 바야흐로 혼자 고구마를 구워 먹어야 할 때가 왔다. 이럴 때 유용한 마법의 군고구마 냄비를 소개한다. 냄비와 함께 들어 있는 원적외선 세라믹볼 사이에 고구마를 넣어 전자레인지에 8분만 돌리면 완벽한 군고구마를 만들어 낸다. ❸ **쵸이카케 스프레이** ちょいかけスプレー 유명한 킷코만 간장병 모양을 한 스프레이 용기이다. 식탁에 올려두면 돋보이는 아이템이다. 튀김, 만두, 생선 등 간장이 필요한 음식에 뿌려주면 흘리지도 않고 필요한 양만큼 쓸 수 있어 경제적이다. ❹ **고메토기 샤모지** 米研しゃもじ 몸체 이음새 부분을 돌리면 밥주걱과 쌀 씻는 도구 두 가지로 변형이 되는 편리한 아이디어 상품. 4개의 날개에 물이 통과해 영양소를 파괴하지 않으면서 부드럽게 쌀을 씻을 수 있다. 또한 밥주걱으로 사용할 때 밥이 주걱에 붙지 않는다. ❺ **탄산키퍼** 炭酸キーパー 1.5ℓ 콜라를 사서 다 먹기 전에 김이 빠져 버리는 경우가 많다. 탄산키퍼는 공기를 집어넣어 압력을 높이는 것으로 탄산가스가 빠져나가는 것을 방지해 주는 역할을 한다.

shopping
생활용품이 강한 로프트

코스메와 문구류, 잡화 등 여자의 마음을 사로잡는 아이템들이 가득한 로프트는 뷰티용품과 건강 미용 제품, 특히 문구류가 강하다. 생활에 필요한 물건들이 재미있는 이야기를 만들어 내는 곳 로프트의 인기 상품들이 지갑을 열게 한다. 유라쿠초 지점이 긴자 내로 이동하면서 로프트의 강점인 뷰티&헬시를 더욱 강화시켰다.

① 스팀크림 썬스크린 スチームクリームサンスクリーン 이름 그대로 증기의 힘으로 만들어 낸 선크림이다. 보습을 중시, 촉촉함을 주면서 자외선으로부터 피부를 지켜준다. 화장수 다음 스팀크림 하나로 베이스 역할을 해 주기도 한다. 겹쳐 발라도 뜨지 않고 백탁현상이 없으며 썬크림 전용 클린징이 필요 없는 선크림이다. 우리의 일상생활에는 SPF20 PA++로 충분하다. ② 스마일리(좌), 부루코(우) スマイリー, ブルコ 입 꼬리를 올려주거나 입 주변 근육을 움직여 입 모양을 이쁘게 하는 미용 도구. ③ 아트마스크 あーとますく 페이스 마스크가 인기이다. 퓨어스마일에서 만드는 아트마스크는 우스꽝스러운 캐릭터가 많아 선물용으로 인기다. 울트라맨과 같은 만화 캐릭터, 에도를 연상시키는 민화, 귀여운 동물캐릭터 등 그 종류도 각양각색이다. ④ 펭귄 스크레이버 ぺんぎんスクレーパー 그릇에 묻은 음식물을 깨끗이 닦아내는 역할을 한다. 설거지가 한결 쉬워진다. ⑤ 풋 메디 フットメジ 발 전용 비누. 관련 업계에서 판매율 1위인 상품이다. 숯 성분으로 발에 있는 균과 냄새를 없애 준다. ⑥ 코짓토 미각 핏트 스키니 솔 데오 발가락 쇼트 コジット 美脚フィットソールデオ 5本指ショート 바닥의 메쉬 원단이 땀을 흡수하고 발이 앞으로 쏠리는 것을 방지한다. ⑦ 코짓토 미각 핏트 스키니 솔 데오 구비레 コジット 美脚フィットソールデオ くびれ 발바닥 부분에 일체형 쿠션이 장착되어 있어 발의 피곤함을 덜어준다. ⑧ 스매쉬 샤프 펜슬 スマッシュ シャープペンシル 로프트에서 30년간 베스트셀러인 샤프이다. 샤프심이 나오는 부분인 금속 챠크 부분이 정밀하고 강하다. 30년 전 발매 당시 디자인 그대로 지금까지 판매되고 있으며 1987년 굿디자인상을 받은 제품이다.

shopping
자연주의적 삶 무인양품

MUJI

무인양품을 글 그대로 풀이하면 '상표가 없는 좋은 상품'이라는 의미다. 브랜드에 대한 가치는 당연히 그 브랜드의 이름이 가지는 것이지만 무인양품은 상표가 없다는 것이 브랜드가 되었다. 상표는 없지만 그 대신 제품의 품질에 가치를 두는 무인양품의 콘셉트는 젊은 층의 절대적인 지지를 받았고 세계적인 브랜드가 되었다. 한국에서도 무인양품의 숍을 만날 수 있지만 일본에서는 그 스케일이 다르고 내부는 콘셉트도 훨씬 다양하다. MUJI to GO는 여행자라면 관심이 갈 만한 기발한 아이템들이 많아 특히 눈여겨볼 만하다.

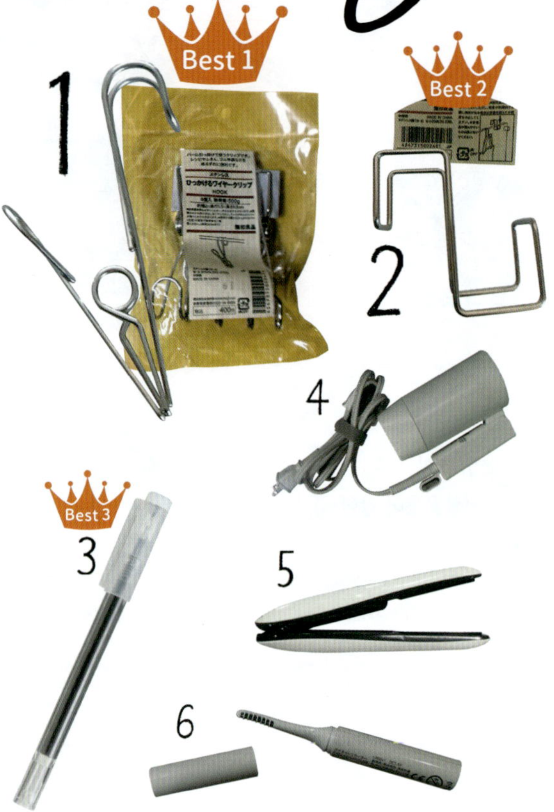

Best 1 — 1
Best 2 — 2
Best 3 — 3
4
5
6

❶ **힛카케루 와이어클립**(걸 수 있는 와이어클립) 주방이나 사무실에서 집게가 필요할 때 쓰인다. 어딘가에 걸 수 있는 고리가 부착되어 있어 틈새에 걸 수 있다는 것이 포인트이다. 무인양품 베스트. ❷ **NO.1 도비라니 츠케루 후크**(문에 걸 수 있는 고리) 드레스 룸의 문, 창틀 홈에 걸어놓으면 꽤 많은 양의 행거를 걸게 하는 정말 유용하게 쓰이는 제품이다. 가방, 모자, 스카프 등 걸어 놓기 애매한 것들을 걸기에 딱이다. ❸ **고슷데 케세루 보루펜**(문질러서 지우는 볼펜) 이 볼펜으로 쓰고 부착되어 있는 고무로 지우면 지우개처럼 지워진다. ❹ **여행용 헤어드라이기** 작지만 큰 파워를 자랑하는 헤어드라이기. 디자인도 예뻐 집에서도 쓰고 싶은 아이템. 전원은 200~240V까지 사용할 수 있다. ❺ **여행용 코드레스 스트레이트 헤어아이롱** 손안에 쏙 들어오는 콤팩트한 사이즈의 코드리스 헤어고데기. 충전식으로 200℃의 고온 타입이다. ❻ **속눈썹 고데기** 2가지 종류의 커브로 속눈썹 컬을 만들어 주는 고데기이다. 마스카라 사용 후에도 사용 OK.

shopping
디자인과 가격, 두 마리 토끼를 모두 잡은 니토리

생활용품 전문점인 니토리는 원래 교외에 대형 매장을 전개해 왔다. 그러나, 최근 자가용을 가지고 있지 않은 젊은 층을 공략하기 위해 주요 도심에 매장을 전개하기 시작했다. 그 상징적 매장으로 신주쿠 다카시마야 타임즈스퀘어에 2016년 12월에 오픈했다. 총 5층 건물에 1층은 실내 장식, 조명, 수납 용품, 2층은 가구와 러그, 욕실과 화장실 용품, 3층은 키친, 다이닝, 4층은 커튼, 리빙 패브릭 전문, 5층은 가구 코디네이터 전용 룸으로 이루어져 있다. 전관이 여자들을 위한 관이라고 해도 지나침이 없다. 신주쿠라는 지역적 특성을 살린 니토리는 더욱 젊어지고 세련된 감각으로 니토리의 이미지를 다시 쓰고 있다. 이 전략은 대성공이다.

Nitori

1

2 3

5

4

① **스프컵** 다이소보다 저렴한 가격으로 디자인과 품질 모두 만족할 만한 스프컵. 겨울에는 이 스프컵이 매우 유용하게 쓰일 듯하다. ② **머그컵** 깨끗한 머그컵이 ¥95. 다이소보다 더 저렴한 가격에 사람들이 한껏 모여 있어 제품이 거의 동이 날 지경이다. ③ **캔버스 포스터 액자** 거실에 여러 개 걸어 두면 분위기가 확 바뀌는 캔버스 포스터 액자가 ¥925! ④ **프레시락** 신선하게 보관해 줄 프레시락. 디자인이 깔끔하고 용량이 다양하다. ⑤ **식탁매트** 귀여운 일러스트가 식탁 위의 포인트가 되어 줄 것이다.

shopping
애니메이션 강국 일본의 캐릭터 숍
아이들을 위한 캐릭터인형 vs 어덜트를 위한 피규어

일본은 애니메이션에 등장하는 가상의 캐릭터들에게 가치를 부여해 상품으로 전개하는 캐릭터 산업에 막강한 후원을 해 왔다. 일본의 오리지널 제품들을 찾아 바다를 건너오는 사람들도 적지 않다. 일본 여행에서 만날 수 있는 캐릭터 숍 중 아이들이 좋아할 만한 귀여운 캐릭터 숍과 동심의 세계에 푹 빠져 사는 어덜트를 위한 피규어 숍으로 나누어 보았다.

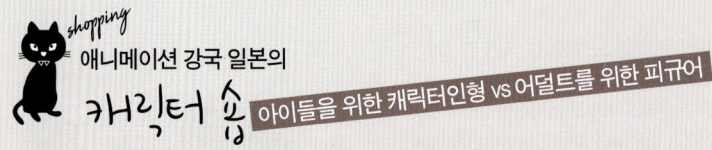

1974년 탄생한 일본 오리지널 캐릭터
헬로키티

보는 것만으로도 릴렉스~
리락쿠마

귀찮아하는 표정이 매력적인
구데타마

돈구리공화국의 아이들
토토로와 친구들

Character
캐릭터 인형

북유럽 전설 속의 트롤
무민

요괴워치의 염라대왕
마타타비

〈마법사 프리큐어〉의 곰돌이
모후룬

시공간을 초월하는 로봇
도라에몽

〈짱구는 못말려〉의 주인공
짱구

추천 도쿄 캐릭터스트리트 도쿄역일번가에 위치한 도쿄 캐릭터스트리트에는 NHK, TBS, 후지테레비 등 각 방송사의 오리지널 캐릭터를 포함해 울트라맨, 키티 등 일본 국내외 인기 캐릭터 숍이 한자리에 모여 있다. P.155

돈구리공화국 〈이웃집 토토로〉, 〈마녀 배달부 키키〉, 〈센과 치히로의 행방불명〉 등 미야자키 하야오 감독이 운영하는 지브리 스튜디오의 작품에 등장하는 캐릭터 상품을 판매하는 곳이다.

shopping
건강과 아름다움을 책임져 줄 드러그스토어

드러그스토어는 일본 쇼핑에서 빼놓을 수 없는 코스이다. 일부 인기 아이템은 한국에서도 살 수 있지만 일본에서 사면 훨씬 저렴하다는 것을 알기에 드러그스토어의 쇼핑은 즐겁기만 하다. 일본 내 다양한 드러그스토어가 존재하지만 그 대표주자로 마츠모토기요시를 꼽는다. 전국에서 760여 개의 점포가 운영 중이며 규모가 가장 크다. 주요 관광지에서 반드시 마츠모토기요시를 만날 수 있는데 면세 혜택을 실시하는 등 관광객을 위한 서비스를 늘려가고 있다.

센카 퍼펙트 휩 세안폼
専科パーフェクトホイップ洗顔フォーム

강력한 클렌징 효과로 한국 여성이 꼭 사오는 애용품 중 하나이다. 천연 실크 에센스와 히알루론산이 함유되어 있어 세안 후에도 촉촉한 피부를 유지한다.

도브 폼클렌징
Dove 洗顔料

도브 헤어케어, 도브 바디케어 제품은 한국에도 있지만 세안제는 한국에서 구하기 힘들다. 모이스처 기능이 뛰어나 세안 후 얼굴 당김이 적다. 이 모든 것보다 가성비가 최고라는 점 기억하자.

👑 하라주쿠 다케시타도리점 코스메 랭킹 1위

텐마데토도케 마스카라
天まで届け マスカラ

'하늘까지 닿아라'라는 의미의 텐마데토도케는 속눈썹은 위로 향하지 않으면 안 된다는 문구로 강력하게 어필하고 있다. 뭉치지 않는다는 점이 강점.

👑 하라주쿠 다케시타도리점 클렌징 랭킹 1위

비페스타 우루오치미즈클렌징
ビフェスタうる落ち水クレンジング

얼굴의 어두움마저 지워준다는 비페스타의 우루오치미즈클렌징은 오일프리로 모공 속 때를 말끔히 제거해 얼굴을 밝게 해 주는 효과가 있어 하라주쿠 다케시타도리점에서는 판매 랭킹 1위를 자랑하는 제품이다.

👑 하라주쿠 다케시타도리점 코스메 랭킹 2위

원더 콜렉트 파우더
Wonder Collect Powder

산리오의 인기 만화 캐릭터들이 페이스 파우더에 모였다. 여학생들이 많이 모이는 하라주쿠 다케시타도리점의 인기 상품이다. 산리오의 캐릭터를 콜렉팅하는 여학생이 많다고.

시세이도 마키아쥬 아이랏슈카라
MAQUILLAGE アイラッシュカーラー

시세이도 뷰러는 일본에서 꼭 사와야 하는 뷰티 용품이다. 시세이도의 마키아쥬 시리즈는 드라마틱 글래머라는 콘셉트로 귀여움보다는 여성스러운 고급스러움을 강조한다. 가격은 일반 뷰러보다 ¥200 정도 비싸지만 퀄리티가 높다.

GUM 칫솔
ガム・デンタルブラシ

초극세모가 치주가 생길 수 있는 구석구석 깊은 곳까지 닿고 강한 반동으로 플러그를 치아에서 떼어내는 역할을 한다. 브러쉬가 달린 머리 부분이 작고 좁아 입안의 깊은 곳까지 닿아 사랑니까지 케어가 가능하다.

무히팟치 ムヒパッチ

모기나 벌레에 물렸을 때 붙이면 가려움이 감소된다. 호빵맨, 피카츄 등 아이들이 좋아하는 만화의 등장 캐릭터들의 일러스트가 그려져 있어 아이들, 혹은 아이가 있는 부모님에게 선물하기에 좋다.

GUM 치약
ガム・デンタルペースト

GUM는 일본 치과의 협회가 추천하는 덴탈 케어 제품이다. '치주병과 싸우는 GUM'이라는 캐치프레이즈로 1970년대부터 세계 최신의 치주병 연구에 돌입한 SUNSTAR에서 만드는 제품이다. 사용하면 독특한 상쾌함과 치아가 깨끗해진 느낌을 느낄 수 있다.

GUM 음파진동 어시스트브러쉬
ガム・音波振動アシストブラシ

1분간 약 18,000회의 음파 진동 기능으로 치주병이 발생하지 않도록 치아와 치아 사이, 입안 깊숙한 곳까지 효과적으로 플러그를 제거해 준다. 가늘고 가볍고 진동음이 적어 보통의 칫솔과 거의 같은 감각으로 사용이 가능하다.

햐쿠도쿠구다시 百毒下し

이 변비약 이름을 그대로 해석하면 '백 가지 독을 빼낸다'라는 의미이다. 한방 재료로 만들어 변비약을 먹었을 때, 위통을 느끼는 사람에게 추천한다. 한국의 한방 변비약이 효과가 크지 않는 점에 비하면 효과도 좋고 위에도 편한 변비약이다.

GUM 덴탈린스 나이트케어
ガム・デンタルリンス ナイトケア

우리가 잠을 자는 사이 타액 분비가 줄어들어 구취의 원인균이 증식하게 된다. 잠들기 전에 사용하면 다음 날 아침 구취와 치주염이 예방되는 나이트케어 제품이다.

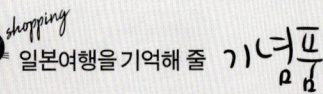

일본여행을 기억해 줄 기념품

기념품은 공항에서 구매하게 되는 경우가 많은데, 도쿄 시내 주요한 관광지에 괜찮은 기념품 가게들이 많으니 하나씩 사 두는 것도 방법이다. 아사쿠사야말로 에도를 그대로 옮겨 놓았다고 해도 과언이 아니니 전통 공예품은 이곳에서 가장 많이 볼 수 있을 것이다. 많은 외국인 관광객이 이곳에서 기념품을 구입하기도 한다. 전통 그릇이나 주방용품은 아사쿠사 갓파바시도구거리를 추천한다. 물량과 가격 면에서 가장 다양하고 가장 저렴하다. 공예품은 도쿄 도청 전망대에 위치한 기념품 가게도 물건들이 쓸 만하고 가격도 괜찮다.

아사쿠사 나카미세도리 浅草仲見世通り

야사쿠사 센소지로 들어가는 250m의 길목에 에도시대의 상점가가 그대로 존재한다. 일본에서 가장 오래된 상점가인 이곳에 일본의 전통 먹거리와 전통적인 공예품 가게들이 센소지 절로 들어가는 입구에 가득 늘어서 있다. 고운 색 입혀 예쁜 소리가 나는 풍경, 전통 수제 젓가락, 후지산과 사쿠라가 그려진 부채, 가부키 인형 포장이 귀여운 전통 과자, 무사의 복장을 한 전통인형 등 정교하고 잘 만들어진 기념품이 많다.

↘ p.462

갓파바시도구거리 かっぱ橋道具街

전통 그릇과 찻잔, 주방용품 도매상이 모여 있는 거리이다. 한국의 유명 스타 셰프가 자신이 사용하는 칼은 일본 제품을 쓴다고 해서 일본의 주방 도구에 대한 관심이 한층 높아졌다. 젓가락, 찻잔, 밥그릇은 ¥500 정도면 아주 괜찮은 물건을 고를 수 있다. 젓가락 같은 경우 포장이 잘 되어 있어 선물하기 좋다. 한국으로 가져간다고 하면 별도 포장을 해 주니 마음에 드는 접시나 밥공기 몇 개쯤은 구매해도 좋을 듯하다.

↘ p.468

롯폰기 하시초 六本木 箸長

롯폰기 도쿄 미드타운 갤러리아관 3층에 위치한 하시초는 일본 전통공예품인 칠기와 장인이 하나하나 만들어 내는 최고급 젓가락을 전문적으로 취급하는 곳이다. 화려한 미드타운 내에서 눈에 띄는 것은 칠기와 젓가락 외에도 전통 수공예품이 가게 안에 꽉 들어차 있다는 것이다. 젓가락의 경우 소재에 따라 ¥1만 이상을 호가하는 제품도 있는 고급 기념품 가게이다.

↘ p.360

shopping
전자제품 전문점이 달라졌어요 전자제품

일본의 전자제품 전문점들은 아픈 시간들을 보내고 있다. 전성기를 넘어 어떻게 살아남을지 깊은 고민에 빠진 것이다. 포인트제도가 없어지고 디지털 방송으로의 전환은 국내 수요를 급격히 떨어뜨려 살아남을 방법을 끊임없이 모색하게 만들었다. 그래서 고객은 볼거리와 즐길 거리가 많아진 전자제품 전문점을 만날 수 있게 되었다. 일본에서 전자제품을 사고자 한다면 어디가 좋을지, 변화를 적극적으로 받아들인 더 재미있는 전자제품 전문점을 소개한다.

빅크카메라 신주쿠 히가시구치텐 BIC CAMERA 新宿東口店, 빅크로ビックロ

빅크카메라는 1970년대 처음 이케부쿠로에 문을 열 당시 카메라 디스카운트 스토어로 시작되었다. 그 후 가전, 컴퓨터, 각종 전자기기 및 부속품을 판매를 지속적으로 추가해 나가기 시작한 전자제품 판매점이다. 그 이력으로 인해 빅크카메라는 카메라에 가장 주목할 만하다. 빅크카메라는 신주쿠 히가시구치텐에 유니클로를 입점시키고 공식적으로 '빅크로ビックロ'라는 새로운 명칭을 내걸었다. 전자제품 판매점과 의류 판매점이라고 하는 전혀 다른 업종의 두 업체가 공동 전개를 펼치기 시작한 것이다. 이유는 지상파 디지털방송으로 전환됨으로 인해 전자업계의 수요가 급격히 줄어들었고, 반면 세계적으로 점포를 확충해 가는 유니클로를 입점시킴으로써 유니클로의 고객을 빅크카메라로 끌어들이고자 하는 것이다. 전혀 다른 두 업체의 콜라보는 2012년 오픈 당시 4천 명이 몰려드는 쾌거를 이뤄냈다.

Ⓐ 3-29-1, Shinjuku, Shinjuku-ku 新宿区新宿3-29-1　☎ 03-3226-1111　🕙 10:00~22:00

요도바시카메라 아키하바라점, 요도바시아키바 ヨドバシAKIBA

요도바시카메라 아키하바라점은 아키하바라의 지역적 특성을 살려 요도바시카메라와 아키하바라를 합쳐 요도바시아키바ヨドバシアキバ라는 명칭을 내걸었다. 카메라, 가전제품은 물론, 취미생활을 즐길 수 있는 피규어, 자전거, 스포츠 용품, 골프 용품 전문점과 레스토랑이 함께 한다. 세계적으로 인기와 화제를 모았던 포켓몬스터의 신작 게임 〈포켓몬스터 선&문〉이 발매될 당시 요도바시아키바에는 오픈 전부터 300여 명이 줄을 서서 기다리는 혼잡을 빚었다. 이곳이 아키하바라이기 때문에 펼쳐지는 양상이라고 볼 수 있다. 빅크카메라와는 다른 성격으로 다양한 취미와 놀이를 즐길 수 있는 전자제품 전문점이다.

Ⓐ 1-1, Kandahanaoka-cho, Chiyoda-ku　☎ 035209-1010　🕙 09:30~22:00

for men, TOKYO

shopping 남자도 즐거운 쇼핑 천국

도쿄여행이 온통 여성을 위한 여행인 듯 보이지만, 결코 그렇지 않다. 도심 백화점에 멘즈관이 따로 있을 정도로 일본 남성들의 스타일에 대한 고민은 깊다. 도쿄에서 남자들의 센스를 대변해 줄 아이템을 만났다. 히로시마에서 시작된 핸드메이드 스니커즈 스핑글 무브는 착용감과 세련된 디자인으로 도쿄의 트렌드 세터들에게도 인기이며, 긴자 츄오도리에 위치한 키쿠스이는 110년 역사를 자랑하는 파이프 담배 시가 전문점이다. 남자에게도 즐거운 쇼핑 천국 도쿄를 만끽하길.

스니커즈

스핑글 무브 Spingle Move

스핑글 무브는 히로시마에서 시작된 일본 오리지널 브랜드이다. 신발 갑피와 밑창을 견고하게 결합하기 위해 100℃ 이상의 가마에서 가압가열 방식으로 구워 내는 벌커나이즈 제법을 이용해 만든 스니커즈이다. 모든 공정이 일본에서 이루어지며 상상을 초월하는 제조 과정을 거쳐 하루에 수 켤레 밖에 만들어 낼 수 없는 희소가치가 높은 핸드메이드 스니커즈이다.

점장 추천

No.1

오스트레일리아 캥거루 가죽을 사용한 사이드고어모델 SPM-442

신축성 있는 발목 고어가 발을 편안하게 할 뿐 아니라 발목에 적당한 안정감을 준다. 색상은 화이트, 블랙, 블루, 레드. 가격 ¥21,600

No.2

가장 오랫동안 사랑받아 온 스핑글 무브 시그니처 SPM-110

발을 넣는 순간 최고급 수제 스니커즈에서만 느낄 수 있는 안정감을 가져다주는 제품. 색상은 화이트, 블랙, 블루, 레드, 오렌지, 화이트+브라운.
가격은 가격 ¥18,360

파이프 담배

긴자, 키쿠스이 菊水

담뱃값 인상이 복고를 불러일으켰다. 시중 담배보다 저렴한 가격으로 피울 수 있다는 점에서 파이프 담배와 롤링타바코가 젊은 세대에서부터 유행이 일고 있다. 파이프 담배의 경우 가격이 천차만별이지만 고가라 하더라도 손에 익혀 오랫동안 사용하기 때문에 저렴하다는 것이다. 긴자의 키쿠스이는 1903년 긴자에 문을 연 파이프, 시가, 담배 관련 상품을 판매하는 곳이다. 초심자용에서 전문가용까지 1,200가지의 파이프를 취급하고 있다. 파이프 담배를 처음 시작하는 사람들에게 적당한 연초와 파이프를 추천하고 있다.

↘ p.190

Stanwell

스탠웰은 1942년 덴마크의 폴 스탠웰에 의해 설립된 파이프 브랜드이다. 디자인이 뛰어나 세계적으로 인기이다. 지중해의 브라이어(진달래과 관목) 만을 사용한 브라이어 파이프의 대표주자 가격은 ¥10,000대.

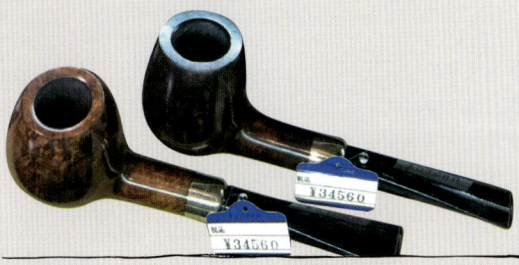

Bentley

벤틀리는 키쿠스이 추천 파이프이다. 독일에서 수입되는 제품으로 완전한 수제품이다. 연기를 수월하게 들이 마실 수 있어 많은 사람들로부터 호평을 받는 파이프이다. 가격은 ¥20,000~¥40,000.

Corncob

옥수숫대로 만든 콘콥 파이프는 내구성은 뛰어나지 않지만 가격이 저렴해 처음 파이프 담배를 시작하는 사람들에게 추천한다.

❶ 입국하기
❷ 공항에서 시내로
❸ 도쿄 시내교통 파헤치기
❹ 특별한 교통 수단

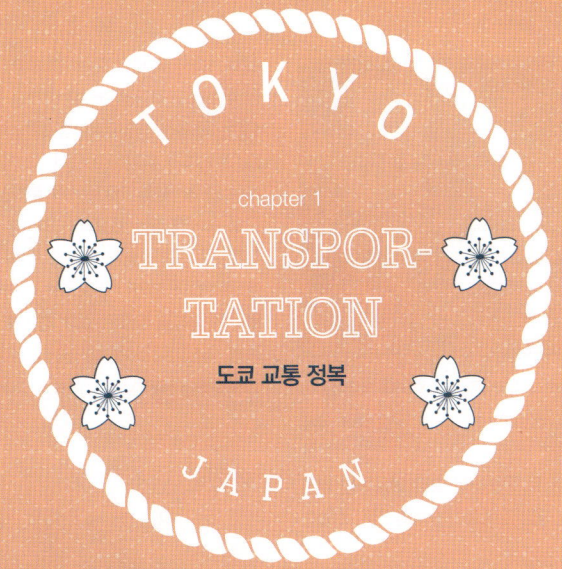

TOKYO

chapter 1
TRANSPOR-
TATION

도쿄 교통 정복

JAPAN

교통

도쿄 입국하기

한국의 각 지역에서 출발하는 도쿄행 비행기는 나리타국제공항과 하네다국제공항으로 도착하게 된다. 나리타는 도쿄 도심에서 약 70km 정도 떨어져 있으며 일본을 대표하는 공항이자 도쿄의 관문이다. 한국에서 가장 많은 항공편이 운항되는 공항이지만 도쿄 도심에서 약 1시간 20분 정도 소요된다는 단점이 있다. 하네다국제공항은 도쿄 도심에 위치하고 있어 이동시간이 절약되고 편리한 반면 비행기 티켓 요금이 나리타 편에 비해 비싸다. 비용 절감이 우선이라면 나리타 공항을, 비용보다는 시간을 절약하고 싶다면 하네다 공항을 권한다.

나리타국제공항 成田国際空港

나리타국제공항은 치바현 나리타 시에 위치하며 일본을 대표하는 국제공항이다. 국제선과 국내선으로 구분되며 국제선은 제1터미널, 제2터미널, 제3터미널로 나뉘어 있다. 제1터미널은 북쪽윙과 남쪽윙으로 구분되어 각각 이용하는 항공사가 다르고 위치도 달라 상당히 복잡한 구조를 가지고 있는 공항이라고 볼 수 있다.

www.narita-airport.jp/kr

하며, 1층은 국제선 도착 로비이자 국내선 이용층이며, 2층은 주차장 연결통로, 3층은 국제선 출발로비 및 탑승 게이트, 4층은 국제선 출발로비 체크인 카운터, 5층은 레스토랑과 숍, 전망대가 위치하고 있다. 대부분의 승객은 공항에 도착하여 입국심사를 마치는 1층 도착로비로 나오게 된다. 한국으로 돌아갈 때는 제1터미널의 4층 북쪽윙과 남쪽윙을 이용하게 된다. 귀국 항공편 이용 시 항공사 체크인 카운터가 구분되어 있어 본인이 이용하는 항공사가 어떤 윙에 위치하고 있는지 알아둘 필요가 있다. 참고로 대한항공과 진에어는 북쪽윙, 아시아나와 에어부산은 남쪽윙에 위치하고 있다.

• **제1터미널 이용 항공사** : 대한항공, 아시아나 항공, 진에어, 에어부산

제1터미널

지하 1층에서 5층에 이르는 중앙빌딩을 중심으로 양 날개인 북쪽윙과 남쪽윙으로 구성되어 있는 터미널이다. 지하 1층은 철도 '나리타공항 역'이 위치

제2터미널

제2터미널은 지하 1층에서 지상 4층의 본관 건물을 중심으로 새틀라이트 라고 하는 2층에서 3층에 이르는 위성 건물이 연결되어 있다. 본관 건물 지하 1층은 철도 '공항 제2빌딩 역'이 위치하고 있으며, 1층은 국제선 도착 로비와 국내선, 2층은 주차장 연결통로, 3층은 국제선 출발 로비로 체크인 카운더와 탑승 게이트, 면세점도 3층에 위치한다. 4층은 레스토랑과, 전망대로 이루어져 있다.

• **제2터미널 이용 항공사** : 일본항공, 티웨이항공, 이스타항공

제3터미널

저가항공 전용 터미널인 제3터미널은 제2터미널에서 630m 떨어진 곳에 위치한 터미널이다. 지상 3층으로 이루어진 본관 건물 1층은 국제선과 국내선 수하물 수취장, 2층은 국제선과 국내선 출발 로비이자 체크인 카운터이다. 3층은 국제선 출발 층이며 면세품 쇼핑이 가능한 구역이다. 제3터미널에서 철도를 이용해 도쿄 도심으로 이동할 경우 무료셔틀버스를 타고 제2터미널로 가야 하며, 고속버스는 제3터미널에서도 이용할 수 있다.

- **제3터미널 이용 항공사** : 제주에어

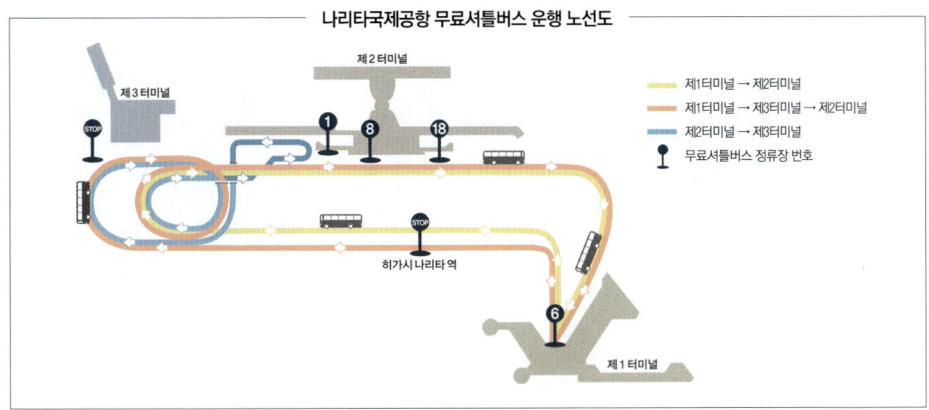

하네다국제공항 羽田国際空港

하네다국제공항은 도쿄 도에 위치하고 있으며 도쿄 도심 공항으로써의 역할을 하고 있다. 나리타국제공항이 설립되기 전에는 일본과 수도 도쿄를 대표하는 공항으로 역할을 해 왔지만, 나리타국제공항이 설립된 이후 국내선 중심의 공항으로 전환되는 듯하였으나 대대적인 공항리뉴얼 공사를 통해 나리타공항 못지않은 시설과 서비스, 청결함으로 예전의 명성을 되찾고 있다. 김포에서 출발하는 도쿄행 비행기는 모두 하네다국제공항으로 들어온다. 대한항공, 아시아나항공, 일본항공, 전일본공수, 피치항공(인천출발)이 운행 중이다. 2층이 도착층, 3층이 출발층이다.

www.haneda-airport.jp/inter/kr

교통

쉽게 이해하는 일본 입국 디테일

한눈에 보는 입국 절차

입국심사를 거치고, 맡겼던 수하물을 수령하고, 세관을 통과하는 과정이다.
이 과정을 끝내면 일본 공항 도착 로비에 이르게 되고 드디어 도쿄 여행은 시작된다.

일본 입국, 하나 둘 셋!

❶ 입국 심사

비행기가 착륙하면 순서를 기다려 차례대로 비행기에서 내린 후 '도착到着'이라고 하는 표지를 따라 입국 심사대로 이동한다. 한국보다는 다소 딱딱한 분위기의 입국 심사를 거쳐야 한다. 먼저, 입국 심사대는 일본인과 외국인으로 갈라져 있으며, 외국인 패스포트外国旅券 FOREIGN PASSPORT라고 쓰인 곳에서 순서를 기다린다. 이때 준비할 것은 여권과 비행기 안에서 건네받은 외국인입국기록 카드이다. 함께 받은 휴대품 신고서는 입국 심사를 마치고 수하물을 찾은 후 세관 검사대를 통과할 때 직원에게 건네준다.

❷ 수하물 수령

입국 심사를 거치면 바로 수하물 취득 컨베이어 벨트로 이동하게 된다. 타고 온 비행기의 편명에 따라 수하물이 나오는 곳이 다르니 입국 심사를 마친 후 수하물 취득 안내 전광판에서 비행기 편명과 수하물 컨베이어 벨트 번호를 확인한 후 이동한다. 수하물을 수령할 때 비슷한 케리어와 헷갈리지 않도록 자신의 것을 잘 확인하고 수령한다. 케리어에 네임 카드를 부착하는 것을 잊지 말자.

❸ 세관 통과

짐을 무사히 찾았다면, 비행기 내에서 승무원에게 받아 미리 작성한 휴대품 신고서과 여권을 준비하고 세관 검사를 기다린다. 허용되는 면세범위는 병당 760㎖ 정도의 술 3병, 담배는 400개비(일본 거주자의 경우 200개비), 향수는 약 50㎖ 1병까지만 가지고 갈 수 있다. 특별한 신고가 없을 경우는 기재사항에 체크만 잘 해 놓으면 별다른 문제 없이 통과가 가능하다.

이렇게 해서 일본 입국 절차가 모두 완료되었다. 1층 공항 도착 로비로 나온 후에는 도쿄 도심으로 이동 방법을 생각할 차례이다.

입국신고서 및 휴대품 신고서 작성요령

2016년 4월부터 출입국카드가 간소화되어 입국기록만 작성하는 것으로 변경되었다. 출국기록 부분과 뒷면의 기입란, 한문으로 이름을 적는 곳이 사라졌다. 입국날짜와 출국날짜, 숙소 주소와 숙소의 전화번호를 정확하게 기재하여야 한다. 호텔에 숙박할 경우 호텔명과 호텔 전화번호만 적으면 되지만 일본의 일반 가정에 머물 경우, 숙소의 주소와 지인의 전화번호를 기재해야 한다. 이 부분 기재가 명확하지 않을 경우 입국 심사 과정에서 직원이 일본어로 무언가를 물어오는 황당한 국면을 맞이하게 된다. 그리고 기재 시에는 반드시 영어로 기입한다. 입국신고서 및 휴대품 신고서는 비행기 내에서 승무원이 나누어주므로 기내에서 미리 작성해 두면 편리하다.

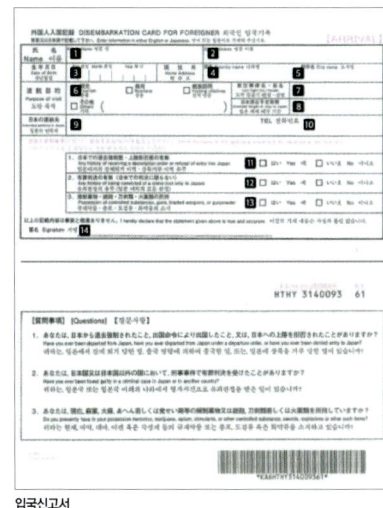

입국신고서

- ❶ 성(영문)
- ❷ 이름(영문)
- ❸ 생년월일
- ❹ (현주소)나라명
- ❺ (현주소)도시명
- ❻ 도항목적
- ❼ 도착 항공기 편명
- ❽ 일본 체재 예정 기간
- ❾ 일본의 연락처(호텔 이름)
- ❿ 전화번호(호텔 전화번호)
- ⓫ 일본에서 강제퇴거 이력, 상륙거부 이력 유무
- ⓬ 유죄판결의 유무(일본 내외의 모든 판결)
- ⓭ 규제약물, 총포, 도검류, 화약류의 소지
- ⓮ 서명

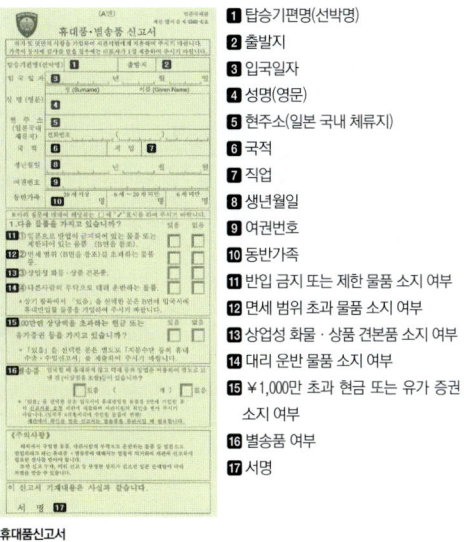

휴대품신고서

- ❶ 탑승기편명(선박명)
- ❷ 출발지
- ❸ 입국일자
- ❹ 성명(영문)
- ❺ 현주소(일본 국내 체류지)
- ❻ 국적
- ❼ 직업
- ❽ 생년월일
- ❾ 여권번호
- ❿ 동반가족
- ⓫ 반입 금지 또는 제한 물품 소지 여부
- ⓬ 면세 범위 초과 물품 소지 여부
- ⓭ 상업성 화물·상품 견본품 소지 여부
- ⓮ 대리 운반 물품 소지 여부
- ⓯ ¥1,000만 초과 현금 또는 유가 증권 소지 여부
- ⓰ 별송품 여부
- ⓱ 서명

교통

공항에서 시내로

모든 입국절차를 마치고 나오면 도심으로의 이동을 고민해야 한다. 이동방법에 대한 다양한 정보들이 있지만 외국 공항이라는 것만으로도 모든 것이 낯설게 보일 것이다. 도쿄의 두 공항에서 도심으로의 이동 방법을 자세히 설명하였으니 자신에게 맞는 적절한 방법을 선택하여 무사히 목적지까지 도착하길 바란다.

나리타 · 하네다 국제공항에서의 교통안내

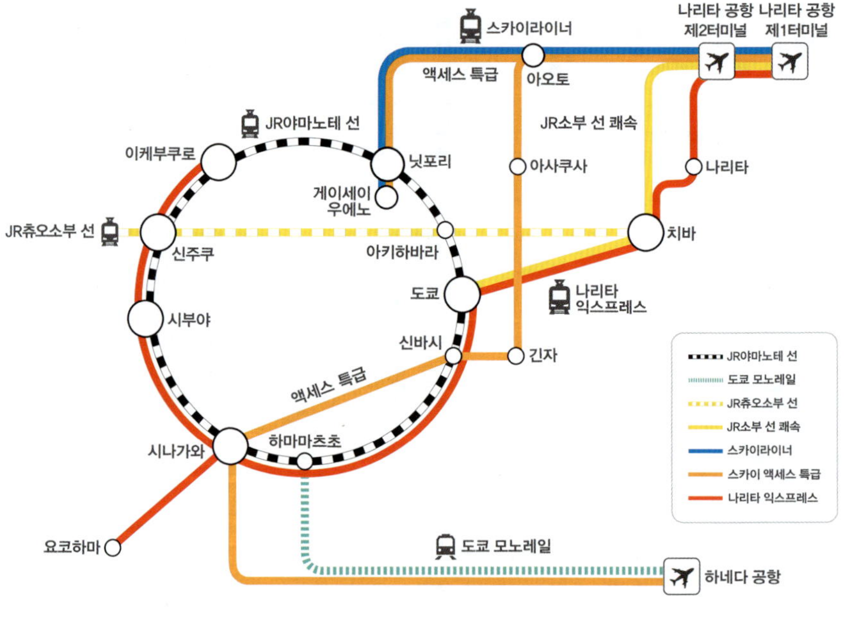

※각 철도 노선의 색은 임의로 정하였으므로 상징적인 색이 아님을 알립니다.

공항에서 도심으로 이동하는 수단 중 가장 많이 이용하는 방법은 철도와 리무진버스이다. 철도는 JR과 사철이 각각 운행되고 있으며 나리타공항은 JR 선과 게이세이 선, 하네다공항은 도쿄 모노레일과 게이큐 선이 운행되고 있다. 각 공항에서는 리무진버스가 다양한 노선으로 운행되고 있어 편리하게 도심까지 이동할 수 있다.

나리타국제공항에서 시내로 가는 방법

나리타국제공항에서 도쿄 도심으로 가는 여러 가지 방법 중 가장 흔히 이용하는 것은 철도와 버스를 꼽을 수 있다. 철도는 크게 JR 선과 게이세이 선Keisei line 두 가지이며, 버스는 공항리무진과 게이세이 버스가 있다는 것을 알아두자. 또한, 어떤 교통수단을 이용하던 자신의 최종 목적지가 어디냐에 따라 선택이 달라질 수도 있다.

먼저 JR 선은 나리타익스프레스Narita Express와 JR소부 선 쾌속Sobu-line Rapid으로 나뉜다. 나리타익스프레스는 도쿄, 시부야, 신주쿠, 이케부쿠로 역에 정차하며, 도쿄 도심으로 빠르게 이동할 수 있는 장점이 있지만 비싸다. JR소부 선 쾌속은 도쿄 역을 거쳐 요코스카 선Yokosuka-Sobu line으로 교외까지 연결 운행된다. 도쿄 역을 종착지로 가정할 때 나리타익스프레스보다 상대적으로 저렴하지만 시간이 더 걸린다는 단점이 있다.

게이세이 선은 속도에 따라 스카이라이너Skyliner, 스카이액세스특급Sky Access Express, 게이세이 본선으로 나뉜다. 이 중 가장 빠른 스카이라이너는 나리타국제공항에서 논스톱으로 닛포리, 게이세이우에노 역으로 운행한다(JR야마노테 선으로 환승할 예정이라면 닛포리 역에서 환승하는 것이 편리함).

결국, 나리타국제공항에서 열차를 이용해 도쿄 도심으로 들어온다면 자신의 목적지와 시간, 요금에 따라 선택의 차이가 있다. 목적지를 기준으로 도쿄 역, 시부야, 신주쿠 방면이라면 나리타익스프레스를, 도쿄 역으로 저렴하게 가고 싶다면 JR 소부 선 쾌속을, 우에노나 아사쿠사 방면이라면 게이세이 선을 선택하면 된다.

버스의 경우 공항리무진과 게이세이 버스로 나뉜다. 공항리무진은 스태프가 짐을 실어주고 내려줄 뿐만 아니라 목적지까지 편하게 데려다 주므로 철도 역사 안에서 헤맬 염려가 없다는 것이 장점이다. 게이세이 버스는 ¥1,000의 저렴한 요금으로 도쿄 역과 긴자를 20분 간격으로 운행하고 있다.

01. 철도

JR 선 JR線 JR Line

나리타국제공항에서 이용할 수 있는 JR노선은 나리타익스프레스와 소부 선 쾌속열차다. 나리타익스프레스는 도쿄 역처럼 주요 도심역을 거쳐 가는 선과 요코하마를 연결하는 선, 도심 근교를 연결하는 선으로 나눌 수 있다. 소부 선 쾌속은 나리타공항 역을 출발해 도쿄 역에 정차하여 시나가와, 요코하마, 구리하마까지 운행하는 요코스카 선으로 이어진다.
www.jreast.co.jp

❶ 소부 선 쾌속 総武線快速 Sobu Line Rapid

나리타국제공항에서 도쿄 역까지 약 90분 소요된다. 소부 선 쾌속은 나리타익스프레스를 이용하지 않고 도쿄 역까지 이동하는 가장 쉽고 저렴한 라인이라 말할 수 있다. 도쿄 역에 도착한 후에는 최종 목적지로 다시 환승해야 한다. 도쿄 역에서는 환승할 노선의 이름과 플랫폼 번호를 잘 확인하고 움직이자. 자신의 목적지가 아키하바라, 신주쿠 방면이라면 긴시초 역에서 JR츄오소부 선으로 환승할 수 있다. 츄오소부 선은 긴시초 역에서 한조몬 선, 료고쿠 역에서는 오에도 선으로 환승할 수 있다는 점을 기억해두면 편리하다.

나리타국제공항 ↔ 도쿄 역	편도 ¥1,320

교통

❷ 나리타익스프레스 成田エクスプレス Narita Express

• 나리타익스프레스 승차권 매표소 운영시간

나리타국제공항 제1터미널		나리타국제공항 제2·3터미널	
JR동일본 여행서비스센터	JR매표소	JR동일본 여행서비스센터	JR매표소
08:15~19:00	06:30~08:15 19:00~21:45	08:15~20:00	06:30~08:15 20:00~21:45

소부 선 쾌속 이용방법

- 공항 도착 로비에서 지하 1층으로 이동
- 오른쪽 JR 선 방향으로 이동
- 종착역 확인 후 승차권 구매
- 전광판에서 승차 플랫폼 확인 후 이동
- 소부 선 쾌속 열차를 타고 도쿄 역에서 하차
- JR야마노테 선으로 환승

나리타익스프레스는 나리타국제공항 제1터미널에서 출발하여 제2·3터미널을 거쳐 도쿄 역, 시나가와 역, 시부야 역, 신주쿠 역을 가는 특급 열차이다. 하네다국제공항에 비해 도쿄 시내와 거리가 있는 나리타국제공항에서 시내까지 도쿄 역 기준으로 약 1시간 정도 소요가 되어 다른 이동수단보다 빠르게 이동할 수 있다. 또한 외국인 전용 노선이고, 자리도 지정석이기 때문에 편하게 목적지까지 갈 수 있어 나리타익스프레스를 이용하는 여행객이 늘어나고 있는 추세이다. JR소부 선 쾌속, 스카이라이너 등 다른 이동 수단에 비해 가격이 비싼 편이다. 하지만 출입국 모두 나리타국제공항을 이용한다면 할인된 가격에 승차권을 구입할 수 있어 비교적 저렴하게 이용할 수 있다. 단, 왕복 승차권의 유효기간은 14일이니 그 기간 안에 승차권을 사용해야 한다. 나리타익스프레스 승차권은 나리타국제공항 제1터미널, 제2·3터미널에서 구매할 수 있고 승차권을 구매할 때 여권을 확인하니 꼭 지참하도록 하자.

• 나리타익스프레스 도착역과 가격정보

출발지	도착지	편도	왕복
나리타국제공항	도쿄 역	¥3,020	¥4,000
나리타국제공항	시나가와 역 시부야 역 신주쿠 역 이케부쿠로 역	¥3,190	¥4,000
나리타국제공항	요코하마 역	¥4,290	¥4,000

* 승차권 가격 12세 이상 기준

JR승차권 발매기에서 승차권 구입하기

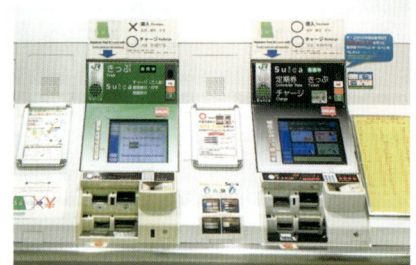

먼저 발매기 상단에 위치한 노선도에서 목적지와 요금을 확인한 후 발매기에서 승차권을 구입한다. 예를 들어 신주쿠의 경우 환승까지 포함한 ¥1,490의 표를 구매하면 된다. 발매기는 언어를 영어로 선택하여 진행할 수 있다. 이때 한국의 티머니와 같은 스이카를 구입하는 방법이 있는데 일정 금액 적립해 놓으면 이동할 때 마다 승차권을 구매하지 않아도 되고 터치만으로 통과할 수 있어 편리하다. 처음에는 ¥2,000 정도 충전하여 사용한다. 스이카에 대한 설명은 p.123을 참고하자.

게이세이 선 京成線 Keisei Line

나리타국제공항에서 도심으로 출발하는 게이세이 선은 세 가지 노선으로 구분된다. 공항에서 닛포리, 게이세이 우에노 역으로 가는 스카이라이너와 스카이액세스특급(줄여서 액세스특급, 하네다국제공항행도 운행), 게이세이 본선이 있다. 스카이라이너는 닛포리 역까지 36분, 게이세이 우에노 역까지 41분이 소요(나리타국제공항 제2터미널 출발 시)되므로 나리타국제공항에서 도쿄 도심으로 접근하는 교통수단 중 가장 빠른 노선이라 할 수 있다. 게이세이 선을 이용할 때는 열차 종류에 따라 승차 플랫폼이 다르니 전광판을 잘 확인해야 한다. 참고로 게이세이 선을 타고 JR야마노테 선을 이용하려는 사람은 게이세이 우에노 역보다 닛포리 역에서 환승하는 것이 훨씬 편리하다는 점을 기억하자.

www.keisei.co.jp

❶ 게이세이 스카이라이너 京成スカイライナー Keisei Skyliner

나리타국제공항에서 닛포리와 게이세이 우에노 역으로 논스톱Non-stop으로 운행한다. 약 41분 소요되며 도쿄 도심으로 이동하는 가장 빠른 수단이며, 상대적으로 쾌적한 시설을 자랑해 많은 여행자가 이용하는 노선이다. 하지만 가격은 게이세이 선을 운행하는 열차 중에서 가장 비싸다.

| 나리타국제공항 ↔ 닛포리, 게이세이 우에노 역 | 편도 ¥2,470 |

❷ 스카이액세스특급 スカイアクセス特急 Sky Access Express

스카이액세스특급은 줄여서 '액세스특급'이라고도 부른다. 게이세이 우에노 역까지 약 57분 소요된다. 나리타국제공항에서 액세스 특급을 이용할 때, 행선지를 잘 보고 이용해야 한다. 게이세이 우에노 방면과 하네다국제공항 방면 두 노선이 있다. 신바시, 시나가와 역으로 이동하려 한다면 하네다국제공항행 액세스특급을 타면 된다. 그러나 두 방면으로 운행하는 열차가 동시간대에 번갈아 운행하는 것은 아니므로 반드시 게이세이 홈페이지를 통해 운행 시간표를 확인하고 이용하자.

| 나리타국제공항 ↔ 닛포리, 게이세이 우에노 역 | 편도 ¥1,240 |
| 나리타국제공항 ↔ 히가시긴자, 신바시 역 | 편도 ¥1,330 |

❸ 게이세이 본선 京成本線 Keisei Main Line

게이세이 본선은 스카이라이너와 액세스 특급에 비해 시간이 상대적으로 많이 소요된다. 나리타국제공항을 출발해 닛포리, 게이세이 우에노 역으로 운행하며, 약 90분 정도 걸린다. 닛포리 역에서 하차해 JR야마노테 선으로 환승해 최종 목적지까지 이동할 수 있다.

| 나리타국제공항 ↔ 닛포리, 게이세이 우에노 역 | 편도 ¥1,030 |

게이세이 본선 이용방법

- 공항 도착 로비에서 지하 1층으로 이동
- 왼편 게이세이 선 방향으로 이동
- 종착역 확인 후 승차권 구매
- 전광판에서 승차 플랫폼 확인 후 이동
- 게이세이 본선 타고 닛포리 역에서 하차
- JR야마노테 선으로 환승

교통

02. 리무진 버스

리무진 버스 매표소는 도착 로비 1층 정면에 위치하고 있으며 직원에게 행선지를 이야기하고 요금을 지불하면 승차권을 건네준다. 리무진 버스 타는 곳은 1층 도착 로비 리무진 버스 매표소 바로 옆의 게이트 바깥쪽에 위치하고 있다. 탑승 위치를 미리 파악하고 해당 번호의 정류소에서 대기한다.

리무진 버스	나리타공항 역 → 도쿄시티 에어터미널	60분	￥2,500
게이세이 고속버스	나리타공항 역 → 도쿄 역 야에스 출구 앞	80분	￥1,000
헤이와 (평화교통) 고속버스	나리타공항 역 → 도쿄 역 야에스 출구 앞	80분	￥1,000
	나리타공항 역 → 긴자 역(스키야바시)	90분	￥1,000

03. 택시

나리타공항에서 도쿄 도심은 약 70km이다. 이를 택시로 이동할 경우, 요금은 ￥16,000에서 ￥22,000 사이이며 추가로 고속도로·수도고속ETC 요금이 거리에 따라 다르지만 최대 약 ￥3,000 정도 발생한다. 택시 타는 곳은 공항 1층 도착 로비 게이트 바깥쪽 15번 승강장이다.

제3터미널에서 시내로 이동

철도

제3터미널에는 철도 정거장이 없다. 따라서 가까운 제2터미널로 이동해야만 열차를 이용할 수 있다. 제3터미널에서 제2터미널로 이동할 때는 무료셔틀버스를 이용하면 편리하다. 제3터미널 2층 도착 및 출발 로비에서 '철도鉄道'라고 표기되어 있는 표지판을 따라가자. 이동하다 보면 셔틀Suttle이라고 영어로 적힌 노란색 버스 표지판을 찾을 수 있다. 이를 따라가서 에스컬레이터를 타고 아래로 내려가면 셔틀버스 정류장에 도착한다. 셔틀을 타고 제3터미널에서 제2터미널로 이동할 때 소요시간은 약 5분이며, 3~5분 간격으로 운행한다.

버스

제3터미널에서 고속버스를 이용할 수 있다. 제3터미널에서 고속버스 전용 승강장까지 약 100m~350m 떨어져 있으며, 버스 승강장 1~11번에서 타면 된다. 전용 승강장까지는 걸어서 약 2분에서 6분 정도 소요된다.

하네다국제공항에서 도심으로

하네다국제공항은 도심에 위치하고 있어 공항에서 목적지까지 빠르게 이동할 수 있다. 주로 이용하는 방법은 철도와 리무진 버스이다. 철도는 모노레일東京モノレール과 게이큐 선京急線 두 가지 노선이 운행하고 있으며 도쿄 전역으로 리무진 버스가 편리하게 운행하고 있다. 하네다 공항 거리 정도라면 움직이는 사람 수와 무거운 짐 등을 따져 택시를 선택하는 것도 무리한 선택은 아닐 듯하다. 2층 도착 로비 왼편에 공항 리무진 버스 매표소, 오른편에 게이힌 버스 매표소가 있다. 중앙 인포메이션을 지나 왼편에 모노레일, 오른편에 게이큐 선 타는 곳이 보인다.

02. 버스

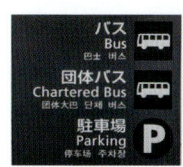 

하네다국제공항의 리무진 버스는 2층 도착층 로비 정면 끝에 좌우에 있는 엘리베이터 혹은 계단을 이용해 1층으로 내려가면 승차장이 있다. 1~5번, 9~11번이 도쿄 방면의 승차장이다.

버스	하네다국제공항 ↔ 신주쿠 역	￥1,230, 35~75분 소요
	하네다국제공항 ↔ 도쿄 역	￥930, 25~45분 소요
게이힌 급행 버스	하네다국제공항 ↔ 도쿄 역	￥930
	하네다국제공항 ↔ 시부야 역	￥1,030

01. 철도

모노레일 東京モノレール

모노레일은 하네다국제공항에서 모노레일 하마마츠쵸 역까지 운행하는 노선으로 역 개찰구와 출발 로비가 함께 있다는 면에서 여행자에게는 가장 이상적인 공항 교통수단이라고 할 수 있다.

하네다국제공항 ↔ 모노레일 하마마츠쵸 역	￥490, 약 13분 소요

게이큐 선 京急線

하네다국제공항에서 시나가와品川를 연결하는 노선이다. 도쿄 도심의 거의 모든 노선이 정차한다고 볼 수 있는 시나가와 역으로 운행한다는 것은 환승에 최고의 잇점을 가지고 있다고 할 수 있다. JR선 환승이 편리하고 시부야, 신주쿠, 하라주쿠로의 이동에 가깝고 편리하다.

하네다국제공항 ↔ 시나가와 역	￥410, 약 11분 소요

03. 택시

택시는 2층 도착 로비에서 중앙 인포메이션을 지나면 택시 표지판이 보인다. 계단을 이용해 1층으로 내려가면 바로 택시 승강장이다. 각 에리어별로 요금이 달라진다. 고속도로 요금은 거리에 따라 요금이 결정되는데 최대 ￥1,300이다.

하네다국제공항 ↔ 도쿄 도심	￥6,700~￥10,200

교통

도쿄 시내교통 파헤치기

도쿄의 철도 노선도는 마치 얽히고설킨 거미줄, 좀처럼 풀릴 것 같지 않은 실타래의 형상을 하고 있다. 이 거미줄은 JR과 도쿄메트로, 도에이지하철, 그리고 사철로 이루어져 있다. 주로 JR과 지하철로 이동하며, 버스와 택시를 이용할 수도 있다. 버스는 한국과 마찬가지로 전철과의 연계 교통수단이라고 생각하면 이해가 쉽고 택시는 한국처럼 편리하게 이용하기에는 요금의 부담이 너무 크다. 도쿄 여행을 책임질 JR과 지하철의 이용방법, 편리한 IC카드, 프리패스의 종류, 버스와 택시 이용 시 주의사항을 체크하자.

01. JR

JR은 일본의 국철을 인수한 민영 철도회사이다. 일본 내 최대 이용객 수, 최대 노선을 가지고 있다. 한국의 2호선과 같이 도쿄의 주요 지역을 중심원으로 순환하는 야마노테 선, 도쿄 역에서 나리타로 운행하는 소부 선, 도쿄 중심을 가르며 신주쿠를 지나 북서부로 이어지는 츄오 선, 도쿄 역에서 도쿄 디즈니랜드가 위치한 마이하마 역을 거쳐 치바 소가 역으로 가는 케이요 선 등 열거하기도 어려운 많은 노선이 도쿄 도심을 중심으로 수도권으로 연결된다. 그 중 가장 많이 이용하게 되는 것은 야마노테 선이다. 야마노테 선 각 역에서 환승 가능한 도쿄 메트로와 도에이지하철 노선을 알아두면 여행하기 굉장히 수월해진다. 요금은 ¥140부터 시작하고 거리가 멀수록 요금이 올라가는 거리 비례제이다. 티켓은 JR매표기, 혹은 매표소에서 구입할 수 있다.

www.jreast.co.jp/kr

미도리노 마도구치 みどりの窓口
JR역 근처에서 흔히 볼 수 있는 미도리노 마도구치みどりの窓口는 JR의 지정석, 특급권, 정기권, 회수권, 프리패스를 구입할 수 있는 유인 서비스 센터이다. JR과 관련된 다양한 정보를 취득할 수 있으며 카드 사용도 가능하다.

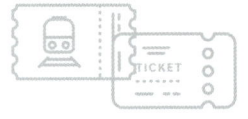

02. 도쿄메트로 東京メトロ

정식명칭은 도쿄지하철이며, 도쿄지하철주식회사(도쿄메트로)가 운영하는 회사이다. 도쿄 23구와 부근 지역으로 지하철을 운행하고 있다. 긴자 선 등 총 9개의 노선을 운영 중이다. 운임은 ￥170, ￥200, ￥240, ￥310으로 거리 비례제이다. 긴자 선의 경우 시부야 역에서 종점 아사쿠사 역까지 총 19개의 정차역, 31분 소요, 요금은 ￥240이다.

www.tokyometro.jp

03. 도에이지하철 都営地下鉄

도에이지하철은 도쿄 도가 운영하는 지하철이다. 지하철 외에도 모노레일과 버스를 운영하고 있다. 도에이지하철은 총 4개의 노선이 운행되고 있으며, 아사쿠사 선, 미타 선, 신주쿠 선, 오에도 선이 있다. 운임은 최초 ￥180~￥430이며 거리비례제이다.

www.kotsu.metro.tokyo.jp/subway

04. 사철

나리타 공항으로 운행하는 게이세이 선, 하코네로 갈 때 이용하게 되는 오다큐 선, 요코하마로 가는 도큐 도요코 선, 게이오 선, 도부 선, 세부 선 등은 사기업이 운영하는 철도이다. 도쿄 중심을 벗어나 수도권으로 이동할 때 주로 이용하게 되는 철도이다.

05. 버스

현금으로 지불하거나 스이카 같은 교통 IC카드를 단말기에 터치하고 승차한다. 목적지가 가까워지면 버튼을 누르고 하차 준비를 한다. 이때, 차량이 멈추기 전에는 절대로 먼저 일어서서는 안되며 승객이 앉기 전에 운전사는 절대로 차를 출발시키지 않는다. 승객은 차내에서 자리이동을 하면 안 되고 큰 소리로 떠들어서도 안 된다. 버스 안의 에티켓은 전철보다 더 엄격하다. 요금은 어른 ￥210, 어린이는 ￥1100이다.

06. 택시

택시는 한국과 마찬가지로 택시 전용 승차장이 있지만 빈 차를 발견하고 손을 들면 멈춘다. 차가 멈추면 뒷좌석의 문이 자동적으로 열린다. 승객이 스스로 택시 문을 여닫지 않는다. 한국과 운전석 방향이 달라 어색할 수도 있다. 캐리어와 같은 여행가방이 있을 경우 운전사는 차에서 내려 트렁크에 짐을 실어준다. 결제는 현금과 카드 모두 가능하다 (사용 불가능한 카드도 있다). 주소를 불러주면 구석구석까지 찾아가 주며 친절하게 안내받을 수 있다. 요금은 도쿄 도 내 23구 보통차 기준으로 2,000m까지 ￥730, 이후 280m마다 ￥90씩 가산된다.

교통

간편한 이동, 프리티켓

하루 동안 이동이 많아 여러번 환승해야 하는 경우 여러 곳을 다닐 경우에 프리티켓이 편리하고 저렴하다. 어떤 프리패스가 있는 지 확인하고 호텔에서 관광지로의 이동경로를 미리 생각해 구입하는 것이 좋다.

티켓 종류	요금	유효기간	발매장소	대상승차
도쿄 프리티켓	어른 ¥1,590엔 어린이 ¥800	1일	JR동일본의 주요 역 미도리노 마도구치, 뷰 플라자, 도에이지하철, 도쿄메트로 각 역	JR, 도쿄메트로, 도에이지하철, 도버스, 도덴, 닛포리·도네리라이너
JR동일본 도쿄도 구내패스	어른 ¥750 어린이 ¥370	1일	JR동일본 주요 역의 지정석권 매표기 또는 미도리노 마도구치와 뷰플라자	JR
도에이 마루고토 깃푸	어른 ¥700 어린이 ¥350	1일	도에이지하철 각 역의 자동매표기, 도영버스, 도덴의 차내, 닛포리·도네리라이너 각 역의 자동매표기	도에이지하철, 도버스, 도덴, 닛포리·도네리라이너
도쿄메트로 도쿄도에이 지하철 공통 1일 승차권	어른 ¥900 어린이 ¥450	1일	도에이지하철, 도쿄메트로 각 역의 자동매표기	도쿄메트로, 도에이지하철
도쿄메트로 24시간 승차권	어른 ¥600 어린이 ¥300	사용 개시 이후 24시간	도쿄메트로 각 역의 자동 발매기	도쿄메트로
유리카모메 1일 승차권	어른 ¥820 어린이 ¥410	1일	유리카모메 각 역, 게이큐 선 각 역	유리카모메
린카이센 1일 승차권	어른 ¥700 어린이 ¥350	1일	린카이 선 각 역	린카이 선

*2018. 3 기준

승차권 구입 순서

화면 오른쪽 상단에 위치한 언어를 먼저 선택한 후 진행하면 수월하다.
JR의 경우 일본어와 영어 두 가지로 표기되지만 사철의 경우 한국어까지 변환이 가능한 기기도 있다. 먼저 발매기 상단에 위치한 노선도에서 목적지의 요금을 확인하고 화면에서 해당하는 금액을 선택한다. 지폐 혹은 동전을 투입구에 넣으면 티켓과 거스름돈이 나온다. 다인승의 경우 왼편 인원 표기에서 해당하는 인원을 선택하면 자동으로 합산되어 금액이 표기된다. 영수증이 필요한 경우 금액을 투입한 후에 영수증을 선택하면 티켓과 영수증이 함께 발급된다.

개찰기 통과하기

대부분의 역은 자동개찰기가 설치되어 있다. 티켓을 검은 자석이 있는 부분을 아래로 하고 통과하고자 하는 개찰기의 오른쪽 티켓삽입구에 티켓을 집어넣는다. 개찰구를 통과하면 티켓이 반대 방향에서 나오므로 다시 받아 잘 보관한다. 목적지에 도착했을 때도 같은 방법으로 티켓을 개찰기에 넣으면 도착지에서는 티켓이 회수된다. 도착역을 초과했을 경우에는 개찰기에서 소리가 나는데 이때에는 직원에게 요금을 현금으로 지불하고 나오면 된다. 스이카와 같은 IC카드 소지자는 IC화면에 터치하고 들어간다.

편리한 IC카드 승차권, 스이카 Suica

일본의 거미줄 같은 교통망을 형성하는 그 많은 노선이 환승 할인이 없다는 점, 이것이 바로 일본 교통비가 비싼 주범이다. 비싸기도 한데 환승할 때마다 표를 구입한다는 것 때문에 불편하기까지 하다. 이러한 불편을 해소해 주는 것이 IC카드이다. 적립금을 넣어두면 터치만으로 환승이 가능하다.

스이카는 가장 보편적으로 사용하는 교통 IC카드이다. JR뿐만 아니라 홋카이도에서 큐슈까지 각 지역의 철도 및 버스에서 사용이 가능하다. Suica, Kitaca, PASMO, TOICA, manaca, ICOCA, SUGOCA, minoca의 마크가 있는 편의점이나 마트, 쇼핑센터를 비롯한 가맹점에서는 전자머니로 현금을 대체할 수 있는 지불 수단으로 사용된다. 무료로 가입 가능한 스이카 포인트 클럽에 가입하면 스이카로 쇼핑할 때마다 포인트가 쌓이고, 해당 포인트는 스이카로 충전하고 교통비나 쇼핑비로 사용할 수 있다.

www.jreast.co.jp/kr/pass/suica

스이카 구입과 충전

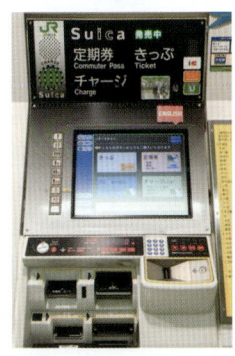

Suica는 JR동일본의 주요역의 다기능 발매기, JR역 유인 매표소 (Midori-no-madoguchi), JR 동일본 여행 서비스 센터에서 구입할 수 있다. 가격은 ￥1,000, ￥2,000, ￥3,000, ￥4,000, ￥5,000, ￥10,000이다. 이 가격에는 보증금 ￥500이 포함되어 있고 카드 반환 시 보증금을 받을 수 있다. 충전은 역에 비치돼 있는 자동판매기에서 원하는 금액을 선택 후 현금을 넣으면 된다. 역 창구에서는 불가. 역 외에도 세븐일레븐, 패밀리마트, 미니스톱, 로손, 이온 등 편의점 계산대에서 현금을 주고 충전하는 방법도 있다. 편의점에서는 ￥1,000 단위로, 최고 ￥20,000까지 충전할 수 있다.

스이카 반납 방법

JR역 유인 매표소에 반납을 하면 수수료 ￥220을 제외한 보증금 ￥500과 잔액을 돌려받을 수 있다. 다만 잔액이 ￥220 이하인 경우에는 보증금 ￥500만 돌려주니 가급적 잔액을 다 쓰고 반납을 하는 게 이득이다. 보통 공항의 JR역에서 반납하려고 하는 경우가 많은데 사람들이 한꺼번에 밀려 있는 경우가 있으니 미리 반납해두는 것을 권한다. 혹은 다음 일본여행을 위해 지갑에 키핑해 두는 것도 방법이다.

도쿄 지하철 노선도

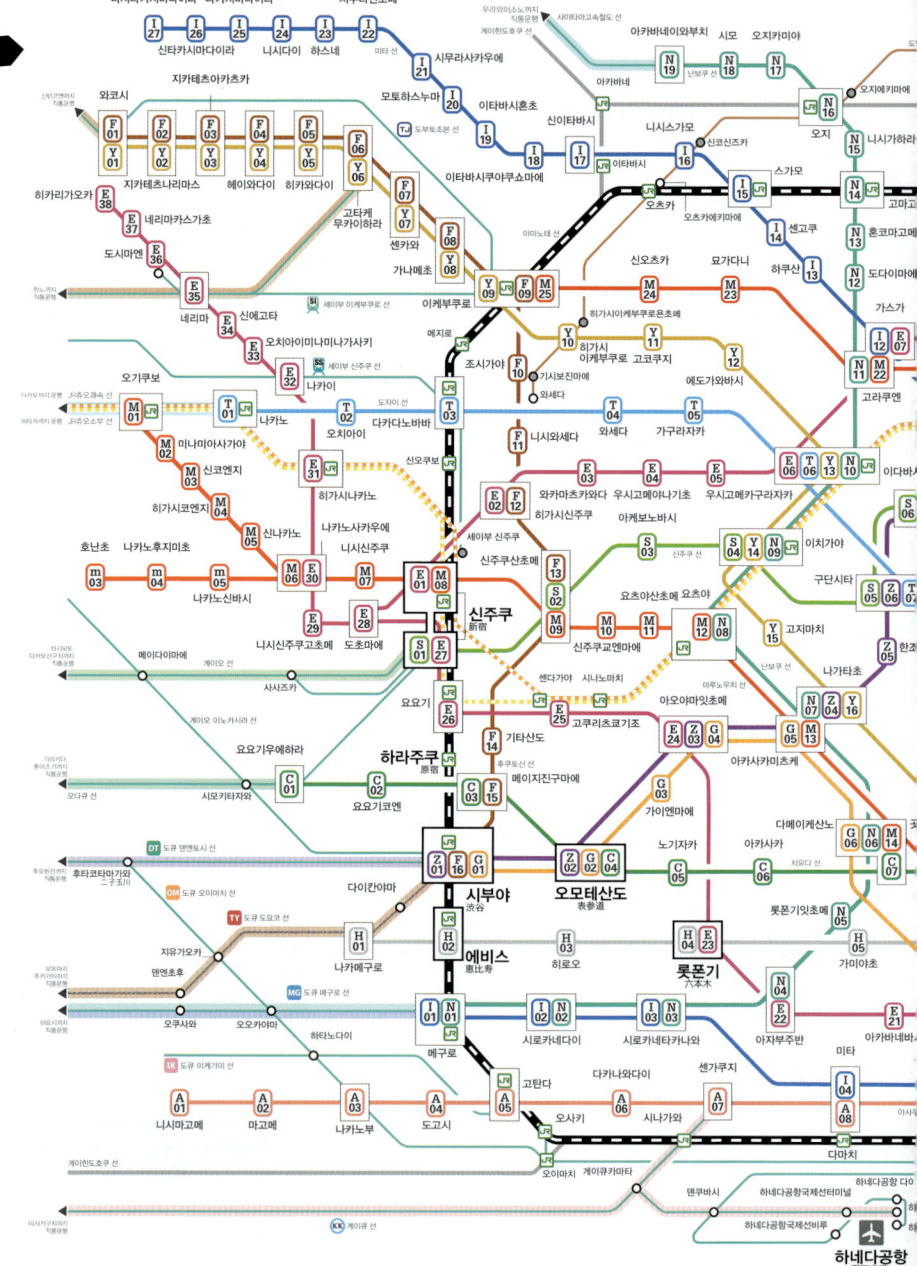

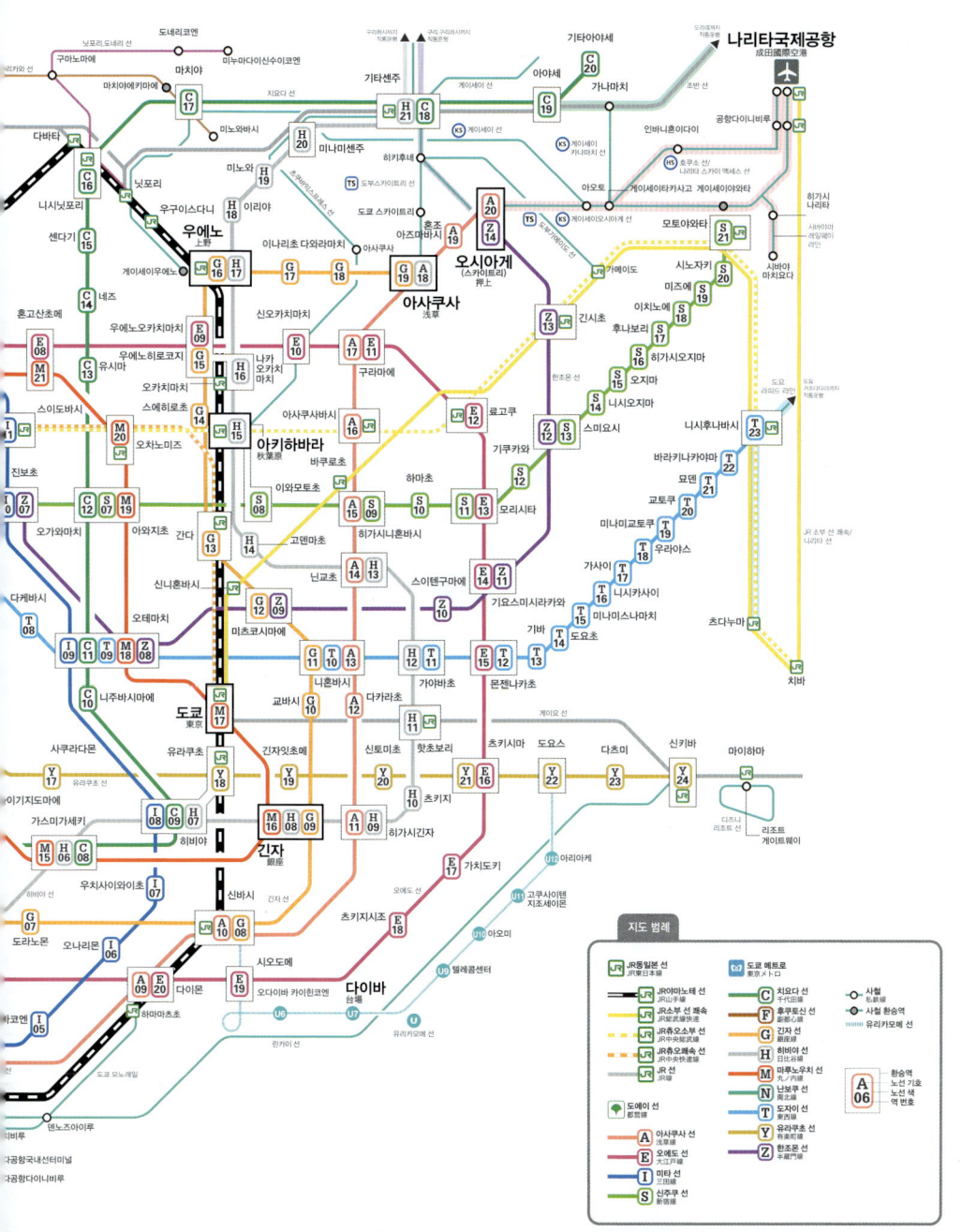

교통

특별한 교통 수단

도쿄 여행을 더욱 다채롭게 꾸며줄 아주 특별한 교통수단이 있다. 오픈형 2층 버스에 올라타 바람을 맞으며 도쿄의 야경을 만끽할 수 있는 하토버스와 스미다 강을 가로지르며 도쿄 스카이트리의 위엄을 감상하며 오다이바까지 이동할 수 있는 수상버스가 바로 그것이다. 도쿄의 밤을 더욱 로맨틱하게 즐겨보자.

하토버스

관광안내사가 일본의 역사와 전통을 소개하며 도쿄 도심을 안내하는 전형적인 투어버스이다. 도쿄 도내의 다양한 코스와 근교 요코하마, 하코네 코스까지 선택할 수 있다. 식사가 포함된 코스는 호텔에서 우아한 식사를 즐기기도 하고 저렴한 요금으로 야경을 즐길 수도 있다. 하토버스의 가장 큰 장점은 다양한 코스와 무엇보다 편안한 여행을 즐길 수 있다는 점이다.

www.hatobus.com

기본형

CITYRAMA Tokyo Morning

코스	메이지진구 → 국회의사당(차창) → 코쿄 히가시교엔 → 아사쿠사센소지와 나카미세도리 상점가 → 긴자
요금	¥5,000

Panoramic Tokyo

코스	하마쵸쵸 버스터미널 → 메이지진구 → 국회의사당(차창) → 아사쿠사 센소지 · 나카미세도리 → 긴자(차창) → 시사이드호텔 시바야오이 '파스텔테이' 레스토랑(양식) → 심포니크루즈 → 오다이바 → 하마쵸쵸 버스터미널 → 도쿄 역 마루노우치
요금	¥9,900 (중식 포함)

오픈형 ('o sola mio)

※ 오픈형 버스는 중도에 하차할 수 없음
※ A(숫자)로 시작하는 버스는 모두 오픈형

A185 Panoramic Tokyo

코스	히비야공원 → 카스미가세키 → 국회의사당 → 토로노몬힐즈 → 도쿄타워 → 레인보우브릿지 → 오다이바 → 쓰키지 → 가부키좌 → 긴자
출도착	도쿄역 마루노우치 남쪽출구 하토버스 탑승장
출발시각	09:30 10:00 10:30 11:00 11:30 12:00 13:00 13:30 14:00 14:30 15:00 15:30 16:30 17:00 17:30 19:00
소요시간	60분
요금	¥1,800

B202 Tokyo Night view

코스	국회의사당 → 아오야마 도리 → 아카사카 미츠케 → 도쿄 미드타운 → 록폰기 → 도쿄타워 → 레인보우 브리지 → 오다이바 파렛트타운 대관람차 → 가부키자 → 긴자
출도착	도쿄역 마루노우치 남쪽출구 하토버스 탑승장
출발시각	18:30
소요시간	150분
요금	¥2,900

수상버스

도쿄의 젖줄, 스미다 강을 중심으로 뻗어 나간 여러 갈래의 수로水路는 예로부터 사람과 물자를 운송하는 수단으로 활용되었다. 에도의 서민들은 수변을 활용해 뱃놀이로 여흥을 즐기거나 휴식을 취하곤 했다. 수상버스는 이러한 에도의 정취와 풍경을 만끽 할 수 있는 교통수단이다. 히노데, 아사쿠사, 하마리큐, 도요스, 오다이바 해변공원, 파렛트 타운, 도쿄 빅사이트 총 7개의 정류장에서 수상버스를 이용할 수 있다.

www.suijobus.co.jp

추천 루트

아사쿠사 ↔ 오다이바 해변공원

이 코스는 아사쿠사와 오다이바 해변공원을 왕복하는 코스이다. 아사쿠사 수상버스 정류장은 스미다 강을 사이에 두고 도쿄 스카이트리를 바라보고 있다. 정류장에는 이 그림과도 같은 풍경을 사진으로 담으려는 사람들로 가득하다. 에도 풍경이 남아있는 아사쿠사의 오래된 마을과 최신식 빌딩이 마주보는 묘한 광경이 감탄을 자아낸다. 아사쿠사에서 출발한 수상버스는 스미다 강의 절경을 가로지르며 도쿄만의 레인보우브릿지를 지나 오다이바 해변공원에 도착하게 된다. 도쿄의 가장 아름다운 워터프런트를 즐길 수 있는 베스트 코스이다.

아사쿠사 수상버스 정류장 : 긴자 선 아사쿠사 역 5번 출구에서 바로
오다이바 해변공원 수상버스 정류장 : 유리카모메 다이바 역 · 오다이바카이힌고엔 역에서 도보 5분

소요시간	60분
요금	어른 ¥1,560 어린이 ¥930

❶ 한눈에 쏙, 훑어보는 도쿄 MAP
❷ 테마별 하루 코스
❸ 1박 2일부터 3박 4일까지

TOKYO

chapter 2
TRAVELING COURSE
도쿄 추천 여행 코스

JAPAN

한눈에 쏙, 훑어보는
도쿄 MAP

어디를 가든 볼거리가 가득한 도쿄. 아무리 볼거리가 많아도 여행은 편해야 즐거운 법이다. 지역의 특징을 알고 스팟을 미리 파악해 똑똑한 여행을 즐기자!

신주쿠 P.372

일본 최대의 번화가인 신주쿠는 일본의 대표 백화점들의 본점이 들어서 있고 백화점 식품가의 디저트 코너는 세계적으로도 유명하다. 골목길에 오래된 술집들이 다닥다닥 붙어 있는 오모이데요코초에서는 발길이 멈춘다. 밤의 환락가 가부키초를 지나면 작은 한국 신오쿠보 코리아타운이 나타난다.

하라주쿠 P.274

카와이 문화의 발생지 하라주쿠는 귀엽고 앙증맞은 액세서리와 자유분방한 하라주쿠계 특유의 패션을 구경할 수 있는 곳이다. 크레이프나 달콤한 디저트를 손에 들고 다케시타도리를 걸어보자.

오모테산도 P.274

최고급 브랜드들이 오모테산도 가로수길에 줄지어 있다. 오모테산도 길을 따라 길게 지어진 오모테산도힐즈는 최신 유행 아이템 집결지다. 화려한 브랜드 관이 줄지어진 모습도 볼만 하지만 캣스트리트, 우라하라주쿠 등 옆 골목길에서 도쿄 스트리트 패션을 파악할 수 있어 더욱 즐겁다.

시부야 P.232

시부야109를 중심으로 갸루문화의 중심이었던 시부야는 여전히 젊음과 유행의 중심에 있다. 매일 밤 거리공연이 펼쳐지며 시부야 역 근처 하치코 동상 근처에는 항상 젊은이로 가득하다. 시부야센터가이, 스페인자카 등 오래된 골목에 세워진 버쉬카, ZARA 등 SPA 패션몰이 볼만하다.

롯폰기 P.342

이국적인 매력이 넘쳐나는 롯폰기. 롯폰기힐즈의 거대한 쇼핑타운을 시작으로 눈부시게 아름다운 도심 정원을 자랑하는 도쿄 미드타운, 새롭게 지어진 국립신미술관 등 쇼핑과 고메에 예술까지 더해서 여행이 더욱 다채로워진다.

에비스 P.308

지구와 환경을 생각한 에비스가든플레이스는 총 부지의 60%가 녹지이다. 나무와 꽃이 가득한 정원을 눈앞에 둔 미츠코시 백화점에서 한적한 쇼핑을 즐기며 가든플레이스의 전망대에서 도쿄 경치 구경도 즐겨보자.

다이칸야마 P.308

화려하지 않은 세련됨이 어느 지역보다 돋보이는 곳이다. 다이칸야마 건축물 디자인의 축이 되는 힐사이드테라스, 츠타야서점과 스타벅스가 함께하는 다이칸야마 티사이트, 새롭게 지어진 다이칸야마 로그로드 등 쇼핑도 좋지만 산책이 더 즐거운 곳이다.

우에노 P.414

벚꽃 시즌이면 일본 내에서 가장 많은 사람들이 모이는 우에노 공원 내에 동물원과 국립박물관, 미술관, 도서관이 모여 있어 공원 산책과 함께 문화 예술과 마주할 수 있는 지역이다.

아키하바라 P.414

세계 최고의 전기제품 상가로서의 위상을 간직한 채, 지금은 애니메이션과 피규어, 아이돌 극장에서 일명 아키바(아키하바라의 줄임말) 컬쳐를 즐기려는 사람들로 연일 붐빈다.

아사쿠사 P.452

에도 시대로 타임머신을 타고 흘러들어 온 듯 옛 정취가 그대로 느껴지는 나카미세도리와 센소지에서 에도 분위기에 흠뻑 취해보자. 쇼핑과 전통 디저트도 놓치지 말자.

도쿄 스카이트리타운 P.452

지금 가장 핫한 여행지이자 도쿄의 새로운 랜드마크 도쿄 스카이트리 전망대에 올라 도쿄의 360도 파노라마 경관을 즐겨보자. 새롭게 주목받고 있는 레스토랑과 소라마치에서의 쇼핑이 즐겁다.

도쿄 역 P.144

도쿄의 관문 도쿄 역은 터미널로서의 역할 뿐 아니라 '도쿄 스테이션 시티'라고 부를 정도로 역 내외에서 다양한 고메와 쇼핑을 즐길 수 있는, 도쿄 역 자체가 하나의 도시이다. 도쿄 역과 정면으로 마주하고 있는 고쿄의 울창한 숲은 산책하기에 더할 나위 없이 좋다.

마루노우치 P.144

도쿄 정치, 경제의 중심 마루노우치는 KITTE, 마루비루, 미쓰비시 1호관 등 쇼핑을 할 수 있는 오피스 빌딩이 다수 밀집되어 있다. 시원한 바람이 기분 좋은 마루노우치 나카도리는 근처 샐러리맨들이 즐겨 찾는 트렌디한 명품관이 집결되어 있어 인기다.

오다이바 P.206

도쿄 만에 위치한 인공섬 오다이바는 도쿄 시민의 도심 속 리조트로, 엔터테인먼트 공간으로 사랑받는 곳이다. 오다이바 해변공원에 펼쳐지는 도쿄 만의 야경은 도쿄 여행의 빼놓을 수 없는 코스이다.

긴자 P.172

흔히 외국 브랜드 명품관이 줄지어 있는 풍경을 생각하지만, 도쿄에서 노포 백화점이 가장 많이 모여 있는 곳이 긴자이다. 이들이 함께하는 진귀한 모습을 구경할 수 있다. 연중 매일 공연이 펼쳐지는 가부키자 체험과, 도쿄 시민의 식탁을 책임지는 츠키지 시장이 긴자에서 도보로 이동이 가능하다.

테마별 하루코스 ❶

가장 오래된 도쿄와 가장 새로운 도쿄를 동시에 만끽하고 싶다면
센소지 & 도쿄 스카이트리타운

도쿄 여행은 누가 뭐래도 아사쿠사에서 시작하라고 말하고 싶다. 가장 전통적인 것을 볼 수 있는 센소지뿐만 아니라 새로운 랜드마크가 된 도쿄 스카이트리가 위치한 도쿄 스카이트리타운까지 두루 섭렵할 수 있어 지금 주목도 NO.1의 명소이다.

가장 오래된 상점가
나카미세도리(P.462)

전통과 역사를 지켜온
센소지(P.460)

도쿄 스카이트리의 발밑에 위치한 쇼핑몰
도쿄 소라마치(P.473)

도보 10분

아사쿠사 역에서 토부스카이트리 라인에 승차후 도쿄스카이트리 역에 하차 후 바로. 1정거장 2분 소요

엘레베이터로 도쿄스카이트리 전망대로 이동

풍경과 음식에 취해보자
소라마치다이닝 스카이트리뷰(P.474)

세상에서 가장 아름다운 수족관
스미다 수족관(P.473)

도쿄의 새로운 랜드마크
도쿄 스카이트리(P.470)

관내에서 도보로 이동

관내에서 도보로 이동

더 가볼 만한 곳

갓파바시도구거리(P.468)

아사쿠사홋피도리(P.466)

밥은 어디서 먹지?

점심 정통 스키야키를 맛볼 수 있는 **이마한 본점**(P.480)
점심 일본인이 좋아하는 양식의 맛을 만들어낸, **요시카미**(P.480)
저녁 신선한 해산물의 고장 홋카이도 스시를 맛볼 수 있는, **토리톤**(P.482)
저녁 도쿄 스카이트리의 스포트라이트를 감상하며, **텐쿠라운지 탑오브트리**(P.483)

테마별 하루코스 ❷

가장 트렌디한 도쿄를 느끼고 싶다면

오모테산도 & 다이칸야마

건축물과 거리, 사람과 물건이 탁월한 세련된 감각으로 어우러진 곳이다. 지금 가장 트렌디한 일본이 어디냐고 묻는다면 주저 없이 오모테산도와 다이칸야마를 손꼽겠다. 성숙미가 더해진 하이퀄리티 트렌디 감각이 돋보이는 코스를 만들어 보았다.

KAWAII 문화의 발신지
다케시타도리(P.284)

최신, 최고급 하이퀄리티 브랜드만 모아놓은
오모테산도힐즈(P.292)

제대로 된 도쿄 스트리트 패션을 알고 싶다면
캣스트리트(P.288)

도보 10분 → 도보 5분 → 도보 15분

숍과 레스토랑이 즐거운
로그로드 다이칸야마(P.330)

골목 골목 찾아보는 재미가 있다
다이칸야마 티사이트(P.326)

시부야에서 가장 새로운 건축물
시부야 히카리에(P.250)

도보 10분 / 오모테산도에서 도보로 시부야로 이동 후 도큐도요코 선으로 다이칸야마 역에 하차

더 가볼 만한 곳

메이지신궁(P.282)  우라하라주쿠(P.289)

밥은 어디서 먹지?

- **점심** 오모테산도 팬케이크 붐을 이끌어낸, **에그슨띵스**(P.298)
- **점심** 싸다고 얕보지 마라, **하라주쿠교자 루**(P.300)
- **저녁** 다이칸야마 카페 붐은 여기서 시작되었다, **카페 미켈란젤로**(P.339)
- **저녁** 일본 연예인들도 찾는다는, **아이비플레이스**(P.338)

테마별 하루코스 ❸

액티브한 하루를 보내고 싶다면

우에노 & 오다이바

우에노 동물원에서 팬더를 만난 후 활기찬 아메야요코초에서 재래시장의 맛과 분위기에 흠뻑 취한 후 오다이바로 넘어가 도쿄 만에 세워진 인공섬 오다이바에서 액티브한 하루를 즐긴 후 레인보우브리지의 야경까지 감상할 수 있는 코스!

일본 최초의 동물원에서 팬더를 만나다
우에노 동물원(P.423)

활기찬 재래시장의 맛을 느끼다
아메야요코초(P.428)

액티브 한 방송국
오다이바 후지테레비(P.214)

도보 5분 → 우에노 역에서 신바시 역으로 이동(6정거장, 11분)후, 유리카모메로 환승. 다이바 역에서 하차 (6정거장, 15분) → 도보 5분

도쿄 만의 야경으로 마무리
덱스 도쿄 비치(P.221)

먹거리와 즐길거리가 가득
아쿠아시티 오다이바(P.220)

실제 크기의 건담은 오다이바의 심볼
다이바시티 도쿄 프라자(P.218)

도보 1분 → 도보 8분

더 가볼 만한 곳

비너스 포트(P.223)    파렛트 타운(P.222)

밥은 어디서 먹지?

점심 숲속 공원에서 한 끼 식사, **파크 사이드 카페**(P.446)
점심 왁자지껄한 시장 난장에서의 낮식, **야키토리 분라쿠**(P.447)
저녁 도쿄 만의 경치를 감상하며, **빌스**(P.228)
저녁 일본 전국의 라면을 모아놓은, **도쿄 라멘 고쿠기칸**(P.220)

테마별 하루코스 ❹

명소만 골라서 보고 싶다면
고쿄 & 긴자 츄오도리 & 롯폰기힐즈

딱 여기만 둘러보아도 도쿄 여행에 부족함이 없도록 짧은 시간에
제대로 일본을 만끽할 수 있는 알짜배기 코스!

도쿄의 관문, 도쿄의 상징
도쿄 역(P.152)

왕이 거주하는 황궁이자 도심속 녹색지대
고쿄(P.156)

명품 도시 긴자의 매력에 빠지다
긴자 츄오도리(P.180)

도보 15분 → 도보 15분 → 긴자역에서 히비야 선으로 롯폰기 역으로 이동 (4정거장, 9분소요)

소박하지만 오랫동안 남을
도쿄타워 야경(P.363)

가든과 예술을 함께 즐길 수 있는
도쿄 미드타운(P.360)

아트가 시민과 함께하는 도시의 좋은 예
롯폰기힐즈(P.350)

택시로 이동 약 ¥1,000, 10분이내 → 도보 8분

🧭 더 가볼 만한 곳

츠키지시장(P.192)    츠키시마(P.194)

🍱 밥은 어디서 먹지?

점심 일본식 서양 메뉴를 처음 시작한, **렌가테이**(P.198)
점심 긴자의 새로운 브런치 강자, **머서브런치 긴자 테라스**(P.199)
저녁 맛있는 돼지고기 요리점, **로쿠미치**(P.368)
저녁 명품 돼지고기를 고집하는, **부타구미 쇼쿠도**(P.369)

도쿄 추천 여행 코스 135

테마별 하루코스 ❺

쇼핑 삼매경에 빠지다
시부야 & 신주쿠

쇼핑의 천국 신주쿠와 가루 문화의 발생지인 시부야를 묶어 쇼핑 코스로 제안한다. 신주쿠는 이세탕, 마루이, 다카시마야 등 일본의 대표 백화점과 대형 전자상가 몰이 모여있어 최신 트렌드와 고급스러움을 선호하는 젊은 층에서 선호하는 대표 쇼핑지이다.

패스트패션의 천국
시부야 센터가이(P.242)

시부야에서 가장 새로운 쇼핑 및 복합공간
시부야 히카리에(P.250)

일본에서 가장 오래된 역사를 가진 백화점
신주쿠 이세탕(P.289)

도보 15분 → 시부야 역에서 야마노테 선으로 신주쿠 역으로 이동 (3정거장, 6분 소요) → 도보 15분

무료로 도심 전망을 즐기다
도쿄도청(P.386)

신주쿠의 새로운 트렌드를 이끄는 쇼핑 공간
신주쿠 뉴우먼(P.384)

꼭 들러야 할 쇼핑 공간들을 한곳에 모아 놓은
신주쿠 다카시마야 타임즈스퀘어(P.382)

도보 10분 ← 도보 1분

더 가볼 만한 곳

신오쿠보 코리아타운(P.393)

시모키타자와(P.400)

밥은 어디서 먹지?

점심	볶은 숙주와 깔끔한 국물이 일품인, **야로우 라멘**(P.269)
점심	신주쿠 라멘 붐은 여기에서 시작되었다, **멘야 무사시**(P.408)
저녁	돈카츠차츠케라는 새로운 맛을 경험하게 된다, **스즈야**(P.409)
저녁	90년간 변하지 않는 맛을 유지해 온, **츠나하치**(P.409)

테마별 하루코스 ❻

번잡한 건 질색인 당신! 서민 마을의 온화한 정취를 느끼고 싶다면

기요스미시라카와 & 야네센

도심의 소란에 지쳤다면, 이 여행이 오롯이 자신만을 위한 여행이라면, 강추하는 여행코스이다. 무엇 하나 화려한 것은 없지만 소소한 거리풍경이 지친 당신의 심신을 어루만져 줄 것이다. 커피를 좋아한다면 더욱 즐거울 코스이다.

조용한 마을에 호젓이 자리잡은 아름다운 정원
기요스미시라카와 정원(P.24)

→ 도보 20분 →

지금 도쿄는 블루보틀커피에 빠져있다
블루보틀커피 1호점(P.27)

→ 도보 5분 →

오래된 아파트를 개조한 카페
후카다소 카페(P.26)

기요스미시라카와清澄白川 역에서 오에도 선으로 우에노오카치마치上野御徒町 역으로 이동(5 정거장, 9분 소요)후 도보로 오카치마치御徒町 역으로 이동(도보 약 6분 소요), 야마노테 선으로 닛포리日暮里 역 도착 (3정거장, 6분 소요)

시간과 추억을 생각하게 하는
우에노사쿠라키아타리(P.21)

← 도보 10분 ←

목욕탕을 개조해 만든 갤러리
사카이 자 바스하우스(P.20)

← 도보 15분 ←

서민 마을의 인정이 느껴지는
야나카긴자상점가(P.18)

📍 더 가볼 만한 곳

우에노 공원(P.422)

아메야요코초(P.428)

더 크림 오브 더 크롭 커피(P.273)

야나카커피(P.19)

도쿄 추천 여행 코스   **137**

연인과 함께하는 1박 2일 코스

단둘이서 오붓하게 좋은 것만! 맛있는 것만!

로맨틱 도쿄

사랑하는 사람과 단둘이라면 어딘들 즐겁지 않을까 만은 로맨틱함의 절정을 맛볼 장소들을 모아 보았다.
긴자에서 일본의 전통 과자도 맛보고 브랜드 명품관에서 각자의 취향저격 신상들도 체크해 보자.
오다이바에서는 레인보우 브리지가 걸쳐진 야경을 놓치지 말자.

1일째

긴자

긴자는 그 이름만으로도 전 세계적으로 인정받는 명품 도시이다. 브랜드 관이 줄지어 늘어서 있는 거리는 두 사람의 기분을 한층 업 시킬 것이 분명하다. 수 백 년의 전통을 자랑하는 스윗츠로 두 사람 사이의 스윗함도 Up! Up!

긴자 역에서 신바시 역으로 이동(1정거장, 2분 소요) 한 후 신바시 역에서 유리카모메 선으로 다이바 역으로 이동 (6정거장, 15분 소요)

오다이바

오다이바는 도쿄의 연인들이 가장 선호하는 데이트 장소이다. 여자친구가 좋아할 도쿄에 단 하나 뿐인 아울렛 몰 비너스 포트, 메가웹의 도요타 자동차 전시장에서 남자친구는 정신줄을 놓을 지도 모르니 잘 챙기자. 도쿄 만 밤의 야경이 펼쳐지는 오다이바 해변공원은 도쿄의 연인들이 추천하는 데이트 필수 코스이다.

2일째

오모테산도

이국적인 풍경의 가로수길에서 최신 유행하는 맛집과 명품숍을 두루 구경하기도 하고 도쿄의 스트리트패션이나 신상 스니커즈와 해외에서 들여온 귀하신 레어 아이템을 확인할 수 있다.

오모테산도 역에서 시부야 역으로 이동(1정거장, 2분 소요) 한 후, 도큐도요코 선으로 다이칸야마 역으로 이동 (1정거장, 2분 소요)

다이칸야마

어마어마한 쇼핑몰은 없지만 작고 아담한 가게들이 줄지어 늘어선 다이칸야마는 골목골목 발품을 팔다 보면 반드시 마음에 쏙 드는 아이템을 발견하게 될 것이다. 다이칸야마 역 근처에 새로이 오픈한 로그로드다이칸야마도 빠트리지 말고 둘러보자. 가는 길이 참 좋다.

다이칸야마 역에서 시부야 역으로 이동(1정거장, 2분 소요)한 후, 시부야 역에서 JR로 환승, 신주쿠 역으로 이동(3정거장, 7분 소요)

신주쿠

꼭 사야만 하는 기념품이나 화장품은 신주쿠에서 모아서 사면 좋다. 특히 하네다 공항과 나리타 공항으로 가는 교통이 편리하니 마지막 여정지를 신주쿠로 정하는 센스! 드럭스토어, 도큐핸즈, 무지, 이세탕백화점 등이 모여 있다.

도쿄 핵심 2박 3일 코스

도쿄라면 여기만은 꼭!
도쿄 정통 코스

2박 3일 동안 도쿄의 액기스만 속속 뽑아 보는 코스이다. 활기찬 소녀들로 꽉 찬 하라주쿠에서 노포 백화점과
화려한 명품관이 가득한 긴자까지. 쇼핑과 산책, 아트 삼매경까지 도쿄의 트렌드를 빠짐없이 챙겼다.
여기만 둘러봐도 당신은 도쿄 전문가!

1일째

하라주쿠

하라주쿠 역을 빠져나오면 '하라주쿠케'라고 불리는 특유의 스트리트패션과 자유분방함을 느낄 수 있는 거리 타케시타도리가 바로 눈앞에 펼쳐지는 장관을 목격하게 된다.

도보 15분
▼

오모테산도

하라주쿠 역에서 타케시다도리와는 전혀 다른 풍경이 오모테산도에서 펼쳐진다. 성숙한 여성들의 하이센스가 돋보이는 아이템들과 명품 브랜드로 가득해 걷는 것만으로도 셀럽이 된 기분!

2일째

신주쿠

쇼핑 천국 신주쿠! 먹거리도 풍부하고 일본의 노포 백화점 본점이 모여있어 쇼핑하기에 편리하다. 다카시마야 타임스스퀘어 옆에 새로 오픈한 뉴우먼이 먹거리마저도 트렌디하다.

신주쿠 역에서 야마노테 선으로 시부야 역으로 이동(3정거장, 6분 소요)
▼

시부야

카와이 문화의 발상지 시부야에서 잇아이템을 찾아보자. 귀여움이 넘쳐나는 액세서리, 유행에 민감한 여성들의 감성을 자극할 패션 아이템들이 가득하다.

시부야 역에서 도큐도요코 선으로 다이칸야마 역으로 이동(1정거장, 2분 소요)
▼

다이칸야마

트렌드에 민감한 당신이 홀딱 반할 다이칸야마. 새로 생긴 로그로드 다이칸야마를 놓치지 말자.

3일째

롯폰기

롯폰기 여행에서 아트 트라이앵글을 놓치면 아쉽다. 도쿄미드타운 가든은 여행을 떠난 이유에 대한 명쾌한 답을 줄 것이다.

롯폰기 역에서 도쿄메트로 히비야 선을 이용하여 긴자 역으로 이동
(4정거장, 9분소요)
▼

긴자

외국 명품 브랜드 관이 줄지어 있는 긴자 츄오도리가 볼 만하다. 그보다 더 볼만한 것은 일본의 노포 백화점, 레스토랑, 과자점, 문방구점 등 일본 발發 명품이다.

아이와 함께하는 2박 3일 코스

꿈과 희망, 그리고 소중한 추억을 선물하다

도쿄 & 디즈니리조트

도쿄는 아이들에게 보여 줄 곳이 많은 여행지이다. 박물관과 동물원이 함께하는 우에노 공원에서부터 꿈의 판타지 도쿄디즈니리조트, 감수성을 자극하는 지브리미술관까지. 아이들만 즐거운 것이 아니라 어른도 함께 만끽 할 수 있는 코스이다.

1일째

우에노 공원

팬더와 세상의 희귀 동물을 구경할 수 있는 우에노 동물원과 지구와 우주의 역사를 최신 시설로 배우는 도쿄국립과학관 추천.

우에노 역에서 도쿄메트로 긴자 선으로 아사쿠사 역으로 이동 후, 아사쿠사 선으로 오시아게(스카이트리 앞) 역에서 하차 (17분 소요)

도쿄 스카이트리타운

새로 세워진 도쿄의 심볼, 도쿄 스카이트리 전망대에서 바라보는 도쿄의 야경은 오랫동안 기억에 남을 것이다.

2일째

도쿄 디즈니리조트

전 세계 테마파크 중 입장객수 서열 3위를 자랑하는 도쿄디즈니리조트에서 환상적인 동화의 세상으로. 하루만으로는 부족한 테마파크이다.

3일째

지브리미술관

입구에서 토토로가 눈을 동그랗게 뜨고 기다리고 있다. 미야자키 하야오 감독의 세계관을 체험하고 즐길 수 있는 테마파크.

미타카 역에서 JR츄오 선으로 신주쿠 역까지 이동 후 야마노테 선으로 환승한 후 하라주쿠 역에서 하차(26분 ¥310)

하라주쿠

카와이 문화의 성지 하라주쿠는 귀엽고 저렴한 액세서리와 옷, 인형 등 아이들이 좋아할 아이템들이 가득하다. 발길을 멈추게 할 크레페와 팬케익 등 달콤한 스위츠가 가득하다.

부모님과 함께하는 3박 4일 코스

따뜻한 온천욕으로 인생의 노곤함을 달랜다

도쿄 & 하코네 온천

부모님과 함께라면 여행 코스에 특별히 신경을 써야 한다. 많이 둘러 보지 않아도 만족감이 큰 코스로 골라야 한다.
도쿄 역과 고쿄, 긴자, 츠키지 시장 이라면 식사도 만족하실 것이다. 그리고 로망스카를 타고 가는
하코네 온천에서의 1박이라면 칭찬받을 만한 코스이다.

1일째

도쿄 역
예술적 감각이 돋보이는 도쿄 역의 내·외관 건축디자인에 주목. 도쿄 역 도시락은 전국의 명물 도시락이 모여 있으니 구경하는 재미와 먹는 재미를 동시에 느낄 수 있다. 밤의 스포트라이트도 볼 만하다.

도보 15분
▼

고쿄
일본 왕이 평소 거주하는 곳. 고쿄와 담하나 사이에 두고 동쪽에 위치한 히가시교엔에서 에도 성의 흔적을 볼 수 있다.

2일째

츠키지시장
마치 노량진 수산시장을 연상시킨다. 도쿄 시민의 식탁을 책임지는 츠키지 시장. 신선한 재료의 맛있는 식사를 즐겨 보자.

도보 15분
▼

긴자
긴자라는 단어 자체가 명품. 화려한 명품관이 줄지어 서 있는 일본 최대의 변화가를 둘러보자. 일본 노포 백화점도 놓치지말길.

긴자 역에서 도쿄메트로 긴자 선으로 아오야마잇쵸메 역으로 이동 후 오에도 선으로 환승. 아카바네바시赤羽橋 역에 하차

▼

도쿄타워
소박하지만 아름다운 도쿄의 영원한 심볼.

3일째

신주쿠 역
신주쿠 역 하코네 로망스카를 타고 하코네유모토箱根湯元 역에서 하차. (1시간 20분 소요, 하코네 로망스를 포함, 하코네 전체의 운송시설을 모두 이용할 수 있는 하코네 프리패스 ¥5,140, 2일간)

▼

하코네 유모토
하코네 등산열차 하코네 온천에서 숙박.

4일째

모토 하코네
하코네유모토 역에서 하코네 로망스를 타고 신주쿠 역으로 이동 신주쿠 관광 후 공항으로 이동

❶ 도쿄 역&마루노우치
❷ 긴자
❸ 오다이바
❹ 시부야
❺ 하라주쿠&오모테산도
❻ 에비스&다이칸야마
❼ 롯폰기
❽ 신주쿠
❾ 우에노&아키하바라
❿ 아사쿠사&도쿄 스카이트리타운

TOKYO
chapter 3
WALK AROUND
도쿄 지역 정보
JAPAN

1
TOKYO STATION & MARUNOUCHI

東京駅&丸の内

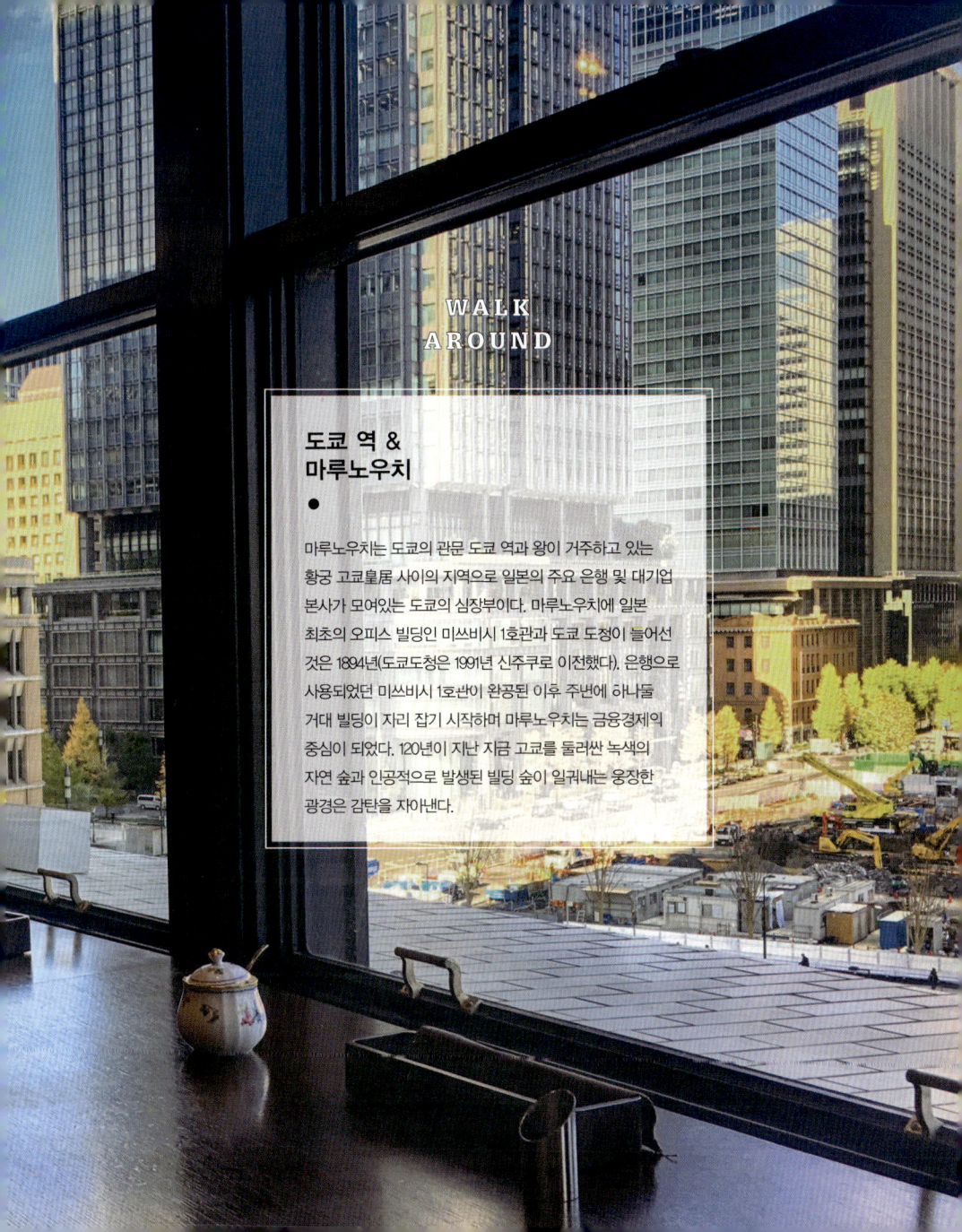

WALK
AROUND

도쿄 역 &
마루노우치

마루노우치는 도쿄의 관문 도쿄 역과 왕이 거주하고 있는 황궁 고쿄皇居 사이의 지역으로 일본의 주요 은행 및 대기업 본사가 모여있는 도쿄의 심장부이다. 마루노우치에 일본 최초의 오피스 빌딩인 미쓰비시 1호관과 도쿄 도청이 늘어선 것은 1894년(도쿄도청은 1991년 신주쿠로 이전했다). 은행으로 사용되었던 미쓰비시 1호관이 완공된 이후 주변에 하나둘 거대 빌딩이 자리 잡기 시작하며 마루노우치는 금융경제의 중심이 되었다. 120년이 지난 지금 고쿄를 둘러싼 녹색의 자연 숲과 인공적으로 발생된 빌딩 숲이 일궈내는 웅장한 광경은 감탄을 자아낸다.

Tokyo Subway Map

도쿄의 관문 도쿄 역과 에도의 흔적이 고스란히 남아 있는 고쿄, 트렌디한 쇼핑을 즐길 수 있는 마루노우치 나카도리의 여행은 JR 도쿄 역을 이용하는 것이 가장 편리하다. 도쿄 역은 JR 야마노테 선·츄오 선·소부 선·게이힌 도호쿠 선·게이요 선·도카이도 선이 정차하고, 도쿄메트로 마루노우치 선이 정차한다. 오테마치 역과 니주바시마에 역에서도 이동이 가능하다.

추천 이동 경로

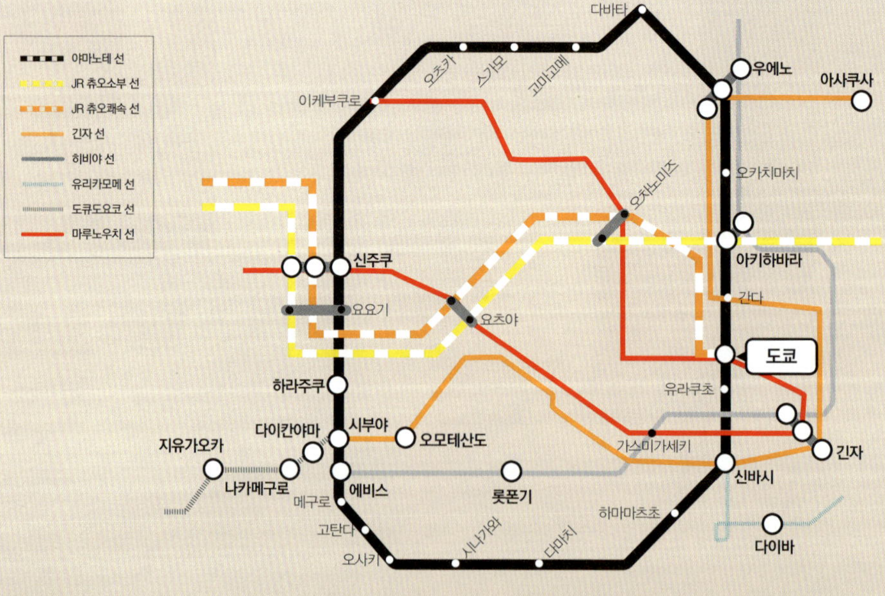

신주쿠 역 — JR 츄오쾌속 선 (14분 소요) — 도쿄 역

신주쿠 역 — JR 야마노테 선 (32분 소요) — 도쿄 역

신주쿠 역 — 마루노우치 선 (19분 소요) — 도쿄 역

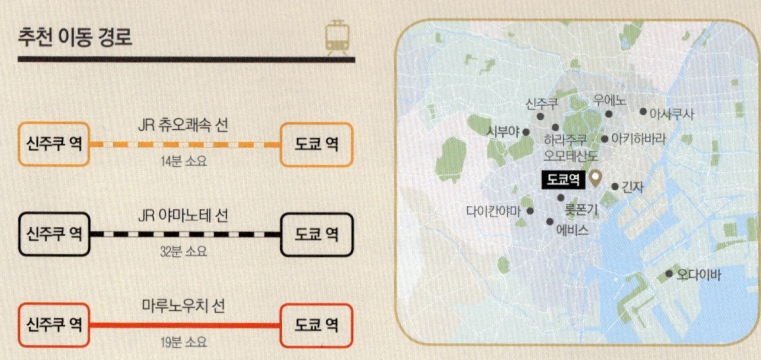

- 야마노테 선
- JR 츄오소부 선
- JR 츄오쾌속 선
- 긴자 선
- 히비야 선
- 유리카모메 선
- 도큐도요코 선
- 마루노우치 선

추천 일정

Start!

도쿄 역
세 개의 돔 형태의 문을 가진 붉은 벽돌 건물 도쿄 역은 일본의 관문이다. 겉모양뿐만 아니라 내부 천정에는 로마의 판테온 신전을 모티브로한 부조물들이 새겨져 있다.

도보 10분

고쿄
왕의 거처이자 정무를 행하는 곳이다. 부속 정원인 히가시가이엔은 에도 성의 흔적이 그대로 남아 있다. 앞쪽 고쿄가이엔의 소나무 숲과 마루노우치의 빌딩 숲이 절묘한 조화를 이룬다.

도보 3분

마루노우치 나카도리
외국의 유명 브랜드 숍과 레스토랑, 카페가 이어지는 마루노우치 나카도리는 유럽의 거리를 연상시키는 여유로움과 세련미가 넘치는 거리이다.

도보 2분

도쿄국제포럼
전체가 큰 배 모양을 하고 있어 그 모습이 웅장하다. 총 7개의 크고 작은 홀은 컨벤션에 이용되지만 전시회나 콘서트, 패션쇼 등 다양한 행사 장소로 활용되고 있다.

도보 3분

JP타워 KITTE
옛 도쿄중앙우체국을 일부 보존, 재생하여 새롭게 오픈한 JP타워는 중앙 홀이 뚫려 있고 홀을 에워싼 건물에는 트렌디 숍들로 가득하다. 특히 레스토랑가 유명하다.

도보 5분

미쓰비시 1호관 미술관
1894년 미쓰비시가 처음으로 지은 건물이 새롭게 재건되어 미술관으로 다시 태어났다. 당시의 건물 내부와 건축 자재가 활용되어 고풍스럽다.

TOKYO STATION & MARUNOUCHI

기억에
남는
8장면

1. 마루노우치 나카도리의 Street Gallery
2. 교코도리의 은행나무 길
3. 마루노우치 나카도리에서 푸드트럭을 이용해 런치와 차를 즐기는 사람들
4. 도쿄 역 마루노우치 역사가 공사를 마치고 제 모습을 찾았다.
5. 도쿄 역은 전국의 에키벤(각 지역의 역에서 판매하는 명물 도시락) 집결지
6. 드넓은 고쿄 히가시교엔에서 휴식을 취하는 관람객들
7. 1948년 탄생 후 일본 경제 부흥에 힘쓴 활약상을 기념해 도쿄 역 지하에 보존되어 있는 C62형 증기기관차 바퀴
8. 하루 열차 출도착 횟수 3,000회, 하루 약 140만 명이 이용하고 있는 도쿄 역의 플랫폼

Tokyo Station&Marunouchi
Spot ❶

도쿄의 관문
도쿄 역 東京駅 Tokyo Station

1914년에 설립된 도쿄 역은 2014년 12월 개업 100주년을 맞이했다. 하루 열차 출도착 횟수 3,000회, 하루 약 140만 명이 이용하고 있는 도쿄 역의 플랫폼 수는 지상, 지하, 신칸센을 포함해 모두 30개 라인으로 일본 최대 터미널이다. 각 지역에서 출발한 사람들이 도쿄 역을 거쳐 또다시 어디론가 각자의 목적지로 다시 흩어지는 일본의 수도 도쿄에 존재하는 거대 거점 터미널이다. 전쟁으로 소실된 역사가 2012년 창건 당시의 모습으로 복원되면서 도쿄 역의 역사적 의미뿐만 아니라 건축 디자인까지 다시 주목받고 있다. 남쪽과 북쪽 출구는 돔 형태로 되어 있고 지붕 안쪽에는 로마의 판테온 신전을 모티브로 한 부조물이 새겨져 있다. 용, 뱀, 돼지, 범 등 8간지의 동물이 새겨진 부조물은 모르고 그냥 지나치기 쉬운데 도쿄 역을 방문한다면 찾아보는 것도 색다른 재미가 있을 것이다. 도쿄 역은 야간 스포트라이트도 빼놓을 수 없는 볼거리이다. 그리고, 마루노우치의 주요 빌딩 곳곳에서 도쿄 역의 전경을 관람할 수 있는 포인트를 만날 수 있다. 또한 도쿄 역을 거친다면 놓칠 수 없는 것이 명물 도시락 '에키벤駅弁'이다. 이동하는 열차 안에서 먹는 도시락의 묘미를 각별하게 생각하는 일본 사람들에게 도쿄 역의 에키벤은 커다란 즐거움을 선사한다. 2020년 도쿄 올림픽을 준비하는 분주한 모습에서 또다시 새로워질 도쿄 역을 상상해 볼 수 있을 듯하다.

Ⓐ Chiyoda, Chiyoda-ku. 千代田区千代田1
Ⓠ 야마노테 선 · 츄오쾌속 선 · 소부쾌속 선 · 게이힌 도호쿠 선 · 게이요 선 · 도카이도 선 · 마루노우치 선 도쿄 역에 하차
Ⓖ 35.68123, 139.76619

> tokyo special tips

【 도쿄 역 풍경 】

View 1
전쟁으로 소실된 도쿄 역 마루노우치 역사가 2012년 복원을 완료하고 웅장한 모습을 드러냈다. 밤이 되면 아름다운 야경이 걸음을 멈추게 한다.

View 2
도쿄 역의 플랫폼은 지상과 지하, 신칸센을 포함해 모두 30개의 라인으로 이루어져 있으며 하루 140만명이 이용하는 일본 최대 터미널이다.

View 3
1972년 국철 창업 100주년을 기념하기 위해 지금은 해체되었지만 일본 전국을 달리던 당시의 C62형 증기기관차 바퀴를 설치하였다.

View 4
돔 형태로 되어 있는 남쪽과 북쪽 출구 지붕 안쪽에는 용, 뱀, 돼지, 범 등 로마의 판테온 신전을 모티브로 한 동물의 부조물이 새겨져 있다.

View 5
도쿄 역 도시락은 승객들의 허기를 달래 주기도 하고 기념품으로 판매되기도 한다. 전국의 유명 도시락이 모두 모여 있다.

View 6
중앙개찰구 정면으로 고쿄로 들어가는 길과 숲이 보인다.

도쿄역 추천 1

그랑스타 마루노우치
グランスタ丸の内 Gransta Marunouchi

도쿄 역의 젊고 신선한 변화

도쿄 역은 에키나카, 에키소토로 나뉘어져 일본 전국의 맛집들이 격돌하는 격전지이다. 그중 도쿄역 에키나카 지하 먹거리 쇼핑몰로 유명한 그랑스타가 에키소토에 그랑스타 마루노우치라는 이름으로 2017년 8월 그랜드 오픈 했다. 이탈리아의 고급 식재료를 판매하는 이탈리 EATALY가 본격적인 요리와 카페를 선보이며 도쿄 역 최대 규모의 음식점으로 들어와 있다. 정성 들여 만든 다시(육수) 베이스를 판매하는 가야노야茅乃舎, 홋카이도 산 치즈만을 사용하는 베이크 치즈 타르트BAKE CHEESE TART 등 지금 가장 주목 받고 있는 맛집과 그 외 잡화점 들이 입점해 있다. 2020년 도쿄올림픽을 준비하고 있는 도쿄. 그중 가장 큰 변화를 느끼게 하는 곳이 바로 도쿄 역이다. 그 변화에 의해 도쿄 역은 더욱 젊어지고 풍성해지고 있다.

Ⓐ B1, JR Tokyo Station, 1-9-1, Marunouchi, Chiyoda-ku 千代田区丸の内1-9-1 JR東日本東京駅構内地下1階
☎ 03-3217-7070 ⏰ 07:00~23:00(공휴일은 22:00까지)
📍 도쿄역 에키소토 지하 1층
🌐 35.681814, 139.766740

| 도쿄역
추천2 | 엔터테인먼트가 가득한
도쿄역일번가
東京駅一番 Tokyoeki Ichibangai |
|---|---|

도쿄 역 야에스 출구(八重洲口)에 위치해 있는 캐릭터 상품, 라면 전문점, 과자와 기념품 전문점으로 나뉘어진 도쿄역 최대의 쇼핑몰이다. 맛집과 캐릭터 숍, 패션 잡화점 등 총 100여 개의 숍이 모여 있다. 도쿄 캐릭터 스트리트에는 NHK, TBS, 후지테레비 등 각 방송사의 오리지널 캐릭터뿐만 아니라 리락쿠마, 키티, 울트라맨, 무민, 스누피 등 일본 국내외 유명 캐릭터, 레고, 토미카와 같은 장난감 브랜드를 포함해 모두 32개의 숍이 한자리에 모여 있다. 도쿄에서 가장 인기 있다는 라멘 가게를 모아놓은 도쿄 라멘 스트리트도 언제나 사람들로 북적인다. 도쿄 오카시 랜드에서는 가루비가 매장 내에 포테이토 공장을 재현해 놓아 바로 튀긴 따끈따끈한 포테이토를 그 자리에서 맛볼 수 있다.

- 1-9-1, Marunouchi, Chiyoda-ku 千代田区丸の内1-9-1
- 03-3210-0077 10:00~20:00
- JR도쿄역 야에스출구에서 바로
- 35.681814, 139.766740

Tokyo Station&Marunouchi
Spot ❷

왕이 머무는 곳
고쿄 皇居 Kokyo

MUST SEE 고쿄皇居는 일본의 왕이 평소 생활하는 공간이다. 토쿠가와 막부 시대에 세워진 에도성江戶城을 1868년 왕궁으로 지정하고 메이지 일왕은 교토를 떠나 도쿄로 옮기게 되었다. 고쿄 내부에는 일왕 부부가 거주하는 교쇼御所, 각종 공정행사와 정무를 진행하는 장소인 규덴宮殿, 쿠나이초초샤宮內廳廳舍 등이 있다. 겉보기에 출입이 엄중히 제한된 듯 보이지만 참관 신청을 하면 누구나 입장하여 둘러볼 수 있다. 고쿄의 입구에 위치한 시민공원 고쿄가이엔皇居外苑에서 러닝하는 시민들의 모습을 흔히 볼 수 있다. 고쿄를 둘러싼 잘 가꾸어진 나무와 풍부한 자연은 시민들에게 편안한 휴식공간이 되고 있다.

ⓐ 1-1, Chiyoda, Chiyoda-ku. 千代田区千代田1-1
ⓞ 히가시가이엔 AM 09:00 ~ PM 16:00(계절에 따라 상이, 월·금은 휴무)
ⓖ 35.6838, 139.75394

Access 지하철 마루노우치 선·치요다 선·한조몬 선 오테마치 역 C13a 출구에서 도보 5분, 야마노테 선·츄오쾌속 선 도쿄 역 마루노우치 중앙 출구에서 도보 11분

고쿄 참관 안내
고쿄는 수속을 밟고 참관 투어 신청을 하면 내부를 둘러볼 수 있다.

참관 가능일 : 화~토요일 **정원** : 1회 500명
소요시간 : 1시간 15분
접수 장소 : 고쿄 기쿄몬(桔梗門) 앞
당일 접수 : 총 2회
오전 접수 09:30~10:00
(08:30부터 순번표 발행)
오후 접수 13:00~13:30
(12:00부터 순번표 발행)

고쿄 히가시교엔
皇居東御苑 Higashi Gyoen

고쿄와 담 하나 사이에 두고 동쪽에 위치한 히가시교엔東御苑은 1968년부터 일반 공개되어 관람 신청 없이 자유롭게 들어가서 산책할 수 있게 되었다. 부지 내에는 광대한 녹음이 펼쳐지며 에도조 텐주가쿠아토江戶城天守閣跡 등 곳곳에 에도 성의 흔적이 남아 있어 도쿄의 역사를 체험할 수 있다. 히가시교엔에는 오테몬大手門, 히라카와몬平川門, 키타하네바시몬北桔梗門 등 3개의 문이 존재하며 이 중에서 도쿄 역에서 가까운 오테몬大手門으로 진입하여 둘러보는 것이 가장 보편적이다. 월요일, 금요일을 제외하면 언제나 개방되어 있다.

고쿄 가이엔
皇居外苑 Kokyo Gaien

고쿄 가이엔은 1949년 4월 왕실의 공원 일부가 일반인에게 개방된 것이다. 넓은 광장과 나무 숲이 우거져 있으며 고쿄 가이엔에서 고쿄 정문을 연결하는 니주바시二重橋가 보이는 풍경은 도쿄를 대표하는 풍경으로 유명하다.

한눈에 보는 고쿄 MAP

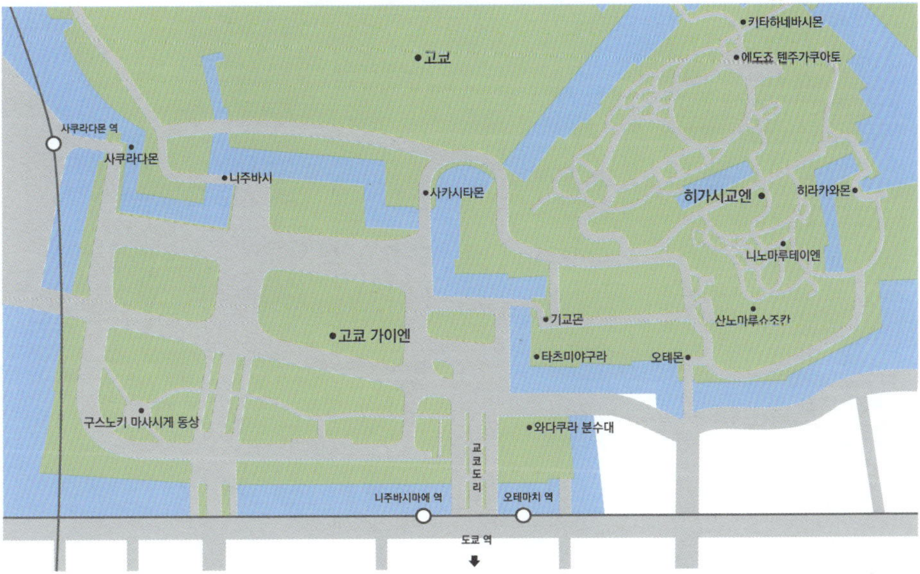

Tokyo Station&Marunouchi
Spot ❸

오피스 빌딩가의 화려한 휴식처
마루노우치 나카도리 丸の内仲通り Marunouchi Nakadori

MUST SEE

곧게 솟아오른 푸르른 가로수 사이로 간간히 보이는 벤치와 다듬지 않은 듯 울퉁불퉁한 보도블록, 양 길가에 이어진 고급 브랜드 숍은 유럽의 거리를 연상시킨다. 가장 트렌디한 쇼핑이 가능할 뿐만 아니라 최근 유행하는 맛집, 그리고 휴식 공간이 함께하는 마루노우치 나카도리는 평일에는 근처 직장인들의 산책로가 되고 주말이면 도쿄 시민의 즐거운 쇼핑 공간이 된다. 이곳에 첫 오피스 빌딩을 세운 미쓰비시 그룹이 부근에 하나둘 건물을 늘려나가자 이 지역은 미쓰비시 마을이라고도 불리었다. 지금은 마루노우치 빌딩, 신마루노우치 빌딩, 마루노우치 브릭스스퀘어 등 17개의 빌딩이 들어서 있으며 오피스, 카페, 레스토랑뿐만 아니라 스트리트 갤러리의 작품들과 미술관이 있어 이 거리를 한층 돋보이게 한다.

ⓐ 1~3, Marunouchi, Chiyoda-ku, 千代田区丸の内1~3
ⓣ 03-5218-5100
ⓟ 야마노테 선·츄오 선, 마루노우치 선 도쿄 역에 하차, 마루노우치 남쪽 출구에서 도보 1분
ⓖ 35.68129, 139.76327

마루노우치 나카도리 MAP

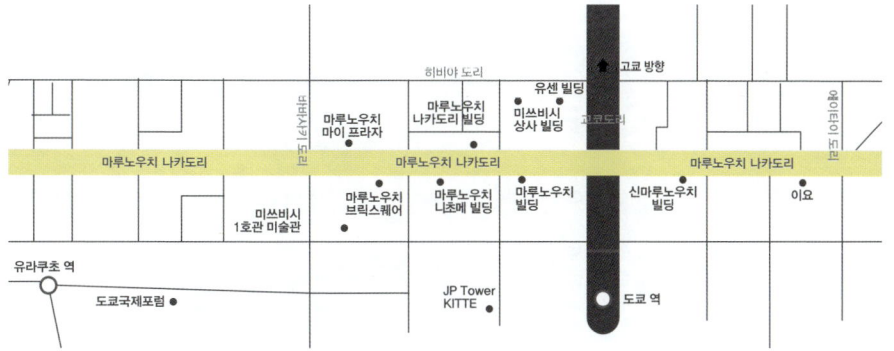

Tokyo Station&Marunouchi
Spot ❹

미쓰비시 마을의 명성을 이어가는
미쓰비시 1호관 미술관 三菱一号館美術館 Mitsubishi Ichigokan Museum

세련된 현대식 빌딩이 줄지어 늘어선 마루노우치에 고풍스러운 외관이 멋스러운 이 건물은 미쓰비시 지쇼三菱地所가 1894년에 지은 일본 최초의 오피스 건물이다. 1968년 해체되었으나 2010년 당시의 모습으로 재건되었다. 근대 미술을 중심으로 한 기획전과 상설전시가 열리는 미쓰비시 1호관 미술관, 뮤지엄 카페 'Cafe 1894', 뮤지엄 'Store 1894', 마루노우치의 역사를 한눈에 확인할 수 있는 '역사자료실'이 함께 운영되고 있다. 이 건물을 재건하기 위해 당시의 도면과 건축잡지 자료를 참고로 만들어졌으며 실제로 해체 당시부터 보관해 온 부자재가 사용되었다. 미술관의 내부는 당시의 모습을 재현하듯 웅장하고 클래식하다. 전시회와 함께 인테리어나 구조, 분위기를 함께 느껴보길 바란다.

🅐 2-6-2, Marunouchi, Chiyoda-ku. 千代田区 丸の内2-6-2
🕿 03-5777-8600 ⊙ 10:00~18:00(월요일 휴관)
🌐 35.67833, 139.76321

📍 도쿄 역 마루노우치 남쪽 출구에서 도보 5분. 유라쿠초 역 도쿄국제포럼 출구에서 도보 5분

tokyo special tips

【 미쓰비시 1호관 재탄생의 배경 】

미쓰비시 1호관 미술관은 2010년에 새로 지어진 건물이다. 원래 이 자리에는 1894년에 지어 1968년에 해체된 미쓰비시 1호관이라는 일본 최초의 오피스 건물이 있었다. 회사와 은행이 들어서 있었으며 준공 당시의 임대료는 평당 1엔에서 1엔 50전이었다. 지어지는 순서대로 1호관, 2호관이라는 건물명이 붙여지고 점점 그 영역이 넓어지며 이 일대는 미쓰비시 무라(마을)라고 불리었다. 미쓰비시가 붉은색 벽돌로 건물을 짓기 시작하면서 암울했던 이 일대가 활기를 띠기 시작했다. 1960년대에 들어서자 미쓰비시 1호관은 도쿄의 근대적 도시계획의 출발점, 근대적 사무소 건축의 제일호로써 역사적 가치가 있고 당초의 형태를 잘 보전한 메이지 시대의 서양식 건축물로써 문화적 가치를 인정받았다. 연구자들의 사이에서 일본은행 본점, 구 아카사이리큐(영빈관)와 함께 메이지의 3대 건축물로 꼽힌다. 이 건물은 1960년대에 들어서 노후를 원인으로 해체되고 40년이 지난 2010년 미쓰비시 1호관 미술관으로 다시 개관하게 된 것이다. 설립 당시의 제1호관과 닮은 붉은 벽돌 건축물로 세워졌으며, 당시의 설계도 메이지 시대의 건축 잡지 등의 자료를 기반으로 1968년에 해체된 건축물의 부자재 중 보관하고 있던 자재들을 일부 재사용, 당시의 은행영업실과 계단 등이 그대로 재현되어 있다. 미쓰비시 1호관 미술관의 개관 기념전의 슬로건은 '미쓰비시가 꿈꾸던 미술관'이었다. 당시의 마루노우치의 사회적 상황과 제도적 문제로 미쓰비시 1호관은 해체되었지만 2010년에 다시 태어난 미쓰비시 1호관 미술관은 당시 미쓰비시 마을의 명성을 이으며 마루노우치에 다시 태어났다.

Tokyo Station&Marunouchi
Spot ❺

옛 도쿄중앙우체국
JP타워 깃테 ジェーピー タワー キッテ JP TOWER KITTE

도쿄 역 남쪽 출구 교차로 건너편에 시계가 눈에 띄는 건물이 보인다. 옛 도쿄중앙우체국을 일부 보존, 재생하여 개업한 JP타워는 옛 도쿄중앙우체국의 일부를 보전하는 것으로 도쿄 역 앞 경관을 계승한다는 데 큰 의미가 있다. 또한, 도쿄 역 마루노우치구치 역사丸の内 駅舎와 함께 도쿄의 새로운 얼굴을 만들어 내는 데 큰 역할을 하고 있다. 옛 도쿄중앙우체국의 보존 부분은 지진에 철저히 대비한 구조로 미래 보존을 위해 힘 쏟았다. 현재도 1층에 우체국이 운영되고 있으며 상업시설의 일부는 옛 공간을 재활용하고 있다. JP타워 내에 전국 각지의 유명 맛집, 잡화점 등이 모여 있는 상업시설 KITTE가 최근 특히 주목받고 있다. 옛 우체국 건물을 계승하여 사용하면서 우체국을 상징하는 우표(KITTE)라는 단어를 영문으로 표기한 아이디어가 돋보인다. KITTE에는 전국 각지의 유명 맛집과 아기자기한 소품점, 명품 쇼핑공간이 서로 잘 어우러져 있으며 편안하게 둘러보기 좋은 구조의 상업시설이다. 트렌디한 명품뿐 아니라 도쿄중앙우체국만의 특산품 및 일본 장인 정신을 느낄 수 있는 잡화점 등 다양한 쇼핑이 가능해 최근 일본의 유명 잡지에도 자주 등장하고 있다.

KITTE 옥상정원에서 바라본 도쿄 역

ⓐ 2-7-2, Marunouchi, Chiyoda-ku. 千代田区丸の内2-7-2
ⓣ 03-3216-2811
ⓞ 11:00~21:00(레스토랑&카페는 11:00~23:00)
도쿄 역 마루노우치 남쪽 출구 앞 횡단보도를 건너면 바로, 지하철 마루노우치 선을 이용할 경우 지하도로 직결
ⓦ www.jptower-kitte.jp
⑨ 35.67984, 139.76509

Tokyo Station&Marunouchi
Spot ❻

유리창 외관이 아름다운 컨벤션 센터
도쿄국제포럼 東京国際フォーラム
Tokyo Kokusai Forum

도쿄국제포럼은 각종 국제회의와 이벤트가 개최되는 도쿄의 대표적인 공공종합 문화시설이다. 이 장소는 구 도쿄 도청사가 위치하고 있던 자리, 즉 도쿄 행정의 중심이었던 곳이다. 전면 유리창 외관이 상징적인 이 건축물은 전체가 큰 배 모양을 하고 있는데 그 모습이 웅대하다. 총 7개의 크고 작은 홀이 있어 주로 컨벤션에 이용되지만 전시회나 콘서트, 공익 이벤트, 리셉션, 패션쇼 등 다양한 행사 장소로 널리 이용된다. 점심시간이 가까워지면 광장에는 푸드 트럭이 하나둘 생기기 시작하는데, 트럭 하나하나가 개성 있어 먹는 재미와 보는 재미가 함께한다. 도쿄국제포럼으로 들어서는 순간 도심 속 소란이 사라지는 신기한 경험을 하게 된다. 의외로 나무들이 많아 투명한 유리창과 나무들이 청명한 조화를 이룬다. 근처 빌딩 오피스 가에서 근무하는 사람들에게는 조용하게 쉴 수 있는 휴식의 공간이다.

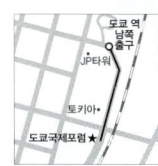

ⓐ 3-5-1, Marunouchi, Chiyoda-ku, 千代田区丸の内3-5-1
ⓣ 03-5221-9000 ⓞ 09:00~17:00
ⓦ www.t-i-forum.co.jp ⓖ 35.67694, 139.7635

ⓠ 유라쿠초 역에서 도보 1분, 도쿄 역 마루노우치 남쪽 출구에서 도보 5분

오에도 골동시장 大江戸骨董市

오에도 골동시장은 에도막부 개막 400년을 기념하여 2003년 9월부터 매월 제1, 제3 일요일 도쿄국제포럼 광장에서 개최되는 일본 최대 규모의 거리 골동 시장이다. 세련되고 이국적인 풍경을 자아내 젊은 층에게도 인기가 많은 이벤트이다. 그릇, 가구에서 기모노까지 일본에서만 볼 수 있는 제품들이 많고 누구나 즐길 수 있어 외국인들도 많이 찾는다. 부정기적으로 하라주쿠의 요요기 공원에서도 개최된다.

ⓣ 03-6407-6011 ⓦ www.antique-market.jp

TOKYO STATION & MARUNOUCHI

Cost ￥1,000 이하 ￥ | ￥1,000~2,000 ￥￥ | ￥2,000 이상 ￥￥￥

RESTAURANT

CAFE

PUB & BAR

도쿄 역&마루노우치

1894년 역사의 한 장면 속으로
Café 1894
カフェ イチハチキュウヨン Cafe Ichi Hachi Kyu Yon

MUST EAT 도쿄의 중심, 역사와 전통이 있는 곳에서 한 끼의 식사를 한다는 것은 여행에서 큰 의미를 갖는 것이리라. 미쓰비시 1호관 미술관과 함께 오픈한 Café 1894는 일본 최초의 빌딩 미쓰비시 1호관이 1894년 준공된 당시의 촬영 사진, 도면, 보존 자재를 바탕으로 복원된 것이다. 당시 은행 영업실로 이용되었던 공간을 복원하여 예스러운 정취가 물씬 풍기는 공간이다. 무엇보다 내부의 천장이 8m나 된다는 점에 압도된다. 전기가 없던 예전의 모습을 최대한 복원하면서 가스등을 그대로 사용하였는데, 8m나 되는 천장에 조도 확보가 가장 큰 과제였다. Café 1894에는 BGM이 없다. 사람들의 속삭임이 8m의 천장을 뚫고 BGM이 되어 돌아온다. 사람들의 소란스러움까지도 웅장하게 들리는 이유는 공간의 구조도 한몫하겠지만 역사의 공간에 있다는 것 그 자체로도 클래식하게 다가오기 때문이다. 이런 곳에서는 맛을 논하기보다 공간에 흠뻑 취해 보는 것이 정답이다.

Ⓐ Mitsubishi ichigokan, 2-6-2, Marunouchi, Chiyoda-ku.
千代田区丸の内2-6-2 三菱一号館
Ⓣ 03-3212-7156
Ⓞ 11:00~23:00(Lunch 11:00~14:00)
도쿄 역 마루노우치 남쪽 출구에서 도보 5분
mimt.jp/cafe1894
Ⓒ ¥¥
35.67827, 139.76327

고베의 한국풍 오코노미야키
균타
ぎゅんた Gyunta

도쿄 역이 내려다보이는
돈피에르하트
ドンピエールハート Dompierre Heart

오코노미야키와 와인을 함께 즐길 수 있는 균타는 런치 시간이면 주변의 샐러리맨들이 모여드는 곳이다. 균타의 본점은 한국풍 철판 오코노미야키로 고베에서 유명하다. 이곳은 한국식 양념장을 오코노미야키에 올려 먹을 수 있도록 하고 있다. 양념장은 한국식으로 마늘과 고춧가루가 주재료로 고추장과 매우 흡사하다. 오코노미야키 본연의 달콤한 소스와 잘 맞아 균타만의 명물로 유명하다. 도쿄 역 바로 앞에 위치한 KIITE의 5층에 있는 마루노우치 지점에서는 오코노미야키와 함께 샐러드까지 곁들여서 나오는 런치 세트가 인기이다. 입구 카운터석에서 오코노미야키를 굽는 퍼포먼스를 보면서 식사를 할 수 있다.

정통 양식 레스토랑의 맛을 저렴한 가격의 런치로 즐길 수 있는 돈피에르하트. 도쿄역 근처에서 지금 가장 주목받는 곳, KITTE의 5층에 위치해 있다. 교바시京橋에서 20년간 정통 양식 레스토랑으로 사랑받으며 주변 직장인으로부터 지지를 얻어온 돈피에르하트가 KITTE에 오픈하면서 가장 주목받았던 점은 붉은색 벽돌 도쿄역을 내려다보며 식사가 가능하다는 점이었다. 이 근처에서 식사 장소로 고민된다면 꼭 둘러보길.

Ⓐ 5F, KITTE, 2-7-2, Marunouchi, Chiyoda-ku 千代田区丸の内2-7-2 KITTE 5F
Ⓣ 03-6256-0880　Ⓞ 11:00~23:00(일요일 11:00~22:00)
🚇 도쿄 역 남쪽 출구에서 도보 1분
₩ ￥￥
📍 35.679666, 139.765213

Ⓐ 5F, JP TOWER KITTE, 2-7-2, Marunouchi, Chiyoda-ku 千代田区丸の内 2-7-2 JPタワーKITTE 5F
Ⓞ 11:00~23:00(일요일 11:00~22:00)　Ⓣ 03-6256-0909　₩ ￥￥
🚇 도쿄 역 마루노우치 남쪽 출구 횡단보도를 건너면 바로. KITTE 5층
📍 35.679817, 139.764866

작은 가게 안에 시장이 있다
로즈베이커리
ローズベーカリー Rose Bakery

여성 취향 저격
가브
ガーブ GARB

패션업에 종사하고 있던 부부 장과 샤를르. 이탈리아, 프랑스, 일본으로 출장 가게 되면서 자신들이 좋아하는 일은 패션계의 일이 아니라, 맛있는 집을 찾아내거나 식료품점을 찾아내는 것에 더 흥미가 많다는 것을 알게 된다. 그 후 1988년, 하던 일을 접고 런던에 '비란드리'라고 하는 식료품점을 내면서 다른 인생을 시작하게 된다. 이 부부가 2002년 프랑스 파리에 오픈한 로즈베이커리는 작은 가게 안에 시장이 있다는 콘셉트이다. 로즈베이커리는 '빵 가게가 아닌, 로즈가 베이크했다'는 것. 즉, 손으로 만든 요리나 과자를 내놓는 가게임을 의미한다. 다른 곳과는 조금 다른, 굉장히 감각적이고 심플한 신선한 카페이다. 마루노우치 나카도리에서 꼼데가르송과 함께 공간을 사용하고 있다.

마루노우치 나카도리에 들어섰을 때, 왠지 들어가고 싶어지는 위치에 있는 카페이다. 실내로 들어서면 바로 눈앞의 흰색 큰 카운터 자리와 벽면 보라색 쿠션이 먼저 눈에 들어온다. 이곳은 점심시간이면 근처 직장 여성들이 줄을 서서 달려오는데 이유는 하루에 단 17명만 먹을 수 있는 흑소를 100% 사용한 햄버거런치 때문이다. 점심시간에는 차마 엄두를 못 낼 이곳, 마루노우치 거리를 조용히 감상하며 차를 한잔하고 싶다면 반드시 런치타임을 벗어난 시간에 들려야 한다. 심플하면서도 앤틱한 실내 분위기, 고급스러운 암체어, 세련된 접객. 편안한 시간을 보내기에 더없이 좋은 곳이다. 런치 격전지를 피부로 느끼며 점심을 먹고 싶다면 12시가 되기 전에 도착하면 된다. 저녁이면 이탈리안, 스페니쉬, 프렌치를 베이스로 한 채소가 가득 담긴 요리와 칵테일, 와인을 즐길 수 있다.

ⓐ 2-1-1, Marunouchi, Chiyoda-ku 千代田区丸の内2-1-1明治安田生命ビル1F
ⓣ 03-3212-1715   ⓗ 11:00~20:00
ⓜ 도쿄 역 마루노우치 남쪽 출구에서 도보 5분
ⓒ ¥¥   ⓖ 35.678947, 139.762196

ⓐ 2-2-3, Marunouchi, Chiyoda-ku 千代田区丸の内2-2-3
ⓣ 03-5220-0440   ⓗ 11:00~23:30(금요일은 24:30까지, 주말은 22:30까지)
ⓜ 도쿄 역 마루노우치 남쪽 출구에서 도보 3분   ⓒ ¥¥
ⓖ 35.680486, 139.762754

죽기 전에 꼭 먹어봐야 한다는 에쉬레 버터 전문점

에쉬레 메종 드 블루
エシレ・メゾン デュ ブール ECHIRE MAISON DU BEURRE

에쉬레는 프랑스 중서부 인구 약 3,000명 남짓의 작은 마을이다. 이 마을에는 낙농협동조합이 있어 1894년부터 버터 만들기를 시작했다. 한 세기 이상 예전의 방식 그대로 버터를 만들고 있으며 지금은 전 세계의 스타 셰프들에게 없어서는 안 될 귀한 식재료 중의 하나가 되었다. 마루노우치 브릭스퀘어 1층에 위치한 에쉬레 메종 드 블루는 세계 최초의 에쉬레 버터 전문점이다. 이른 날은 아침 7시부터 줄을 선다는 이 가게의 간판스타는 하루에 15개만 만들어 낸다는 진정한 어른들의 스윗츠, 버터 케이크다. 케이크뿐만 아니라 에쉬레의 신선한 버터를 사용한 마들렌, 케이크, 크루아상을 맛볼 수 있다. 거의 매일, 프랑스의 샤를드골 공항으로부터 금방 짜낸 신선한 에쉬레 버터를 공수받고 있다.

Ⓐ 1F, marunouchi bricksquare, 2-6-1, marunouchi, chiyoda-ku. 千代田区丸の内2-6-1 丸の内ブリックスクエア 1F
Ⓣ 03-6269-9840 Ⓒ 10:00~20:00
도쿄 역 마루노우치 남쪽 출구에서 도보 5분 Ⓒ ¥
Ⓖ 35.67861, 139.76259

도쿄의 라멘대표주자가 모여 있는
도쿄 라멘스트리트
東京ラーメンストリート Tokyo Ramen Street

도쿄 역의 야에스八重洲 지하 중앙출구 개찰구 앞에 위치한 도쿄 라멘 스트리트는 도쿄의 유명한 라멘 전문점 8곳을 모아 놓았다. 일본 사람들은 술을 마신 뒤 라멘으로 마무리하곤 하는데, 마치 우리가 술 한잔하고 우동 한 그릇 먹는 것과 비슷하다고 볼 수 있다. 도쿄 시민들이 좋아하는 라멘이 궁금하다면 도쿄 역의 라멘 스트리트에서 궁금증이 해결 될 듯하다.

ⓐ B1F, Tokyoeki ichibangai, 1-9-1, Marunouchi, Chiyoda-ku. 東京都千代田区丸の内1-9-1 東京駅一番街 B1F
ⓣ 03-3210-0077 ⓞ 10:30~23:00(점포마다 조금씩 상이함)
ⓡ 도쿄 역 야에스 지하 중앙출구를 나와 우측에 위치 ⓒ ¥
ⓖ 35.68107, 139.7681

츠케멘의 카리스마가 느껴지는
로쿠린샤 六厘舎 Rokurinsha

이곳은 행렬이 끊이지 않는 츠케멘의 대표 격인 곳이다. 탄력 있는 자체 제작한 두꺼운 면과 돼지 뼈와 어패류를 섞어 우려낸 수프가 절묘하게 어울린다. 평균 대기 시간은 30분. 아침 7시 30분부터 문을 열어 '출근 전 라멘'을 즐기는 사람들에게 사랑받는 곳이다. 포장용 라멘을 판매하는 코너도 함께한다.

ⓣ 03-3286-0166 ⓞ 07:30~10:00, 11:00~23:00 ⓒ ¥ ⓖ 35.680075, 139.767795

깔끔한 맛이 호평
히루가오 ひるがお Hirugao

히루가오는 유명 라멘 전문 브랜드 세다가야せたが屋의 시오라멘 전문점이다. 닭 뼈와 멸치, 어패류에서 깔끔한 맛의 수프를 우려내 천일염만을 사용, 엄선된 재료에 화학조미료를 사용하지 않는 맛을 자랑하는 라멘이다. 라멘이 먹고 싶은데 돈코츠의 진득진득한 느낌과 냄새가 거북하다면 히루가오의 시오라멘塩ラーメン을 추천한다.

ⓣ 03-3213-7000 ⓞ 10:30~23:00 ⓒ ¥ ⓖ 35.680127, 139.767836

일본 전국의 기차역 도시락이 모두 모였다
에끼벤야 마츠리
駅弁屋 祭 Ekibenya Matsuri

도쿄 역은 일본 최고의 에키벤(기차역 혹은 기차 내에서 판매하는 도시락) 격전지이다. 전국의 신칸센과 기차, 지하철을 이용하는 많은 사람들이 도쿄 역을 거쳐 간다. 특히 도쿄 역 개찰구 내에는 센트럴 스트리트, 에큐트 도쿄, 그랑스타 다이닝 등 쇼핑과 식사를 곁들일 수 있는 시설들이 위치해 있는데, 특히 에키벤의 라인업은 도쿄 역이 전국 최대라고 할 수 있다. 에키벤 전문점 중에서도 특히 눈에 띄는 에키벤야 마츠리駅弁屋 祭는 전국 각지의 명물 도시락 170여 개가 있어 말 그대로 도시락 축제가 펼쳐지는 듯 화려하다. 도쿄 역에 있으면서 전국의 맛을 즐길 수 있어 점포 내에는 사람들로 발 디딜 틈이 없다. 주방에서 도시락을 만드는 실연을 보여주고 있으며 바로 만들어진 따뜻한 도시락을 맛볼 수 있다.

- 1-9-1, Marunouchi, Chiyoda-ku. 千代田区丸の内1-9-1
- 03-3213-4352 05:30~23:00
- 도쿄 역 야에스 중앙출구에서 도보 1분, 센트럴 스트리트에 위치
- ¥ 35.68178, 139.76676

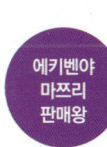

에끼벤야 마쯔리 판매왕

1
요네자와 역 米沢駅 명물 '도만나카 どまん中'
야마가타 현의 달콤한 쌀 위에 특제 소스로 맛을 낸 소고기를 올려 전국적으로 인기 있는 도시락이다. 소고기 간 것과 규탄(소 혀) 두 가지 메뉴를 맛볼 수 있다.

2
후쿠이 역 福井駅 '가니치라시 かにちらし'
식초에 담가낸 게살이 가득 들어 있고 버섯이 함께여서 맛과 색이 화려하다.

2
GINJA
銀座

WALK AROUND

긴자

긴자는 화려한 명품관이 줄지어 서 있는 일본 최대의 번화가이다. 현대식 디자인 건축물인 루이비통, 미키모토, 샤넬 등의 명품관이 100년이 넘는 일본 노포 백화점과 신기할 정도로 잘 융화되어 있으며 480년의 역사를 자랑하는 화과자와 프랑스의 명품 초콜릿, 일본 전통 찻집과 유명 이탈리안 레스토랑이 어깨를 나란히 하는 진귀한 풍경을 보여 주는 곳이다. 일본의 최고 장인이 한 땀 한 땀 지어낸 선 고운 양복, 400여 년 전 왕에게 헌납했던 전통과자, 전 세계 여성이 사용하는 일본의 화장품, 그리고 세계 유명 명품. 이 모든 것이 긴자라는 브랜드 안에 존재한다.

Tokyo Subway Map

역사 깊은 노포와 초현대적인 명품관이 공존하는 세계적인 명품도시 긴자로 가는 방법은 도쿄메트로 긴자 선·히비야 선·마루노우치 선의 긴자 역을 이용하는 것이 가장 편리하다. 목적지의 위치에 따라 유라쿠초 선 긴자잇초메 역, 혹은 야마노테 선 유라쿠초 역을 이용할 수 있다.

추천 이동 경로

도쿄 역 —— 마루노우치 선 (3분 소요) —— 긴자 역

신주쿠 역 —— 마루노우치 선 (15분 소요) —— 긴자 역

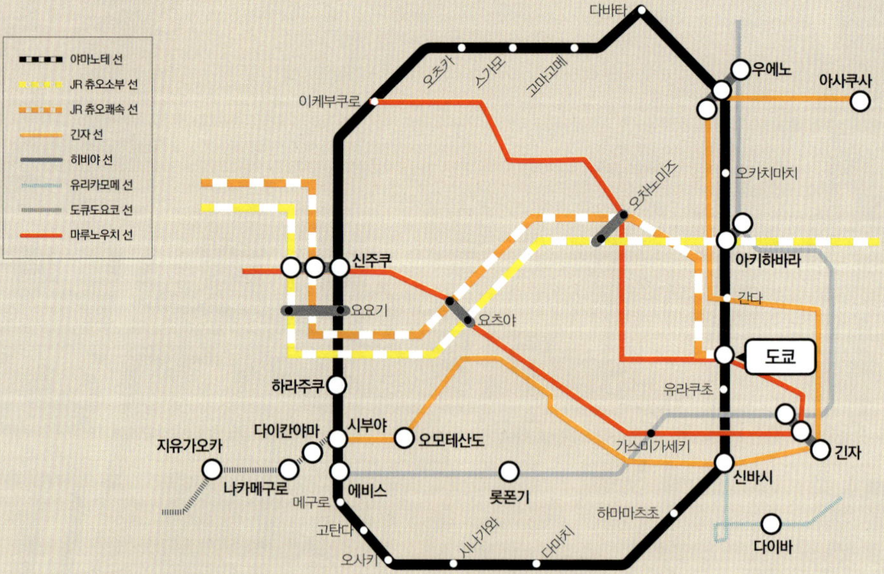

범례
- 야마노테 선
- JR 츄오소부 선
- JR 츄오쾌속 선
- 긴자 선
- 히비야 선
- 유리카모메 선
- 도큐도요코 선
- 마루노우치 선

추천 일정

키라리토 긴자
긴자의 시작, 긴자잇초메에 위치하며 결혼식, 생일 등 기념일의 기프트를 테마로 한 브라이덜 명품관이다. 소문난 브런치 레스토랑이 있으며 긴자에서 가장 새로운 쇼핑공간이다.

도보 1분

이토야
긴자의 쟁쟁한 명품관 사이에 위치한 1904년에 문을 연 문구점이다. 리뉴얼 오픈하여 크리에이티브한 공간으로 새롭게 태어났다.

도보 2분

와코
긴자의 정중앙 긴자욘초메銀座4丁目 교차로를 내려다보는 듯한 시계탑은 이곳이 긴자임을 알려주는 상징이다. 빼놓을 수 없는 밤의 야경 촬영 스팟이다.

도보 5분

가부키자
연중 쉬지 않고 가부키 공연이 이루어지는 전문 공연장이다. 히가시긴자 역과 바로 연결되어 있는 쇼핑공간도 볼 만하다.

도보 10분

분카요코초
철로 아래 운치 있는 일본 60~70년대의 쇼와 분위기를 만끽할 수 있는 공간이다. 밤이면 주변의 직장인들이 모여 하루의 노곤함을 푼다.

도보 5분

시세이도 더 긴자
1층 뷰티 마르쉐는 시세이도의 다양한 상품을 직접 사용해 보고 구매하는 시세이도 제품 판매장이다. 2층에서는 좀 더 전문적인 카운셀링이 이루어진다.

GINJA

기억에
남는
8장면

1. 네온사인이 짙어진 긴자의 밤
2. 나비 넥타이와 베레모를 쓴 단정한 모습으로 고객을 접대하는 '구두닦이 신사'
3. 신선도와 양의 차원이 다른 츠키지 시장의 도시락
4. 라이트업이 시작되는 명품관
5. 긴자의 밤을 걷는 남과 여
6. 긴자는 리어카도 럭셔리하다
7. 프렌치 레스토랑에서 펼쳐지는 재즈 무대
8. 야키토리 가게에서 하루의 스트레스를 푸는 직장인들

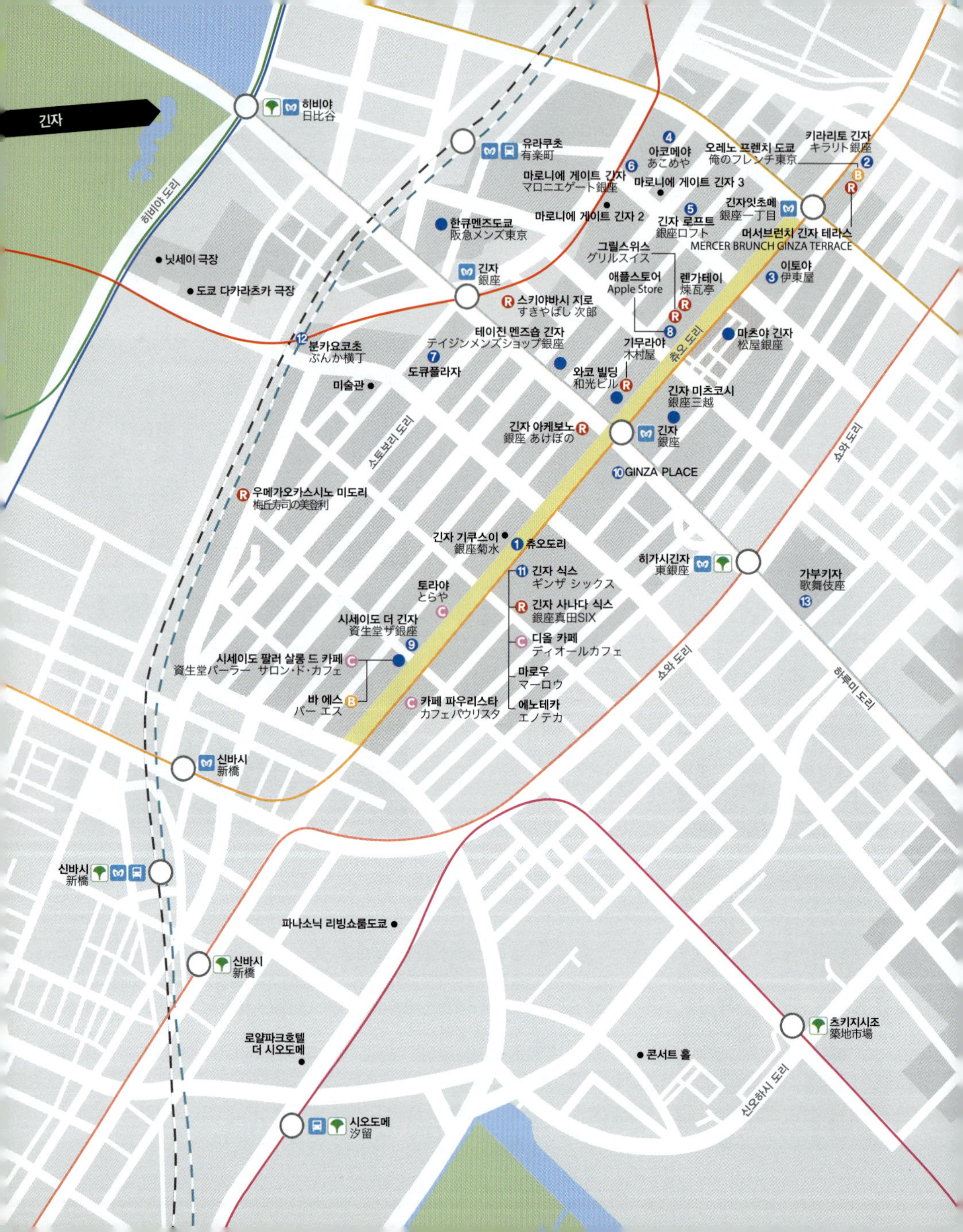

긴자
히비야
日比谷
유라쿠초
有楽町
히비야 도리
4 아코메야
あこめや
오레노 프렌치 도쿄
俺のフレンチ東京
키라리토 긴자
キラリト銀座
2
6 마로니에 게이트 긴자
マロニエゲート銀座
마로니에 게이트 긴자 3
마로니에 게이트 긴자 2
5 긴자 로프트
銀座ロフト
긴자잇초메
銀座一丁目
머서브런치 긴자 테라스
MERCER BRUNCH GINZA TERRACE
한큐멘즈도쿄
阪急メンズ東京
그릴스위스
グリルスイス
렌가테이
煉瓦亭
이토야
3 伊東屋
닛세이 극장
도쿄 다카라즈카 극장
긴자
銀座
스키야바시 지로
すきやばし 次郎
애플스토어
Apple Store
8
12 분카요코초
ぶんか横丁
테이진 멘즈숍 긴자
テイジンメンズショップ銀座
7 도큐플라자
기무라야
木村屋
마츠야 긴자
松屋銀座
츄오 도리
미술관
와코 빌딩
和光ビル
긴자 미츠코시
銀座三越
스토보리 도리
긴자 아케보노
銀座 あけぼの
긴자
銀座
10 GINZA PLACE
소와 도리
우메가오카스시노 미도리
梅丘寿司の美登利
긴자 기쿠스이
銀座菊水
1 츄오도리
히가시긴자
東銀座
가부키자
歌舞伎座
13
11 긴자 식스
ギンザ シックス
토라야
とらや
긴자 사나다 식스
銀座真田SIX
시세이도 더 긴자
資生堂ザ銀座
9
디올 카페
ディオールカフェ
시세이도 팔러 살롱 드 카페
資生堂パーラー サロン・ド・カフェ
소와 도리
하루미 도리
마로우
マーロウ
바 에스
バー エス
카페 파우리스타
カフェパウリスタ
에노테카
エノテカ
신바시
新橋
신바시
新橋
파나소닉 리빙쇼룸도쿄
신바시
新橋
츠키지시조
築地市場
로얄파크호텔
더 시오도메
콘서트 홀
신오하시 도리
시오도메
汐留

Ginza
Spot ❶

세계 NO.1 명품거리
츄오도리 中央通り Chuo dori

MUST SEE 긴자의 츄오도리는 교바시 방향에 위치한 긴자도리 입구 교차로, 즉 긴자잇초메에서 중앙대로를 따라 신바시 방향에 있는 긴자핫초메까지 이어지는 약 1.1km의 길이다. 세계적으로도 유명한 스트리트이며 주말이면 보행자 천국이 되어 그 활기가 더해져 긴자라는 이름 자체가 브랜드임을 증명해주는 거리이다. 단지 명품관들이 줄지어 있어서가 아닌 세계 각국의 명품과 일본의 장인의 손길이 느껴지는 노포들이 어깨를 나란히 하는 모습에서 일본인들의 자부심이 느껴진다. 와코 빌딩, 긴자 미츠코시, 마츠야 긴자와 같은 일본의 노포 백화점과 해외 명품 브랜드인 불가리, 샤넬, 그리고 일본에 오므라이스를 전파시킨 발생지 렌가테이, 긴부라라는 단어의 시작이 되었다고 하는 카페 파우리스타, 이 모든 것이 츄오도리에 위치한다. 이 거리에 있다는 것만으로도 셀럽 기분을 만끽할 수 있다.

📍 야마노테 선 유라쿠초 역, 마루노우치 선・히비야 선・긴자 선 긴자 역, 유라쿠초 선 긴자잇초메 역에서 도보로 이동
🌐 35.671236, 139.764997

🗺 긴자 명품관 MAP

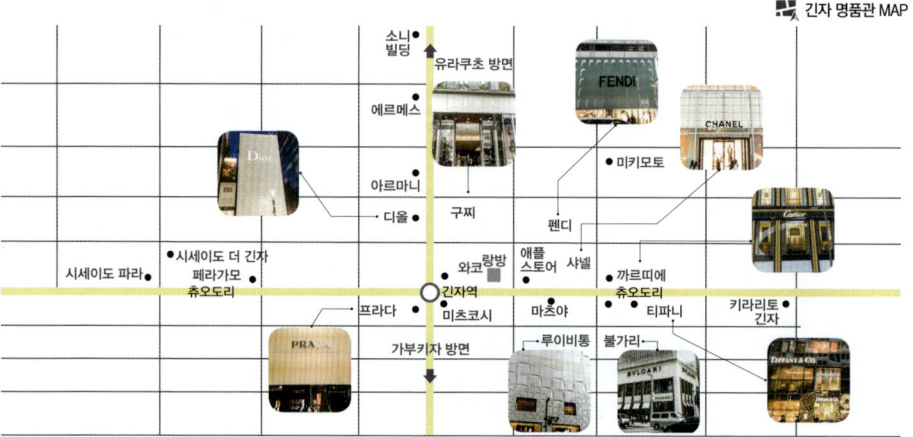

tokyo special spot

【 긴자의 일본 노포 백화점 】

전 세대로부터 사랑받는
긴자 미츠코시 銀座三越 Ginza Mitsukoshi

세대를 넘어 꾸준한 사랑을 받고 있는 긴자 미츠코시는 80년의 역사를 자랑하는 노포 백화점이다. 지하 식품가의 긴자 미츠코시 한정 스위츠는 긴자 내에서도 최고 인기를 자랑한다. 3~6층에 위치한 여성복 코너에는 무려 200개가 넘는 브랜드가 입점해 있다. 여성복뿐만 아니라 멘즈 아이템이 풍부한 것도 긴자 미츠코시의 빼놓을 수 없는 매력이다. 11~12층에 위치한 레스토랑에는 런치를 목표로 찾아 드는 여성들로 연일 북적인다.

- ⓐ 4-6-16, ginza, chuo,-ku. 都中央区銀座4-6-16
- ⓣ 03-3562-1111　ⓞ 10:30~20:00(레스토랑은 11:00~23:00)
- 마루노우치 선·긴자 선·히비야 선 긴자 역 A7, A8 출구에서 바로, 유라쿠초 선 긴자잇초메 역에서 도보 5분, 야마노테 선 유라쿠초 역 긴자 출구에서 도보 8분
- 🅖 35.67132, 139.76583

명품 집결소
마츠야 긴자 松屋銀座 Matsuya Ginza

2층에 위치한 인터내셔널 부티크 플로어는 루이비통, 크리스찬 루부탱, 끌로에, 생로랑, 지미추, 셀린느, 마르니, 몽클레어, 랑방 등 명품 집결소로 유명하다. 1층 코스메틱 코너에 30종류의 브랜드가 들어와 있어 특히 여성들에게 인기이다. 멘즈도 풍부해 남녀커플이 많은 것이 특징. 오픈 당시부터 명물이 된 천장까지 뚫린 중앙홀은 그 높이가 25m에 이른다. 중앙홀에서 매년 장마철이면 수백 개의 우산이 펼쳐지는 햐쿠산카이百傘會가 장관을 이룬다.

- ⓐ 3-6-1, ginza, chuo,-ku. 都中央区銀座3-6-1
- ⓣ 03-3567-1211　ⓞ 10:00~20:00(레스토랑은 11:00~22:00)
- 마루노우치 선·긴자 선·히비야 선 긴자 역 A12번 출구에서 직결, 유라쿠초 선 긴자잇초메 역 9번 출구에서 도보 3분, 야마노테 선 유라쿠초 역 긴자 출구에서 도보 8분
- 🅖 35.67225, 139.76669

긴자의 심볼, 시계탑으로 유명한
긴자 와코 和光ビル Wako building

긴자의 정중앙 긴자욘초메銀座4丁目 교차로를 내려다보는 듯한 시계탑은 이곳이 긴자임을 알려주는 상징이다. 건물 꼭대기의 시계탑으로 유명한 긴자의 심볼 와코 빌딩은 SEIKO 시계의 본사이다. 원래 와코 빌딩은 핫토리 시계점의 사옥으로 1894년 건립되었다. 지금의 시계탑은 1923년 관동대지진 이후 1932년에 새롭게 지어졌다. 관내 벽면에는 이탈리아에서 수입해 온 대리석을 사용한 르네상스 양식의 건축양식에 새로운 양식을 가미한 네오 르네상스 양식의 건물로 아름다운 자태를 자랑한다. 지금은 SEIKO 시계를 중심으로 고급 주얼리 등을 판매하는 와코 본관, 구루메 중심의 와코 아넥스관, 와코 인테리어숍 등으로 나뉘어 와코 본관 주변에서 운영되고 있다.

- ⓐ 4-5-11, ginza, chuou-ku. 中央区銀座4-5-11
- ⓣ 03-3562-2111　ⓞ 10:30~19:00　🌐 www.wako.co.jp
- 마루노우치 선·긴자 선·히비야 선의 긴자 역 A9, A10번 출구 혹은 B1 출구와 직결
- 🅖 35.67167, 139.76504

긴자　181

긴자 아소비에 자주 사용하는 단어

일본을 대표하는 유흥가, 긴자. 그래서인지 유독 긴자의 아소비(놀이)를 지칭할 때 자주 사용하는 단어들이 있다. 긴자의 분위기를 엿볼 수 있는 단어들이 어떤 것들이 있는지 알아보자.

• 긴부라 銀ブラ
긴자 여행을 소개하는 잡지나 매체에서 빠지지 않는 단어이다. 긴자를 아무런 목적 없이 천천히 산책한다는 의미도 있으며, 긴자에서 브라질 커피를 마신다는 의미도 있다. 이 외에도 여러 가지 설이 있으나 보편적으로 첫 번째 서술한 목적 없이 산책하는 것을 의미한다. 뚜렷한 목적이 없더라도 긴자에서는 걷는 것만으로도 의미가 있다는 뜻을 지닌 함축적인 단어이다.

• 자긴데 시-스- ザギンで、シースー！
지금은 잘 사용하지 않지만 '자긴데시스'라는 말이 유행하던 때가 있었다. 의미는 '긴자에서 스시 먹자'라는 의미이며 '자긴'은 폰기(롯폰기), 부쿠로(이케부쿠로) 처럼 지역명을 장난스럽게 표현한 것이고, '시스'는 스시를 뒤집어 쓴 것이다. 긴자에 왔다면 스시를 먹어야 한다는 말로 버블이었던 쇼와 시대에는 곧잘 쓰던 표현이다. 또한, 긴자에서 스시를 먹는다는 것은 최고의 식사 뜻한다. 만약 당신이 누군가로부터 긴자에서 스시를 대접받았다면 그것은 최고의 대접을 받은 것이다. 값비싼 스시를 긴자에서 먹는 사람은 많이 줄었지만 지금도 어디에선가 자긴데 시-스-!를 외치며 스시를 즐기는 사람이 분명 있을 것이다.

Ginza
Spot ❷

츄오도리의 현관 긴자잇초메의 브라이덜 전문 쇼핑몰
키라리토 긴자 キラリト銀座 Kirarito Ginza

키라리토 긴자는 결혼식, 생일 등 기념일의 기프트를 테마로 한 쇼핑몰이다. 긴자의 츄오도리를 따라 약 44m에 이르는 건물에 결혼식장, 웨딩 주얼리, 드레스, 파티 플레이스 등이 갖추어진 신감각 쇼핑몰이다. 다양한 서프라이즈 프로포즈를 응원하는 브라이덜 주얼리 전문점 '마리아쥬Mariage', 세계 각국의 브라이덜 링을 모아놓은 일본 내 최대 규모의 '비쥬피코Bijoupiko' 등이 들어와 있으며 캐주얼 의류 및 잡화와 함께 레스토랑, 카페도 이용할 수 있다. 가나자와金沢지역의 전통공예, 차, 식문화 등을 체험할 수 있는 갤러리 및 레스토랑 '긴자노가나자와銀座の金沢'가 6층에 있으며, 도쿄 내에서도 트렌디 레스토랑으로 유명한 '오레노 브런치俺のブランチ', 팬케이크로 유명한 '에그슨 띵스Eggs'n Things', 머서시리즈로 주목 받고 있는 '머서 브런치 긴자 테라스MERCER BRUNCH GINZA TERRACE' 가 특히 인기이다.

Ⓐ 1-8-19, Ginza, Chuo-ku, 中央区銀座1-8-19 ☎ 03-3759-9513
◎ 11:00~20:00(레스토랑은 23:00까지)
❾ 유라쿠초 선 긴자잇초메 역 9번 출구에서 도보 1분, 지하철 긴자 역 A13번 출구에서 도보 5분, 야마노테 선 유라쿠초 역 교바시 출구에서 도보 5분
g 35.67425, 139.76864

Ginza
Spot ❸

크리에이티브한 순간을 응원하는 문방구점
이토야 伊東屋 Itoya

MUST SEE 1904년에 문을 연 이토야가 긴자에 새로운 건물을 지어 리뉴얼 오픈 하였다. 붉은 클립을 심볼로하는 이토야 본점 G.Itoya와 츄오도리 안쪽 골목에 위치한 만년필을 심볼로 하는 K.Itoya가 모두 2015년 6월에 리뉴얼 오픈 하였다. 새로운 건물이 속속 들어서고 있는 긴자 안에서도 입구의 큰 회전문이 특히 눈에 띄는 건물이다. 물건 사는 것을 뛰어넘어 삶의 크리에이티브한 순간을 응원하는 이토야의 이념을 잘 보여주는 공간으로 재탄생하였다. 우리의 일상속에서 문구류는 단지 물건이 아니라 생각하는 순간, 즐기는 순간, 누군가에게 무언가를 전달하는 크리에이티브한 영감을 불러일으켜주는 표현의 도구가 되었다. 노트와 연필 한 자루를 고를 때 미친 듯이 집중하는 사람들은 알 것이다. 이 놀이터가 얼마나 즐거운지.

ⓐ 2-7-15, Ginza, Chuo-ku. 中央区銀座2-7-15
ⓣ 03-3561-8311
ⓞ 월~토요일 10:00~20:00, 일·공휴일 10:00~19:00 (12층 카페는 22:00까지)
ⓖ 35.673, 139.76737

ⓠ 마루노우치 선·긴자 선·히비야 선 긴자 역 A13번 출구에서 도보 2분

Ginza
Spot ❹

우리의 주식 쌀에 초점을 맞춘 라이프 스타일
아코메야 あこめや Akomeya

MUST SEE 고슬고슬 김이 오르는 갓 지은 밥을 맛보는 것은 일상의 작은 행복이다. 아코메야는 한 공기의 흰 쌀밥에서 느끼는 행복과 만든 사람의 성실함과 정성까지도 선물한다는 콘셉트로 쌀과 관련된 다양한 상품을 판매하고 있다. 출산 기념일에는 탄생한 아기의 몸무게만큼, 기념일에는 그 횟수만큼, 쌀의 무게에 스토리를 담은 선물을 제안한다. 아코메야에서는 쌀 이외에도 술, 양념류, 반찬 등 식탁 위의 다양한 식자재들과 소재와 쓰임에 충실한 다양한 생활 용품과 주방기구들을 만날 수 있으니 꼭 둘러보길! 점포 내에서 운영하고 있는 '아코메야 키친'에서는 매장에서 판매하고 있는 식재료를 이용한 요리를 맛볼 수 있다.

Ⓐ 2-2-6, Ginza, Chuo-ku. 中央区銀座2-2-6
Ⓣ 03-6758-0270
Ⓞ 11:00~21:00 (아코메야 키친 11:30~22:00)
Ⓦ www.akomeya.jp
긴자잇초메 역 4번 출구에서 도보 2분
ⓖ 35.67462, 139.7658

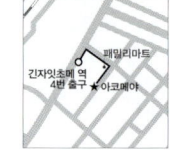

TIP 찾아가기 꿀팁
긴자잇초메 역 4번 출구에서 출구 반대방향으로 걸어가다 사거리에서 우회전, 다시 첫 번째 골목에서 우회전하여 들어가면 우측에 위치

Ginza
Spot ❺

로프트, 긴자의 시대를 열다
긴자 로프트 銀座ロフト Ginza Loft

유라쿠초 역에 위치해 있던 로프트가 긴자산초메 긴자 벨비아관으로 옮기면서 본격적인 긴자의 시대를 열었다. 3층에서 6층까지 로프트 강점인 뷰티&헬시 제품을 시작으로 각종 생활 잡화로 가득 채웠다. 각 지역의 유명 커피의 팝업 스토어를 설치하는 등 지금까지와는 달라진 모습의 라이프 스타일 숍으로 재탄생했다. 바디&뷰티 코너에는 멘즈 코스메를 강화하고, 워크&스터디 코너에는 세계의 연필을 모아놓은 펜슬바Pencil Bar를 설치하는 등 새로운 도전의 노력이 돋보인다.

Ⓐ 3f~6f, Ginza Velviakan, 2-4-6, Ginza, Chuo-ku. 中央区銀座2-4-6 銀座ベルビア館3-6階
Ⓣ 03-3562-6210
Ⓞ 11:00~21:00
긴자 선, 마루노우치 선, 히비야 선 긴자역 C8·C9 출구에서 도보 3분
ⓖ 35.674065, 139.766202

Ginza
Spot ❻

오롯이 여자만을 위한 차분한 쇼핑 공간
마로니에 게이트 긴자
マロニエゲート 銀座 Marronniergate Ginza

1983년 오픈 이래 30여 년간 긴자를 대표해 오던 브랭탕 백화점은 사라졌다. 마로니에도리의 입구에 위치한다는 것과 만남을 의미가 더해져 마로니에 게이트로 다시 태어났다. 2017년 3월 마로니에 게이트 긴자2&3이 오픈하며 더욱 젊고 세련된 분위기를 만들어 가고 있다. 모든 것이 '여자'에게 맞추어진 마로니에 게이트의 콘셉트를 가장 제대로 보여주는 매장은 마로니에 게이트 긴자2 7층에 위치한 유니클로이다. 쇼윈도우의 마네킹은 지금 유행하는 여성의 스타일링을 다양하게 보여준다. 여자를 위한 모든 아이템을 갖추고 있다고 해도 과언이 아니다. 프로 스타일리스트로부터 연수를 받은 스태프가 고객 한 사람 한 사람의 스타일링을 추천해 준다.

Ⓐ 2-2-14, Ginza, Chuo-Ku 中央区銀座2-2-14
Ⓣ 03-5524-8830
⊙ 11:00~21:00(레스토랑은 23:00까지)
긴자 역에서 긴자잇초메 방향으로 도보 3분
🌐 35.674352, 139.765326

Ginza
Spot ❼

롯데면세점을 만나다
도큐플라자 긴자
東急プラザ銀座 Tokyu Plaza Ginza

긴자 교통 요지에 위치한 도큐프라자는 한눈에도 외관이 평범하지 않다. '크리에이티브 재팬'을 콘셉트로 한 이 건물 외관은 일본의 전통 공예인 유리 세공 예술, 에도키리코江戸切子를 모티브로 지어졌다. 건물의 외관뿐만 아니라 내부 또한 일본인의 생활습관이나 전통의 기술을 활용하고 있다. 편안한 쇼핑을 강조하고 있으며 눈에 띄는 점은 롯데면세점이 8~9층에 들어와 있다는 것이다. 6~7층의 파인드 재팬 마켓에서는 일본 전통 공예를 비롯하여 기념품이 될 만한 다양한 제품을 만날 수 있다. 햇살 좋은 날은 옥상의 테라스 카페에서 반짝 반짝 빛나는 유리의 향연, 에도키리코를 만끽할 수 있다.

Ⓐ 5-2-1, Ginza, Chuo-Ku 中央区銀座5-2-1
Ⓣ 03-3571-0109
⊙ 11:00~21:00(레스토랑은 23:00까지)
긴자 역에서 도보 1분
🌐 35.672308, 139.762441

Ginza
Spot ❽

기기의 혁신을 넘어 엔터테인먼트 공간으로
애플스토어 Apple Store

한국보다 앞서 일본에 진출한 애플 공식 스토어가 도쿄에는 긴자와 오모테산도, 시부야에 있다. 그중 가장 최초로 오픈한 곳이 바로 긴자이다. 애플만이 만들어 낼 수 있다는 특수 금속 재질로 벽면이 마감되어 있으며 건물에는 단 하나 애플의 로고가 새겨져 있다. 애플 덕후들은 이 벽면만 봐도 기분이 좋아진다고. 이 건축물은 일본의 굿디자인 상, 환경디자인 상을 수상하였다. 붉은색 셔츠를 입은 지니어스들이 상품과 관련한 전문적인 지식을 고객에게 전달하는 역할을 수행하고 있다.

Ⓐ 3-5-12, Ginza, Chuo-ku. 中央区銀座3-5-12　Ⓣ 03-5159-8200
Ⓞ 10:00~21:00
Ⓠ 긴자 역 A13번 마츠야 출구 혹은 A9번 출구에서 도보 1분, 유라쿠초 역에서 도보 5분　Ⓖ 35.67229, 139.76575

Ginza
Spot ❾

시세이도가 제안하는 뷰티 마르쉐
시세이도 더 긴자 資生堂ザ銀座 Shiseido The Ginza

시세이도는 일본 내 화장품 업계 1위, 전 세계 5위의 화장품 회사이다. 1872년 일본 최초의 서양식 조제약국으로서 긴자 나나초메에 시세이도 약국으로 개업을 한 것이 현재 전 세계 88개국에 수출하고 있는 시세이도의 시작이었다. 시세이도는 창업의 땅인 긴자나나초메에 2013년 시세이도 더 긴자를 오픈했다. 1층 뷰티 마르쉐는 말 그대로 시세이도의 다양한 상품을 사용해 보고 구매가 가능한 시장이다. 2층은 전문적으로 피부를 분석하고 카운셀링을 통해 나에게 꼭 맞는 스킨케어 제품을 제안해 주며3층은 고기능 스킨케어를 받을 수 있는 에스테틱 살롱이다. 뷰티와 관련된 모험과 발견을 통해 나만의 베스트를 찾을 수 있는 공간으로 구성되어 있다. 우선 1층 마르쉐에서 수많은 시세이도 제품을 체험해 보자.

Ⓐ 7-8-10, Ginza, Chuo-ku. 中央区銀座7-8-10
Ⓣ 03-3571-7735
Ⓞ 11:00~20:00
Ⓠ 마루노우치 선 · 긴자 선 · 히비야 선 긴자 역 A2번 출구에서 도보 7분, 야마노테 선 유라쿠초 역에서 도보 10분
Ⓖ 35.66882, 139.76203

Ginza
Spot ⑩

사라진 소니빌딩을 대신할
긴자플레이스 銀座プレイス Ginza Place

소니빌딩은 사라졌지만 소니제품 쇼룸은 긴자플레이스로 자리를 옮겼다. 먼저 1층에서는 닛산의 쇼룸 닛산크로싱에서 자동차의 면면과 자태에 압도당한다. 3층에는 스페인어로 과일의 부케를 의미하는 라모 후루타스라는 이름의 카페가 있는데, 이곳에서는 각종 계절 과일을 활용한 디저트와 스무디를 맘껏 즐길 수 있다. 과일의 부케라는 이름에 걸맞게 컬러풀한 과일들은 마치 꽃이 꽂혀 있는 착각을 일으킨다. 4~6층 전체는 소니 쇼룸으로 이루어져 있으며 소니의 신제품을 체험할 수 있다. 7층 전층은 미쉐린 2성 레스토랑 총요리장이 요리하는 프렌치 레스토랑 티에리 마르크스가 사용하고 있다. 이곳 테라스에서 긴지의 상징인 와코 빌딩의 시계탑을 보며 식사를 즐길 수 있다. 긴자역 A4 출구와 직결되어 있으며 A4 입구로 들어오면 유명한 비어홀 긴자 라이온이 위치한다.

Ⓐ 35-8-1, Ginza, Chuo-ku 中央区銀座5-8-1
Ⓣ 03-5159-8200 ⓒ 10:00~21:00
Ⓦ ginzaplace.jp
Ⓠ 긴자 역 A4출구와 직결
Ⓖ 35.670899, 139.764990

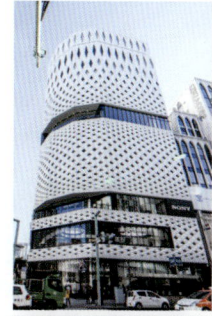

Ginza
Spot ⑪

오감의 만족 그 이상을 넘어
긴자 식스 ギンザ シックス GINZA SIX

일본의 전통문화와 세계적인 브랜드들이 집적되어 있는 명실공히 도쿄의 상징 긴자에 고퀄리티 복합시설이 탄생했다. 긴자 식스라는 명칭은 긴자로쿠초메(6번가)에 위치한다는 지역적 상징성과 오감의 만족을 넘어 그 이상의 가치를 실현한다는 의미를 가진다. 긴자의 변화뿐만 아니라 도쿄의 움직임을 한눈에 보고 느낄 수 총 241개의 숍과 오피스, 그리고 문화시설이 함께한다. 무엇을 먼저 볼지 고민이라면 긴자 식스에서만 볼 수 있는 브랜드 숍을 꼽을 수 있겠다. 세계 최대 규모의 매장을 오픈 한 디올, 긴자에서 처음으로 브랜드 숍을 오픈 한 셀린느, 긴자의 특성을 살려 오리엔탈적 감각이 돋보이는 펜디, 그 외에도 발렌티노, 반 클리프 앤 아펠을 긴자 식스에서 가장 주목할 만한 브랜드로 들 수 있다. 역시 긴자구나 라는 감탄을 자아내게 하는 곳은 6층이다. 일본의 대표 서점 츠타야는 전통과 아트를 콘셉트로 세계의 아트서적 6만 권을 모아 놓았다. 한층 업그레이드 된 스타벅스 리저브 버전이 함께 한다. 그리고 놓치지 말아야 할 긴자 식스의 볼거리는 13층에 위치한 옥상정원이다. 긴자 최대 규모로 휴식과 교류의 장으로 손색없는 이 공간은 2017년 도시의 오아시스로 인정받았다.

- Ⓐ 6-10-1, Ginza, Chuo-ku 中央区銀座6-10-1
- Ⓣ 03-6891-3390
- ⓒ 10:30~20:30
- 긴자 역 A3출구에서 도보 2분
-  35.669525, 139.764104

Ginza
Spot ⑫

고가 아래 비밀스러운 추억의 장소
분카요코초 ぶんか横丁 Bunka yokocho

유라쿠초와 긴자는 화려한 셀럽들의 에리어로 인식되어 있지만 유라쿠초에서 신바시 방면으로 사람들의 발길이 드문 어두운 굴다리를 지나면, 이곳에 제2차 세계 대전이 끝나고 일본이 경제성장을 거듭할 무렵인 쇼와시대의 분위기를 느낄 수 있는 분카요코초가 나타난다. 선술집 분위기의 이곳은 밤이 되면 붉은 등이 내걸리고 근처 신바시, 히비야의 샐러리맨들이 하나둘 모여들어 술잔을 기울이며 하루의 스트레스를 푸는 장소이다. 신선한 식재료를 생산하는 소규모 생산자로부터 직접 재료를 공수해 분카요코초 7개의 음식점에서 손님들에게 요리를 내놓는다. 대체로 일본 향토 요리와 서민들이 주로 즐기는 안주들이 대부분이다.

ⓐ 2-1-1, Yuraku-cho, Chiyoda-ku. 千代田区有楽町2-1-1 有楽町産直飲食街
ⓣ 03-5510-1488
ⓞ 24시간
🌐 35.67227, 130.76043

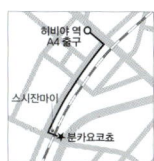

히비야 역 A4 출구
스시잔마이
분카요코초

📍 히비야 선 · 치요다 선 히비야 역 A4번 출구에서 도보 4분

━━ 쇼와昭和 분위기란 무엇일까? ━━

1926년~1989년까지 약 60년을 쇼와시대昭和時代라고 칭한다. 급격한 변화를 일구어내는 시기였고 버블이라 불릴 만큼 거대한 거품경제가 일어났던 시기이다. 지금 일반적으로 '쇼와 같다' 라는 말은 가장 변화가 급격했던 시절인 쇼와의 중반기를 의미하며 한마디로 표현할 수는 없지만 고도성장을 이뤄낸 주체로서 특히 샐러리맨들에게 애수와 아련한 추억을 불러일으키는 것을 표현하는 말이다. 최근 여기저기 쇼와昭和를 테마로 한 시설이 인기이다.

tokyo special shop

【 남자, 긴자에 매료되다 】

긴자는 유독 남자를 타겟으로 한 쇼핑 공간이 많다. 남자를 매료시킬 공간을 소개한다.

비즈니스맨 선호도 NO. 1
한큐 멘즈 도쿄 阪急メンズ東京 Hankyu Men's Tokyo

동쪽은 신주쿠의 이세탕 멘즈, 서쪽은 한큐 멘즈 도쿄라고 불리울 정도로 도쿄 2대 멘즈 전문 백화점으로 인지되고 있다. 한큐 멘즈 도쿄는 유라쿠초 역과 바로 연결되어 있어 근처 마루노우치나 신바시 부근의 비즈니스맨들이 즐겨 찾는 곳이다. 밤 9시까지 운영해 퇴근길에 들르기에도 시간이 넉넉하다는 점이 인기의 이유이기도 하다. 구찌, 프라다 등 럭셔리 브랜드에서부터 바캉스나 휴일에 어울리는 캐주얼 아이템도 강력하다.

- Ⓐ 2-5-1, Yuraku-cho, Chiyoda-ku 千代田区有楽町2-5-1
- ☏ 03-6252-1381
- ⓞ 월·화요일 12:00~20:00 수~금요일 12:00~21:00 토요일 11:00~21:00 일·공휴일 11:00~20:00
- ⓠ 야마노테 선 유라쿠초 역 긴자 출구에서 도보 1분
- ⓖ 35.67365, 139.76246

담배 파이프 전문점
긴자 키쿠스이 銀座菊水 Ginza kikusui

깊숙한 곳에 있어서 더 어두침침하게 느껴지는 곳이다. 가까이 가면 쇼윈도 안에서 하얀 담배 연기가 피어오르고 있다. 담배와 파이브를 판매하는 긴자 키쿠스이는 1903년 긴자에 오픈한 노포이다. 파이프, 시가, 담배 등 관련 굿츠를 취급하는 곳으로 특히 파이프는 어디에도 없을 최고의 라인업을 자랑한다. 세계 유명 브랜드 제품에서 작가에 의한 작품, 초심자를 위한 입문용까지 1,200가지의 파이프가 진열되어 있다. 너무 이국적인 풍경이라 흡연자도 아니면서 속, 안으로 끌려가듯 들어가게 된다. 나이 지긋한 매니저가 직접 시연을 보여주는데 낯설지만 멋지다. 로맨스그레이가 이런 느낌이리라.

- Ⓐ 6-9-6, Ginza, Chuo-ku 中央区銀座6-9-6
- ☏ 03-3571-0010
- ⓞ 월~토 10:00~19:50 일·공휴일 11:00~19:50
- ⓠ 긴자 역 A2 출구에서 도보 3분
- ⓖ 35.66998, 139.76237

일본 최초의 편집숍
테이진 멘즈숍 긴자 Teijin Men's Shop Ginza

1960년 긴자욘초메에 일본 최초의 셀렉트숍으로 탄생한 테이진 멘즈숍. 아메리칸 트레디셔널을 메인으로 브리티쉬 모델을 가미한 테이진 멘즈숍 긴자 특유의 '테이멘 긴자 스타일'을 발산해 왔다. 고급스러움이 더해진 클래식함으로 남성 슈트에서부터 가방, 넥타이, 오더메이드 셔츠까지 이곳에서 올 코디네이션이 가능하다. 완숙한 남성미를 돋보여 줄 편집숍이다.

- Ⓐ 4-3-10, Ginza, Chuo-ku, Tokyo 中央区銀座4-3-10
- ☏ 03-3561-7519
- ⓞ 월~금 11:00~20:00 일·공휴일 11:00~19:30
- ⓠ 긴자 역 B4 출구에서 바로
- ⓖ 35.67212, 139.76421

Ginza
Spot ⓭

일본 전통 무대예술을 경험하다
가부키자 歌舞伎座 Kabukiza

가부키는 춤과 음악이 곁들어진 일본의 전통 무대예술이다. 화려한 의상에 우스꽝스러운 표정을 짓고 음악에 맞추어 노래하는 듯한 대사를 읊조린다. 가부키자는 1889년 개장부터 지금까지 거의 매일 가부키 공연이 열리고 있다. 이 건물은 첫 개장 이래 5번의 개축을 거듭하였으며 일본의 유형문화재로 등록되어 있다. 최근 긴자에서는 가장 높은 29층의 빌딩 가부키자 타워가 병설되어 새로운 랜드마크로 자리매김하고 있다. 공연 내용과 공연자는 월 단위로 변경되며 무대에서 가장 가까운 자리 1등석은 ￥18,000. 처음 가부키를 경험하는 사람들에게는 한 막幕만 선택해서 볼 수 있는 '히토마쿠미세키—幕見席'를 추천한다. 내용을 이해하고 선택하기란 쉽지 않겠지만 처음 가부키를 경험하는 사람에게 추천할 만한 공연이다. 가격은 막의 길이나 내용에 따라 다르지만 보통 ￥500~￥2,000 정도. 예약제가 아니고 ￥500으로 당일권이 발매되며 공연시간은 약 15분 정도이다. 부담스럽지 않은 가격이니 도전해 보길 바란다.

ⓐ 4-12-15, Ginza, Chuou-ku. 中央区銀座4-12-15　ⓣ 03-3545-6800
🚇 히비야 선 · 도에이 아사쿠사 선 히가시긴자 역 3번 출구에서 바로
🌐 www.kabuki-za.co.jp
📍 35.66938, 139.76816

❗ **가부키자 타워 즐기기** 5층

가부키 사진관 스튜디오 아리스 : 가부키 의상을 입고 가발과 화장을 하고 가부키 배우의 기분으로 기념촬영이 가능하다. 무료
옥상 정원 : 가부키자 옥상에 위치한 일본 정원

+Spot 긴자에 왔다면 여기도 가보자!

+Spot 01 도쿄시민의 신선한 식탁을 책임지는
츠키지 築地 Tsukiji

히가시긴자 역東銀座駅에서 도보 10분 거리에 도쿄 시민의 식탁을 책임지는 츠키지 시장이 위치하고 있어 긴자와 함께 묶어서 둘러볼 수 있다. 츠키지 시장은 장내 시장과 장외 시장으로 구분되며 매일 아침 경매가 이루어지는 장내 시장이야 말로 츠키지의 맛집 격전지이다. 주로 신선한 회를 주재료로 한 요리를 먹기 위해 오는 사람이 대부분인데, 일본 매스컴에도 자주 등장하는 인기 식당들이 모두 장내 시장에 위치하고 있다. 어느 식당이든 기다리는 것은 기본이며 장내 시장은 오전에만 운영하니 여행하는 데 참고하길 바란다. 장외 시장에도 장내 시장 못지않은 맛집이 있고 특히 수산 재래시장에서만 볼 수 있는 재밋거리는 장외 시장이 더 풍부하다. 신선한 도시락을 저렴한 가격으로 판매하고 있어 이것저것 먹어보기에도 장외 시장이 좋다. 시장다운 분위기를 즐기고 싶다면 오전과 점심시간에 들러야 한다. 원래 츠키지 시장은 장내 시장만을 일컫는 말로 일반인은 출입이 금지되어 있었고, 장외 시장은 장내 시장 주변의 상점가로 예로부터 일반 손님을 상대로 장사했다. 장내 시장의 매상이 점점 감소하기 시작하면서 입장규제를 해제하고 관광객을 들이기 시작해 지금은 일본의 유명 관광 명소 중 하나가 되었다. 긴자라는 번화가에 가깝다는 입지조건은 전국을 둘러봐도 예가 없는 입지 조건이다. 장내 시장의 새벽 경매는 견학이 가능하며 인원은 120명, 선착순이다. 접수개시는 오전 4시 30분부터 5시 사이에 이루어진다. 견학 시작은 오전 5시 25분, 5시 50분으로 나뉘어 2회 이루어진다.

© JNTO

Ⓐ 5-2-1, Tsukiji, Chuo-ku. 中央区築地5-2-1
Ⓣ 03-3547-7074
오에도 선 츠키지시조 역 A1 출구에서 바로, 히비야 선 츠키지 역 1번 출구에서 도보 6분, 히비야 선·아사쿠사 선 히가시긴자 역에서 도보 10분
g 35.66545, 139.77078

알아두면 유용한 꿀팁
츠키지 시장을 방문할 시에는 더러워져도 좋을 복장으로 손은 가볍게 하고 가야 한다. 길이 매끄럽지가 않으니 특히 캐리어를 끌고 들어가는 것은 절대 금물이다.

찾아가기 꿀팁
총면적이 23ha에 이르는 츠키지 시장에서 가장 가까운 역은 지하철 오에도 선 츠키지시조 역이다. 츠키지 시장을 관람한 후 긴자로 갈 경우 히가시긴자 역을 목표해서 이동하자. 도보로 10분 정도 소요된다.

츠키지

+Spot 긴자에 왔다면 여기도 가보자!

+Spot 02
몬자야키 스트리트에서 샐러리맨의 하루가 저문다

츠키시마 月島 Tsukisima

츠키시마月島는 각종 해산물이나 육류를 밀가루에 버무려 철판에 구워 먹는 몬자야키もんじゃ焼き 스트리트가 있어 유명한 곳이다. 초기에는 세 점포로부터 시작되어 1980년대 몬자야키의 붐으로 현재에는 약 75개의 점포로 늘어나 성업 중이다. 간사이는 오코노미야키, 간토는 몬자야키라고 흔히들 비교하기도 한다. 철판에 구워 먹는다는 점과 재료가 비슷하다는 점 등 공통점도 많지만 몬자야키는 오코노미야키보다 물기가 많은 반죽으로 만들어 철판에 구워가면서 헤라를 사용해 조금씩 떼어먹는 것이 특징이다. 오코노미야키는 일본의 대표적인 서민 요리로 밀가루와 양배추를 섞어 철판에 구워 먹는 음식이다. 지방마다 특색이 있으며 히로시마 오코노미야키는 얇은 밀가루 판을 먼저 깔고 그 위에 주재료를 넣고 얇은 밀가루 판을 하나 더 올려 뒤집어 가며 굽는다. 뚜껑 역할을 하는 밀가루 판이 있어 증기로 구워낸다는 것이 특징이다.

츠키시마 역 7번 출구 앞에 츠키시마 니시나카도리 상점가가 펼쳐진다. 먼저 출구 바로 앞에 위치한 츠키시마 몬자진흥회 협동조합에 들려 스트리트 MAP이나 팸플릿, 할인 쿠폰을 받도록 하자. 모든 가게에서 몬자야키뿐만 아니라 오코노미야키 메뉴도 판매하고 있으며 스탭들이 직접 구워 준다. 맥주 한 잔과 함께 몬자야키가 구워지는 과정을 보면서 기다리면 쫄깃하고 고소한 몬자야키가 완성된다. 근처 샐러리맨들이 퇴근 후 식사 대신 몬자야키나 오코노미야키를 먹는 모습은 우리네 일상과 크게 다르지 않다. 퇴근 시간 이후 저녁 7시에서 9시 사이가 가장 붐빈다.

- ☎ 03-3532-1990
- 유라쿠초 선, 오에도 선 츠키시마 역 7번 출구로 나오면 바로
- 35.66272, 139.78156

츠키시마

몬자야키 만드는 과정

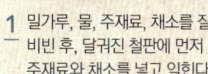
1 밀가루, 물, 주재료, 채소를 잘 비빈 후, 달궈진 철판에 먼저 주재료와 채소를 넣고 익힌다.

2 채소가 적당히 익으면 묽은 밀가루 물을 부을 수 있도록 주재료로 둥글게 산을 만든다.

3 밀가루 물을 붓고 골고루 익을 수 있도록 비벼가며 굽는다.

4 철로 만든 작은 주걱인 헤라로 비벼가며 겉표면이 바삭해질 때까지 기다렸다가 먹는다.

GINZA

Cost ￥1,000 이하 ￥ | ￥1,000~2,000 ￥￥ | ￥2,000 이상 ￥￥￥

RESTAURANT

·

CAFE

·

PUB & BAR

반드시 맛보아야 할 노포 레스토랑
렌가테이
煉瓦亭 Rengatei

카츠카레의 원조
그릴스위스
グリルスイス Grill Swiss

오므라이스, 하야시라이스, 돈카츠 등 일본을 대표하는 서양식 메뉴를 처음 시작한 곳으로 유명한 긴자의 노포 중의 노포이다. 특히 식사하는 방식에 있어 넓은 접시에 밥과 반찬을 함께 담아 먹는 방식을 처음 고안해 낸 곳이기도 하다. 1895년에 문을 연 렌가테이는 포크카츠레츠와 오므라이스의 원조로 알려져 있다. 볶음밥이 달걀에 말려 있는 우리가 흔히 알고 있는 오므라이스와 달리 흰밥과 계란이 함께 볶아 나오는 오므라이스이다. 케첩이 특히 맛이 짙다. 식당 안은 오래된 식당 그대로 세련되지도 멋지지도 않다. 하지만 특유의 레트로한 분위기가 역사를 말해주는 듯하다. 한 번은 꼭 먹어볼 만한 가치 있는 식당이다.

이곳은 카츠카레의 원조로 유명한 식당이다. 1947년에 개업했으니 70년이라는 세월 동안 긴자의 맛을 유지해 온 셈이 된다. 체크무늬의 테이블 크로스는 마치 1940년대로 돌아간 듯하다. 그 시절에 이런 양식 레스토랑은 최고급 레스토랑이었을 터. 70년이라는 시간이 지나면서 변함없는 모습을 유지하기란 쉽지 않았을 텐데 하는 생각이 든다. 전통을 아끼는 일본인들의 마음이 보여지는 부분이기도 하다. 이런 곳에서 줄을 서서 먹는 것에 그들은 그 시간을 하나도 아까워하지 않는 듯. 그 자부심이 오래된 체크 무늬 테이블 크로스에서 느껴진다.

Ⓐ 3-5-16, Ginza, Chuo-ku, 中央区銀座3-5-16
Ⓣ 03-3561-7258 ⓒ 월~토 11:15~15:00, 16:40~21:00 일요일 휴무
긴자 역 A9번 출구에서 도보 3분, 긴자잇초메 역 8번 출구에서 도보 3분, 야마노테 선 유라쿠초 역에서 도보 5분 애플스토어 바로 뒤
ⓒ ¥¥ 🌐 35.67274, 139.76603

Ⓐ 3-5-16, Chuo-ku, 中央区銀座3-5-16
Ⓣ 03-3563-3206 ⓒ 11:00~20:00
긴자 역 A9번 출구에서 도보 3분 렌가테이 옆, 긴자잇초메 역 8번 출구에서 도보 3분, 유라쿠초 역에서 도보 5분 애플스토어 뒤
ⓒ ¥¥ 🌐 35.67266, 139.76596

꼭 먹어야 할 프렌치 토스트
머서브런치 긴자 테라스
マーサーブランチ ギンザテラス MERCER BRUNCH Ginza Terrace

절제된 맛과 분위기
긴자 사나다 식스
銀座真田SIX Ginza Sanada Six

MUST EAT 긴자의 츄오도리를 내려다보는 발코니가 있어 더욱 유명한 머서브런치 긴자 테라스. 머서MERCER 시리즈는 에비스의 MERCER CAFÉ DANRO, 롯폰기의 MERCER BRUNCH 등 일본 내에서도 지금 최고의 인기를 누리고 있는 카페와 레스토랑을 전개하고 있다. 머서브런치 긴자 테라스는 긴자의 현관 잇초메에 새로운 핫플레이스인 키라리토 긴자 4층에 위치하고 있다. 발코니 테라스는 전석이 거리를 내려다보는 긴 소파 석으로 이루어져 있다. 특별한 구조로 유리창의 햇살이 얼굴을 자극하지 않는다. 머서브런치에서 프렌치토스트를 빼놓고 이야기할 수 없다. ¥1,600의 브런치 메뉴에 모두 프렌치토스트가 곁들여 나오는데, 주문한 후 바로 구워 그 맛이 한 번 먹어본 사람은 이 프렌치토스트 때문에 다시 오게 된다고. 뉴욕 스타일의 다양한 브런치 메뉴와 스테이크를 즐길 수 있다.

ⓐ 4F, Kirarito Ginza, 1-8-19, Ginza, Chuo-ku. 中央区銀座1-8-19キラリトギンザ4階
ⓣ 03-3652-9551 ⓞ 10:00~23:00(레스토랑은 23:00까지)
긴자잇초메 역 9번 출구에서 도보 1분, 긴자 역 A13번 출구에서 도보 5분, 유라쿠초 역 교바시 출구에서 도보 5분
ⓒ ¥ ¥ ⓖ 35.67421, 139.76858

MUST EAT 긴자고초메에 위치한 긴자 사나다가 긴자 최대의 고퀄리티 복합공간 긴자 식스에 분점을 냈다. 사나다는 신슈信州의 고급 식재료를 사용해 소바와 창작요리를 선보이는 이자카야로 유명하다. 신슈는 쌀이 좋아 신슈의 지사케(地酒 : 그 지역에서 생산해 내는 술) 또한 맛이 좋고 고급술로 통한다. 긴자 사나다 식스는 차분한 분위기의 인테리어에서 예스러움과 고급스러움이 함께 느껴진다. 혼자여도 전혀 어색하지 않은 카운터 석에 앉아 있으니 세심하게 신경 쓰는 스태프들의 노련한 움직임이 한 눈에 들어온다. 런치에는 소바와 신슈의 식재료를 넣어 지어낸 다키코미고항炊き込みご飯 세트 메뉴를 추천한다. 지나침이 없고 모든 것이 절제되어 있는 맛과 분위기이다. 긴자를 제대로 느낄 수 있는 탁월한 선택이다.

ⓐ 6F, Ginza Six, 6-10-1, Ginza, Chuo-Ku 中央区銀座6-10-1ギンザシックス6F
ⓣ 03-3573-8871 ⓞ 11:00~23:30
긴자 역 A3출구에서 도보 2분
ⓒ ¥ ¥ ⓖ 35.670081, 139.764143

1시간 기다림은 기본
우메가오카스시 미도리
梅丘寿司の美登利 Umegaokasushi Midori

MUST EAT 긴자 고리도가이コリドー街에 위치한 스시 전문점 미도리는 유라쿠초 역과 신바시 역 사이에 있다. 그 어느 곳보다 직장인 많은 두 지역을 연결하는 고리도가이는 저녁 퇴근 시간이면 불야성을 이루는 곳이다. 미도리는 주말 저녁은 150명 대기, 평일도 50명 대기는 기본이다. 이곳이 인기인 이유는 '구具'라고 불리우는 생선살 재료의 두께가 가격대비 두껍고 신선하기 때문이다. 일본 스시의 가격을 결정하는 두 가지 요소, 두께와 신선도 모두가 만족스러운 것이다. 너무 많은 행렬이 생겨 정리권을 나누어 주고 있으니, 도착하면 먼저 정리권을 발급받고 60명 정도를 1시간으로 예상하고 잠시 자리를 비워도 좋다. 지나간 번호도 30분은 유효하다. 하지만 자신의 번호가 호출된 후 30분이 지나면 무효가 된다. 주문은 접시로 주문 가능하고 혹은 세트 메뉴로 주문도 가능하다. 한국어 메뉴판이 준비되어 있다.

- Ⓐ 7-2, Ginza, Chuo-ku 中央区銀座7-2 東京高速道路山下ビル1F
- Ⓣ 03-5568-1212
- Ⓞ 11:00~22:00(공휴일~21:00까지)
- Ⓠ 신바시 역에서 도보 4분, 유라쿠초 역에서 도보 5분, 긴자 역 A2 출구에서 도보 4분
- Ⓒ ¥¥ Ⓖ 35.670424, 139.759596

스시회담으로 유럽과 미국에서 더욱 유명한
스키야바시 지로 すきやばし 次郎 Sukiyabashi Jiro

2014년 오바마 대통령과 아베 수상의 스시회담이 열렸던 곳으로 긴자 내에서도 최고급 스시 전문점으로 명성이 자자하다. 수개월 전 예약은 필수이고 메뉴는 한 가지, 20가지의 스시를 맛볼 수 있는 '오늘의 추천' 메뉴가 전부이다. 계절에 따라 스시의 종류가 달라지며 가격은 ¥32,400(세금 포함)이다. 츠키지에서 매일 아침 최고의 재료를 가져와 최고의 스시를 만드는 장인이 정성스럽게 준비한다. 긴자와 스시라는 두 가지 프리미엄에 최고의 재료가 더해진 가격이기에 스키야바시 지로를 찾는 사람은 가격에는 관심이 없다. 절대적인 믿음을 가지고 지로次郎 씨가 만들어 주는 스시를 먹기 위해 찾는 단골 손님이 대부분이다. 다음 달 예약을 전달 1일부터 신청받는다.

- Ⓐ B1F, 4-2-15, Ginza, Chuo-ku 中央区銀座4丁目2-15 塚本総業ビルB1階
- Ⓣ 03-3535-3600
- Ⓞ 11:30~14:00, 17:00~20:30 (토요일 11:30~14:00, 일요일 휴무)
- Ⓠ 히비야 선·긴자 선 긴자 역 C6번 출구에서 도보 1분
- Ⓦ www.sushi-jiro.jp Ⓖ 35.67274, 139.76317

모던 걸들의 절대적인 지지를 받아온
시세이도 팔러 살롱 드 카페
資生堂パーラー サロン・ド・カフェ
Shiseido Parlour Salon de café

긴자핫초메의 코너에 위치한 시세이도 빌딩, 시세이도 팔러는 1층에서 11층까지, 전체 층이 긴자 전통의 맛을 이어가는 레스토랑 및 카페, 그리고 Bar로 이루어져 있다. 1층에서는 과자나 초콜릿 등 선물용 상품을 판매하는 숍이다. 시세이도의 심볼 동백꽃 모양을 한 과자는 긴자에 온 사람들이 기념으로 가장 많이 구입한다. 3층은 카페살롱, 4, 5층은 레스토랑, 9층은 이벤트장, 10층은 본격적인 모던 이탈리안, 11층은 Bar로 이루어져 있다. 3층 살롱 드 카페는 연일 긴자의 우아한 여성들이 가득 좌석을 메우는 인기 스폿이며 역사와 품위가 느껴지는 공간이다. 1902년 오픈 당시 모던 걸들이 사랑해온 아이스크림 등 변함없는 맛을 유지하는 스위츠를 맛볼 수 있다.

- Ⓐ 3F, 8-8-3, Ginza, Chuo-ku. 中央区銀座7-8-10
- ☏ 03-5537-6231
- ⓞ 11:30-21:00(일요일은 20:00까지)
- 긴자 역 A2 출구에서 도보 7분
- ⓒ ¥¥ ⓖ 35.66855, 139.76189

우아함의 극치
디올카페
ディロールカフェ
Dior Café

도쿄보다 서울 청담동에 먼저 오픈 하며 화제를 모았던 디올카페. 비싼 커피 가격 덕분에 호불호가 확실하게 갈리는 카페이다. 크리스찬 디올은 일본 최대의 매장을 긴자 식스에 오픈하면서 4층에 디올카페를 오픈 했다. 일본 첫 진출이다. 디올의 식기에 마카롱으로 유명한 피에르 에르메 Pirerre Herme의 스위츠가 올려진 사진은 순식간에 SNS를 타고 화제를 모았다. 핑크빛으로 물든 카페 분위기는 여성스러움과 우아함의 극치를 보여주며 입구에 세팅된 디올의 커트러리와 애프터눈 티 세트는 구매욕을 자극한다. 1인당 평균 가격이 2,000엔에서 4,000엔 사이라는 점으로 미루어 가격의 불호는 도쿄에서도 피해가지 못할 듯하다.

- Ⓐ 4F, Ginza Six, 6-10-1, Ginza, Chuo-Ku 中央区銀座6-10-1ギンザシックス4F
- ☏ 03-3569-1085
- ⓞ 10:30-20:30
- 긴자 역 A3출구에서 도보 2분
- ⓒ ¥¥¥ ⓖ 35.669434, 139.763392

창업 105년, 일본 커피계의 파이오니아
카페 파우리스타
カフェ パウリスタ Café Paulista

팥앙금빵 역사 147년
기무라야
木村屋 Kimuraya

브라질의 포르투갈어로 Café는 커피, Paulista는 '상파울로의 아이', 혹은 '상파울로의~'를 의미한다. 긴자핫초메에 위치한 파우리스타는 105년의 역사를 가진 긴자 카페의 시조라고 할 수 있어 그 의미가 깊다. 근대에 들어서며 긴자가 상업도시로 발전하는 배경에는 '긴부라銀ブラ'라는 단어를 빼놓을 수 없는데, 서양식 의복을 갖춘 모던 걸, 모던 보이들이 긴자를 산책한다는 의미로 그 시대의 문화를 보여주는 대표적인 단어로 지금도 잡지에서 흔히 접할 수 있는 단어이다. 그 긴부라라는 단어가 바로 카페 파우리스타에서 시작되었다. 유명 카페가 즐비한 긴자, 그 안에서 카페 파우리스타가 무어 그리 대단하겠냐마는 긴자 카페를 다루는 데 있어 카페 파우리스타를 빼놓고는 이야기할 수 없다. 브라질산을 포함한 세계 각국의 커피를 맛볼 수 있으며 2층 창가에서 내려다 보이는 긴자의 거리가 인상적이다.

Ⓐ 8-9-16, Ginza, Chuo-ku 中央区銀座8-9-10 Ⓣ 03-3572-6160
Ⓞ 08:30-21:00 (일요일은 11:30-20:00)
긴자 역 A3번 출구에서 도보 5분 Ⓒ ¥
Ⓖ 35.668091, 139.761998

기무라야는 메이지 7년(1874년) 기무라 야스베木村安兵衛에 의해 만들어진 일본과자 전문점이다. 쌀과 쌀누룩을 함께 발효시키는 주종(酒種)효모균을 사용하는 독자적인 발효법을 고안해 냈는데 이것이 일본 팥앙금빵의 원조이다. 이후 이 빵의 정중앙에 소금에 절인 매실을 얹혀 만든 '사쿠라안빵'을 궁중에 납품하기 시작하면서 얻은 명성은 팥빵하면 기무라야라고 떠올릴 만큼 친숙한 브랜드가 되었다. 긴자 기무라야 본점 1층에는 긴자에 온 기념으로 기무라야의 빵을 사기 위한 사람들로 말 그대로 북새통을 이룬다. 쇼케이스에는 팥앙금 외에도 바리에이션이 풍부한 다양한 빵들이 진열되어 있다. 그중에도 기무라야 랭킹 3위안에 꼭 들어간다는 팥앙금과 버터가 함께 들어 있는 안버터アンバター가 가게 안에 가득 쌓여 있다가 순식간에 사라지기를 반복한다. 1층은 빵을 구입할 수 있는 베이커리, 2층은 카페, 3층과 4층은 레스토랑으로 이루어져 있다.

Ⓐ 4-5-7, Ginza, Chuo-ku 中央区銀座4-5-7 Ⓣ 03-3561-0091
Ⓞ 10:00-21:00 긴자 역 A9번 출구에서 바로 Ⓒ ¥
Ⓖ 35.671764, 139.765157

일본 화과자의 역사는 토라야의 역사
토라야
とらや　Toraya

찹쌀떡 속에 딸기가 퐁당
긴자 아케보노
銀座 あけぼの　Ginza Akebono

토라야는 무로마치室町 시대(1336~1573년) 후반에 교토京都에서 창업되어 고요제이텐노御陽成天皇가 왕위에 있던 시절 즉 1586년에서 1611년, 이때부터 왕의 처소에서 화과자를 만들어 왔다. 교토에서 시작된 과자 만들기가 480년 동안 현재를 사는 우리에게도 이어져 오고 있는 것이다. 토라야는 연양갱¥羹이 특히 유명해 토라야 요우캉은 토라야의 이름을 알리는 데 큰 역할을 해 왔다. 전 세계의 전통을 지켜오는 기업들이 가입하고 있는 에노키안협회에 가입되어 있으며 명성은 일본 국내뿐만 아니라 파리, 뉴욕 맨하튼에서도 자자하다. 긴자나나초메에 위치한 토라야의 2층 토라야카료虎屋菓寮는 토라야의 차와 화과자의 맛을 볼 수 있는 전통찻집이다. 480년 전통의 화과자는 맛볼 가치가 충분하다.

긴자 츄오도리의 한 중앙 긴자와코의 건너편에 위치한 작은 화과자점 긴자 아케보노는 다양한 찹쌀떡을 판매하고 있다. 찹쌀떡 속에 딸기가 통째로 들어 있는 이치고다이후쿠, 검은콩이 점점이 박혀 있는 시라타마즈 다이후쿠 등 먹기에는 아까운 비주얼의 찹쌀떡들이 진열되어 있다. 특히 이치고 다이후쿠는 찹쌀떡의 쫄깃쫄깃함에 팥 앙금의 달콤함, 그리고 딸기의 산미까지 더해져 젊은 여성들로부터 큰 인기이다.

- Ⓐ 7-8-6, Ginza, Chuo-ku, 中央区銀座7-8-6　Ⓣ 03-3571-3679
- Ⓞ 1층 토라야 월~토 10:00~20:00(일요일은 19:00까지)
  2층 토라야카료 월~토 11:30~19:00(일요일은 19:00까지)
- 긴자 선·히비야 선·마루노우치 선 긴자 역 A2 출구에서 도보 4분
- ¥ ¥　35.66911, 139.76255

- Ⓐ 5-7-19, Ginza, Chuo-ku, 中央区銀座5-7-19　Ⓣ 03-3571-3640
- Ⓞ 10:00~21:00(일요일은 20:00까지)　긴자 역 A1출구에서 바로
- ¥　35.67131, 139.76449

긴자 식스 데파치카(지하 2층) 식품관 Get Eat!

긴자의 힙 플레이스 긴자 식스가 연일 화제의 중심에 있다. 이쯤 되면 식품관 라인업이 너무 궁금하다. 어떤 맛들이 까다로운 긴자 고객의 입맛을 사로잡았을까. 특이하거나, 맛있거나, 눈에 띄는 맛 Get Eat! 하지만 뭘 먹어도 맛있다는 게 함정.

비이커 푸딩
마로우 マーロウ MARLOWE

비이커 푸딩으로 유명한 마로우는 1984년 오픈 당시부터 탐정소설 주인공 필립 마로우의 얼굴을 새긴 내열 비이커에 푸딩을 만들어 판매해 구매자로부터 강렬한 인상을 남겨왔다. 검은콩 푸딩, 커스타드 푸딩, 녹차 푸딩 등 다양한 맛의 푸딩이 이색적이다. 가장 인기 있는 제품은 홋카이도의 생크림을 사용한 홋카이도 후레시 크림 푸딩이다. 푸딩이 이렇게도 고급스러워질 수 있다는 것이 놀랍다.

- Ⓐ B2, Ginza Six, 6-10-1, Ginza, Chuo-Ku 中央区銀座6-10-1 ギンザシックス地下2階
- 긴자 역 A3출구에서 도보 2분
- 03-6264-5512 10:30~20:30 ¥
- 35.669525, 139.764104

1,600개의 와인과 함께하는 와인 카페
에노테카 エノテカ ENOTECA

1,600병 이상의 와인을 보유하고 있으며 간단한 안주와 함께 글라스 와인을 500엔에 즐길 수 있는 와인 카페이다. 콘셉트는 와인과 아트. 긴자 식스에 어울리는 콘셉트다. 에노테카의 히스토리를 보여주는 갤러리는 여기가 와인바인지 갤러리인지 착각하게 할 정도. 데일리 와인에서부터 희소가치 높은 빈티지 와인까지 세계 각국의 와인을 판매하고 있다. 특히 최근 트렌드인 로제와인의 라인업이 돋보인다.

- Ⓐ B2, Ginza Six, 6-10-1, Ginza, Chuo-Ku 中央区銀座 6-10-1 ギンザシックス地下2階
- 긴자 역 A3출구에서 도보 2분
- 03-6363-9802 10:30~20:30 ¥
- 35.669525, 139.764104

긴자의 밤을 즐기라!

낮보다 밤이 화려한 긴자. 의외로 긴자의 밤은 빨리 찾아온다. 어스름하게 해가 질 무렵부터 하나둘 문을 열기 시작하는 술집들은 귀가하는 샐러리맨의 발걸음을 유혹할 준비를 한다. 바를 겸한 레스토랑, 술집, 클럽, 정통 바가 넘쳐나는 긴자. 길고 긴 긴자의 밤은 즐길 이유가 충분하다.

일류 레스토랑의 맛을 저렴한 가격으로
오레노 프렌치 도쿄 俺のフレンチ東京 Orenofrench Tokyo

오레노 시리즈는 일류 레스토랑에서 활약한 셰프들이 저렴한 가격으로 요리를 제공하는 레스토랑이다. 처음 이 시리즈를 전개했을 때는 주로 서서 먹는 콘셉트의 레스토랑이었으나 지금은 테이블이 마련된 곳이 늘어나고 있다. 키라리토 긴자 지하 1층에 위치한 오레노 프렌치 도쿄는 오레노 시리즈에서 처음으로 전 좌석 테이블 석으로 꾸민 프렌치 레스토랑이다. 오레노 시리즈는 긴자 내에서 키라리토 긴자 외에도 긴자핫초메 부근에 '오레노 이탈리안 긴자', '오레노 프렌치 도쿄 본점'이 있다.

Ⓐ B1F, Kirarito Ginza, 1-8-19, Ginza, Chuo-ku. 中央区銀座1-8-19キラリトギンザ地下1階
Ⓣ 03-6264-4921 ⓞ 15:00~23:00
Ⓟ 긴자잇초메 역 9번 출구에서 도보 1분, 유라쿠초 역 쿄바시 출구에서 도보 5분
Ⓒ ¥¥¥ Ⓖ 35.67425, 139.76864

긴자 분위기 만끽할 수 있는
바 에스 バー エス Bar S

시세이도 팔러의 최고층에 위치한 바 에스. 뻥 뚫린 천장으로 긴자의 밤이 쏟아진다. 긴자의 츄오도리를 내려다볼 수 있는 창가 테이블 석과 바텐더와 이야기를 나눌 수 있는 바텐더 석으로 나누어져 있다. 천장의 오브제와 실내 아트로 한결 클래식한 분위기를 연출하고 있다. 긴자 산책 후 마지막 코스로 들르면 좋을 곳이다. 칵테일은 ¥1,200, 맥주는 ¥800, 간단한 안주도 ¥800 정도면 함께 즐길 수 있다.

Ⓐ 11F, 8-8-3, Ginza, Chuo-ku. 中央区銀座8-8-3資生堂パーラー11階
Ⓣ 03-3572-3922 ⓞ 17:00~23:30(토, 일요일은 휴무)
Ⓟ 긴자 선 긴자 역 A2 출구에서 도보 7분, 긴자 선 신바시 역에서 도보 5분
Ⓒ ¥¥ Ⓖ 35.66852, 139.76189

WALK AROUND

오다이바

•

바다가 보이는 해변가에는 아이들이 뛰어다니고 비치 파라솔을 드리운 테라스 카페에는 연인과 가족이 모여 앉아 이야기를 나눈다. 이들은 시간이 허락하는 한 레인보우 브리지에 불이 켜지고 난 후에도 한참 동안 이곳에 머무를 것이다. 마치 그곳을 사는 사람처럼 시간을 보내고 싶다면 오다이바가 어떨까? 바지 걷어 올리고 맨발로 따뜻한 모래의 감촉을 느껴보자. 어스름해질 무렵 도쿄만에 걸쳐진 레인보우브릿지가, 해변공원의 자유의 여신상이, 바다 건너편 도심이 서서히 저마다 빛을 뿜어낼 때면 입에서 터져 나오는 탄성을 들을 수 있을 것이다.

Tokyo Subway Map

도쿄 만의 아름다운 워터프론트 오다이바로 가는 방법 중 가장 편리한 방법은 신바시 역에서 유리카모메 선으로 환승하여 다이바 역에 내리는 것이다. 오다이바 전체를 걸어서 이동하기에는 힘들 수도 있으니 여러 번 승하차할 수 있는 유리카모메 1일 승차권(￥820)을 구매하여 순환하는 것이 유리하다. 유리카모메 선 외에 린카이 선을 이용할 수도 있다. 린카이 선의 경우, 도쿄텔레포트 역에 내리면 두루 관광하기에 편리하다.

추천 이동 경로

도쿄 역 — JR 야마노테 선 (4분 소요) — 신바시 역 — 유리카모메 (15분 소요) — 다이바 역

신주쿠 역 — JR 야마노테 선 (27분 소요) — 신바시 역 — 유리카모메 (15분 소요) — 다이바 역

범례
- 야마노테 선
- JR 츄오소부 선
- JR 츄오쾌속 선
- 긴자 선
- 히비야 선
- 유리카모메 선
- 도큐도요코 선
- 마루노우치 선

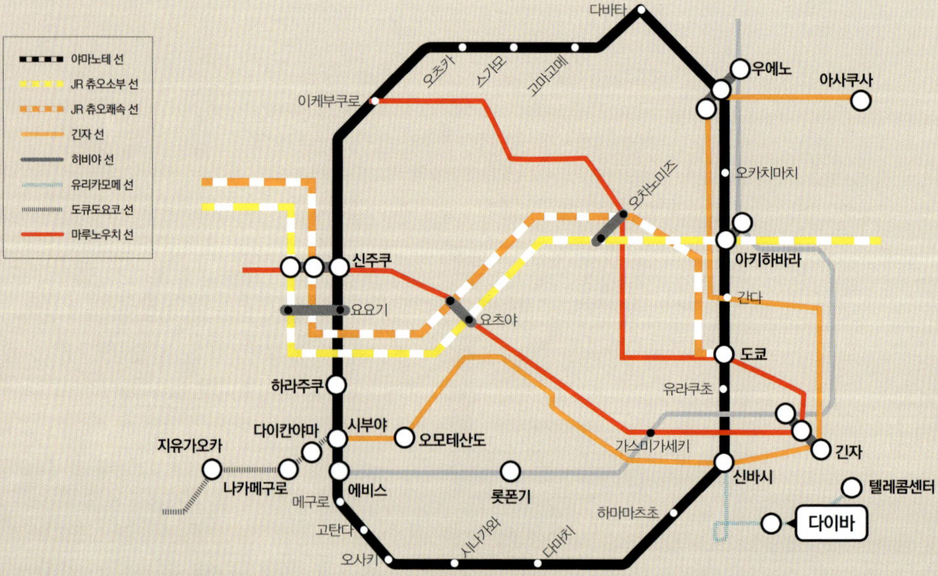

추천 일정

Start!

아쿠아시티 오다이바
오다이바 해변의 경치를 바라보며 즐거운 식사를 하거나 온 가족이 함께 즐길 수 있는 엔터테인먼트 공간이 가득한 오다이바의 새로운 인기 스폿이다.

도보 1분

덱스 도쿄 비치
아웃도어 쇼핑과 다양한 테마파크가 있는 곳이다. 다이바 괴기학교, 오다이바 잇초메상점가 등 볼거리와 먹거리가 가득한 해변가의 매력적인 쇼핑 공간이다.

도보 3분

후지테레비
오다이바의 명물 구형 전망대에서 내려다보는 도쿄 시내와 레인보우브릿지는 도쿄 시내의 가장 아름다운 경관이라고 할 수 있다. 날씨가 쾌청하면 후지산까지 보이는 행운이 기다린다.

도보 1분

비너스 포트
파렛트타운 내에 위치한 비너스 포트는 도쿄 도내에 위치한 유일한 아웃렛몰이다. 약 180여 개의 유명 브랜드와 여성들이 좋아하는 프랑프랑이 대규모 숍을 전개하고 있다.

도보 1분

파렛트 타운
대관람차, 도요타자동차 쇼룸, 아이들이 좋아하는 지브리 캐릭터가 가득한 돈구리공화국 등 아이들 놀이터와 같은 놀이공간과 쇼핑공간이 함께하는 곳이다.

도보 7분

다이바시티 도쿄 프라자
극장형 엔터테인먼트 공간으로 즐길거리와 쇼핑, 먹거리가 가득한 공간이다. 특히 캐릭터 숍이 많아 아이들과 함께하기 좋으며 2층 푸드코트에서 일본의 다양한 음식을 맛볼 수 있다.

오다이바 209

ODAIBA

기억에
남는
8장면

1. 후지테레비 전망대에서 바라본 후지산
2. 오색 불빛 영롱한 오다이바의 밤
3. 포~즈! 애들은 수학 여행 중
4. 달리는 유리카모메에서 바라본 도쿄 만 부두
5. 오다이바 해변공원의 아이들
6. 러닝 코스를 알리는 분홍 런닝맨
7. 오다이바의 푸른 하늘에 닿아 있는 대관람차
8. 3개 국어를 하는 오다이바 관광 안내 안드로이드 치히라 준코짱

Odaiba
Spot ❶

유원지 같은 방송국
후지테레비 フジテレビ Fuji TV

25층 높이의 건물 상단에 지구를 연상시키는 구체가 떠 있는 이색적인 외관의 후지테레비 건물 입구에는 대표 캐릭터 '라프'가 웃으며 방문객을 맞이한다. '즐겁지 않으면 TV가 아니다'라는 캐치프레이즈에 걸맞게 유원지 같은 방송국의 건물 내에는 구체 전망대, TV 프로그램 세트 등 다양한 볼거리가 가득하다. 25층 높이의 이 크고 넓은 방송국을 어디부터 보아야 할까? 1층 인포메이션에서 스탬프러리에 참가하면 일반인에게 공개된 오픈 스페이스를 효율적으로 볼 수 있다. 스탬프러리에 성공하면 기념품이 제공된다.

Ⓐ 2-4-8 Daiba, Minato-ku 港区台場2-4-8
Ⓣ 03-5521-1111
Ⓦ www.fujitv.co.jp
Ⓠ 유리카모메 선 다이바 역 남쪽 출구에서 도보 3분
⑨ 35.6266, 139.77405

tokyo special tips

【 GLITTER8~ 반짝반짝 빛나는 후지테레비 】

밤이면 후지테레비 벽면에 빛의 향연이 펼쳐진다. 후지테레비의 인기 캐릭터와 음악이 함께 어우러져 마치 건물의 유리창 하나하나가 보석함처럼 빛나는 GLITTER8은 오후 6시에서 9시까지 총 6개의 버전으로 나뉘어 각각의 다른 캐릭터와 모양의 일루미네이션 쇼가 펼쳐진다.

후지테레비와 숫자 '8'의 연관성
하치타마 8玉, GLITTER8 등 후지테레비 곳곳에 함께하는 숫자 '8'은 후지테레비의 채널 번호 '8'을 의미하는 것이다.

1층 후지테레비 인기 애니메이션 숍 '사자에상의 가게'

재밌는 곳만 속속 뽑아 보자. 후지테레비 스탬프러리 Ready Go! "각 장소에 비치된 라프 스탬프를 찾아라!"

1 인포메이션 1층
스탬프 카드를 받고 설명서에 기재된 둘러볼 곳을 참고해 가며 스타트!

2 구체 전망대 '하치타마' 25층
지상 100m 높이의 둥근 전망대 (17:30분까지 입장)

3 고리돔 24층
회랑을 의미하는 고리돔은 후지테레비 구체 아래에 위치해 있다.

4 후지테레비샵 F-island 7층
옥상 정원이 있는 7층에서 후지테레비 관련 상품을 만날 수 있다.

5 후지테리비 원더스트리트 5층
'비스트로 스마프' 등 인기 프로그램 세트와 도구를 만들어 실제 방송에 출연한 것처럼 촬영할 수 있다.

6 시어터몰 1층
천장이 뻥 뚫린 공간에 카페와 숍이 운영되고 있다. '사자에상의 가게サザエさんのお店'에서는 사자에상야키가 인기다.

후지테레비의 깜찍하고 귀여운 대표 캐릭터 '라프' 프로필
2000년 1월 후지테레비의 홍보대사로 등장한 파란색 강아지 '라프'의 이름은 응모된 11,720건 중에서 선택되었다. 언제나 즐겁게 웃을 수 있도록, 그리고 후지테레비를 보는 모든 사람이 항상 행복할 수 있도록 웃음을 전달하고 싶다는 마음을 담아 '웃음'을 의미하는 단어 laugh에서 이름을 가져왔다.

- **이름** : 라프군, 라프짱 · **성별** : 남자 · **연령** : 초등학교 3학년 · **좋아하는 음식** : 핫도그(머스타드를 뿌리지 않은)
- **성격** : 호기심이 많은 모험가 · **취미** : 컴퓨터

Odaiba
Spot ❷

도심 속 리조트 해변
오다이바 해변공원
お台場海浜公園 Odaiba Seaside Park

MUST SEE 도쿄 시민들에게는 '오다이바 비치'라는 애칭으로 불리는 약 800m 길이의 인공 해변이다. 도쿄 도심과 가장 가까우며 휴식과 해양레저가 가능하다. 바다와 숲, 레인보우 브리지와 후지테레비가 어우러진 모습은 일본 내에서도 최고의 경관으로 손꼽힌다. 해변 혹은 전망데크에서 바라보는 석양은 도쿄에서 가장 아름다운 석양으로 유명하다.

ⓐ 1Chome, Daiba, Minato-ku 港区台場一丁目
ⓣ 03-5500-2455
ⓟ 유리카모메 선 오다이바 카이힌코엔 역에서 바로
ⓖ 35.62751, 139.77147

자유의 여신상은 여기 왜 있을까?

오다이바 야경의 정점을 찍는 자유의 여신상. 자유의 여신상 뒤로 레인보우 브리지를 걸쳐놓은 배경사진을 우리는 하나쯤 간직하게 될 것이다. 여기저기 셔터를 눌러대는 소리와 관광해설사가 친절하게 사진을 찍을 장소를 알려주는 소리가 들린다. "자, 여기가 베스트포인트입니다. 다들 여기에서 사진 찍으세요." 직접 서서 보니 '역시 관광해설사가 그냥 되는 것은 아니구나' 하는 생각이 든다.

오다이바의 밤을 밝히는 이 자유의 여신상은 왜 여기에 있는 걸까? 1998~1999년은 일본 내 프랑스의 해로 지정되었다. 이를 기념해 파리와 도쿄의 화합의 일환으로 파리 센느 강에 세워져 있던 자유의 여신상을 1998년 4월에서 1999년 1월 사이 오다이바 해변공원으로 가져오게 된다. 레인보우 브리지와 함께 어우러진 자유의 여신상은 많은 사람들의 사랑을 받게 되고 자유의 여신상이 파리로 귀환되자 도쿄도는 여신상 제작을 추진하게 된다. 일본에서 신청한 일본판 자유의 여신상이 파리로부터 정식 허가를 받고 2000년 12월 22일 오다이바 자유의 여신상이 탄생하였다.

Odaiba
Spot ❸

압도적인 포스의 거대 건담이 반긴다
다이바시티 도쿄 프라자 ダイバーシティトーキョープラザ Diver City Tokyo Plaza

MUST SEE 페스티벌 광장에 위치해 있는 실물 크기의 기동전사 건담은 오픈 초기부터 큰 화제를 모으며 오다이바의 랜드마크가 되었다. '극장형 엔터테인먼트 도시 공간'이라는 콘셉트로 쇼핑과 맛집, 다채로운 엔터테인먼트 시설이 함께 하는 독특한 쇼핑공간이다. 무엇보다 일본 첫 진출을 노린 해외 브랜드들이 속속 입점하면서 화제를 모았다. 2층에는 라면, 교자, 타코야키, 덴동 등 일본의 다양한 음식을 맘껏 맛볼 수 있는 푸드코트가 마련되어 있는데 그 규모가 놀랍다. 가족 모두가 즐길 수 있는 엔터테인먼트 시설 '라운드원 스타디움' 또한 6층에 대규모로 자리 잡고 있다. 헬로 키티는 오다이바 한정 오리지널 상품을 선보이고 있을 뿐만 아니라 매장내에서 구워주는 키티 콩가리야키가 발걸음을 멈추게 한다. 저녁시간에 펼쳐지는 건담 영상 쇼는 가히 압도적이라 할 수 있다.

ⓐ 1-1-10, Aomi, Koto-ku 江東区青海1-1-10 ⓣ 03-6380-7800
ⓢ 쇼핑 10:00~21:00 푸드코트 10:00~22:00 레스토랑 11:00~23:00
ⓦ www.divercity-tokyo.com 35.625430, 139.775346

ⓛ 유리카모메 선 다이바 역 남쪽 출구에서 도보 5분, 린카이 선 도쿄텔레포트 역 B 출구에서 도보 3분

【 다이바시티, 특히 주목할 곳 】

2층

헬로 키티 재팬 Hello Kitty Japan
다른 곳에서는 손에 넣을 수 없는 오리지널 제품이 가득한 키티의 공식숍이다. 한국의 붕어빵과 흡사한 조리방법으로 구워내는 'HELLO KITTY 콩가리야키'가 매일 숍 내에서 고소한 냄새를 풍겨가며 구워지고 있다. 바로 구운 키티 빵을 기념품으로 사려는 사람들로 연일 북적인다.
- 10:00~21:00
- 03-3527-6118

2층 건담카페 ガンダムカフェ GUMDAM Café
피규어, 머크컵 등 건담과 관련된 오리지널 상품을 구입할 수 있는 곳이다. 건담카페에서 판매하는 커피 '쟈부로'는 만화 속에 등장하는 기동전사 건담의 기지가 있는 가상의 지역 이름이다. 남미의 고급 원두를 이용하고 있으며 쟈부로 커피라 이름 지어 팬들을 유혹하고 있다. 이 외에도 건담 모양의 닌교야키 등 간단한 음식도 판매하고 있다.
- 유료존 10:00~21:00
- 03-6457-2778

2층

오다이바

6층

6층 라운드 원 스타디움 ラウンドワンスタジアム ROUND1 STADIUM
볼링, 당구, 다트, 가라오케 등 엔터테인먼트 시설이 가득한 공간이다. 한국에서도 유행인 인형 뽑기 기계가 대량으로 설치되어 있으며 인형의 크기와 종류가 다양해 도전 욕구를 자극한다.
- 유료존 08:00~23:50
- 03-3527-8341

Odaiba
Spot ❹

오다이바 해변과 인접한 대형 쇼핑몰
아쿠아시티 오다이바 アクアシティお台場 AQUA CiTY ODAIBA

오다이바 해변공원에 인접해 있는 대형 쇼핑몰이다. 레인보우 브리지의 야경과 함께 식사를 즐기고 계절마다 다양한 이벤트가 펼쳐지며 도쿄 내에서 긴 행렬이 이어지는 인기 레스토랑과 카페, 패션, 잡화점을 한 번에 둘러볼 수 있다. 5층에는 빛과 소리를 바탕으로 과학기술을 체험해 볼 수 있는 사이언스 뮤지엄 '소니 엑스프로라 사이언스'와 영화관, 쇼룸 등 다양한 엔터테인먼트 공간과 일본 전국의 라멘을 모아놓은 도쿄 라멘 고쿠간간 마이가 들어와 있다.

- Ⓐ 1-7-1, Daiba, Minato-ku 港区台場1-7-1
- ☎ 03-3599-4700
- ⓞ 11:00~21:00(레스토랑 11:00~23:00)
- ⓦ www.aquacity.jp
- 유리카모메 선 다이바 역 북쪽 출구에서 바로, 린카이 선 도쿄텔레포트 역에서 도보 6분
- 🌐 35.62781, 139.77356

──── 아쿠아시티 오다이바에서 특히 주목할 곳! ────

도쿄 라멘 고쿠기칸 마이
東京ラーメン国技館 舞 Tokyo Ramen Kokugikan MAI

5층

일본 전국의 유명 라멘 전문점이 아쿠아시티 오다이바에 모였다. 홋카이도의 미소라멘, 교토의 추카소바, 맵고 칼칼한 탄탄멘까지 일본 전국의 엄선된 라멘을 한자리에서 맛볼 수 있는 오다이바의 라멘 테마 파크 도쿄 라멘 고쿠기칸 마이는 기존의 푸드코트 스타일을 벗어나 점포별로 개성과 지역적 특성을 살린 인테리어가 돋보인다. 전국에서도 개성 강하기로 유명한 6개의 전문점이 라멘 각축전을 벌인다.

- ⓞ 11:00~23:00(라스트 오더 22:30)
- ⓦ www.aquacity.jp/tokyo_ramen_kokugikan

Odaiba
Spot 5

오다이바 절경을 품에 안은
덱스 도쿄 비치 デックス東京ビーチ
DECKS Tokyo Beach

MUST SEE 가족과 함께 해변가 근처 레스토랑에서 식사를 하고 차를 마시며 쇼핑을 하고 즐겁게 놀 수 있는 모습은 참 평화로운 풍경이다. 덱스 도쿄 비치는 가족 모두가 시끌벅적하게 하루 온종일 즐길 수 있는 공간이다. 해변에 위치한 레스토랑은 낮과 밤 구별 없이 손님들로 가득하다. 의외로 런치를 노리면 싸게 즐길 수 있는 곳들도 많다. 덱스 도쿄 비치는 일본 최대규모의 실내유원지&라이브파크인 도쿄조이폴리스, 오다이바 타코야키 뮤지엄과 레스토랑이 가득한 '씨사이드 몰', 세계 유명인의 실제 크기의 피규어와 촬영이 가능한 마담투소 도쿄, 레고랜드 디스커버리센터 도쿄가 있는 '아일랜드 몰' 로 나뉘어 있다.

ⓐ 1-6-1, Daiba, Minato-ku　港区台場1-6-1
ⓣ 03-3599-6500
ⓗ 11:00~21:00(5층 레스토랑 11:00~23:00, 6층 레스토랑 11:00~24:00)
ⓦ www.odaiba-decks.com
ⓖ 35.629123, 139.775430

ⓛ 유리카모메 선 다이바 역 북쪽 출구에서 도보 3분, 린카이 선 도쿄텔레포트 역에서 도보 5분

덱스 도쿄 비치에서 특히 주목할 곳!

오다이바 타코야키 뮤지엄 (씨사이드몰 4F)
お台場たこ焼きミュージアム Odaiba Takoyaki Museum
타코야키의 고장 오사카의 타코야키 전문가가 소매를 걷어 올렸다. 덱스 도쿄 비치 씨사이드 몰 4층에 총 5개의 점포가 모여 본고장의 맛을 전하는 각축전을 벌이고 있다.

오다이바 잇초메상점가 (씨사이드몰 4F)
お台場一丁目商店街 Odaiba Ichomeshoutengai
타임머신을 타고 온 듯 어린 시절의 추억을 생각나게 하는 과자, 책, 게임이 가득하다. 우리의 그것과도 흡사해 묘한 향수를 불러일으킨다.

다이바 괴기학교 (씨사이드몰 4F)
台場怪奇学校 Obakeland
40년 전 폐허가 된 저주 내린 초등학교를 배경으로 한 귀신의 집이다. 4개의 테마로 나누어져 있는데, 각각 이유 모를 죽음을 맞이한 4명의 아이의 한을 풀어주는 것이 목적이라고.

Odaiba
Spot 6

어른과 아이가 함께 즐거운
파렛트 타운 パレットタウン Palette Town

후지테레비에서 본다면 건물 뒤편에는 다이바시티 도쿄 프라자가 위치하고, 그 뒤편으로 구름다리를 건너면 오다이바의 심볼인 대관람차가 눈에 띄는 파렛트 타운이 나타난다. 도쿄의 유일한 아울렛 몰인 비너스 포트ヴィーナスフォート, 직경 100m, 최고지점 지상 115m에 이르고 바닥과 벽이 투명해서 아래를 내려다볼 수 있는 아찔한 곤도라 4대를 보유하고 있는 대관람차大観覧車, 도요타의 명차를 보는 것만이 아니라 만지고 직접 타 볼 수 있는 차와 관련된 어트랙션이 가득한 도요타 쇼룸 메가웹MEGA WEB, 볼링 등 각종 스포츠 게임을 즐길 수 있는 수백대의 게임기가 놓인 게임센터 도쿄레저랜드東京レジャーランド. 이 모든 것이 파렛트 타운 내에 있다. 남자들에게 특히 인기인 메가웹에서는 자동차 마니아라면 놓치지 말아야 할 스폿이며, 도요타가 제시하는 미래자동차 전시가 상시 개최되고 있다. 아이들이 시승도 하고 직접 라이딩을 즐길 수 있는 라이드 스튜디오ライドスタジオ도 운영 중이다.

- 1-3-15, Aomi, Koto-ku 江東区青海1-3-15
- 03-3529-1821
- 11:00~21:00 (대관람차 10:00~22:00 주말은 ~23:00)
- www.palette-town.com
- 유리카모메 선 아오미 역 북쪽 출구에서 직접 연결, 린카이 선 도쿄텔레포트 역에서 도보 3분
- 35.626220, 139.782296

Odaiba
Spot ❼

도쿄 도심내 유일한 아울렛 몰
비너스 포트 ヴィーナスフォート Venus Fort

중세 유럽의 거리를 연상시키는 인테리어가 매력적인 아웃렛 몰이다. 도쿄 내 유일한 아웃렛 몰이라 특히 여성들에게 인기다. 약 180여 개의 일본 국내외 패션 브랜드뿐만 아니라 잡화점, 서비스 코너, 레스토랑과 카페로 이루어져 있다. 1층은 리드를 착용한 반려동물에 한하여 함께 쇼핑이 가능해 반려동물을 데리고 쇼핑하는 사람들이 눈에 띈다. 비너스 포트의 명소 분수광장에서는 시간에 따라 변하는 아름다운 하늘(천장)을 구경하자. 분수에서 떨어지는 물소리에 더해지는 우아한 선율, 이 모든 것이 비너스 포트를 추천하는 이유이다. 유럽풍 거리 광장 정중앙에 위치한 스타벅스 커피가 이색적이다.

나이키

돈구리공화국은 스튜디오지브리 작품의 캐릭터 상품이 가득하다.

프랑프랑은 일본 여성들에게 절대적인 인기를 끌고 있는 몰이다.

ⓐ 1-3-15, Aomi, Koto-ku 江東区青海1-3-15
ⓣ 03-3599-0700 ⓞ 11:00~21:00
유리카모메 선 아오미 역 북쪽 출구에서 바로, 린카이 선 도쿄텔레포트 역에서 도보 3분
ⓦ www.venusfort.co.jp ⓖ 35.625289, 139.780157

오다이바 223

Odaiba
Spot 8

최첨단 과학기술을 체험하다
일본과학미래관 日本未来科学館 Miraikan

비너스 포트 옆으로 도쿄 텔레콤센터로 연결되는 산책로가 펼쳐진다. 연인들이 사진기를 들고 모여드는 꽃밭을 기억자로 꺾어 돌아가면 아이들이 뛰어노는 드넓은 잔디밭 공원을 만난다. 잔디밭 공원을 지나면 오른편에 최첨단 과학기술을 체험할 수 있는 일본과학미래관이 그 위용을 자랑하며 등장한다. 일본의 2번째 우주비행사이자 2번의 우주비행 스페셜리스트로 참가한 모리 마모루毛利衛 씨가 관장을 역임하고 있다. 관내에는 수많은 과학커뮤니케이터가 활동하고 있는데 이들이 어려운 과학 세계를 알기 쉽게 일반인에게 설명해 주는 역할을 한다. 1층 로비로 들어서면 먼저 천장에 달려 있는 지오 코스모스Geo-Cosmos가 눈에 띈다. 자세히 보면 가로세로의 얇은 선들이 보이는데 이는 구체가 1만 개 이상의 유기EL판넬로 이루어졌기 때문이다. 이 빛을 내는 판넬이 인공위성을 통해서 촬영된 우주를 비추고 있다.

도쿄베이셔틀東京ベイシャトル
(오다이바의 주요 지역을 순환하는 무료셔틀버스)
11:00~19:45까지 20분 간격으로 순환 운행

Ⓐ 2-3-6, Aomi, Koto-ku 江東区青海2-3-6 Ⓣ 03-3570-9151
Ⓞ 10:00~17:00(입장권 구입은 폐관 30분 전까지, 화요일 휴무)
Ⓦ 어른 ¥620, 18세 이하 ¥210(1층 지오코스 모스존 무료) ※토요일은 18세 이하 무료
Ⓦ www.miraikan.jst.go.jp ⒢ 35.619469, 139.776570

📍 유리카모메 선 텔레콤센터 역에 하차 도보 4분,
린카이선 선 도쿄텔레포트 역 하차 도보 15분

텔레콤센터 전망대 テレコムセンター展望台 Telecom Center Observatory

지역TV국 도쿄메트로폴리탄 텔레비전의 본사가 있던 텔레콤센터 21층에 위치한 오다이바를 조망할 수 있는 전망대이다. 특히 조용한 분위기에서 도쿄 만 부두의 야경까지 볼 수 있는 아는 사람만 아는 숨은 명소다. 데이트 장소로 추천!

Ⓐ 2-5-10, Aomi, Koto-ku 江東区青海2-5-10 Ⓣ 03-5500-0021
Ⓞ 15:00~21:00(최종 입장은 20:30, 주말·공휴일은 11:00~21:00 월요일 휴무)
Ⓦ 어른 ¥500 어린이 ¥300
📍 유리카모메 선 텔레콤센터 역에서 직결
⒢ 35.617708, 139.780424

【 오다이바 추천 데이트 코스 】

1 중세기 유럽의 거리를 연상시키는 비너스 포트에서 쇼핑

2 다이바시티 도쿄 프라자 입구에서 건담과 함께 기념촬영!

3 아쿠아시티 오다이바에서 쇼핑 후 오션뷰 테라스 석에서 런치

4 덱스 도쿄 비치 다이바 괴기학교에서 귀신 출몰을 함께 지켜보기

5 후지테레비 전망대에 올라 레인보우 브리지에 불이 들어오는 것을 함께 지켜본 후,

6 덱스 도쿄 비치 테라스 레스토랑에서 와인을 곁들인 저녁식사

ODAIBA

Cost ￥1,000 이하 ￥ ｜ ￥1,000~2,000 ￥￥ ｜ ￥2,000 이상 ￥￥￥

RESTAURANT

•

CAFE

•

PUB & BAR

오다이바

도쿄 만 뷰를 만끽할 수 있는
빌스
ビルズ Bills

MUST EAT 시드니에서 탄생한 '세계 최고의 조식'으로 평가 받고 있는 빌스가 일본 내에서도 점포를 늘려가고 있다. 그중에서도 오다이바 빌스는 규모가 최대이다. 해변가에 위치한 덱스 도쿄 비치의 레인보우 브리지 뷰를 독차지할 수 있는 베스트 포인트이다. 오너 빌 그랜저가 추천하는 신선한 소재의 맛을 살린 '스크럼블 에그'와 부드러운 감촉으로 헐리웃 셀럽들을 매료시킨 '리코타치즈 팬케이크'가 가장 인기 있는 메뉴이다. 다양한 키즈 메뉴와 유모차의 이동을 생각한 실내 인테리어는 마마 부대들의 절대적인 지지를 받고 있는 이유이기도 하다. 레인보우 브리지의 야경까지 더해지는 황홀한 식사를 즐길 수 있다.

Ⓐ 3F, Deckstokyobeach seesidemall, 1-6-1, Daiba, Minato-ku 港区台場 1-6-1 デックス東京ビーチ シーサイドモール 3F
Ⓣ 03-3599-2100　평일 09:00~23:00　주말 08:00~23:00
Ⓞ 유리카모메 선 다이바 역 북쪽 출구에서 도보 3분　Ⓒ ¥¥
Ⓖ 35.629836, 139.776492

하와이에서 온 버거전문점
쿠아아이나
クア・アイナ KUA`AINA

오다이바 해변 카페
에후카이 비치
エフカイビーチ Ehukai Beach

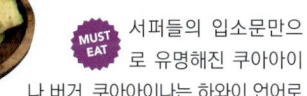

MUST EAT 서퍼들의 입소문만으로 유명해진 쿠아아이나 버거. 쿠아아이나는 하와이 언어로 '시골'이라는 의미다. 1975년에 하와이의 작은 마을에 첫 매장을 오픈, 현재 하와이에는 총 3개 점포가 있지만 일본에 무려 22개의 점포를 가진 일본인이 무지 사랑하는 버거이다. 재료의 신선함과 프랜들리한 기업 이미지가 일본에서의 인기의 비결이다. 특히 아보카도 버거는 두툼한 아보카도와 신선한 고기 패티가 만나 절묘한 맛을 낸다. 버거뿐만 아니라 하와이안 팬케이크과 스테이크도 인기 메뉴이다.

Ⓐ 6F, Aquacityodaiba, 1-7-1, Daiba, Minato-Iku 港区台場１７１アクアシティお台場 6F
Ⓣ 03-3599-2601 Ⓞ 평일 11:00~15:30, 18:00~23:00 주말 11:00~23:00
유리카모메 선 다이바 역에서 도보 1분 ￥￥
Ⓖ 35.627653, 139.772604

만약, 오다이바 해변에 아침 일찍 도착한다면 에후이카 비치를 추천한다. 에후카이 비치는 유리카모메 선 오다이바 카이힌코엔 역 마린하우스를 통해 아래로 내려오면 1층 모래사장 바로 앞에 위치한 카페 레스토랑이다. 문을 염과 동시에 맥주를 판매하고 샌드위치 등 가벼운 식사가 가능하다. 전망 좋은 브런치 레스토랑도 좋지만, 바다가 코 앞에 펼쳐지는 에후이카 비치만 할까. 세계 각국에서 온 관광객들의 남겨놓고 간 엄청난 양의 기념 지폐가 카운터 옆 보드에 붙어 있다. 하와이 비치 이름에서 따온 에후이카 비치는 여름이면 마린 스포츠를 즐기는 사람들이 모이는 장소이기도 하다. 따뜻한 원두 커피 ￥250, 기린 생맥주 ￥550.

Ⓐ 1-4-1, Daiba, Minato 東京都港区台場-4-1
Ⓣ 03-5531-5005 Ⓞ 10:00~20:00
유리카모메 오다이바 카이힌코엔 역에서 도보 2분 ￥
Ⓖ 35.630013, 139.775396

여행자의 배를 채워주는 넉넉한 인심
카츠라쿠
かつ楽 Katsuraku

신칸센을 타고 오는 스시
카이오
海王 Kaio

해변가에 위치한 아쿠아시티 도쿄와 덱스 도쿄 비치는 해변을 바라보며 우아한 식사를 할 수 있는 브런치 카페가 많고 저녁에 야경을 감상하며 맥주 한잔하기 좋다. 다이바시티 도쿄 프라자의 경우, 푸드코트가 있어 저렴하고 간편하게 이것저것 먹어 볼 수 있어 좋다. 다이바시티 도쿄 프라자 6층 레스토랑 플로어에 위치한 카츠라쿠는 밥, 양배추, 미소된장국, 날달걀을 무제한으로 먹을 수 있는 돈카츠 전문점이다. 점원이 추천하는 메뉴는 로스 돈카츠 정식. 도톰한 고기살은 부드럽고 씹을수록 고소하며 튀김 옷은 바삭하고 기름지지 않은 깔끔한 맛을 자랑한다. 무엇보다 맛있는 된장국과 찰지게 잘 지어 낸 밥을 자유롭게 먹을 수 있으니 건장한 남성들에게 특히 추천하고 싶다. 돈카츠 고기만 추가로 주문이 가능하며 추가 돈카츠 단품은 80g ¥650.

주문한 스시가 신칸센을 타고 오는 재미있는 시스템을 장착한 스시 전문점이다. 가장 저렴한 접시는 ¥128. 쥬토로 등 비싼 재료는 ¥500대로 올라간다. 과욕하지 않는다면 ¥2,000에 배불리 먹을 수 있다. 가격이 싸다고 재료에 소홀하지 않는다. 내가 먹고 싶은 스시는 테이블에 놓인 태블릿 PC로 주문해야 한다. 주방에서는 손님이 주문을 확인한 후 재료를 손질하고 스시를 신칸센에 태워 정확하게 주문한 테이블에 도착하게 한다. 그러니 회전판에 올려진 스시가 주인을 찾지 못하고 오랫동안 빙글빙글 돌아다니는 일은 없다. 태블릿 PC에는 스시 종류, 사이드 메뉴, 디저트까지 한글 이름과 사진, 그리고 요금까지 적혀 있어 주문하기에 편리하다. 계산을 원할 경우, 화면 오른편 위에 있는 '체크아웃'을 터치하면 점원이 계산서를 가져다준다.

ⓐ 6F, Divercitytokyoplaza, 1-1-10, Aomi, Koto 江東区青海1-1-10 다이버시티東京プラザ 6F
ⓣ 03-5530-1886 ⓗ 11:00~23:00
ⓜ 유리카모메 선 다이바 역 남쪽출구에서 도보 5분, 린카이 선 도쿄텔레포트 역에서 도보 3분
ⓒ ¥¥ 🅖 35.62505, 139.7754

ⓐ 6F, Divercitytokyoplaza, 1-1-10, Aomi, Koto 江東区青海1-1-10 다이버시티東京プラザ 6F
ⓣ 03-6457-2630 ⓗ 11:00~23:00
ⓜ 유리카모메 선 다이바 역 남쪽 출구에서 도보 5분, 린카이 선 도쿄텔레포트 역에서 도보 3분
ⓒ ¥¥ 🅖 35.62505, 139.7754

갓 구워낸 포테이토칩
가루비프라스
カルビープラス Calbee+

촉촉한 반죽 속 문어가 감칠맛 나는
긴다코
銀だこ Gindaco

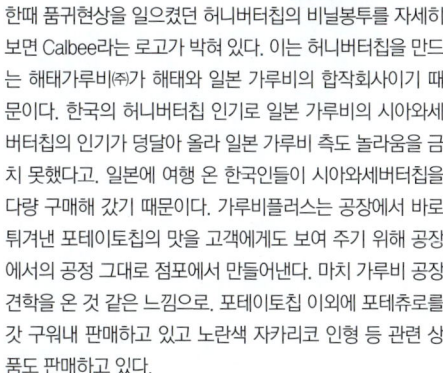

한때 품귀현상을 일으켰던 허니버터칩의 비닐봉투를 자세히 보면 Calbee라는 로고가 박혀 있다. 이는 허니버터칩을 만드는 해태가루비㈜가 해태와 일본 가루비의 합작회사이기 때문이다. 한국의 허니버터칩 인기로 일본 가루비의 시아와세버터칩의 인기가 덩달아 올라 일본 가루비 측도 놀라움을 금치 못했다고. 일본에 여행 온 한국인들이 시아와세버터칩을 다량 구매해 갔기 때문이다. 가루비플러스는 공장에서 바로 튀겨낸 포테이토칩의 맛을 고객에게도 보여 주기 위해 공장에서의 공정 그대로 점포에서 만들어낸다. 마치 가루비 공장 견학을 온 것 같은 느낌으로. 포테이토칩 이외에 포테츄로를 갓 구워내 판매하고 있고 노란색 자가리코 인형 등 관련 상품도 판매하고 있다.

Ⓐ 2F, Divercitytokyoplaza, 1-1-10, Aomi, Koto 江東区青海1-1-10 ダイバーシティ東京プラザ 2F
☎ 03-6457-2637 ⓞ 10:00~21:00
🚇 유리카모메 선 다이바 역 남쪽 출구에서 도보 5분, 린카이 선 도쿄텔레포트 역에서 도보 3분
ⓒ ¥¥ ⓖ 35.625055, 139.775410

'겉은 바삭하고 안은 촉촉한' 타코야키. 다이바시티 도쿄 프라자 2층에 위치한 푸드코트에 가장 긴 행렬을 기다려야 하는 가게 중 하나가 긴타코이다. 살짝 배가 고플 때, 일본에서 타코야키만한 간식이 또 있을까. 거기에다 맥주와도 찰떡궁합이니 이보다 더 좋을 수 없다. 이곳 다이바시티 도쿄 프라자 긴타코의 추천 메뉴는 '테리타마'. 삶은 계란을 개어 타코야키 위에 올려주는데 볼륨감이 업 되어 푸짐하다. 파를 곁들어 먹는 '네기다코'도 인기 메뉴. 타코야키 6개와 차 세트는 ¥750, 맥주 세트는 ¥1,000이다. 숙련된 점원들의 타코야키 뒤집기가 볼 만하다.

Ⓐ 2F, Divercitytokyoplaza, 1-1-10, Aomi, Koto 江東区青海1-1-10 ダイバーシティ東京プラザ 2F
☎ 03-3527-5388 ⓞ 10:00~21:00
🚇 유리카모메 선 다이바 역 남쪽 출구에서 도보 5분, 린카이 선 도쿄텔레포트 역에서 도보 3분
ⓒ ¥¥ ⓖ 35.625055, 139.775410

4
SHIBUYA
渋谷

시부야

●

아키타 현 작은 마을에 엄마 개 '고마'와 아빠 개 '오시나이' 사이에 귀여운 아기 강아지가 태어났다. 이 귀여운 강아지는 시부야 부근의 어느 집으로 팔려갔다. 강아지는 점점 자라났고 주인이 출퇴근을 할 때면 시부야 역까지 마중을 나갔다. 그런데 강아지가 1살이 지났을 무렵 주인이 급사하게 되고 강아지는 3일 동안 물 한 모금 입에 대지 않았다. 장례식이 있던 날도 시부야 역으로 주인을 마중 나갔다. 강아지는 11살 되던 해 시부야 강 근처에서 시체로 발견되었고 시부야 역에서 고별식이 치루어졌다. 시부야 역에서 죽음을 맞는 순간까지 주인을 기다렸던 충견의 이름은 '하치ハチ' 였다.

Tokyo Subway Map

골목마다 개성 넘치는 숍들이 가득한 쇼핑 천국 시부야는 시부야 역 하치코 출구를 이용하면 가장 편리하다. 시부야 역은 JR 야마노테 선·쇼난신주쿠 라인·사이쿄 선이 정차하며 도쿄메트로 한조몬 선·후쿠토신 선·긴자 선이 정차한다. 시부야 역에서 출발하는 도큐도요코 선을 이용하면 나카메구로, 지유가오카까지 여행의 범위를 넓힐 수 있다. 게이오 이노가시라 선은 시모키타자와, 키치죠지로 갈 때 이용하면 편리하다.

추천 이동 경로

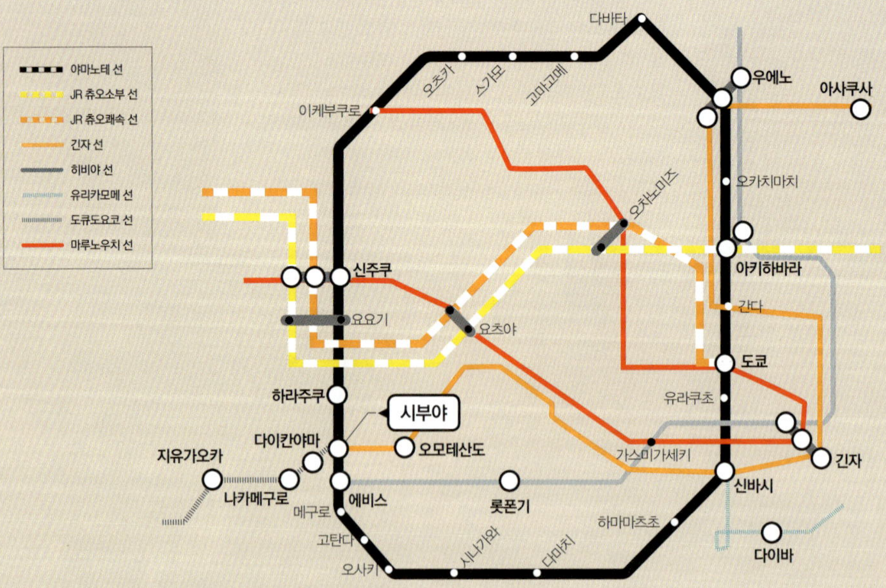

도쿄 역 — JR 야마노테 선 (23분 소요) — 시부야 역

신주쿠 역 — JR 야마노테 선 (6분 소요) — 시부야 역

범례
- 야마노테 선
- JR 추오소부 선
- JR 추오쾌속 선
- 긴자 선
- 히비야 선
- 유리카모메 선
- 도큐도요코 선
- 마루노우치 선

추천 일정

Start!

시부야 스크럼블 교차로
골목이 많은 시부야의 지형적 특징을 보여주는 스크럼블 교차로. 츠타야 서점 2층 스타벅스에서 내려다보면 가장 잘 보인다.

도보 3분

시부야109
시부야의 정통 스폿을 빼놓을 수 없다. 시부야 109는 시부야 문화의 변천과 역사를 함께 해 온 시부야의 상징이다. 귀여운 소녀들이 좋아할 만한 핑크빛 아이템이 가득하다.

도보 1분

시부야 센터가이
시부야에 젊은이들이 모이는 가장 큰 이유는 시부야 센터가이가 있기 때문이 아닐까. 밤이면 공연이 펼쳐지고 쇼핑과 먹거리가 가득한 이곳은 시부야를 대변한다.

도보 5분

시부야 히카리에
게이오 선 시부야 역에서 직결되는 뷰티, 패션 관련 매장 200여 점포가 입점해 있는 시부야에서 가장 새로운 쇼핑 메카이다. 시부야 히카리에 내의 ShinQs 지하 식품매장이 특히 인기다.

도보 10분

원피스 무기와라 스토어
시부야 마르이백화점 7층에 새롭게 오픈한 원피스 공식 스토어에는 주인공 루피의 밀짚모자를 중심으로 만화의 세계가 펼쳐진다.

도보 5분

스페인자카
시부야 센터가이에서 시부야 파르코로 올라가는 좁은 길목에는 개성 넘치는 다국적 요리점과 바가 즐비하다. 밤이면 더 매력적인 골목 풍경이 펼쳐진다.

시부야 235

SHIBUYA

기억에
남는
8장면

1. 만남의 장소이지만 만나기 어려울 것 같은 시부야 역 하치코 주변
2. 도로를 질주하는 마리오카트
3. 떠난 사람이 돌아오기를 기다리는 '가에루'
4. 스크럼블 교차로를 바라보는 외국인 관광객
5. 에스컬레이터 천장의 광고 간판 @츠타야
6. 1회에 많게는 3,000명이 건넌다는 시부야 스크럼블 교차로
7. 젊음의 흥이 넘치는 시부야의 밤
8. 언니들~ 시부야系？하라주쿠系？

Shibuya
Spot ❶

시부야의 현관
시부야 스크램블 교차로
渋谷スクランブル交差点 Shibuya Scramble Crossing

시부야 역 하치코 출구에서 여러 방향으로 한번에 건널 수 있도록 만들어진 스크램블 교차로는 골목이 많은 시부야의 지형적 특징을 잘 보여준다. 기다리던 사람들이 신호가 바뀌는 것과 동시에 일제히 반응하여 건너편 신호를 향해 힘차게 걸어가는 모습은 TV나 영화에서도 자주 등장하는 장면이다. 하루에만 약 50만 명이 이 교차로를 이용하며 한 번에 최대 3,000명이 건너는 세계 최대의 교차로이며 파란불로 바뀌면 말 그대로 장관을 이룬다. 스치듯 지나가는 모습이 현재를 살아가는 우리들 자신의 모습이건만 건너편 츠타야 건물 2층 스타벅스에서는 이 모습을 사진으로 담으려는 사람들로 가득하니, 이 또한 아이러니한 장면이 아닐 수 없다.

Ⓐ 2-2 Dogenzaka, Shibuya-ku, 渋谷区道玄坂2丁目2
Ⓠ 시부야 역 하치코 출구에서 바로
Ⓖ 35.659768, 139.700559

❗ 시부야 스크램블 교차로 풍경

시부야역 하치코 출구 정면, 스타벅스 2층은 스크램블 교차로를 가장 잘 볼 수 있는 촬영 포인트로 유명하다.

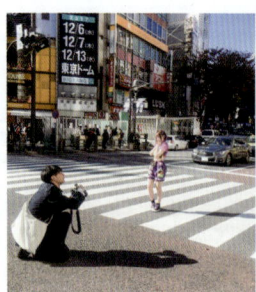

교차로에서 사진을 찍는 소녀

1회 최대 횡단 인수 3,000명. 세계 최대 규모이다.

tokyo special spot

【 시부야 역 만남의 장소 】

충견 하치코 동상 忠犬ハチ公像 Hachiko

시부야 역의 대표적인 만남의 장소이다. 하치코 동상 주변에는 언제나 많은 사람들이 모여 있다. 누군가를 기다리거나 이야기를 나누거나. 하치코 동상은 갑자기 죽은 주인을 9년간 기다리다 시부야 역 근처에서 목숨을 잃은 충견 하치를 기리기 위해 세운 동상이다. 80년이 지난 지금 시부야 역에서 주인을 기다리던 하치와 동상 주변에서 누군가를 기다리는 사람들의 모습이 오버랩 된다.

모야이 상 モヤイ像 Moyai Statue

시부야 역 만남의 장소로 하치코 ハチ公 다음으로 유명한 곳이다. 이 모야이 죠는 이즈쇼토伊豆諸島에 위치한 니이지마무라新島村가 도쿄 도에 이관된 100주년을 기념하여 1980년도 시부야에 기증한 것이다. 모야이 상은 이스타 섬의 모아이상을 모티브로 만든 것이지만 몸체는 없고 얼굴만 존재하며 보는 측면에서 2가지 얼굴을 보이는 특징이 있다. 위치는 도큐백화점을 사이에 두고 하치코ハチ公의 반대측에 있으며 시부야 역 남쪽 출구에서 가깝다.

아오가에루 관광안내소
青カエル観光案内所

시부야 역 하치코 바로 옆에 위치한 초록색 전차가 바로 아오가에루 관광안내소이다. 관광팜플렛 등을 비치하고 있다. 개구리는 원래 일본에서는 떠난 사람이 돌아온다는 '가에루帰る(かえる)'와 발음이 같아 길조로 통한다. 아오가에루는 실제 1954년부터 1959년사이에 제조된 도큐 5000계 전차東急5000系電車이며 내부도 전차의 실내 구조 그대로 유지하고 있다. 아랫볼이 볼록한 애교스러운 모습과 초록색 페인팅으로 제조 당시부터 청색 개구리, 즉 아오가에루青カエル로 불리었다.

Shibuya
Spot ❷

가루갸루문화의 발생지
시부야 109 渋谷109 Shibuya 109

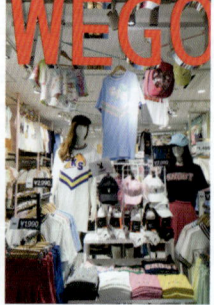

1979년에 설립된 시부야 109는 처음 설립되었을 당시에는 20~30대를 타깃으로 한 쇼핑몰이었다. 이후 유행의 발생지가 신주쿠에서 시부야로 옮겨 오면서 시부야 109는 기존의 타깃보다 젊은 층을 타깃으로 한 쇼핑몰로 변모하게 된다. 시부야 109가 갸루(girl) 중심의 쇼핑몰이라는 인식이 강하지만 의외로 젊은 직장인들에게도 인기인 숍들이 많다. 조금 젊은 감각의 소품이나, 하나쯤은 화려한 아이템으로 코디하고 싶다면 추천하고 싶다. 여중생 아이와 함께 여행 왔다면 필수코스다. 10대의 여자들을 유혹할 만한 아이템이 지하 2층에서 지상 8층까지 가득하다. 90년대를 거쳐 2000년대에 들어오면서 조금 얌전해졌다고는 하지만 여전히 핑크와 화려한 꽃이 함께하는 카와이(귀여운) 소품들이 가득하다. 8층에는 스스로 화장하고 사진도 찍고 차를 마실 수 있는 카페 SBY가 마련되어 있다. 여학생들이 화장품을 둘러보며 서로 깔깔거리며 웃는 모습은 한국의 풍경과 크게 다르지 않다. 2층의 CECIL McBEE는 일본의 유행을 체크해보기에 안성맞춤이며, 토탈 코디가 가능한 시부야109의 대표 인기 숍이다.

'109'는 경영사인 토큐東急그룹의 명칭을 발음대로 숫자로 표기한 것이며, 또한 영업시간이 오전10시부터 오후9시까지라는 의미이기도 하다. 1970년대에 설립된 쇼핑몰이 지금도 명맥을 유지하며 젊은이들에게 여전히 사랑받고 그 지역의 심볼로서 당당하게 자리하고 있다는 것이 놀랍다. 유행을 접목 시키면서도 자신들만의 개성을 유지하기 위해 많은 사람들의 노력이 결집되었을 것이라는 점에서 높이 평가하고 싶다.

Ⓐ 2-29-1 Dogenzaka, Shibuya-ku, 渋谷区道玄坂2丁目29-1 ☏ 03-3477-5111
Ⓞ 10:00~21:00 🌐 www.shibuya109.jp 📍 35.659595, 139.699060

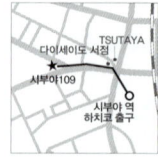

🚇 시부야 역에서 도보 3분. 하치코 출구로 나와서 눈앞의 스크럼 블교차로 건너편 좌측길 안쪽에 원기둥 모양 건물 꼭대기에 '109'라는 간판이 눈에 띄는 건물

시부야109와 갸루(girl)문화의 관계 그리고 변천사

버블경제의 절정기인 1980년대에 몸에 딱 붙는 라인이 들어나는 짧은 미니 원피스를 입고 과다한 노출을 한 여성을 갸루ギャル라고 부르기 시작했다. 이후 1990년대 들어서 새까만 피부에 긴 생머리를 한 오키나와 출신의 여가수 아무로 나미에가 당대 최고의 인기를 얻으며 그녀의 패션을 따라 하는 여고생을 고갸루(高girl)라고 불렀다. 특히 시부야 109에는 그녀의 패션을 모방한 카리스마 넘치는 점원이 생겨나 잡지나 미디어에도 등장하며 연예인 못지않은 인기를 누렸다. 이들은 유행을 선도하는 사람으로 인식되면서 시부야 109는 고갸루가 대거 모여드는 시부야 유행의 중심이 되었다. 이후 90년대를 거쳐 2000년대에 들어오면서 갸루 패션은 검은 피부를 하얗게 하고 머리 색을 노랗게 물들이는, 조금은 어른스러워진 오네(お姉, 언니) 갸루로 변천됐다.

Shibuya
Spot ❸

109계열의 멘즈 집합
109 Men's

여자들에게 시부야 109가 있다면 남자들에게는 109 멘즈가 있다. 시부야 109와 마찬가지로 젊은 감성을 표현해줄 라인업으로 구성되어 있다. 패션에 민감한 10대 후반에서 20대 초중반의 남성을 타깃으로 한 의류, 선글라스, 모자 등 패션 소품들이 다양하게 판매되고 있다. 리즈너블한 가격으로 한껏 멋을 내고자 하는 젊은 남성들에게 인기다.

🅐 1-23-10, Jinnan, Shibuya-ku, 渋谷区神南1丁目23-10
📞 03-3477-5111 🕙 10:00~21:00 🌐 www.109mens.jp
📍 시부야 역에서 도보 3분. 하치코 출구에서 스타벅스 건물(Q-FRONT) 오른편 횡단보도 건너편에 위치
🗺 35.65982, 139.701

Shibuya
Spot ❹

시부야의 활기와 경쾌함이 넘쳐나는
시부야 센터가이 渋谷センター街 Shibuya Center Gai

MUST SEE 시부야 역 하치코 출구를 나와 시부야의 명물 스크램블 교차로를 건너면 Q-FRONT 빌딩과 왼편 대성당 서점 사이에 시부야 센타가이渋谷センター街라는 간판을 볼 수 있다. 시부야 센터가이의 입구는 여러 곳으로 나누어져 있으나 일반적으로 시부야 역과 가장 가까운 이곳이 메인 출입구로 알려져 있다. 한눈에도 오래된 상점가의 기운이 남아 있는 이곳에는 Bershka, RANDA, FOREVER21, ZARA 등 SPA 패션뿐만 아니라, 라멘, 레스토랑, 디저트 카페 등 다양한 먹거리가 모여 있어 시부야 관광의 대표적인 거리라고 할 수 있다. 지금은 사라졌지만 검은 피부에 짙은 눈화장을 한 갸루문화가 이곳에서 형성되었고, 시부야케渋谷系라고 하는 유행과 문화를 선도해 온 거리이다. 지금도 저녁이면 흥겨운 거리 공연이 펼쳐지고 그 주변을 에워싼 사람들이 함께 흥을 즐긴다.

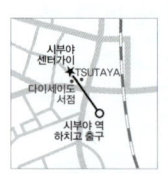

Ⓐ Udagawa-cho, Shibuya-ku, 渋谷区宇田川町24丁目4 24-4

ⓖ 35.660274, 139.698927

📍 시부야 역 하치코 출구 바로 앞 스크램블 교차로를 건너면 스타벅스 건물 왼편에 위치

― tokyo special shop ―

【 시부야 센터가이 내 쇼핑몰 】

스페인發 패션 브랜드
버쉬카 ベルシュカ Bershka

도회적이고 시크한 분위기의 스페인 브랜드 버쉬카는 ZARA의 자매 브랜드로 기본 아이템에서 최신 트렌드까지 필수 아이템을 저렴한 가격으로 손에 넣을 수 있다. 한국과 일본의 유행에 조금 차이가 있을 수 있으니 도쿄 버쉬카에서만 손에 넣을 수 있는 아이템을 눈여겨볼 필요가 있다. 세일 품목도 한국과 다르니 체크 해 보길. 패션과 컬처를 접목시킨다는 버쉬카의 지향점을 잘 나타내는 라이트 그린 컬러와 세로로 쓰여진 로고가 젊고 통통 튀는 시부야의 이미지와 잘 어울린다. 버쉬카 4층 통유리창으로 시부야 거리를 내려다 볼 수 있다.

ⓐ 1~4F, Shibuyazerogate, 16-9, Udagawa-cho, Shibuya-ku, 渋谷区宇田川町16-9 渋谷 ZERO GATE 1-4F
ⓣ 03-3464-7721 ⓞ 11:00~22:00
시부야 역 하치코 출구로 나와 스크럼블 교차로를 건너 시부야 센터가이로 진입. 길을 따라 직진한 후 오른편에 가라오케관이 나오면 우회. 도로 건너편에 위치
📍 35.66093, 139.69265

얌전한 시부야계 구두 로드숍
란다 ランダ Randa

버쉬카 바로 옆에 위치한 구두 로드숍이다. 점 내에는 전체적으로 귀여운 계열의 구두들이지만 너무 심하게 시부야계가 아닌 조금은 얌전한 오피스룩에도 착용이 가능한 구두가 눈에 띈다. 역시나 판매 1위는 골드나 실버로 색상에 포인트를 준 5cm굽의 기본 펌프스였다. 가격은 ¥5,000 대에서 시작된다.

ⓐ Udagawa-cho, Shibuya-ku, 渋谷区宇田川町16-8 16-8
ⓣ 03-6416-5855
ⓞ 11:00~21:30
시부야 역 하치코 출구에서 도보 4분
📍 35.6608, 139.69695

생활에 활력을 더해줄
프랑프랑 フランフラン Francfranc

유럽 스타일의 생활 잡화나 가구, 소품을 판매하는 한국인들에게도 오랫동안 사랑받아 온 브랜드이다. 집에 두면 생활에 활력이 될 것 같은 다양한 주방용품, 내추럴하면서도 세련된 스트라이프 패브릭, 집 안을 화사하게 꾸며 줄 플라워 패턴의 소품들이 가득하다. 프랑프랑으로서는 흔치 않게 노면에 위치하고 있으며 지하 1층에 스위츠를 제공하는 프랑프랑 카페가 있어 쉬어가기 좋다.

ⓐ B1~3F, 12-9, Udagawa-cho, Shibuya-ku, 渋谷区宇田川町12-9 B1~3F ⓣ 03-6415-7788 ⓞ 11:00~21:30
시부야 역 하치코 출구에서 도보 5분
📍 35.66153, 139.69821

고퀄리티 셀렉트 숍
더데이즈도쿄 ザデイズトーキョー The Dayz Tokyo

모델이나 연예인에게 인기 있는 셀렉트 숍 더데이즈도쿄는 한 보 一歩 아닌 반보 半歩 앞의 트렌드를 제안한다는 콘셉트이다. 자유로운 감성을 중요시하는 하이센스 스타일을 제안하는 셀렉트숍이다. 스타일에 구애받지 않은 듯 신경 쓰지 않은 입을 수 있는 세련된 기본 아이템들이 볼 만하다. 좋은 소재의 옷은 특별히 스타일링에 신경 쓰지 않아도 매력을 발산하는 법. 더데이즈도쿄에서 소재와 스타일링을 고민해 볼 만하다

ⓐ 16-15, Udagawa-cho, Shibuya-ku, 渋谷区宇田川町16-15
ⓣ 03-3477-5705 ⓞ 10:00~21:00
시부야 역 하치코 출구에서 도보 5분
📍 35.66165, 139.6989

시부야 **245**

Shibuya
Spot 5

골목골목 들여다보고 싶어지는
스페인자카 スペイン坂 Spainzaka

MUST SEE Bershka 시부야 점에서 파르코 Part 1까지에 이르는 작은 경사로에 개성 넘치는 잡화점과 남미풍의 음식점이 가득한 골목이 보인다. 가파른 끝자락은 계단 층층이 작은 소품 숍들이 모여 있다. 약 100m의 짧은 거리이지만 이국적인 풍경과 함께 식사나 차 혹은 맥주를 곁들일 수 있는 레스토랑과 카페가 많아 밤이면 더욱 붐비는 매력적인 골목길이다.

ⓐ 24-4, Udagawa-cho, Shibuya-ku 渋谷区宇田川町 24丁目4
ⓖ 35.66151, 139.69885

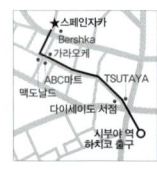

ⓠ 시부야 센터가이
버슈카Bershka 왼쪽 옆 골목

246 TOKYO

시부야 컬처의 대명사, 시부야 PARCO의 2019년 재탄생을 기다리며

시부야의 발전은 파르코가 생기기 전과 후로 나뉜다고 볼 수 있다. 신주쿠의 젊은 문화가 시부야로 넘어오면서 처음으로 시부야 파르코가 그 문화의 서막을 열게 된다. 시부야 컬처의 대명사라고 해도 과언이 아닌 시부야 파르코가 노후화로 인해 2016년 8월부터 폐쇄됐다. 폐쇄되는 파르코를 본서에 올리는 이유는 시부야의 발전과 파르코가 함께 해왔기 때문이다. 이후 3년간의 재개장 작업을 거친 뒤 2019년 리뉴얼 오픈할 예정이다. 시부야 파르코는 파트 1, 2, 3로 나뉘어 차례로 오픈하였으며 파트 1이 1973년 지하 1층 지상 9층의 건물로 첫 오픈하였다. 파트 2는 1975년 개업하였으나 내진설계 부족으로 이미 2011년도에 폐업되었다. 파트 3는 파트 1과 마찬가지로 2019년 리뉴얼을 준비하며 휴업에 들어갔다. 2019년에 새롭게 탄생할 시부야 파르코가 어떤 모습으로 다시 돌아올 지 기대된다.

Shibuya
Spot 6

무지MUJI 프로젝트의 집합체
무인양품 無印用品 MUJI

MUST SEE

시부야 세이부 백화점에 위치한 시부야 무지(MUJI)에서 지금 무지가 진행하는 다양한 프로젝트들을 모두 만날 수 있다. 여행자를 위한 'MUJI to GO', 쉬어가는 카페 'Café & Meal MUJI', 나무 장난감으로 아이들이 놀 수 있는 공간 '모쿠이쿠히로바木育広場', 입는 사람의 가치를 높여주는 편안한 옷 'MUJI Labo', 상품을 나만의 것으로 만들어 주는 '커스터마이스 공방カスタマイズ工房' 등 라이프스타일을 소중히 생각하는 무지의 철학이 가득 담긴 프로젝트가 전개되고 있다.

MUJI to GO

여행에 필요한 모든 것이 여기에 있다. 비행기 내에서 궁극의 휴식을 취할 수 있는 소품, 호텔에서 요긴하게 쓸 수 있는 아이템을 모아 놓았다. 여행을 준비하는 시간이 더욱 행복해지는 순간이다.

커스터마이스 공방 カスタマイズ工房

손수건이나 셔츠 등 무지에서 구입한 천 종류의 제품에 200종류의 자수 그림 중 마음에 드는 그림을 선택하면 그 자리에서 새겨주는 유료 서비스(¥500부터)이다. 자전거에도 이니셜을 새겨준다.

Ⓐ Seibushibuya Movida, 21-1, Udagawa, Shibuya-ku, 渋谷区宇田川21-1 西部渋谷 movida館
☎ 03-3770-1637 ⓒ 10:00~21:00 ⊕ www.muji.com
시부야 역 하치코 출구에서 스크럼블 교차로 정면 스타벅스 건물의 오른편 길 쪽으로 건너 세이부 백화점을 따라 올라가다 보면 왼편에 위치. 역에서 도보 5분
🅖 35.661480, 139.699741

Shibuya
Spot ❼

쇼핑보다 공간이 즐거운
디즈니스토어 ディズニーストア Disney Store

동화 속 성을 모티브로 한 입구가 눈을 사로잡는다. 디즈니스토어 중에서도 상품 수가 많기로 유명한 시부야 디즈니 스토어는 쇼핑이 목적이 아니어도 이곳에 있는 것만으로 즐겁다. 내부에는 피노키오가 마법에 걸리기 직전 만화 속 명장면이 재현되어 있어 쇼핑뿐만 아니라 볼거리 또한 풍부해 디즈니의 세계로 들어온 듯한 착각을 불러일으킨다. 피터팬의 방, 토이 스토리의 방 등 디즈니 만화의 방이 만들어져 있으며, 3층에서는 도쿄 디즈니리조트의 티켓을 구입할 수 있다.

ⓐ 20-15, Udagawa, Shibuya-ku, Tokyo 東京都渋谷区宇田川20-15
ⓟ 03-3461-3932 ⓣ 10:00~21:30(3층 티켓카운터는 21시까지)
시부야 역에서 도보 3분. 하치코 출구를 나와서 스크럼블 교차로에서 세이부와 109 멘즈관의 사잇길로 건너면 왼편에 위치
 35.661161, 139.700211

Shibuya
Spot ❽

모든 보물은 여기에!
원피스 무기와라스토어
ワンピース麦わらストア One Piece Mugiwara Store

2016년 4월 시부야 마르이백화점 7층에 오픈한 사상 최대의 원피스 공식 스토어이다. 주인공 루피의 심볼 밀짚모자를 모티브로 만화의 스토리가 펼쳐지는 공간이다. 한 가지 알려주고 싶은 점은 오리지널 해적선 고잉메리호는 도쿄 어디에서도 구하기가 힘들다는 것이다.

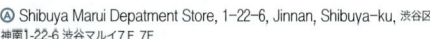

ⓐ Shibuya Marui Depatment Store, 1-22-6, Jinnan, Shibuya-ku, 渋谷区神南1-22-6 渋谷マルイ7F 7F
ⓟ 03-6452-5080 ⓣ 11:00~21:00
시부야 역에서 도보 3분. 하치코 출구를 나와 스크럼블 교차로를 109 멘즈관 쪽으로 건넌 후 직진한다. 마루이백화점 7층에 위치
 35.660895, 139.701059

Shibuya
Spot ❾

시부야의 가장 새로운 건축물, 쇼핑과 문화를 함께 즐기다
시부야 히카리에 渋谷ヒカリエ Shibuya Hikarie

시부야가 변화하고 있다는 것이 느껴진다. 젊음의 상징, 유행의 메카였던 시부야에 어른들의 세련된 유행의 바람을 불러일으킬 시부야 히카리에가 2012년 문을 열었다. 골목과 깊은 골이 많은 시부야의 지형적 특성상 시부야에는 새로운 빌딩을 찾아보기 힘들었다. 시부야 히카리에는 1956년에 설립된 도큐문화회관이 있던 자리에 지어진 지상 34층 지하 4층의 문화복합시설이다. 시부야 역과 직결되며 다양한 교통망을 연결하는 시부야의 특징을 살려 새로운 문화 거점으로 자리매김할 것으로 보인다. 시부야 히카리에의 탄생은 위치적으로 아오야마와 오모테산도로 연결되는 길목이라는 점을 생각하면 적절한 변화라고 생각된다. 저층부에는 각종 레스토랑과 뷰티, 패션 관련의 약 200개의 숍이 모여 있는 'ShinQs', 6층의 'dinning 6'와 7층 'TABLE 7'에는 각각 다양한 콘셉트의 음식점들이 모여 있으며, 크리에이티브 스페이스인 8층 '8/'에는 각종 문화행사와 전시를 볼 수 있다. d47 디자인 트래블 스토어와 갤러리에서는 다채로운 즐길 거리와 볼거리를 제공한다. 11층에 위치한 도큐시어터오브는 어느 자리에서도 최고의 무대를 관망할 수 있는 일본 최대규모의 극장이다. 11층 전면 통유리창 너머로 바쁘게 움직이는 시부야의 전경을 내려다볼 수 있다. 층별 네이밍과 로고 디자인에서 50년 전 도쿄문화회관의 크리에이티브 DNA를 계승한다는 시부야 히카리에의 취지가 느껴진다. 상층부의 문화공간을 먼저 접하고, 각 층별 공간을 이해하며 천천히 내려오면 재미가 배가 될 것이다. 17~34층은 오피스층으로 되어 있다.

크리에이티브 콘텐츠를 만들어내는 기업들이 들어와 있다. 입간판에서 라인(LINE) 주식회사를 확인할 수 있는데, 라인의 일본 내 인지도를 실감할 수 있다.

🅐 2-21-1 Shibuya, Shibuya-ku, 渋谷区渋谷2Chome-21-1
🅣 03-5468-5892   🅦 www.hikarie.jp
🚇 JR 선, 도쿄메트로 긴자 선, 게이오 이노가시라 선 시부야 역 시부야 히카리에 2층 연결 통로로 직결, 도큐도요코 선·덴엔토시 선, 도쿄메트로 한조몬 선·후쿠토신 선 시부야 역 15번 출구에서 직결
📍 35.65902, 139.70347

tokyo special shop

【 시부야 히카리에의 크리에이티브 DNA 】

8층

8/ Creative Space의 d47 디자인 트래블스토어

d47에서 47이란 일본의 광역자치단체 도도부현都道府県의 숫자를 의미한다. d47 디자인 트래블스토어는 전국 47개의 각 지역이 오랫동안 유지해온 특성을 디자인적 특성을 살린 상품과 여행책, 특산물 등을 판매하는 곳이다. 특히 47개 도도부현의 라이프스타일을 여행가이드 북으로 그려낸 d design travel을 만날 수 있다. 책을 읽을 수 있는 공간이 마련되어 있어 편하게 앉아서 책을 볼 수 있다.

d47 쇼쿠도

d design travel이 직접 취재한 일본의 47개 도도부현의 산지 농민으로부터 재료를 공수받아 일반인들에게 신선한 재료로 식사를 제공하는 곳이다. 일본 각지의 크래프트 맥주, 일본산 와인 등 생산자의 정성을 느낄 수 있는 요리를 대접한다.

5층

THE CONRAN SHOP KITCHEN

즐거운 식공간을 위한 아이템이 모여 있는 곳이다. 실제로 쉐프들이 사용하는 도구나 식기들이 판매되고 있으며 테이블 조명이나 가구 등 부엌에서 사용하는 심플한 디자인의 도구들이 모여 있다. 계절별 이벤트를 통해 더욱 다양한 식문화를 보여주고 직접 참여하는 프로그램이 진행되고 있다.

시부야

+Area 시부야에 왔다면 여기도 가보자!

지유가오카 自由が丘 Jiyugaoka

지유가오카는 부티크와 인테리어 전문 잡화점, 그리고 몽블랑 발상의 카페인 몽상클레르가 있어 특히 스위츠가 유명한 곳이다. 여성 취향의 패셔너블한 분위기를 연출하지만 저녁이면 분위기 반전이 있어 북쪽 출구의 식당들은 활기를 되찾아 분주해지고 조용한 분위기의 바나 레스토랑도 하나둘 문을 열기 시작한다. 정면 출구에는 지유가오카의 심볼인 자유의 여신상 '아오조라'가 역 광장 로타리에 위치하고 있으며 로타리를 중심으로 여러 갈래로 길이 나뉘어진다. 남쪽 출구의 구혼부츠가와九品仏川의 녹지화로 인해 만들어진 구혼부츠료쿠도九品仏綠道는 쇼핑과 산책을 즐길 수 있는 가로수 길에 벤치가 놓여 있어 한층 여유롭고 분위기 있는 거리가 연출된다.

Ⓐ Jiyugaoka, Meguro-ku 目黒区自由が丘
🚇 도큐도요코 선 지유가오카 역에서 하차
(지유가오카 역은 도큐도요코 선이 고가역, 오이마치 선은 지상역으로 되어 있는 2개의 노선이 정차하는 역이다. 가장 많이 이용하는 방법은 시부야 역에서 출발하는 도큐도요코 선을 타고 지유가오카 역으로 가는 것이다.)

지유가오카의 심볼, 자유의 여신상 '아오조라 あおぞら'

지유가오카역 정면 출구 로타리에 위치한 자유의 여신상 아오조라는 마치 이곳이 여성을 위한 천국임을 알려주듯 우아한 자태로 서 있다. 조각가인 사와다 세이고우澤田政廣가 1961년에 완성한 조각상이다. 이 자유의 여신상을 중심으로 매년 10월에는 지유가오카의 최대의 페스티벌 '지유가오카 메가미마츠리'가 성대하게 열린다. 이때 이 지역 상점을 중심으로 할인 이벤트와 야외 라이브가 개최되어 많은 사람이 지유가오카를 찾는다.

+Area 01 지유가오카를 기반점으로 둔
이데숍 イデーショップ IDÈE SHOP

이데의 지유가오카점은 이데의 세계관을 보여주는 기반점으로 특히 유명하다. 이데의 이념은 오랫동안 사용할 수 있는 제품으로 좀 더 풍요로운 삶을 꾸려나가는 데에 있다. 총 4층으로 이루어진 이데숍 지유가오카는 1층은 인테리어제품과 테이블 웨어, 문구류, 의류 등 다양한 상품으로 꽉 차 있으며 2층은 가구와 조명, 쿠션 3층은 커튼, 블라인드, 러그, 4층은 간단한 음료와 빵으로 쉬어갈 수 있는 베이크숍으로 이루어져 있다. 심플함 속의 고급스러운 삶은 모든 여성의 '이데아'이다. 그 이상을 이데숍에서 꿈꿔본다.

- Ⓐ 2-16-29, Jiyugaoka, Meguro-ku 目黒区自由が丘2-16-29
- Ⓣ 03-5701-7555 Ⓞ 11:30~20:00 (주말은 11:00~20:00) Ⓦ idee.co.jp
- 지유가오카 역 정면 출구에서 도보 5분 Ⓖ 35.608806, 139.667163

+Area 02 파리지엔느를 꿈꾸는
메종이에나 メゾン イエナ Maizon IÈNA

메종이에나는 설립 25주년을 기념해 2015년 지유가오카의 1,000㎡ 규모 3층 건물에 새롭게 오픈 했다. '파리 16구에 사는 여성의 16가지의 테마'를 콘셉트로 꾸며진 메종이에나 1층 입구는 이곳이 옷 가게인지 빵 가게 인지 구분이 가지 않는다. 2016년 10월 프랑스의 국민적인 인기를 얻고 있는 베이커리 곤트란쉐리에가 오픈했기 때문. 1층은 의류 전문 팝업 스페이스와 베이커리, 2층은 베이직한 느낌의 의류와 액세서리가, 3층은 여행 관련 제품과 스포츠용품이 판매되고 있다.

- Ⓐ 2-9-17, Jiyugaoka, Meguro-ku 目黒区自由が丘2-9-17
- Ⓣ 03-5731-8841 Ⓞ 10:00~20:00 (주말은 09:30~20:00)
- Ⓦ maison.iena.jp 지유가오카 역 정면 출구에서 도보 4분
- Ⓖ 35.609480, 139.667434

+Area 시부야에 왔다면 여기도 가보자!

+Area 03 빈티지함이 주는 편안함
아크메퍼니처 アクメファニチャー ACME Furniture

한눈에 봐도 예사롭지 않은 아크메퍼니처. 아크메퍼니처의 표기방법은 일본 사람들조차도 혼동하곤 하는데, ACME라고 쓰고 '아크메'라고 읽는다. 주로 1960년대에서 70년대 아메리카 빈티지 가구 셀렉트 숍이다. 30년 역사를 지닌 자사 공방에서 만들어낸 아메리칸 빈티지 느낌을 살린 오리지널 가구도 함께 전개하고 있다. 작은 장롱도 ￥20~30만을 훌쩍 넘기는 꽤나 고가의 가구로 알려져 있지만 유럽풍의 단조로움이 싫고 일본풍에 편중되지 않으며 오래된 빈티지함에서 고급스러움을 찾는 사람에게 인기 있는 가구 브랜드이다. 가구 외에도 가방이나 장갑 등 잡화가 다양하게 어우러져 있어 볼거리가 가득하다.

- 1F, 2-17-7, Jiyugaoka, Meguro-ku 目黒区自由が丘2-17-7 1F
- 03-5731-9715 11:30~20:00 (주말은 11:00~20:00)
- acme.co.jp 지유가오카 역 정면 출구에서 도보 5분
- 35.609404, 139.667149

+Area 04 지유가오카 마르쉐
투데이즈 스페셜 トゥデイズスペシャル Today's Special

MY BOTTLE로 유명한 투데이즈 스페셜. 이 친숙한 손글씨는 투데이즈 스페셜 폰트로 이름 지어져 손글씨의 유행에 불을 지폈다고 볼 수 있다. 지유가오카 투데이즈 스페셜에서는 마이보틀뿐만 아니라 투데이즈 스페셜 폰트를 활용한 에코백이 최고 인기이다. 1층과 2층은 주방에서 사용하는 그릇이나 냄비를 비롯해 다양한 식재료와 관엽식물 등을 판매하는 마켓으로 인테리어 소품도 갖추어져 있다. 3층의 투데이즈 스페셜 키친은 1, 2층의 마켓 쇼핑 후 스위츠나 차를 즐기며 천천히 쉬어갈 수 있는 공간이다. 제철 과일을 사용한 파이나 팬케이크가 인기 메뉴. 신선한 채소와 메인 요리를 곁들인 런치메뉴와 맥주, 와인 등 간단한 드링크를 즐길 수 있다.

- 2-17-8, Jiyugaoka, Meguro-ku 目黒区自由が丘2-17-8
- 1F/2F Market 11:00~21:00 03-57299-7131
- 3F Kitchen 11:00~23:30 03-5729-7160
- 지유가오카 역 정면 출구에서 도보 4분 35.609261, 139.667251

+Area 05 레토르트 식품 전문점
니시키야 にしきや Nishikiya

뜨거운 물에 데우거나 전자레인지에 데워 먹는 레토르트 식품 전문점이다. 우리에게는 3분 카레 정도로 인식되는 레토르트 식품이지만 일본은 그 규모가 남다르다. 니시키야는 식품 전문 회사인 니시키 식품이 만들어낸 오리지널 브랜드로 화학조미료, 향료, 합성착색료를 일절 사용하지 않는 건강한 레토르트 식품 브랜드이다. 아이들도 안심하고 먹을 수 있는 음식을 지향하는 니시키야의 지유가오카 매장은 다양한 종류의 레토르트 제품이 가득 채워져 있다. 레몬크림치킨카레, 쇼콜라넛츠카레 등 카레 종류만 약 30여 종, 거기에 게살 차우더 등 양식류의 스프까지 약 90여 가지의 제품을 선보이고 있다. 치킨과 머시룸 크림 차우더 시식 결과 크림 소스의 풍미가 제대로 살아 있다. 식빵에 찍어 먹으면 딱 맞겠다.

📍 2-8-17, Jiyugaoka, Meguro-ku 目黒区自由が丘2-8-17
📞 03-6421-2560 🕐 11:00~20:00
🚇 지유가오카 역 정면 출구에서 도보 4분 g 35.610161, 139.667300

+Area 06 신개념 라이프스타일
코에하우스 KOE HOUSE

코에하우스의 라이프스타일 코디네이터로 모델 겸 두 아이의 엄마인 크리스웨브 요시코가 선정되었다. 그는 아이를 키우면서 지역환경과 사회공헌에 관심을 가지며 칼럼니스트로도 활동하고 있다. 멋스러운 일상생활을 즐기면서 건강과 환경문제를 함께 생각하는 공간으로 코에하우스를 코디하고 있다. 1층의 샐러드숍 'KOE green'이야말로 이러한 취지에 걸맞은 전개이다. 유기농 채소를 활용하여 스스로 오더메이드로 샐러드가 만들어진다. 샐러드숍 옆으로 의류와 나무로 만들어진 식기 등 생활잡화가 판매되고 있다. 지하 1층에서 지상 3층에 이르기까지 각 층 의류와 다양한 생활잡화를 다루고 있다.

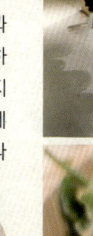

📍 2-9-9, Jiyugaoka, Meguro-ku 目黒区自由が丘2-9-9
📞 03-5726-9117 🕐 11:00~20:00(주말 10:00~20:00)
🚇 지유가오카 역 정면 출구에서 도보 4분 g 35.609742, 139.667342

+Area 시부야에 왔다면 여기도 가보자!

+Area 07 카메라로 보는 재미난 세상
뽀빠이카메라 · 뽀빠이카메라 2호점 ポパイ カメラ Popeye Camera

2호점

78년의 역사를 자랑하는 지유가오카에 본점을 둔 노포 카메라 전문점이다. 카메라뿐만 아니라 앨범, 카메라 액세서리, 프레임 등 귀엽고 아기자기한 다양한 아이템들이 진열되어 있다. 특히 토이카메라, 중고 필름 카메라 등 빈티지한 아이템도 놓칠 수 없는 뽀빠이카메라의 볼거리. 일본에서도 입수하기 힘들다는 귀중한 필름을 목적으로 오는 손님이 많다고. 뽀빠이카메라에서 1분 정도 거리에 뽀빠이카메라 2호점이 있다. 좁은 내부 벽면 한쪽에 귀여운 마스킹 테이프가 가득 채워져 있고 2층 갤러리에서는 사진전이 열리고 있다.

- 2-10-2, Jiyugaoka, Meguro-ku 区自由が丘2-10-2
- 03-3718-3431 ● 11:00~20:00
- 지유가오카 역 정면 출구에서 도보 3분 9 35.608493, 139.668172

+Area 08 지유가오카의 작은 베니스
라비타 ラ・ヴィータ Lavita

쇼핑 천국 지유가오카이지만 한 발짝만 다른 곳으로 발을 디디면 소란을 벗어난 조용한 휴식 공간이 나타난다. 서양식 건축물과 오픈 테라스, 작은 운하가 있어 마치 베니스를 연상시키는 라비타는 가죽전문 잡화, 인테리어 소품, 헤어살롱, 테디베어 전문점 등 6개 점포가 들어와 있는 아기자기한 쇼핑몰이다. 천천히 둘러보면 그 자체로 힐링이 되는 공간이다.

- 2-8-2, Jiyugaoka, Meguro-ku 区自由が丘2-8-2 ● 11:00~19:30
- 지유가오카 역 정면 출구에서 도보 3분 9 35.610753, 139.668203

지유가오카

+Area 09 세계의 차 전문점
루피시아 ルピシア Lupicia

히말라야 고산의 아침 이슬 속에서, 아프리카의 고원에서, 중국 깊은 계곡에서 숨어 있던 세상의 각종 차를 맛볼 수 있는 루피시아는 단지 차를 판매하는 곳이 아니라 차의 역사와 문화, 차를 만드는 사람과 마시는 사람 간의 소통을 소중히 생각하는 차 문화의 재건축이라는 모토 아래 숍을 운영하고 있다. 실제로 매장 내에서 각종 차를 맛볼 수 있는 코너가 따로 마련되어 있으며 스태프들은 손님들이 그날그날 다른 차를 마실 수 있게 도와준다. 차도 가장 맛있는 계절이 있어 제철의 홍차와 녹차, 우롱차 등 전 세계의 차를 경험할 수 있는 기회이다.

ⓐ 1-25-17, Jiyugaoka, Meguro-ku 目黒区自由が丘1-25-17
ⓣ 03-5731-7370　ⓗ 08:00~21:00
ⓜ 지유가오카 역 정면 출구에서 도보 3분　ⓖ 35.609735, 139.668808

+Area 10 뉴질랜드와 일본의 컬래버레이션
뉴 지 제이 ニュージージェー NEW ZEA + J

뉴질랜드산 마누카 꿀, 최고급 올리브 오일을 메인으로 하는 스킨케어 EVOL OIL, 바디 앤 헤어케어 제품 등 뉴질랜드와 일본의 양질의 제품만을 선보이는 숍이다. 특히 뉴질랜드산 마누카 꿀은 한국에서도 유명하듯 일본에서도 겨울철 인프루엔자 예방 등으로 큰 인기이다. 올리브 오일은 먹어도 좋지만 피부에 사용하면 건조함과 자외선으로부터 피부를 지켜주며 항산화 물질과 필수 아미노산, 비타민, 미네랄이 풍부하게 함유되어 있어 직접 발라도 좋아 EVOL OIL이 특히 인기이다. 이 외에도 시중에는 판매하지 않는 성분이 좋은 다양한 식품들로 구성되어 있다.

ⓐ 1-25-2, Jiyugaoka, Meguro-ku 目黒区自由が丘1-25-2
ⓣ 03-6421-4782　ⓗ 11:00~19:00(수요일 휴무)
ⓜ 지유가오카 역 정면 출구 도보 2분　ⓖ 35.609640, 139.669530

+Area 시부야에 왔다면 여기도 가보자!

+Area 11　오래된 민가를 이용한 차 카페
고소안 古桑庵 Kosoan

고소안은 쇼와 시대에 만들어진 일본 민가를 일본풍의 갤러리와 차실로 사용하고 있는 공간이다. 고소안이라는 이름은 유명한 소설가 나츠메 소세키夏目漱石의 장녀 후데코筆子의 남편인 소설가 마츠오카 유즈루松岡譲가 이곳에 머물면서 지은 이름으로 뽕나무인 쿠와桑를 재료로 사용하였다 하여 고소안古桑庵이라고 이름 지어졌다. 이곳의 인기 메뉴는 고민가와 어울리는 말차이다. 팥 앙금이 들어 있는 모나카와 함께하니 그 어떤 맛도 가미되지 않는 말차에서 녹차의 맛과 향이 더욱 진하게 느껴진다. 지유가오카에 들르면 꼭 들러야 하는 명소 중 하나이니 놓치지 말길.

- 1-24-23, Jiyugaoka, Meguro-ku 目黒区自由が丘1-24-23
- 03-3718-4203 11:00~18:30 (수요일 휴무)
- 지유가오카 역 정면 출구에서 도보 3분 35.610647, 139.668556

+Area 12　조각난 초콜릿
츄베 드 쇼콜라 チュベ・ド・ショコラ Chube De Chocola

츄베 드 쇼콜라는 모든 초콜릿에 카카오 성분 30% 이상, 카카오파우더 31% 이상, 무지방 카카오 성분 2.5% 이상, 카카오 버터 이외의 유지방은 사용하지 않는 국제 규격을 클리어한 최상의 초콜릿만을 사용하는 초콜릿 전문점이다. 츄베 드 쇼콜라는 제조과정에서 부서져 유통되지 못한 초콜릿을 모아서 판매하기 시작한 것이 그 시작이다. 최상의 제품이라면 형태는 상관 없을 것이라는 생각으로 시작한 것이 오히려 인기를 끌기 시작해 수요를 따라가지 못할 정도로 유명해져 '조각난 초콜릿'이라는 오리지널 브랜드를 설립하게 되었다. 못생겼지만 초콜릿의 부드러운 맛은 지금까지 먹었던 그 어떤 초콜릿보다 깊이 남아 있다.

- 2-20-5, Jiyugaoka, Meguro-ku 目黒区自由が丘2-20-5
- 03-6383-1328 11:30~19:30
- 지유가오카 역 정면 출구에서 도보 8분 35.611229, 139.666713

+Area 13
스타 파티쉐 츠지구치 히로노부辻口博啓가 프로듀싱한
지유가오카 3대 스위츠

몽상클레르モンサンクレール의 몽블랑

지유가오카 스위츠의 대표 주자 몽상클레르는 파티시에 츠지구치 히로노부가 1998년에 오픈한 스위츠 카페이다. 츠지구치 히로노부는 18세에 프랑스의 과자점에서 일을 시작해 23세에 최연소 양과자 기술 콩쿠르에서 우승, 1997년 파티쉐 월드컵인 쿠프드몬드 두 라 파티스리에서 우승. 일본은 물론 세계적으로도 유명한 스타 파티시에이다. 그가 지유가오카에 몽상클레르를 오픈한 이후 지유가오카는 스위츠의 동네로 뜨겁게 달아오르기 시작했다. 그는 이후에도 지유가오카 내에 롤케이크 전문점 '지유가오카롤야', 콩과 스위츠의 만남이라는 새로운 스위츠 장르를 개척한 '훼브'를 오픈하였다.

- 2-22-4, Jiyugaoka, Meguro-ku 目黒区自由が丘2-22-4
- 03-3718-5200 ⊙ 11:00~19:00(수요일 휴무)
- 지유가오카 역 정면 출구에서 도보 10분　35.612721, 139.666477

지유가오카롤야自由が丘ロール屋의 롤케익

츠지구치 히로노부가 18세 때부터 끊임없이 그림 그려왔다는 세상의 단 하나밖에 없는 롤케이크를 위한 전문점이다. 계절의 과일을 이용한 롤, 일본 전통 식재료를 사용한 롤 등 츠지구치 히로노부가 고민에 고민을 거듭한 롤케이크가 만들어지고 있다.

- 1-23-2, Jiyugaoka, Meguro-ku 目黒区自由が丘1-23-2
- 03-3725-3055
- 11:00~19:00(수요일, 제3 화요일 휴무)
- 지유가오카 역 정면 출구에서 도보 8분
  35.611388, 139.669819

훼브féve의 콩 스위츠

벽에 걸린 특이한 광경에 발이 먼저 들어가게 되는 곳이다. 벽에 주렁주렁 매달려 있는 동그란 물체는 속은 콩이요, 밖은 달콤하거나 혹은 짠맛의 과자로 덮여 있다. 예를 들자면 한국 과자 오징어 땅콩쯤으로 비교하면 이해하기 수월하겠다. 하지만 세계 최고의 스타 셰프가 만든 오징어 땅콩이 평범할 리 없다. 콩의 종류는 잠두콩, 땅콩, 대두, 호두, 캐슈너트, 아몬드이고 겉을 감싸고 있는 것은 간장 와사비맛, 메이플 검은 설탕, 고구마 바닐라 등 상상을 초월하는 재료를 섞어 맛을 낸 과자들이다. 이렇게 만들어진 콩 스위츠는 특이하게도 건과와 함께 먹는다. 달콤하거나 짜거나, 고소하고 상큼한 이 맛의 조화를 무엇으로 표현하리오. 훼브는 행복을 의미한다.

- 1F, 1-29-14, Jiyugaoka, Meguro-ku 目黒区自由が丘1-29-14 1F
- 03-6421-4825 ⊙ 10:00~20:00
- 지유가오카 역 정면 출구에서 도보 3분　35.608614, 139.668365

나카메구로 中目黒 Nakameguro

나카메구로는 메구로 강을 따라 카페나 잡화점, 레스토랑과 헤어 살롱, 부티크 등 다양한 숍들이 조용하게 자리 잡은 동네이다. 2016년 11월, 나카메구로 역 고가 아래에 '나카메구로 고카시타'라고 하는 공간이 새롭게 생겨나 주목을 받고 있다. 이곳은 철로 역 아래 700m에 이르는 공간에 츠타야 서점과 Soup Stock Tokyo, 카마쿠라의 에노시마에서 온 리조트 풍 LON CAFE, 영국 브랜드 마가렛 호웰의 캐주얼 라인 MHL 등 화제의 숍들이 들어와 있다. 나카메구로 고카시타 뒤쪽으로 바로 메구로 강이 흐르고 있으며 강 양옆으로 조용히 입소문이 난 야호 커피나 스킨케어 전문점 Aesop, 베이커리 로터스 바게트가 인상적이다. 천천히 걸으면서 산책을 하거나 커피 한잔하며 쉬기에 더할 나위 없이 좋은 곳이다.

ⓐ 3Chome, Kamimeguro, Meguro-ku
🚇 도큐도요코 선東急東橫線 나카메구로 역中目黒駅에서 하차. 나카메구로 역에는 시부야 역에서 출발하는 도큐도요코 선東急東橫線과 도쿄메트로 히비야 선日比谷線 이 두 가지 노선이 정차

+Area 01	나카메구로 핫플레이스

나카메구로 고카시타 中目黒高架下 Nakameguro Koukashita

2016년 11월에 문을 연 나카메구로 역의 철로 고가 아래에 '쉐어'라는 콘셉트로 지금 가장 핫한 숍들을 모아 놓은 나카메구로 고가시타는 이 지역의 새로운 심볼로 자리 잡을 듯하다. 약 700m에 이르는 구간에 서점과 레스토랑, 바, 패션 잡화점 등 구성도 다양하다. 츠타야가 스타벅스와 함께 책과 커피가 함께하는 북카페 콘셉트로 고카시타의 입구를 장식하고 있다. 눈치 보지 않고 차를 마시며 맘껏 책을 읽을 수 있고 앉을 수 있는 공간도 넉넉하다. 내부는 군더더기 없이 심플하고 책 이외에 시야를 방해하는 것이 전혀 없다. 이 외에도 뉴욕에서 온 베이커리 'THE CITY BAKERY'가 둥지를 틀었으며, 나카메구로에서 시작하는 새로운 레스토랑 '멧차, 란만쇼쿠도'가 런치 ¥650부터라는 매력적인 가격으로 한 끼를 해결해 줄 것이다. 일본 첫 프렌치토스트 점으로 알려져 있는 'LON CAFE', 패션 잡화 전문점 'MHL', 아오야마 플라워마켓 등 볼거리와 먹거리가 풍부하다. 철로 고가 아래라는 다소 어둡고 침침할 수 있는 분위기의 공간을 이처럼 세련되고 매력적인 장소로 만들 수 있다는 것을 도쿄의 곳곳에서 느꼈건만, 나카메구로 고카시타는 그 중 가장 새롭고 쉐어의 주체들이 도쿄에서도 핫하기로 유명한 숍들이라는 점에서 규모는 크지 않지만 꼭 들러야 할 핫플레이스로 꼽고 싶다.

ⓐ 1Chome~3Chome, Kamimeguro, Meguro-ku 目黒区上目黒1丁目~3丁目
ⓠ 도큐도요코 선·히비야 선 나카메구로 역에서 하차 정면 개찰구를 나와 횡단보도를 건너면 바로
ⓖ 35.644374, 139.699343

+Area 시부야에 왔다면 여기도 가보자!

+Area 02 일본 최초의 프렌치 토스트
론카페 LON CAFÉ

쇼난스타일湖南スタイル이라는 것은 바다와 자연, 리조트풍의 라이프 스타일을 의미한다. 나카메구로 고카시타 안쪽 강렬한 바다색의 론카페는 리조트풍의 자연미를 느낄 수 있는 쇼난스타일의 세련된 카페이다. 이곳은 오픈 전부터 대기 줄이 이어지는데, 이곳이 일본에서 처음으로 가마쿠라 에노시마에 문을 연 프렌치토스트 전문점이기 때문이다. 겉은 바삭하고 속은 부드러운 촉감의 프랑스 전통의 프렌치토스트를 그대로 재현하고 있다. 이곳은 밤이면 샴페인 바로 분위기가 바뀐다. 귀갓길의 샴페인 한 잔. 생각만 해도 멋진 일상이 나카메구로 고카시타에서 펼쳐진다.

- 1-22-12, Kamimeguro, Meguro-ku 目黒区上目黒1-22-12
- 03-6303-0308 10:00~23:00(주말은 09:00~23:00)
- 나카메구로 역에서 하차 정면 개찰구를 나와 횡단보도를 건너면 스타벅스 안쪽에 위치
- 35.644508, 139.699492

+Area 03 힐링이 되는 향기
이솝 イソップ Aesop Tokyo

이솝의 관동지역 10번째 직영점이 2016년 5월 나카메구로 메구로 강가에 오픈했다. 일본 내 최대 규모이며 도쿄를 상징하는 기반점으로 이솝 도쿄점이라고 명명되었다. 자연친화적인 그룹 이미지를 담은 크고 무거운 나무문, 천연 소재의 바닥재, 텅 빈 공간에 사선으로 비켜나 자리 잡은 나무 장식장 그리고 그 안을 가득채운 스킨 케어 제품들. 제품 자체만으로도 절제된 심플함이 돋보이지만 이곳은 텅 빈 듯하지만 제품이 살아 있는 인테리어가 눈에 띈다. 그도 그런 것이 디자이너 오가타 신이치로緒方慎一郎가 전개하고 있는 심플리시티SIMPLICITY를 접목한 것이다. 내부 안쪽 유리창 너머로 작은 정원이 보인다. 나카메구로의 저택을 생각하고 만들었다는 이곳은 점포에 사용된 모든 재료가 천연재료이다. 이솝의 향기만으로 힐링이 되는 순간이다.

- 1-13-9, Kamimeguro, Meguro-ku 目黒区上目黒1-13-9 03-6455-0757
- 12:00~20:00 나카메구로 역에서 메구로 강 방면으로 도보 5분
- 35.645802, 139.699045

나카메구로

+Area 04

보스턴에서 온 커피와 의류 브랜드의 컬래버레이션

야호 커피 앳 플레인 피플 ヤホコーヒーアット プレインピープル Jaho Coffee at Plain People

카페일 것이라고 생각하고 들어갔는데 부티크이다. 메구로 강가 어패럴숍 플레인 피플 나카메구로의 숍앤숍 야호 커피는 넓은 새하얀 회벽에 비해 한 사람이 들어갈 정도의 작은 나무문이 매력적인 카페이다. 들어서면 상당한 넓이의 공간에 테이블은 모두 벽 쪽으로 붙어 있어 이렇게 공간을 써도 되나 싶을 정도. 의식주 라이프 스타일을 제안하는 플레인 피플의 편안하면서도 세련된 디자인의 여성복과 국내외에서 셀렉한 패션 잡화, 인테리어 소품 등 카페 안에 다양한 볼거리가 있어 흥미롭다. 밖에서 보았던 정면의 긴 유리창에 적절한 높이에서 강과 거리를 바라보며 커피를 마실 수 있는 카운터 식 테이블이다. 야호 커피는 보스턴의 인기 커피 'Jaho Coffee'가 의류브랜드 'PLAIN PEOPLE'과 함께하는 컬래버레이션 카페이자 Jaho Coffee의 일본 첫 진출이다. 라떼 종류와 프렌치토스트가 인기이다.

Ⓐ 1-16-10, Aobadai, Meguro-ku 目黒区青葉台 1-16-10
Ⓣ 03-6427-8458 Ⓞ Café 10:00~18:00 Store 11:00~20:00
Ⓛ 나카메구로 역에서 메구로 강 방면으로 도보 6분
Ⓖ 35.647323, 139.696578

시부야 263

+Area 시부야에 왔다면 여기도 가보자!

+Area 05 나카메구로 쁘띠 베이커리
로터스 바게트 ロータスバゲット Lotus Baguette

메구로 강을 걷다가 그냥 스쳐 지나갈 뻔했던 베이커리 로터스 바게트. 갓 구워 낸 빵들이 뽀얀 김을 내며 봉투에 담겨 있다. 이것도 저것도 너무 맛있어 보이는데 점원의 추천은 건포도가 밀가루 빵보다 많이 들어간 갓 구워 낸 건포도 식빵. 촉촉한 식빵의 감촉이 봉투 넘어 따뜻한 감촉과 함께 그대로 전달된다. 로터스 바게트에서 만들어 내는 모든 빵은 천연효모와 유기농 밀가루를 사용, 일절 첨가물을 사용하지 않는다. 스위츠 등 모두 쁘띠 사이즈로 판매된다는 것도 매력적이다. 식빵도 ½ 조각에 ￥300 전후. 가격도 저렴하고 맛도 훌륭하다. 나카메구로의 주민이 사랑하는 빵집 로터스 바게트는 꼭 맛보아야 할 나카메구로의 베이커리다.

Ⓐ 1-13-11, Aobadai, Meguro-ku 目黒区青葉台1-13-11 Ⓣ 03-3715-0284
Ⓞ 09:00~22:00 Ⓢ 나카메구로 역에서 메구로 강 방면으로 도보 10분
ⓖ 35.648332, 139.694875

+Area 06 작은 부티크
미나모 ミナモ Minamo

강과 이 거리를 지나는 사람, 그리고 윈도우 디스플레이가 하나가 되는 이 작은 하모니가 이곳이 나카메구로임을 느끼게 해 주는 작은 부티크이다. 문을 통해 보이는 옷들로 인해 단지 옷을 파는 곳으로 보이지만, 한 발 안으로 들어가면 밖에서 보이지 않았던 한쪽 벽면은 푸른 식물로 가득하고 가죽을 소재로 한 작은 소품들이 진열되어 있다. 고급스러워 보이는 니트나 셔츠, 코트류는 모두 하나만 있어도 오래 입을 것 같은 아이템들로 가득한 양질의 셀렉트 숍이다. 니트류는 ￥5만 대, 코트류는 ￥7만 대, 가방은 ￥1만 대부터 다양하다. 전체적으로 톤다운 된 느낌으로 소재를 통해 센스를 돋보이게 하는 제품군이다.

Ⓐ 1-25-4, Aobadai, Meguro-ku 目黒区青葉台1-25-4 Ⓣ 03-5794-8099
Ⓞ 12:00~20:00 Ⓢ 나카메구로 역에서 메구로 강 방면으로 도보 5분
ⓖ 35.647599, 139.695524

나카메구로

+Area 07 끝없이 여유로운 카페
더 워커스 커피 바 ザ ワーカーズ コーヒーバー The Workers Coffee Bar

메구로 강의 끄트머리에 위치한 더 워커스 커피 바는 계절감을 느낄 수 있는 강가 바로 앞에서 여유로운 시간을 보낼 수 있는 카페 레스토랑이다. 커피는 요요키하치만代々木八幡에 위치한 Little Nap Coffee Stand가 엄선한 에스프레소와 드립 커피 모두 맛볼 수 있다. 내부는 빈티지함이 어우러진 캐주얼하면서도 가볍지 않은 느낌으로 창가 쪽으로 햇살이 가득 들어와 왠지 아주 특별한 곳에 온 듯한 느낌이 드는 카페이다. 더 워커스 커피 바는 원래 케이터링 스페셜리티 컴퍼니로 연간 약 300건 이상의 파티에서 케이터링을 실시하고 있는 회사이다. 1층은 안쪽에는 레스토랑이 더 크게 자리하고 있어 이곳에서 더 워커스 커피 바의 요리를 맛볼 수 있다. 케이터링 스페셜리티 회사답게 2층은 파티공간으로 이루어져 있다.

Ⓐ 3-18-3, Aobadai, Meguro-ku 目黒区青葉台3-18-3
Ⓣ 03-6416-4646 Ⓞ 08:00~23:00
Ⓠ 나카메구로 역에서 메구로 강 방면으로 도보 10분
Ⓖ 35.650103, 139.690693

SHIBUYA

●

Cost ￥1,000 이하 ￥ | ￥1,000~2,000 ￥￥ | ￥2,000 이상 ￥￥￥

RESTAURANT

CAFE

PUB & BAR

믿고 먹는 함바그
야마모토 함바그
山本のハンバーグ Yamamoto hanba-gu

규카츠의 대명사 모토무라
규카츠 모토무라
牛かつもと村 Gyukatsu Motomura

유명한 오레노 시리즈 중 오레노 함바그가 오레컴퍼니에서 독립하여 독자적인 브랜드 야마모토 함바그, 일명 야마한으로 재탄생했다. 맛은 오레노 시리즈에서 분리된 것이니 두말하면 잔소리. 메이지도리 골목 언덕길 정면에 자리 잡은 야마모토노 함바그는 식사 시간을 비켜난 시간이었지만 테이블은 사람들로 가득했다. 좋은 식재료를 쓰는 곳은 음식의 향기가 다르다. 야마모토노 함바그가 그러하다. 함바그는 뚝배기에, 밥과 미소시루를 공기에 담겨 나온다. 밥은 무료로 추가 가능하고 가라아게나, 새우튀김을 토핑으로 선택할 수 있다. 에비스에 본점이 있다.

소고기를 돈카츠처럼 튀겨내는 규카츠. 규카츠 하면 모토무라라고 할 만큼 모토무라는 규카츠로 유명하다. 시부야 본점의 대기 시간은 평균 1시간! 실내 좌석이 9개에 불과하며 미디엄 레어로 튀겨 나오는 고기를 테이블에서 각자 1인용 석쇠에 구워 먹는 식이니 시간이 걸릴 수밖에 없다. 여러 가지 소스가 나오지만 특제 와사비 소스를 곁들여 먹는 것이 가장 풍미가 살아나고 다소 느끼할 수 있는 규카츠를 깔끔하게 잡아준다. 메뉴 중 130g은 남자에겐 다소 양이 적을 수 있다. 고기만 따로 추가 주문할 수 있고 밥은 1회 무료로 추가되니 참고하길. 한 가지 팁을 주자면, 모토무라는 브레이크 타임이 없어 가장 한가한 시간인 3시에서 4시 사이에 방문하면 기다림을 다소 줄일 수 있다. 예약은 일절 받지 않는다.

ⓐ 3-6-18, Shibuya, Shibuya-Ku 渋谷区渋谷3-6-18
ⓣ 03-6427-3221 🕙 11:00~22:30
📍 시부야 역 16b 출구 앞 메이지도리 건너편에 위치, 도보 3분
ⓒ ¥¥ ⓖ 35.657557, 139.704802

ⓐ 3-18-10, Shibuya, shibuya-Ku 渋谷区渋谷3-18-10
ⓣ 03-3797-3735 🕙 10:00~22:00
📍 시부야 역 16b 출구에서 도보 2분
ⓖ 35.656939, 139.704003

맛과 양과 서비스 모두 만점
야로우 라멘
野郎ラーメン Yarou Ra-men

서서 먹고 바로 2차로 넘어가는 스타일
이카나리 스테이크
いきなりステーキ Ikinari Steak

MUST EAT
시부야 센타가이에는 몇몇의 라멘 가게가 몰려 있다. 어디든 볼륨 만점에 먹음직스러워 보이고 사람도 붐빈다. 시부야 센타가이의 중심에 노란색 간판이 눈에 띄는 야로우 라멘은 이 일대의 라멘가게 중에서 볼륨이 최고다. 여자 혼자서 먹기에는 많은 양일 수도 있지만 야채가 많아 부담스럽지 않다. 살짝 볶은 숙주나물과 양배추 그리고 메인의 돼지고기가 아주 큼직하게 올라온다. 야채와 고기 맛의 밸런스가 좋고 수프는 돼지 뼈와 야채를 적절히 섞어 우려내 다시 깔끔하면서도 깊은 맛이 난다. 가게 분위기, 서비스, 맛이 모두 만족스러운 라멘 가게이다. 후식으로 야로우 라멘의 아이스크림 추천이다.

MUST EAT
긴자에서 시작된 서서 먹는 스테이크 전문점이다. 비즈니스가에서 서서 마시는 술집은 흔하다. 하지만 이카나리 스테이크가 지향하는 '스테이크와 와인을 서서 즐기자'라는 콘셉트는 처음 오픈 당시 익숙하지 않아 낯설어하는 사람이 많았다. 그러나 서서 먹는 불편함으로 인해, 압도적으로 싼 가격으로 와인과 스테이크를 즐길 수 있게 되었다. 지금은 일본 전국에 74개의 점포를 가지고 있다.
'서서 간단하게 한잔하고 2차로 가는' 스타일을 제안한다. 이카나리 스테이크는 300g 이상의 빅 사이즈를 추천한다. 고기는 손님의 오더에 따라 양을 조절하여 컷팅한 후 숯불에 레어로 구워 나온다. 시부야 점은 앉아서 먹을 수 있는 테이블 석이 있으니 천천히 스테이크를 음미할 수 있다.

Ⓐ 25-3, Udagawa, Shibuya-ku 東京都渋谷区宇田川25-3
Ⓣ 03-3462-1586 ⏰ 24시간 영업
📍 시부야 역에서 도보 3분. 하치코 출구를 나와서 시부야 센터가이 입구를 지나 오른편에 위치
ⓒ ¥ 🌐 35.66027, 139.69914

Ⓐ 1F, 1-22-7, Jinnan, Shibuya-ku 渋谷区神南1-22-7 1F
Ⓣ 03-6416-3329 ⏰ 11:00~23:00(주말 1500~23:00)
📍 시부야 역에서 도보 5분. 하치코 출구를 나와서 109 맨즈 방면 길로 올라가다 MODI가 보이는 교차로 오른편에 위치
🌐 35.66111, 139.70099

프로방스의 삶을 반영한 카페 레스토랑
록시땅 카페
ロクシタンカフェ L'OCCITANT CAFÉ

최고의 육질을 자랑하는
제이에스버거즈 카페
ジェイエス バーガーズ カフェ J.S Burgers Café

록시땅의 트레이드마크인 노란색으로 건물 전체를 감싸고 있어 시부야 역에서 쉽게 찾을 수 있다. 록시땅 카페는 프랑스에서 시작된 화장품 브랜드 록시땅이 프로듀싱하는 카페 레스토랑이다. 프로방스의 삶이 반영된 개방적이고 밝은 레스토랑 분위기와 유기농 재료와 제철 채소만을 사용한 건강한 요리를 맛볼 수 있다. 모든 요리가 오가닉이며 록시땅의 디저트에는 제철 과일이 가득 들어 있어 몸과 마음이 함께 릴랙스 되는 메뉴들이다.

Ⓐ 2~3F, Shibuyaekimae B/D, 2-3-1, Dogenzaka, Shibuya-ku, 渋谷区道玄坂2-3-1 渋谷駅前ビル2~3階
Ⓣ 03-5428-1563 Ⓞ 10:00~23:00
시부야 역 이노가시라 출구 5번 출구에서 바로
Ⓒ ¥¥ 35.65932, 139.69988

매일 아침 직접 구워내는 빵으로 100% 소고기 패티만을 사용하는 고집스러운 버거 전문점이다. 이곳 버거가 특히 육질이 풍부하게 느껴지는 이유는 저온 숙성된 소고기 패티를 사용했기 때문이다. 후라이드 포테이토와 함께 먹으니 제대로 된 식사를 든든하게 한 기분이다. 아크메퍼니처 건물로 이전하면서 시부야점에서만 한정 판매하는 쉐이크는 지금까지의 쉐이크 개념을 깨뜨린다. 쉐이크에 코코아 쿠키를 얹히거나, 도너츠나 추로스, 포테이토 칩스를 얹힌 쉐이크를 본 적이 있는가. 시부야 제이에스버거즈에서 버거와 함께 신개념 쉐이크를 경험해 보길.

Ⓐ 2F, 1-20-13, Jinnan, Shibuya-ku 渋谷区神南 1-20-13 Gビル渋谷01 2F
Ⓞ 11:00~22:30 Ⓣ 03-6415-2017
시부야 역 하치코 출구에서 세이부백화점 방향으로 도보 7분
35.662246, 139.699682

100년 역사를 자랑하는 과일 전문점
니시무라 후루츠 & 팔러
西村フルーツ＆パーラー　Nisimura Fruits & Parlor

비우는 삶, 무지의 이념이 돋보이는 카페
카페 앤 밀 무지
Café & Meal MUJI

메이지 43년(1910년)에 오픈한 고급 과일점이나. 1층에서는 다양한 과일과 신선한 쥬스를 판매하고, 2층에서는 과일을 이용한 디저트를 판매하는 카페가 운영중이다. 파르페 종류가 다양하며 한 사람이 다 먹기에 곤란할 정도의 사이즈의 슈퍼 빅파르페가 인기다. 최근에는 팬케이크 붐에 힘입어 니시무라 후르츠의 팬케이크가 입소문이 퍼져 많은 사람들이 찾는다. 100년의 역사를 간직한 과일 전문점의 파르페는 맛볼 가치가 충분하다.

무지가 지향하는 내추럴 라이프가 음식에서도 엿보인다. 카페 앤 밀 무지는 건강하고 맛있는 자연식을 안심하고 맘껏 먹을 수 있는 곳이며 혼자 들어가도 어색하지 않다. 식사를 겸할 수 있는 'DELI' 메뉴가 압도적으로 인기다. 다양한 'DELI' 접시를 보고 있자면 무엇을 주문할지 고민이 된다. 먹고 싶은 델리를 1인분씩 종류별로 주문할 수 있고(단품 각 ¥240부터) '선택할 수 있는 델리 3품 세트' 메뉴는 3가지 델리를 선택할 수 있다(가격 ¥850). 빵이나 밥을 포함한 4품 세트는 더 이익이다(가격 ¥1,000). 친구와 다른 종류의 델리를 주문해 여러 가지 맛보는 것도 좋다. 조금씩 무리하지 않게 맛있게 먹는 것이 건강식이라는 무지MUJI다운 제안에 고개를 끄떡인다.

Ⓐ 1~2F, 22-2, Udagawa, Shibuya-ku 渋谷区宇田川町22-2　1~2階
☎ 03-3476-2002　🕐 10:30~23:00
📍 시부야 역 하치코 출구에서 도보 1분 ◎ ¥¥
🌐 35.65982, 139.6999

Ⓐ 2F, Seibushibuya Movida, 21-1, Udagawa, Shibuya-ku 渋谷区宇田川21-1西部渋谷 movida館 2階
☎ 03-3770-1637　🕐 10:00~21:00　📍 시부야 역 하치코 출구에서 도보 3분
◎ ¥　🌐 35.66147, 139.69974

도쿄에서 커피 왕국 노르웨이를 경험하다
푸글렌 도쿄
フグレントウキョウ Fuglen Tokyo

오쿠시부야의 커피
캬멜백
キャメルバック Camelback

푸글렌은 노르웨이어로 새를 의미한다. '비행기를 타고 가서라도 마시고 싶다'라고 〈뉴욕 타임즈〉가 극찬한 노르웨이의 커피 푸글렌. 1963년 오슬로에 첫 오픈한 푸글렌이 해외에 매장을 오픈한 것은 2012년 도쿄가 처음이다. 과일의 산미가 독특하면서도 뒤가 남지 않는 깔끔함이 매력적이다. 커피 원두는 원래 커피나무 과일 열매의 일종이다. 그래서 가볍게 볶으면 과일의 산미를 그대로 느낄 수 있다. 원두의 풍미를 최대한 끌어내기 위해 공기압의 힘으로 커피를 짜내는데, 이 방법이야말로 원두 본연의 맛을 그대로 뽑아내기 때문에 정말 좋은 원두가 아니면 불가능하다고. 인테리어 코디네이터인 오너가 노르웨이에서 직접 셀렉한 북유럽 감성의 가구도 함께 즐길 수 있다.

Ⓐ 1-16-11, Tomigaya, Shibuya-ku 渋谷区富ヶ谷1-16-11
Ⓣ 03-3481-0884
Ⓞ 월/화 08:00~22:00 수/목 08:00~새벽01:00
　금 08:00~새벽02:00 토 09:00~새벽02:00 일 09:00~새벽12:00
Ⓡ 요요기공원 역에서 도보 5분, 하라주쿠 역에서 도보 10분, 시부야 역에서 도보 20분
ⓒ ¥ g 35.66663, 139.69244

시부야의 깊은 안쪽 가미야마초, 일명 오쿠시부야로 불리는 이곳에 아침부터 조용히 행렬이 생기는 골목이 있다. 밋밋한 여닫이 문이 열리면 사람들이 하나둘 들어가 커피와 샌드위치를 주문한다. 오너는 남자 둘. 한 사람은 커피 담당이고 한 사람은 샌드위치 담당이다. 오쿠시부야가 화제의 중심에 서는 데 큰 역할을 한 커피&샌드위치 전문점이다. 바게트는 가미야마초 근처에서 유명한 365일, 다루이 베이커리, 가타네 베이커리, 이 세 곳에서 매일 아침 공수 받는다. 기본적으로 테이크 아웃만 가능하지만 입구의 벤치에서 잠시 앉을 수 있다. 곱게 구워낸 계란을 넣은 다마고 샌드위치와 라떼가 유명하다.

Ⓐ 42-2, Kamiyama-cho, Shibuya-Ku 渋谷区神山町42-2
Ⓣ 03-6407-0069
Ⓞ 08:00~17:00
Ⓡ 시부야 역에서 도보 15분, 요요기코엔 역에서 도보 5분
ⓒ ¥ g 35.665576, 139.692220

초콜릿의 거장 피에르 마르코리니가 엄선한 커피
더 크림 오브 더 크롭 커피
ザクリームオブザクロップコーヒー The Cream of the Crop Coffee

유명 벨기에 쇼콜라티 피에르 마르코리니가 프로듀싱하는 더 크림 오브 더 크롭 커피를 도쿄 도심 시부야의 새로운 쇼핑 메가 히카리에 1층 Qing's 입구에서도 만날 수 있다. 적도 부근의 뜨거운 태양과 차가운 기온 차이, 생산자의 애정을 듬뿍 받고 자라난 완숙한 커피체리만을 수확하여 사용하고 있다. 시부야 히카리에의 더 크림 오브 더 크롭 커피는 기요스미시라가와의 로스팅 중심으로 된 공간과는 달리 여성들이 좋아할 만한 아기자기한 분위기로 꾸며져 있다. 기요스미시라가와의 로스팅으로 추출해낸 에티오피아산의 예가체프가 인기일 뿐만 아니라 커피 본연의 맛을 제대로 느낄 수 있는 마일드한 소프트크림이 시부야 점에서는 인기이다.

Ⓐ 1F, Shibuya Hikare Shinqs, 2-21-1, Shibuya, Shibuya-ku 渋谷区 渋谷2-21-1 渋谷ヒカリエShinQs 1階
Ⓣ 03-6434-1567 Ⓞ 08:00~21:00
시부야 역 15번 출구에서 직결, 시부야 역 2층 연결 통로에서도 직결
🌐 35.6588, 139.70324

더 크림 오브 더 크롭 커피의 기요스미시라카와 로스터리
The Cream of the Crop Coffee Kiyosumishirakawa

시부야의 더 크림 오브 더 크롭 커피는 도쿄 커피 붐의 시작, 커피 격전지 기요스미시라카와의 후카가와深川가 흐르는 한적한 곳에서 시작되었다. 이곳은 로스팅을 전문으로 하는 곳으로 창고와 같은 공간에 거대한 로스팅 기계가 가장 큰 자리를 차지하고 있다. 카페라기보다 로스팅 공장과도 같은 분위기이다. 유명 쇼콜라티에가 프로듀싱한다는 사실이 입소문을 타고 평일 저녁에도 커피 격전지를 찾은 사람들의 발걸음이 이어지고 있다. 역에서 꽤나 먼 거리이지만 발견하는 순간 모든 걱정이 사라지고 도쿄의 조용한 마을 한 켠 후미진 곳에서의 커피 한 잔이 잊지 못할 추억으로 남을 장소이다.

Ⓐ 4-5-4, Shirakawa, Eto-ku 江東区白河4-5-4 Ⓣ 03-5809-8523 Ⓞ 10:00~18:00 월요일 휴무
오에도 선 기요스미시라카와 역에서 도보 10분
🌐 35.681856, 139.809841

5
HARAJUKU & OMOTESANDO
原宿&表参道

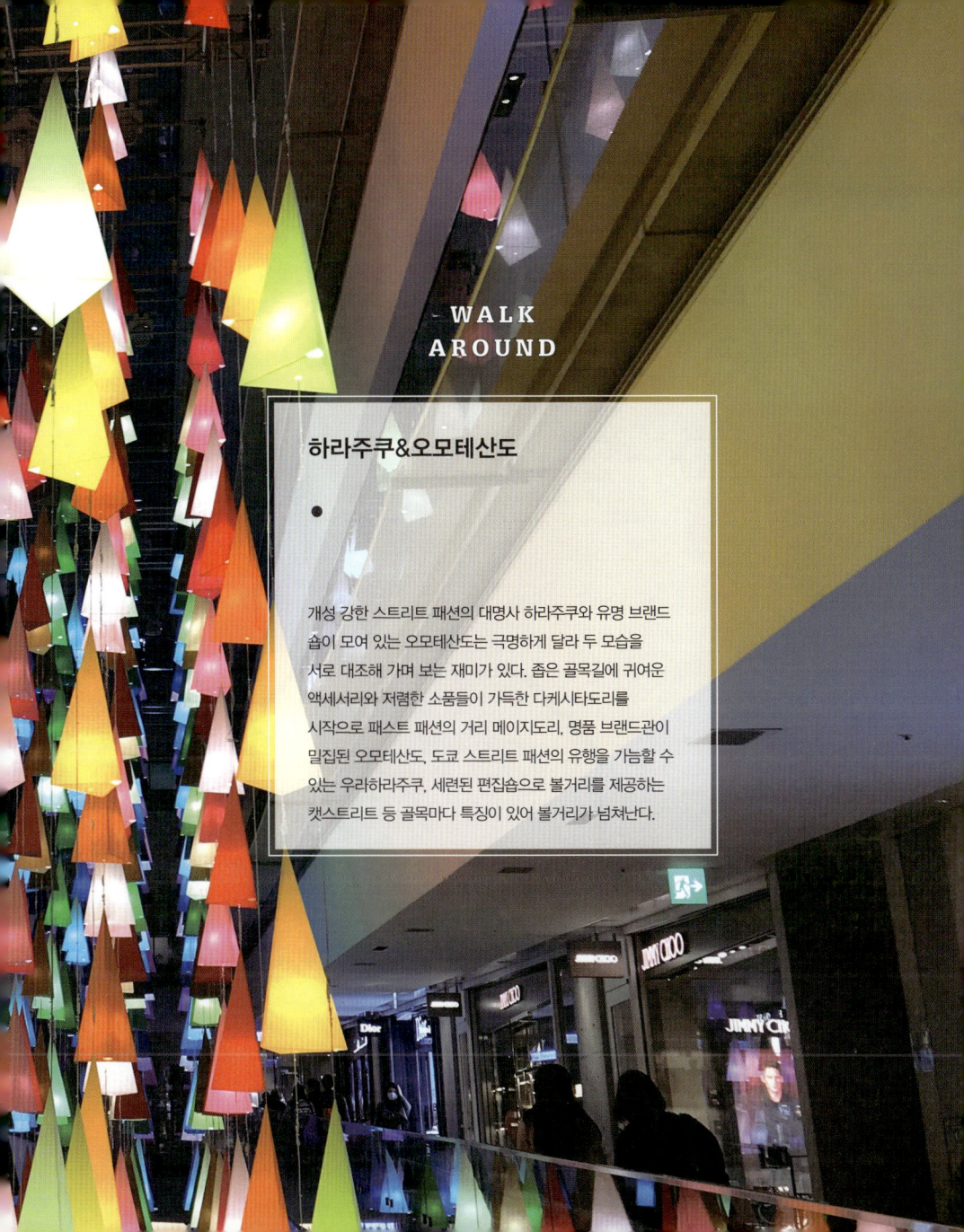

WALK AROUND

하라주쿠&오모테산도

●

개성 강한 스트리트 패션의 대명사 하라주쿠와 유명 브랜드 숍이 모여 있는 오모테산도는 극명하게 달라 두 모습을 서로 대조해 가며 보는 재미가 있다. 좁은 골목길에 귀여운 액세서리와 저렴한 소품들이 가득한 다케시타도리를 시작으로 패스트 패션의 거리 메이지도리, 명품 브랜드관이 밀집된 오모테산도, 도쿄 스트리트 패션의 유행을 가늠할 수 있는 우라하라주쿠, 세련된 편집숍으로 볼거리를 제공하는 캣스트리트 등 골목마다 특징이 있어 볼거리가 넘쳐난다.

Tokyo Subway Map

하라주쿠는 JR 야마노테 선 하라주쿠 역이 가장 편리하다. 다케시타 출구 바로 앞 횡단보도를 건너면 다케시타도리로 바로 진입할 수 있으며 이 길을 시작으로 자연스럽게 오모테산도로 이어진다. 하라주쿠 역과 가까운 곳에 도쿄메트로 치요다 선·후쿠토신 선의 메이지진구마에 역이 위치하고 있다. 오모테산도의 심볼, 오모테산도힐즈의 경우 도쿄메트로 긴자 선·한조몬 선·치요다 선의 오모테산도 역을 이용하면 가장 가깝다.

추천 이동 경로

도쿄 역 — JR 야마노테 선 (27분 소요) — 하라주쿠 역

신주쿠 역 — JR 야마노테 선 (4분 소요) — 하라주쿠 역

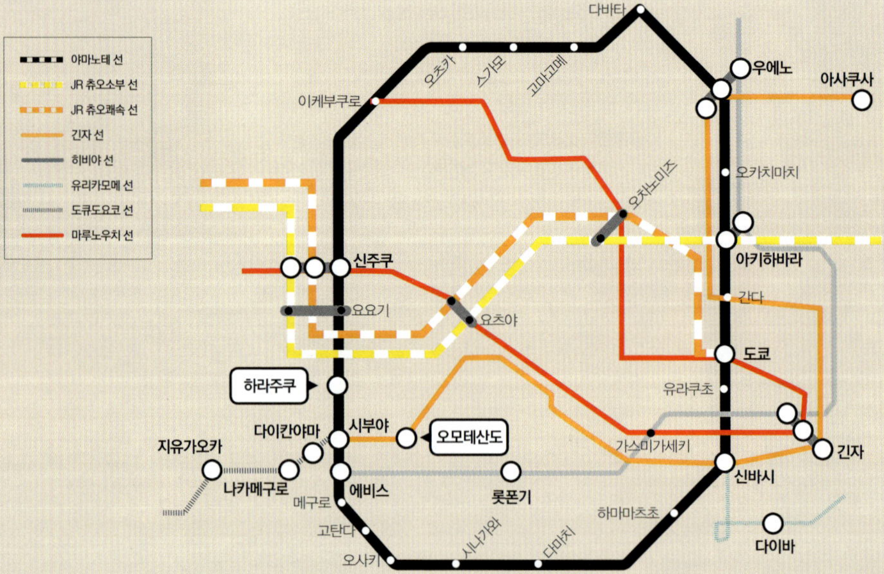

- 야마노테 선
- JR 츄오소부 선
- JR 츄오쾌속 선
- 긴자 선
- 히비야 선
- 유리카모메 선
- 도큐도요코 선
- 마루노우치 선

추천 일정

Start!

메이지신궁
신년기도를 위해 가장 많은 참배객이 몰려드는 신사이다. 신사로 들어가는 참배 길 나무숲이 아름답다.

도보 5분

다케시타도리
약 350m의 좁은 길에 싸고 개성 넘치는 액세서리와 패션의류, 잡화가 가득한 거리이다. 좁은 골목길 안에 사람이 꽉 찬 모습이 장관이다.

도보 5분

큐프라자 하라주쿠
메이지도리에 위치한 큐프라자 하라주쿠는 2015년 이 지역 최대 규모로 새롭게 오픈하였다. 편안한 쇼핑 공간과 맛집이 인기다.

도보 5분

캣스트리트
규모는 작지만 하이센스 스트리트 패션 브랜드와 PATAGONIA 등 매니아 층이 확실한 브랜드가 많다. 오모테산도나 하라주쿠의 메인 스트리트보다 더 주목받고 있는 곳!

도보 7분

오모테산도힐즈
오모테산도를 대표하는 쇼핑 공간으로 오모테산도의 세련미가 집적된 공간이다. 도로의 경사에 맞추어 내부 슬로프의 경사로를 따라 관내를 쇼핑할 수 있는 공간 구조가 볼 만하다.

도보 5분

우라하라주쿠
도쿄의 스트리트 패션이 집약된 곳이다. 개성파 의류 브랜드 및 스니커즈 편집숍이 많아 패션 피플들이 가장 주목하는 곳이다.

HARAJUKU &
OMOTESANDO

기억에
남는
8장면

1. 푸른 하늘과 구름이 어우러진 우라하라주쿠
2. 아오야마 블루보틀커피 스탠딩 테이블 위에 올려놓은 커피잔
3. 하라주쿠의 개성이 느껴지는 그래피티 아트
4. 오모테산도힐즈는 오래된 아파트 한 동을 그대로 남겨 놓았다
5. 하라주쿠 역 다케시타 출구는 항상 많은 사람들로 붐빈다
6. 라인(LINE)의 일본에서의 인기를 실감하게 한다. 메이지도리에 위치한 라인숍
7. 다케시타도리에서 춤을 추는 소녀들
8. 마리온 크레이프 앞에서 한 사람이 열심히 메뉴를 고르고 있다

Harajuku&Omotesando
Spot ❶

숲 속, 끝이 보이지 않는 참배길
메이지신궁 明治神宮 Meiji Jingu

MUST SEE 메이지신궁은 메이지 일왕 부부의 영혼을 모셔놓은 신사이다. 입헌군주제를 실행한 첫 왕이 죽자 그 뜻을 기리기 위해 전국에서 모여든 메이지 일왕의 추앙자들은 자발적으로 신사 조성에 참여하게 된다. 70㎡에 이르는 메이지신궁은 시민들이 만들어낸 신사이다. 메이지 일왕은 일본의 근대사를 일구어낸 왕으로 일본에서는 신에 가까울 정도의 추앙을 받는 왕이지만 우리의 역사를 돌아본다면 이 참배길을 걷는 발걸음이 결코 가볍지만은 않다. 도심의 공원이라는 측면을 생각하며 조용히 둘러보자. 신년이면 신년기도를 위해 일본 내에서 가장 많은 사람이 모이는 신사이다. 토리이(鳥居, 신사의 입구를 알리는 문)에서 본전까지의 꽤 긴 길이 온통 숲으로 덮여 있는데 도심에 이런 숲이 존재할까 싶을 정도로 깊은 숲이다. 뼈아픈 우리 역사를 다시금 기억하며 산책하듯 긴 숲길을 걸어보자.

ⓐ 1-11-1, Yoyogikamizonocho, Shibuya-ku 渋谷区代々木神園町1-11-1
ⓖ 35.676442, 139.699313

📍 야마노테 선 하라주쿠 역 오모테산도 출구로 나와서 직진 후 우측 다리를 건너면 신사의 입구가 보인다.

메이지신궁에 있는 와인통의 정체

메이지신궁 본당에 다다르기 전 수십 개의 와인 통이 눈길을 끈다. 메이지 일왕은 서양의 문물을 받아들이는데 적극적이었으며 특히 와인을 좋아했다고 한다. 이 사실을 알게 된 프랑스 브루고뉴의 와인 생산자들이 메이지 일왕에게 와인을 헌사하게 되었고 그들에게 감사의 뜻을 전하기 위해 와인 통에 생산자의 이름을 적어 전시한 것이다. 일왕의 개인적인 취향에서 시작된 양국 친교의 역사가 오래된 와인 통을 통해 그대로 전해진다.

국립 요요기 경기장
1964년 도쿄올림픽 개최를 위해 지어진 국립경기장으로 메이지신궁 옆에 있다. 전후 일본을 대표하는 뛰어난 건축물로 높이 평가받고 있다. 지금은 각종 이벤트, 콘서트장으로 사용되고 있다.
사진은 요요기 경기장에 아이돌 그룹 'SEXY ZONE'의 콘서트를 보기 위해 팬들이 대기하고 있는 모습이다.

요요기 공원
시부야 구에 위치한 대표적인 도심 공원이다. 하라주쿠 역, 요요기 역, 메이지진구마에 역, 요요기하치만 역에서 가깝고 하라주쿠와 시부야의 젊은 층이 모여 거리공연이나 이벤트를 개최하기도 한다.

Harajuku&Omotesando
Spot ❷

카와이(귀여운) 문화의 발신지
다케시타도리 竹下通り Takesita Dori

MUST SEE 하라주쿠 여행에서 빼놓을 수 없는 다케시타도리는 하라주쿠 역 다케시타 출구 앞 횡단보도 건너편에서 시작해 메이지도리까지 이어지는 약 350m에 이르는 골목 상점가이다. 1970년대에 크레이프 1호점이 다케시타도리에 문을 열자 잡지와 TV에 크게 주목 받게 된다. 자연스럽게 하라주쿠와 다케시타도리도 알려지고 이후 스타와 관련된 사진, 혹은 상품을 파는 탤런트 숍이 오픈하면서 하라주쿠는 젊은 층으로부터 크게 인기를 모으게 되었다. 골목으로 들어서면 약간 경사진 골목길에 가득 찬 인파에 압도당하게 된다. 이 좁은 골목 안에 이토록 많은 상점과 사람이 모여 있다는 것이 놀랍다. 무언가 꼭 사지 않아도 보는 것만으로도 즐거운 거리이다.

ⓐ 1-9-3, Jingumae, Shibuya-ku 渋谷区神宮前1-9-3
ⓠ 야마노테 선 하라주쿠 역 다케시타 출구로 나와 횡단보도를 건너면 바로
ⓖ 35.671512, 139.703577

> 다케시타도리
> 관전 포인트!

1 <u>아름답다 크레페</u>

4 <u>걸으면서 먹방,</u>
 소프트 아이스크림

2 <u>저렴이 액세서리</u>

5 <u>개성 넘치는 언니들</u>

3 <u>귀요미 잡화</u>

6 <u>스테이지는 항상</u>
 열려있다.

하라주쿠 팬케이크와 크레페

여성들이 카페에 가는 이유는 꼭 커피를 마시는 것이 목적은 아니다. 편안하면서도 쾌적한 공간에 잠시 쉬고 싶은 이유가 더 크다. 하라주쿠의 크레페와 팬케이크 전문점에 젊은 여성들로 가득하다. 팬케이크 붐이 일기 전에는 확실히 크레페의 승리였다. 하지만 크레페는 서서 먹어야 하고 가격이 싸다는 점에서 세련되고 쾌적한 공간을 찾는 여성을 만족시켜 주지 못했다. 팬케이크는 앉아서 포크와 나이프를 사용한다는 점도 어른스러운 세련됨을 경험하는 것이라는 생각이 들게 한다. 이 포토제닉한 음식은 사진에 찍어 SNS에 올리면 반응도 뜨겁다. 하라주쿠에 팬케이크 전문점이 많아지고 있는 이유다.

★ 하라주쿠의 새로운 명소

진구마에타워빌딩
神宮前タワービルディング
Jingumae tower billding

다케시다도리와 메이지도리가 접한 유동인구가 많은 지점에 하라주쿠에서 가장 따끈따끈한 소식이 있다. 바로 진구마에타워빌딩의 오픈이다. 100엔, 300엔, 500엔 중심의 저렴한 가격의 라이프스타일 스토어 WEGO가 1층 메인에 자리잡고 있다. 여자 아이들이 좋아할 만한 의류, 액세서리, 잡화가 가득하다. 파티장을 연상시키는 핑크 빛 촬영 스페이스에서 친구와 함께 사진을 찍는 소녀들의 모습이 눈에 띈다. WEGO와 함께 아식스가 아식스, 아식스타이거, 하그로프스(haglofs) 3개의 브랜드를 함께 다루는 플래그십 매장을 오픈 했다. 신체의 움직임을 과학적으로 접근한다는 콘셉트를 중심으로 새로운 상품들을 선보이고 있다.

ⓐ 1-5-8, Jingumae, Shibuya-Ku 渋谷区神宮前1-5-8
ⓣ ??? ⓞ WEGO 10:00~21:00 ASICS 11:00~21:00(주말은 20:00까지)
🚇 메이지진구마에 역 5번 출구에서 도보 3분 하라주쿠 역에서 도보 6분
g 35.670647, 139.706617

【 다케시타도리 인기 SHOP 】

10대들에게 절대적인 지지를 받고 있는
파리스 키즈 パリスキッツ PARIS KID'S
다케시타도리에 1977년도에 문을 연 액세서리 전문점이다. 목걸이, 핀, 머리띠, 액세서리 등 여성들에게 유용한 잡화 거의 모두를 ¥324이라는 저렴한 가격으로 살 수 있어 10대들의 큰 지지를 받고 있다. 싼 가격에 좋은 제품을 일컫는 '푸치푸라プチプラ'를 대표하는 숍이다.
- 1-19-8, Jingumae, Shibuya-ku 渋谷区神宮前1-19-8 原宿ファミリービル1F
- 03-3423-3251
- 10:00~19:30 (토요일10:00~20:00, 일요일9:00~20:00)
- 35.67153, 139.7036

일본 내 상품 수 No.1
다이소 ダイソー Daiso
다케시타도리 입구에 멀지 않은 곳에 있는 다이소 하라주쿠 점은 일본 내에서 상품 수가 가장 많은 곳으로 유명하다. 4개 층 전관이 다이소 상품으로 이루어져 있다. 피크닉 용품이나 일본 여행 기념품이 많다. 와인을 팔고 있다는 것은 일본 사람도 잘 모른다고.
- 1-19-24, Jingumae, Shibuya-ku 渋谷区神宮前1-19-24
- 03-5775-9641
- 10:00~21:00
- 35.67158, 139.70376

싸고 예쁘고 물건도 좋다면 마다할 리 없다
모모 モモ Momo
싸고 물건이 좋은 것은 기본. 최신 트렌드까지 섭렵할 수 있다면 금상첨화일 것이다. 모모에서 액세서리는 ¥500부터 티셔츠는 ¥1,900부터. 들고만 있어도 주목받을 붉은색 하트모양의 가방 등 유행에 민감한 여자들의 감성을 잘 읽어낸 아이템들로 가득하다.
- 1-16-2, Jingumae, Shibuya-ku 渋谷区神宮前1-16-2
- 03-6438-0290
- 10:00~21:00
- 35.67133, 139.70407

나의 펫에게 감성을 입히다
펫 파라다이스 ペットパラダイス Pet Paradaise
강아지나 고양이를 키우지 않는 사람도 자연스럽게 들어가게 되는 펫 숍이다. 문 앞에 걸린 강아지 유카타(일본전통의상)는 보기만 해도 미소가 지어진다. '아늑한, 편안한, 격려하는'을 모티브로 한 반려동물의 라이프 스타일을 풍요롭게 해 줄 아이템이 가득하다. 디즈니, 스누피 등 친숙한 캐릭터도 눈에 띈다.
- 1-6-5, Jingumae, Shibuya-ku 渋谷区神宮前1-6-5
- 03-3497-0379
- 10:00~20:00
- 35.67057, 139.70614

tokyo special spot

【 다케시타도리 KAWAII를 밀집시켜 놓은 SPOT 】

카와이 문화를 계승하는 틴에이저의 새로운 성지
하라주쿠 아르타 原宿アルタ Harajuku ALTA

다케시타도리에 2015년 3월에 새롭게 오픈한 상업 시설이다. '카와이'를 추구하는 여자아이들의 세련된 라이프스타일을 응원하는 숍들이 모여 있다. 지하 1층은 기념품 숍 및 코스프레 의상을 입고 기념사진을 찍을 수 있는 프린트씰 전문점, 1층은 패션의류 및 잡화, 2층은 디즈니 스토어를 중심으로 한 캐릭터 숍과 패션의류, 3층은 카와이 문화를 공유하는 카페로 이루어져 있다. 특히 3층은 최신 문화를 체험할 수 있는 다양한 이벤트가 열린다. 카와이 문화를 계승하고 서로 소통하는 것이 ALTA가 지향하는 바이다.

- Ⓐ 1-16-4, Jingumae, Shibuya-ku 渋谷区神宮前1-16-4
- Ⓣ 0570-07-5500
- ⏰ 10:30~20:00
- 📍 35.67122, 139.70443

귀엽고 사랑스러운 것들의 집합체
큐트큐브 하라주쿠 キュートキューブ 原宿 CUTE CUBE Harajuku

하라주쿠를 대표하는 '카와이' 한 상품을 취급하는 브랜드를 밀집시켜 놓은 곳이다. 10대의 여자라면 누구나 좋아할 상품들로 구성되어 있다. 저렴한 가격에 파격적인 프린트와 디자인으로 인기인 H&M그룹의 패션브랜드인 MONKI 등 주목할 만한 숍이 가득하다.

- Ⓐ 1-7-1, Jingumae, Shibuya-ku 渋谷区神宮前1丁目7-1
- Ⓣ 03-5786-0204
- ⏰ 10:00~20:00
- 📍 35.67076, 139.70544

여자아이들의 스테이지가 펼쳐지는
소라도 ソラド SoLaDo

'Solar(태양)' 아래에서 'Do(행동하다)'라는 의미를 가진 SoLaDo의 1층은 패션 잡화 숍, 2층은 푸드코트와 라이브스테이션이 있어 이벤트가 열린다. 유행에 민감한 하라주쿠 계열의 여자아이들이 모이는 스테이지에서 거의 매일 이벤트가 열리고 있다.

- Ⓐ 1-8-2, Jingumae, Shibuya-ku 渋谷区神宮前1-8-2
- Ⓣ 03-6440-0568
- ⏰ 10:30~20:30
- 📍 35.67041, 139.70617

— tokyo special tips —

【 하라주쿠&오모테산도 스트리트별 성격을 알면 여행이 더 즐겁다! 】

Street 1
오모테산도와 시부야를 이어주는 거리
메이지도리 明治通り Meiji Dori

아주 옛날에도, 그리고 지금도, 오모테산도와 시부야를 연결하는 길 메이지도리. 화제를 모았던 점포들이 있는 곳, 최근에는 새로운 건물들이 들어서서 더욱 재미있는 곳이다. 하라주쿠 역에서 다케시타도리가 끝나는 지점, 다케시타입구竹下口 앞에 펼쳐지는 도로가 메이지도리이다. Forever 21, H&M 등 SPA패션 브랜드와 라포레 하라주쿠, 큐프라자 하라주쿠 등 트렌디 숍을 모아놓은 쇼핑몰이 인기다.

Street 2
스트리트패션과 아웃도어가 인기
캣스트리트 キャットストリート Cat Street

캣스트리트라 불리는 데는 여러 가지 설이 있다. 고양이 얼굴처럼 길이 좁아서, 고양이가 많아서 등등. 이름의 유래처럼 좁은 골목길이지만 규모가 크지 않은 가게들이 저마다 개성 있는 모습으로 자리 하고 있다. 하이센스 스트리트 패션 브랜드와 PATAGONIA 등 매니아 층이 확실한 브랜드가 많다. 그래서인지 요즘은 오모테산도나 하라주쿠의 메인 스트리트보다 더 주목받고 있다. 원래 이 길 아래로 시부야 강이 흘렀다. 1964년 도쿄올림픽을 맞이하며 낙후된 강 주변의 모습을 감추고자 강 위로 길을 만든 것이다. 지금은 그 길 위로 세련된 부티크와 카페, 기다려야만 먹을 수 있는 맛집이 들어서고 트렌트에 민감한 이들의 쇼핑과 휴식의 장소로 사랑받고 있다. 오후에서 저녁으로 넘어갈 즈음 작은 가게에 하나, 둘 불이 켜질 때 특히 예쁜 거리이다. 그리고, 이 길은 시부야로 이어진다.

Street 3
개성파들이 주목하는 Street
우라하라주쿠 裏原宿 Uraharajuku

통칭 '우라하라裏原'로 불리는 우라하라주쿠는 하라주쿠 역에서 보자면 다케시타도리보다 멀리 있고 역 바로 앞에 위치한 다케시타도리보다 늦게 발전되었다고 해서 뒷골목 하라주쿠, 즉 우라하라주쿠라고 불린다. 우라하라주쿠가 발전되기 시작한 것은 1990년대 이후인데 이곳에서 유명해진 패션브랜드를 '우라하라주쿠케裏原系'라고 부른다. 하라주쿠 역에서 멀어 임대료가 쌌고 다케시타도리에 가게를 내지 못한 젊은이들이 우라하라주쿠에 가게를 내기 시작하면서 형성되기 시작하였다. 개성파 의류 브랜드 및 특히 스니커즈 편집숍이 많고 가격은 다소 비싼 편이지만 몇 달을 기다려야만 손에 넣을 수 있는 레어 제품이 많아 마니아들에게 꾸준히 인기를 모으고 있는 곳이다. 타케시타도리, 오모테산도와는 또 다른 분위기로 인해 유행에 민감한 개성파들이 많이 찾는다.

Street 4
부티크와 고급 헤어살롱이 모여 있는
아오야마도리 青山通り Aoyama Dori

오모테산도 역을 중심으로 시부야와 아카사카를 연결하는 도로이다. 길 끝에서 시부야 방향으로 흐르는 길이 아오야마도리이다. 큰 길가에 막스마라 등 고급브랜드가 눈에 들어오지만, 이 길은 골목으로 들어갈수록 흥미진진해지는 곳이다. 길을 따라 시부야로 향하다 보면 일본에서도 특히 부유층이 많이 다닌다는 아오야마 학원 대학이 눈에 들어온다(큰 나무들에 뒤덮여 모르고 지나칠 수도 있다). 화려한 느낌은 없지만 낮고 조용하게 흐르는 길이라 해가 뉘엿뉘엿 저물어갈 때 즈음 걸으면 풍경이 따뜻하게 다가온다.

Street 5
어른들의 우와~ 한 거리
오모테산도 表参道 Omotesando

오모테산도는 원래 메이지신궁으로 들어가는 참배길이었다. 이 길에 도큐프라자 오모테산도 하라주쿠, 오모테산도힐즈 등 최근 일본에 유행하는 가장 트렌디한 숍과 카페를 만날 수 있는 곳이다. 오모테산도라면 한적한 가로수 길에 햇살 가득 들어오는 테라스에 앉아 브런치를 즐기는 모습을 상상할 수 있다.

Harajuku&Omotesando
Spot ❸

패셔니스타들로부터 사랑받는
라포레 하라주쿠 ラフォーレ原宿 Laforet Harajuku

건물 입구에 위치한 비비안 웨스트우드가 눈에 띄는 라포레 하라주쿠는 1978년 하라주쿠에 탄생하였다. 최신 트렌드숍을 라인업으로 오픈 당시부터 패셔니스타들로부터 큰 사랑을 받으며 이 지역의 랜드마크로 자리매김해 라포레의 입구는 만남의 장소로 유명했다. 유행을 선도했고 여기에서 많은 패션 크리에이터가 태어났다. 그뿐만 아니라 라포레 하라주쿠의 유니크한 이벤트는 언제나 화제를 불러모았다. 최근 2층 푸드 에리어Area에 멕시칸프리미엄 패스트푸드 'Guzman y Gomez'와 'MILKCOW', 항상 행렬을 몰고 다니는 프렌치프라이 'AND THE FRIET'가 들어와 구루메까지 끌어모으는 중이다.

ⓐ 1-11-6, Jingumae, Shibuya-ku 渋谷区神宮前1-11-6
ⓣ 03-3475-0411 ⓗ 11:00~21:00
ⓦ www.laforet.ne.jp
ⓜ 후쿠토신 선 · 치요다 선 메이지진구마에 역 5번 출구에서 바로, 야마노테 선 하라주쿠 역에서 도보 4분
ⓖ 35.66916, 139.70581

Harajuku&Omotesando
Spot ❹

트렌디함을 좋아하는 사람을 타깃으로
도큐프라자 오모테산도 하라주쿠 東急プラザ表参道原宿 Tokyu Plaza Omotesando Harajuku

최신 트렌드 아이템을 중심으로 한 패션, 잡화, 음식점 등 27개의 점포가 모여 있는 곳이다. 일본 첫 상륙인 미국의 첫 캐주얼 브랜드 'Amerikan Eagle Outfitters'는 15~25세 남녀를 타깃으로 한 캐주얼 웨어를 제안한다. 'TOMMY HILFIGER'가 클래식한 아메리칸 스타일을 과감하게 보여주며 2층에는 타미의 키즈 아이템이 충실하다. 가족이 함께 둘러보면 좋겠다. 호주의 유명 브런치 카페 'bills'에서는 가족이 함께 식사하기에 좋다.

ⓐ 4-30-3, Jingumae, Shibuya-ku 渋谷区神宮前4-30-3
ⓣ 03-3497-0418 ⓗ 11:00~21:00
ⓦ omohara.tokyu-plaza.com
ⓖ 35.66871, 139.70598

ⓜ 후쿠토신 선 · 치요다 선 메이지진구마에 역 5번 출구에서 1분 소요, 야마노테 선 하라주쿠 역에서 도보 4분

Harajuku&Omotesando
Spot ⑤

하라주쿠만의 고급 구루메를 맛볼 수 있는 뉴 스팟
큐프라자 하라주쿠 キュープラザ原宿 Q Plaza Harajuku

큐프라자 하라주쿠의 대표 구루메

11층 / 10층 — 'SIZMARS Steak&Bar'
모던과 클래식이 공존하는 스타일리쉬한 인테리어, 최상급 스테이크를 비교적 저렴한 가격으로 즐길 수 있는 레스토랑

9층 — 'CANTERA'
오가닉 식재료를 사용한 파스타를 즐길 수 있는 이탈리안 레스토랑

8층 — 'THE Original PANCAKE HOUSE'
미국에서 건너온 노포 팬케이크 전문점이 하라주쿠에 첫 진출했다. 팬케이크 '더치 베이비'는 반드시 맛보아야 할 메뉴.

4층 — 'SMITH'
크래프트 맥주를 시작으로 뉴욕 브루클린을 체험할 수 있는 세련된 공간이다.

3층 — 'SHUTTERS'
기다란 수조기 설치되어 있어 아름다운 물고기들의 모습을 보면서 식사할 수 있는 곳이다. 100% 일본산 돼지고기의 스페어리브(등갈비)를 맛볼 수 있다.

1층 — 'SENSE OF PLACE by URBAN RESEARCH + greenbar'
스무디와 스페셜리티 커피를 파는 곳이다.

메이지도리를 내려다볼 수 있는 11층 높이의 쇼핑몰이 2015년에 새롭게 태어났다. 이 지역 최대 규모를 자랑하는 큐프라자 하라주쿠는 풍부한 녹지, 편안한 공간, 뛰어난 조망권을 자랑한다. 쇼핑뿐만 아니라 카페와 레스토랑, 웨딩까지 주목받는 18개의 점포가 들어와 있다. 캐주얼한 최신 구루메 9점포가 인기다.

Ⓐ 6-28-6, Jingumae, Shibuya-ku 渋谷区神宮前6-28-66
Ⓣ 03-6433-5548
Ⓦ www.q-plaza.jp
Ⓖ 35.667, 139.70405

📍 후쿠토신 선・치요다 선 메이지진구마에 역 7번 출구에서 도보 1분, 야마노테 선 하라주쿠 역에서 도보 4분

Harajuku&Omotesando
Spot ❻

독특한 내부 구조, 쇼핑 시간의 만족도를 높여 주다
오모테산도힐즈 表参道ヒルズ Omotesando Hills

MUST SEE

오모테산도를 대표하는 주거공간과 상업시설이 공존하는 복합시설이다. 지상 3층의 유리창 벽이 무거운 시멘트 건물을 이고 있는 모양새를 하고 있는 이 건물은 오모테산도를 대표하는 쇼핑 공간으로 오모테산도의 세련미가 집적된 공간이다. 건축가 안도 타다오安藤忠雄는 오모테산도의 경사에 맞추어 내부 슬로프의 경사로를 따라 관내를 쇼핑할 수 있는 공간으로 탄생시켰다. 건물의 높이는 가로수의 높이에 맞추어 지상 6층. 오모테산도힐즈는 원래 1927년에 지어진 아파트를 헐고 그 자리에 세워진 복합공간이다. 지금은 본관, 서관, 동윤관으로 나뉘어져 있는데 그 중 동윤관은 무너진 아파트의 한 동을 그대로 남겨놓은 것이다. 독특한 내부 구조가 쇼핑의 흥을 돋우며 걷는 자체만으로도 색다른 산책의 기분이 든다.

Ⓐ 4-12-10, Jingumae, Sibuya-ku 渋谷区神宮前4-12-10
Ⓣ 03-3497-0310 Ⓦ www.omotesandohills.com
Ⓠ 긴자 선・치요다 선・한조몬 선의 오모테산도 역 A2출구 도보 2분, 치요다 선・후쿠토신 선의 메이지진구마에 역 5번 출구에서 도보 3분, 야마노테 선 하라주쿠 역 하차 오모테산도 출구에서 도보 7분
Ⓖ 35.66717, 139.70904

Harajuku&Omotesando
Spot ❼

'카와이 컬처'의 기원
로쿠파센토 도키도키 ロクパーセントドキドキ
6% DOKIDOKI

아트디렉터 마스다 세바스찬增田セバスチャン이 프로듀싱 한 숍이다. 마스다 세바스찬은 1995년부터 지금까지 하라주쿠를 중심으로 활동하는 일본의 하라주쿠 카와이 컬쳐의 제1인자로 불리는 인물이다. 1995년 마스터 세바스찬이 이곳에 자기 표현의 장으로 6% DOKIDOKI를 오픈하면서 이곳은 지금까지 하라주쿠의 '카와이'라고 불리는 문화의 중심과 기원이 되었고 하라주쿠를 대표하는 가게로 지금까지 인식되고 있다. 인터넷을 통해 세계적으로도 유명해 졌으며 의류, 액세서리 등 '카와이'를 추구하는 다양한 아이템을 구경할 수 있다.

ⓐ 4-28-16, Jingumae, Shibuya-ku 渋谷区神宮前4丁目28-16
ⓣ 03-3479-6116　ⓗ 12:00~20:00
후쿠토신 선 · 치요다 선 메이지진구마에 역 엘리베이터 출구에서 도보 2분. 출구를 나와 직진, 첫번째 골목으로 진입.
야마노테 선 하라주쿠 역에서 도보 6분
35.66862, 139.70648

Harajuku&Omotesando
Spot ❽

어른들을 위한 즐거운 문구의 세상
문방구카페 文房具カフェ Bunbougu Café

그냥 지나치기 쉬운 오모테산도의 골목 지하 1층에 어른들을 위한 문방구 카페가 있다. 연필이나 펜, 종이를 좋아하는 사람이라면 귀가 솔깃해질 것이다. 세계 각지에서 모아 온 문구류와 관련 서적과 함께 차나 간단한 식사도 가능하다. 문방구카페의 로고가 새겨진 오토나노 엔피츠(어른의 연필)는 문방구카페의 오리지널 제품으로 꾸준히 인기를 모으고 있는 상품이다. 아주 특별하지 않지만 오랫동안 있게 되는 그런 곳이다.

ⓐ B1, 4-8-1, Jingumae, Shibuya-Ku 渋谷区神宮前4-8-1
ⓣ 03-3470-6420　ⓗ 11:00~22:00
긴자선 · 치요다선 · 한조몬 선의 오모테산도 역 A2출구 도보 3분
35.668304, 139.711756

Harajuku&Omotesando
Spot 9

방랑자를 위한 라이프 스타일 숍
노마딕 라이프 마켓 ノマディック ライフ マーケット
Nomadic Life Market

유행에 흔들리지 않고 자신의 스타일을 스스로 만들어가는 노마드(nomad)들을 위한 노마딕 라이프 마켓은 오너가 세계 각국에서 바잉한 질 좋고 유용한 생활용품들을 모아 놓은 셀렉트 숍이다. 의류, 가방, 신발에서부터 식기, 문구, 아웃도어 용품, 오리지널 굿츠까지, 한 번 구입해서 오랫동안 쓸 수 있는 제품을 구입하는 노하우가 엿보인다. 내부에 들어서면 보물섬에 내려져 눈과 마음을 모두 홀려 버린 듯 무아지경. 뭔가 발견할 것 같은 설레임이 가득해 지는 곳이다. 매장 내에는 오클랜드발 코로소 커피(coloso coffee)가 들어와 있으니 물건은 사지 않더라도 커피 한 잔의 여유는 즐기자.

- 3-21-1, Jingumae, Shibuya-Ku 渋谷区神宮前3-21-1
- 03-3403-2772 12:00~20:00 nlm.tokyo
- 하라주쿠 역에서 도보 7분
- 35.670728, 139.707711

Harajuku&Omotesando
Spot 10

가방 만드는 사람들의 유쾌한 공간
언바이 제너널 굿즈 스토어 アンバイ ジェネラル グッズストア
UNBY GENERAL GOODS STORE

가죽 제품을 제조하고 판매하는 곳이다. 오리지널 가방을 제작하고 있으며 AS2OV 등 프리미엄급 백팩도 일본 판매권을 가지고 직접 판매하고 있다. 가방을 디자인하기도 하고 프랑스, 영국 등 각국의 디자이너가 제작한 제품을 수입하여 매장에서 판매하고 있다. 입구에 들어서면 각종 아웃도어 관련 제품들이 눈에 들어온다. 캠핑장으로 꾸며놓은 매장의 한 공간이 이색적이다. 캠핑뿐만 아니라 피싱, 사이클, 피크닉, 여행과 관련한 다양한 제품, 그리고 생활 잡화까지 다루고 있어 남녀 불문하고 둘러보는 재미가 있다. 매장의 스태프들이 유쾌하게 맞아 주는 인상적인 숍이다.

- 3-18-23, Jingumae, Shibuya-Ku 渋谷区神宮前3-18-23
- 03-6328-0577 11:00~20:00 www.unby.jp
- 하라주쿠 역에서 도보 10분
- 35.669989, 139.708440

Harajuku&Omotesando
Spot ⓫

캣스트리트, 가장 도쿄다운 스트리트 패션
위즈므 ウィズム WISM

캣스트리트는 시부야와 하라주쿠를 잇는 골목길로 도쿄 스트리트 패션의 발신지라고 할 수 있다. 패션 마니아들에게 절대적인 지지를 받고 있는 WISM는 세계 톱 브랜드의 라인업으로 하이센스가 돋보이는 숍이다. 자유분방한 이 거리의 풍경과 잘 어울리는 WISM 매장 앞에 놓인 렌탈 자전거. 캣스트리트를 자유롭게 둘러볼 수 있도록 유료 렌탈 서비스를 실시하고 있다. 자전거 브랜드는 전동 자전거전문 '오기야마'의 최신브랜드 'Hill Cheater'. 렌탈료는 3시간 ¥1,050, 1일 ¥2,500.

Ⓐ 5-17-20, Jingumae, Shibuya-ku 渋谷区神宮前5丁目17-20 Ⓣ 03-6418-5034 Ⓞ 11:00~20:00
Ⓢ 긴자 선・치요다 선・한조몬 선의 오모테산도 역 A1출구 도보 3분, 치요다 선・후쿠토신 선의 메이지진구마에 역 4번 출구에서 도보 3분, 야마노테 선 하라주쿠 역 오모테산도 출구에서 도보 7분, 하라주쿠 역에서 타케시타도리를 지나 오모테산도 방향으로 오리엔탈 숍 오른편 우측길 캣스트리트 내에 위치
Ⓖ 35.66567, 139.70491

Harajuku&Omotesando
Spot ⓬

프랑스 빈티지 가구 전문점
에이치 피 데코 エイチ・ピー・デコ H.P. DECO

프랑스를 비롯한 유럽의 빈지티 가구를 중심으로 식기, 아트 작품 등 다양한 소품을 판매하는 인테리어 숍이다. 앤티크한 분위기와 벽에 진열된 그릇들이 압도적이다. 매장에서는 해외 작가와의 컬래버레이션 작품을 구경할 수 있다. 에이치 피 데코 내부에 뉴욕에서 온 벨로크티 아트리에가 있어 일부러 찾아 오는 사람들이 많다.

Ⓐ 東京都渋谷区神宮前5-2-11
Ⓣ 03-3406-0313 Ⓞ 11:00~19:30
Ⓢ 오모테산도 역 A1출구에서 도보 3분
Ⓖ 35.665407, 139.709317

HARAJUKU& OMOTESANDO

•

Cost ¥1,000 이하 ¥ ｜ ¥1,000~2,000 ¥¥ ｜ ¥2,000 이상 ¥¥¥

RESTAURANT

CAFE

PUB & BAR

팬케이크 인기의 원조
에그슨띵스
エッグスンシングス Eggs'n Things

두 번 구워 최고의 식감을 자랑하는
레인보우 팬케이크
レインボーパンケーキ Rainbow Pancake

우라하라주쿠 거리에 들어서면 유독 사람이 많은 가게가 눈에 띈다. 짙은 초록색을 메인으로 유럽풍 테라스 카페도 눈에 들어온다. 여기가 지금 하라주쿠&오모테산도에서 가장 핫한 팬케이크 전문점이다. 2010년 오픈이래 지금까지 매일 행렬이 끊이지 않는 가게이다. 팬케이크 붐의 원조인 셈이다. 오리지널 팬케이크는 물론 생크림의 압도적인 양과 높이로 인기인 '스트로베리 휘핑크림과 마카다미아너트'가 일품이다. 팬케이크는 물론 매장 이름에서도 보여지듯이 본격적인 달걀 요리를 맛볼 수 있는 곳이다.

ⓐ 4-30-2, Jingumae, Shibuya-ku 渋谷区神宮前4-30-2
ⓣ 03-5775-5735
ⓞ 평일 09:00~22:30 주말 08:00~22:30
ⓢ 야마노테 선 하라주쿠 역 오모테산도 출구에서 도보 6분, 메이지진구마에 역 5번 출구에서 도보 2분, 오모테산도 역 A2 출구에서 도보 6분
ⓦ www.eggsnthingsjapan.com
ⓒ ¥¥
ⓖ 35.668580, 139.706229

MUST EAT 우라하라주쿠의 골목을 한참을 걸어 들어가야만 만날 수 있는 레인보우 팬케이크의 주목할 점은 폭신폭신한 식감이다. 두 번 구워 바깥은 바삭하고 속은 부드럽다. 마카다미아너트 소스 팬케이크는 마카다미아의 흰색 소스를 두꺼운 팬케이크에 가득 뿌려 준다. 밀키한 달콤함이 가득하고 너트의 고소함이 더한다. 하와이에서 살던 부부가 이곳에 가게를 오픈했다고 한다. 식사를 곁들일 수 있는 메뉴도 풍부하다.

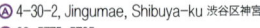

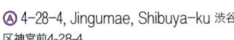

ⓐ 4-28-4, Jingumae, Shibuya-ku 渋谷区神宮前4-28-4
ⓣ 03-6434-0466 ⓞ 11:00~18:00
ⓢ 야마노테 선 하라주쿠 역 오모테산도 출구에서 도보 8분, 메이지진구마에 역 5번 출구에서 도보 3분, 오모테산도 역 A2 출구에서 도보 8분
ⓦ www.rainbowpancake.net ⓒ ¥¥
ⓖ 35.66941, 139.70732

동네 사람들만 아는 우라하라주쿠의 로컬 맛집
쿠시스케
串助 Kushisuke

쿠로부타를 사용하는 고급 돈카츠
마이센
まい泉 Maisen

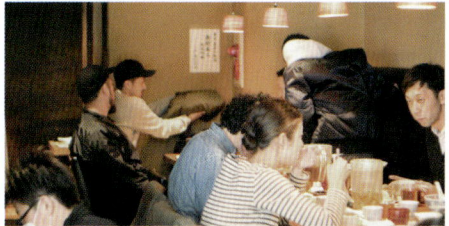

우라하라주쿠의 건장한 청년들이 줄서서 먹는 쿠시스케. 일단 근처에서 일하는 사람들이 모여든다는 점에서 맛은 보장되는 것. 주재료는 닭고기이다. 닭꼬치, 가라아게, 난방츠케 등 닭을 재료로 하는 정식요리. 낮에는 야키토리 정식, 가라아게 정식 등 닭을 재료로 하는 식당으로, 저녁에는 야키토리가 메인이 되는 이자카야로 하라주쿠에서 생활하는 사람들에게는 유명한 가게이다. 남자가 많은 이유는 음식의 볼륨이 어마어마하기 때문. 양 많고 맛 좋은 아는 사람들만 찾는 우라하라주쿠의 맛집이다.

돈카츠 마이센의 아오야마 본점은 오모테산도 역에서 도보 3분이라는 용이한 접근성과 40년 이상의 역사를 자랑하는 돈카츠 전문점으로 유명하다. 본점의 레스토랑 안쪽에 위치한 서양관은 원래 목욕탕으로 사용하던 곳을 개조해 레스토랑으로 꾸몄다. 천장이 높고 레트로한 분위기가 특징이다. 마이센의 가장 인기 있는 메뉴인 쿠로부타(흑돼지) 돈카츠는 가격은 3000엔대로 다소 비싼 편이지만 한 번 먹어 본 사람들은 다시 찾는다는 마성의 돈카츠이다. 건물 입구에 도시락을 판매하는 곳이 따로 마련되어 있어 도시락만 구입하는 사람도 적지 않다.

Ⓐ 3-24-3, Jingumae, Shibuya-Ku 渋谷区神宮前3-24-3
Ⓣ 03-3404-1386
Ⓞ 런치 12:00~13:30 디너 17:30~23:00
Ⓠ 하라주쿠 역에서도 도보 5분
Ⓒ ¥¥
Ⓖ 35.670937, 139.707533

Ⓐ 4-8-5, Jingumae, Shibuya-Ku 渋谷区神宮前4-8-5
Ⓣ 03-3470-0073 Ⓞ 11:00~22:45
Ⓠ 오모테산도 역 A2 출구에서 도보 3분
Ⓦ mai-sen.com Ⓒ ¥¥
Ⓖ 35.668035, 139.711509

오모테산도에서 교자를 먹자고?
하라주쿠교자 루
原宿餃子桜 Harajukugyoja Rou

꽤 괜찮은 타이 요리
챠오! 밤부
チャオアンブー Ciao! Bamboo

MUST EAT 캣스트리트에는 낮에도 밤에도 줄을 서야 하는 인기 교자 전문점이 있다. 우아한 카페에서 부드럽고 달콤한 팬케이크를 생각했다면 이 집은 좀 예상 밖일 수도 있겠다. 하지만 싸고 맛있어서 현지 사람들도 줄 서서 먹는다고 하니 먹어 볼 이유는 충분하다. 인기는 야끼교자. 추가 주문은 기본이고 맥주 한 잔을 빼놓을 수 없다.

Ⓐ 6-2-4, Jingumae, Shibuya-ku 渋谷区神宮前6-2-4
Ⓣ 03-3406-4743 ⓗ 11:30~익일04:30
Ⓠ 야마노테 선 하라주쿠 역 오모테산도 출구에서 도보 6분, 메이지진구마에 역 4번 출구에서 도보 4분, 오모테산도 역 A1 출구에서 도보 8분
Ⓒ ¥¥ Ⓖ 35.66754, 139.70614

'일본여행에서 타이요리?'라고 외칠지 모르지만, 이곳은 맛집으로 꽤 유명한 곳이다. 보기에는 어수선한 현지 거리음식점을 연상시키지만 현지에도 이런 음식점이 맛있듯 챠오밤부는 맛에는 뒤지지 않는다. 요리는 타이 요리가 메인이지만 베트남, 인도네시아, 거기에 중국 음식까지 꽤 다양한 에스닉한 요리를 맛볼 수 있다. 한 요리에 집중하지 않은 듯 보이는 다양한 메뉴에 실망할지도. 하지만 요리를 맛보면 걱정은 사라질 것이다. 하라주쿠교자 루와 골목 하나를 사이에 두고 마주보고 있다.

Ⓐ 6-1-5, Jingumae, Shibuya-ku 渋谷区神宮前6-1-5
Ⓣ 03-5466-4787 ⓗ 11:30~23:00
Ⓠ 야마노테 선 하라주쿠 역 오모테산도 출구에서 도보 6분, 메이지진구마에 역 4번 출구에서 도보 4분, 오모테산도 역 A1 출구에서 도보 8분
Ⓒ ¥¥ Ⓖ 35.66746, 139.70625

아오야마의 샐러리맨의 입맛을 사로잡은
오소바 고도
おそば古道 Osoba Kodoh

미나미 아오야마南青山의 모닝 카페
카페 키츠네
カフェ キツネ Café Kitsune

점심시간이 가까워지자 골목 안 한 소바 전문점으로 샐러리맨들이 하나둘 모이기 시작한다. 가게 안으로 들어가 보니 샐러리맨뿐만 아니라 연세가 지긋하신 어른들도 많다. 고도는 쇼와 14년(1939년)부터 시작된 유명 소바 전문점 마쓰다야增田屋의 제1호 노렌와케のれん分け이다. 노렌와케란 오랫동안 배워온 제자가 독립할 때 선생이 자신의 문에 내걸었던 노렌(점포 입구에 걸어 두는 상호가 적힌 천)을 나누어 준다는 의미로 프랜차이즈의 분점과는 의미가 다르다. 노렌에는 그 가게만의 로고가 그려져 있어 자존심이기도 하기에 노렌을 나눠 준다는 것은 그만큼 선생으로부터 인정받았다는 의미이기도 하다. 깊은 맛의 소바면과 국물 맛을 자랑하는 마쓰다소바의 전통과 역사를 이어받은 오소바 고도 역시 까탈스러운 아오야마 샐러리맨의 입맛을 사로잡았다는 것은 맛의 입증이기도 하다.

트렌디한 카페가 속속 들어서고 있는 미나미 아오야마. 블루 보틀 커피까지 합세해 미나미 아오야마의 카페 놀이가 한결 뜨거워졌다. 카페 키츠네는 전 세계 패셔니스타가 주목하는 브랜드 메종 키츠네가 만들어 낸 카페 브랜드이다. 이곳의 인기 메뉴는 아침 9시부터 시작되는 키츠네 모닝이다. 프렌치토스트와 햄치즈바게트 세트를 선택할 수 있다. 프렌치토스트는 바게트를 바삭하게 구워 꿀을 올려 커피와 함께 제공된다. 알록달록한 리본으로 정성스럽게 포장되어 나오는데 주방의 정성이 느껴진다. 딱 필요한 만큼의 공간을 차지하는 원목 테이블과 의자, 그리고 낮은 조도의 조명이 어우러진 차분한 느낌의 카페이다. 의자 아래 부분의 빈 사각 공간은 가방이나 짐을 넣어 둘 수 있게 공간을 비워두었다. 작은 공간을 활용한 아이디어가 돋보인다.

- 3-18-3, Minamiaoyama, Minato 東京都港区南青山3-18-3
- 11:30~16:00 / 17:30~21:00(토 · 공휴일 11:00~19:00, 일요일 휴무)
- 03-3405-7333
- 긴자 선, 치요다 선, 한조몬 선 오모테산도 역 A4 출구에서 도보 2분
- ¥ 35.66523, 139.71333

- 3-17-1, Minamiaoyama, Minato 港区南青山3-17-1
- 03-5786-4842
- 긴자 선, 치요다 선, 한조몬 선 오모테산도 역(G02/C04/Z02) A4 출구에서 도보 2분
- 09:00~20:00 ¥¥ 35.66482, 139.71413

도쿄 카페의 시간을 다시 쓰는
블루 보틀 커피
ブルーボトルコーヒー Blue Bottle Coffee

쿠로이소黒磯 낡은 아파트 2층에서 시작된
쇼조 커피 스토어
ショウゾウコーヒーストア Shozo Coffee Store

커피계의 애플이라 불리우는 블루 보틀 커피는 기요스미시라카와에 1호점을 열면서 기요스미시라카와를 커피의 격전지로 만들었다. 이어 미나미아오야마, 신주쿠, 롯폰기, 나카메구로, 시나가와에 트렌디한 건물이 생길 때마다 블루 보틀 커피는 어김없이 들어서고 있어 그 인기를 증명하고 있다. 블루 보틀 커피가 사람들을 몰고 다니는 풍경은 당분간 지속될 것 같은 분위기이다. 아오야마의 골목 안, 쿠로이소의 인기 쇼조 커피 스토어와 벽을 사이에 두고 나란히 위치해 있다. 아이콘인 푸른색 보틀이 새겨진 2층의 자동문이 열리면 푸른색 셔츠의 바리스타들이 분주히 움직이는 모습이 눈에 들어온다. 뻥 뚫린 공간에는 블루 보틀 커피 특유의 BGM, 바로 사람들의 이야기 소리가 윙윙 울리는 사운드를 맞이하게 된다. 왼편 드립 코너에서는 블루 보틀 커피가 내려지는 풍경이 펼쳐지고 있다. 커피를 사는 것은 공간을 사는 것이라는 생각. 블루 보틀 커피는 그런 생각에 가장 부합되는 공간이다.

MUST EAT 쇼조 커피는 1988년 토치기켄栃木県 쿠로이소黒磯의 아파트 2층에서 시작되었다. 카페명은 '1988 CAFÉ SHOZO'. 쿠로이소의 본점에는 '고양이가 올라가 잠들기 좋은 넓은 지붕'이 있다고. 도쿄에서는 아오야마 246common에서 팝업스토어로 잠시 운영되었다가 큰 인기를 끌며 정식으로 오픈하게 되었다. 커피를 좋아하는 사람들에게 쿠로이소의 쇼조 카페는 꼭 가 보고 싶은 카페 중 하나이다. 먼 곳에 있어 자주 가 보지 못한다는 점도 인기의 비결 중 하나이다. 오모테산도의 점포 안은 작은 테이블 하나와 의자 둘. 테이블 석을 포함해도 겨우 3~4명이 앉을 정도의 작은 카페이다. 자칫 그냥 지나치기 쉬울 작은 공간이지만 마치 나스고겐那須高原을 연상시키는 분위기가 묘하게 매력적이다. 쇼조 커피 유명세의 일등 공신은 스콘과 카페오레이다. 우유 맛이 진한 카페오레가 쿠로이소에서부터 인기이다. 카페 창시의 이름 키쿠치 쇼우조우菊池省三에서 가져왔으며 뒷글자 '조우'가 일본어 코끼리와 발음이 같아 카페 아이콘은 코끼리가 되었다.

Ⓐ 3-13-14, Minamiaoyama, Minato 港区南青山3-13-14
긴자 선, 치요다 선, 한조몬 선 오모테산도 역 A4 출구에서 도보 2분
08:00~19:00

Ⓐ 246Common 6, 3-13, Minamiaoyama, Minato 東京都港区南青山3-13 246COMMON 6
09:30~19:00(주말은 11:00~19:00, 화요일 휴무)
오모테산도역 A4출구에서 도보 2분

수제 캬라멜 전문점
넘버 슈가
ナンバーシューガー Number Sugar

돌돌 말아먹는
롤 아이스크림 팩토리
ロールアイスクリームファトリー Roll Icecream Factory

손으로 만들어 다시 하나씩 포장한 정성 가득한 포장만으로도 감탄스러운 넘버슈가는 최근 도쿄의 기념품으로 인기 급상승 중이다. 입에 넣으면 달콤하게 퍼지는 향기와 맛이 일품이다. 일본산 버터와 무첨가, 무색소, 무향료로 만들어진 8가지 맛을 선택할 수 있다. 넘버슈가의 캬러멜은 어른들의 캬러멜이라고도 불리운다. 8가지 맛 중에는 커피, 럼, 징거 등 어른들만이 즐길 수 있는 맛이 있기 때문이다. 매장에서 한 개씩 포장된 캬러멜을 구입할 수 있다. 1개당 가격은 108엔.

브랜드는 뉴욕에서 시작되었지만 원래는 타이의 거리음식인 롤 아이스크림은 액체 상태의 아이스크림을 영하 10의 플레이트 위에 올린 후 돌돌 말아서 롤 형태로 만들어 낸다. 이 퍼포먼스를 주문한 손님의 눈앞에서 실시하면서 화제를 모았다. 컬러풀한 색상의 앙증맞은 롤 아이스크림은 SNS를 타고 전 세계로 퍼져 나갔다. 매일 오픈 시간 전부터 긴 행렬이 기다리는, 지금 하라주쿠의 10대 소녀들에게 가장 인기 있는 디저트이다.

ⓐ 5-11-11, Jingumae, Shibuya-Ku 渋谷区神宮前5-11-11
ⓣ 03-6427-3334 ⓞ 11:00~20:00
오모테산도 역 A1출구에서 메이지진구 방향으로 도보 5분
www.numbersuger.jp ¥
35.666500, 139.706182

ⓐ 4-28-12, Jingumae, Shibuya-Ku 渋谷区神宮前4-28-12
ⓣ 03-3470-0227 ⓞ 10:00~21:00
하라주쿠 역에서 도보 5분
rollicecreamfactory.com ¥
35.668491, 139.706761

홋카이도에서 온 스위츠
크롯칸슈 자쿠자쿠
クロッカンシュ ザクザク Croquantchou Zakuzaku

시애틀 인기 팝콘의 첫 상륙
쿠쿠루자 팝콘
ククルザポップコーン Kukuruza Popcorn

연간 9만개가 팔린다는 신주쿠 루미네에스토에 위치한 인기 스위츠 크롯칸슈 자쿠자쿠가 하라주쿠에 2호점을 오픈하였다. 하라주쿠 한정품인 자쿠자쿠소프트를 판매하자 다케시타도리에는 가장 긴 행렬이 이루어지기 시작했다. 다케시타도리 큐트큐브 1층에 위치한 크롯칸슈 자쿠자쿠는 유리창 안으로 갓 구워낸 먹음직스러운 크롯캉슈가 가득 쌓여 있는 모습이 발걸음을 멈추게 한다. 크롯캉은 아몬드를 설탕과 달걀 흰자로 코팅해 구워낸 과자인데 크롯캉슈는 슈크림을 넣은 과자를 말한다. 홋카이도에서 시작된 크롯캉슈가 만들어진 이유는 어떻게 하면 슈크림을 더 맛있게 먹을 수 있을까라는 고민에서 시작되었다고. 슈크림을 둘러싼 빵의 식감에 변화를 준 것으로 인해 슈크림을 더욱 맛있게 먹을 수 있게 되었다. 자쿠자쿠 먹고 싶어요!

도쿄의 신개념 디저트, 팝콘의 인기가 높다. 그 종류도 다양하고 먹는 방법도 다양하다. 여름에는 아이스크림에까지 넣어 먹는다고. 오모케산도힐즈 동윤관 1층에 위치한 쿠쿠루자 팝콘은 시애틀의 유명 팝콘 전문점이다. 점포 내 투명한 유리 쇼케이스에 진열된 팝콘은 보기만 할 때는 군침만 돌지만 실제로 먹어보면 두 눈이 휘둥그레진다. 우리가 영화관에서 오리지널 팝콘만 먹다가 캐러멜 맛이 새로 나왔을 때의 그 충격의 몇 배라고나 할까? 쿠쿠루자가 위치한 건물은 1927년에 지어진 오모테산도힐즈의 전신인 동윤관의 형태를 그대로 남겨놓은 건물이다. 건물의 역사를 고스란히 계승하는 동윤관의 풍경을 감상해 보는 것도 잊지 말길. 시즌별 특색 있는 선물용 깡통이 출시되는데 팝콘 보다 깡통의 인기가 더 높다고. 포장용 사이즈는 S, M, L. 맛에 따라 가격이 조금씩 달라지는데, 각각 평균 ￥400, ￥700, ￥900 정도이다.

Ⓐ 1F, Cutecube Harajuku, 1-7-1, Jingumae, Shibuya 渋谷区神宮前1-7-1 Cutecube Harajuku 1F
☎ 03-6804-6340 ⊙ 10:00~20:00
하라주쿠 역 다케시타도리 출구에서 도보 5분 Ⓒ ￥
ⓖ 35.67086, 139.70531

Ⓐ 1F, Omotesandohills Dojunkai, 4-12-10, Jingumae, Shibuya 渋谷区神宮前4-12-10 表参道ヒルズ 同潤館1F
☎ 03-3403-0077 ⊙ 11:00~21:00(일요일은 20:00까지) Ⓒ ￥
긴자 선·한조몬 선·치요다 선 오모테산도 역 A2 출구에서 바로
ⓖ 35.667173, 139.709038

지금까지 보지 못한 신개념 스위츠
도미니크 안셀 베이커리 도쿄
ドミニクアンセルベーカリートーキョー Dominique Ansel Bakery Tokyo

뉴욕 맨하튼의 푸드트럭에서 시작한 인기 NO. 1 로브스터롤
루크스
ルークス LUKE'S

지금까지 없었던 신개념 스위츠를 소개하는 곳이다. 파리에서 경력을 쌓은 파티시에 도미니크는 새로운 도넛을 선보이며 뉴욕에서 선풍적인 인기를 모았다. 그 경력을 바탕으로한 그의 도쿄 진출, 첫 매장이 오모테산도에 오픈했다. 크루아상과 도넛을 결합시킨 혁신적인 아이디어로 완성시킨 '도넛×크루아상'은 2015년 오픈 당시부터 큰 화제를 불러모았다. 지금까지 보지 못한 스위츠에 매료된 사람들의 입소문으로 오모테산도의 신개념 스위츠로 지금까지 큰 사랑을 받고 있다. 컵 모양을 한 초코쿠키에 밀크를 부어 먹는 쿠키×밀크, 아이스와 마시멜로를 결합시킨 아이스×마시멜로 등 남다른 아이디어를 발휘한 메뉴를 찾는 사람들로 가득하다.

MUST EAT 루크스는 2009년 뉴욕 맨하튼에서 탄생하였다. 미국 메인Maine 주 산의 맛과 품질이 우수한 로브스터만을 소재로 사용, 루크스만의 고집으로 만들어낸 맛과 향기, 풍미는 사람들의 입에 오르내리기까지 그리 많은 시간이 걸리지 않았다. 뉴욕 NO. 1 로브스터의 일본 첫 상륙이 바로 이곳 캣스트리트에 위치한 루크스 오모테산도점이다. 로브스터롤을 시작으로 크랩롤, 슈림프롤이 인기이다. 뉴욕 맨하튼의 맛을 그대로 오모테산도에서 맛볼 수 있는 기회이다. 줄 서서 기다릴 각오는 반드시 하고 가길.

Ⓐ 5-7-14, Jingumae, Shibuya-ku 渋谷区神宮前5-7-14
Ⓣ 03-3486-1329 Ⓞ 10:00~19:00
오모테산도 역 A1 출구에서 도보 5분
메이지진구마에 역 4번 출구에서 도보 5분, 야마노테 선 하라주쿠 역 오모테산도 출구에서 도보 9분. 오모테산도 루이비통 건물 뒷편
¥ 35.6663, 139.70762

Ⓐ 6-7-1, Jingumae, Shibuya-ku 渋谷区神宮前6-7-1
Ⓣ 03-5778-3747 Ⓞ 11:00~20:00
야마노테 선 하라주쿠 역 오모테산도 출구에서 도보 6분, 메이지진구마에 역 4번 출구에서 도보 3분, 오모테산도 역 A1 출구에서 도보 8분
www.lukeslobster.jp ¥ 35.66730, 139.70624

미슐랭 3스타 셰프 파티시에의 초콜릿을 맛보다
휴고앤빅토르
ユーゴ アンド ビクトール　HUGO&VICTOR

빙수의 나라 대만에서 온 빙수 괴물
아이스몬스터
アイスモンスター　Ice Monster

셰프 파티시에 휴고 무제에 의해 탄생한 '휴고앤빅토르'는 2010년 파리에서 시작되었다. 휴고 무제는 5성 호텔의 셰프 파티시에의 경험을 거쳐 미슐랭 3스타 레스토랑 'Guy SAVOY'의 이그젝티브 셰프로 취임한 경력을 가지고 있다. 그는 고전적인 레시피에 혁신적인 디자인을 더해 신개념의 스위츠를 탄생시켰다. 특히 일본에서는 파리에서 보여주지 않는 케이크와 구운 과자 등을 선보이고 있어 세계 각국으로부터 주목받고 있다. 초콜릿 이외에도 휴고앤빅토르의 다양한 소품을 만날 수 있다.

Ⓐ 1F, Omotesando Hills, 4-12-10, Jingumae, Shibuya-ku 渋谷区神宮前 4-12-10 表参道ヒルズ本館1F
☎ 03-6434-0912　⏰ 월∼토 11:00∼21:00 일 11:00∼20:00
🚶 긴자 선・치요다 선・한조몬 선의 오모테산도 역 A2출구 도보 2분,
치요다 선・후쿠토신 선의 메이지진구마에 역 하차 5번출구에서 도보 3분,
야마노테 선 하라주쿠 역 하차 오모테산도 출구에서 도보 7분, 오모테산도
입구 좌측 오모테산도힐즈 빌딩 내
ⓒ ¥¥ g 35.66717, 139.70904

대만의 유명한 빙수 전문점 아이스몬스터를 오모테산도에서 만날 수 있다. 대만의 본점에서는 많게는 2,500명이 줄을 서서 기다린다는 인기 빙수점, 그 비결은 부드러운 얼음의 식감과 풍부한 토핑에 있다. 커피나 홍차, 망고 등 농축시킨 재료를 얼려 빙수를 만들어낸다. 얼음에서 느껴지는 농후한 재료의 맛 또한 인기 비결이다. 마치 파르페와 같이 가득 올려지는 과일 토핑으로 계절 과일을 듬뿍 맛볼 수 있다. 지금은 빙수에서 망고 메뉴는 어디에서나 흔히 볼 수 있는 메뉴이지만 망고를 처음 빙수로 활용한 것도 아이스몬스터이다. 빙수의 천국 대만에서 온 입안에서 살살 녹는 부럽고 달콤한 빙수 한 그릇이 오모테산도의 새로운 스위츠로 인기다.

Ⓐ 6-3-7, Jingumae, Shibuya-ku 渋谷区神宮前6-3-7
☎ 03-6427-4100　⏰ 11:00∼21:00
🚶 메이지진구마에 역 4번 출구에서 도보 1분,
야마노테 선 하라주쿠 역 오모테산도 출구에서 도보 5분,
오모테산도 역 A1 출구에서 도보 7분
오모테산도 입구 교차로에서 도큐프라자 큰 길 건너편에 위치
ⓒ ¥¥ g 35.66808, 139.70569

크레이프 계의 새로운 강자
캬라쿠레!
キャラクレ！ Chara Cre

40년 프랑스 크레이프의 전통을 이어가는
마리온 크레이프
マリオンクレープ Marion Crepe

캬라쿠레는 크레이프의 성지 하라주쿠에서도 단연코 가장 주목받는 크레이프 전문점이다. 캬라쿠레는 카페라테에 그림을 그려 넣는 라테아트처럼 크레이프에 캐릭터를 그려 넣어 손님에게 제공하는 크레이프 전문점이다. 유명 애니메이션의 판권사로부터 퀄리티 체크를 받은 전문적인 기술을 가진 캬라쿠레 파티시에가 그림을 그린다. 최근 유명 애니메이션(오소마츠상)과 컬래버레이션한 메뉴를 출시하며 미디어에서 크게 주목받았다. 하라주쿠 ALTA 3층 C.A.P 하라주쿠 내에 위치하고 있으며 애니메이션 상품을 판매하는 갤러리 쇼룸이 함께하고 있다.

Ⓐ 3F, HarajukuALTA 1-16-4, Jingumae, Shibuya-ku 渋谷区神宮前1-16-4, HarajukuALTA 3F
Ⓣ 03-6455-4154 ⏰ 10:30~19:30
📍 하라주쿠 역 다케시타 출구에서 도보 3분
🌐 www.chara-cre.com 📍 35.67122, 139.70443

크레이프 하면 마리온! 최근 색다른 아이템으로 크레이프 계에 뛰어드는 신생 브랜드가 속속 등장하고 있지만 프랑스의 크레이프를 처음 일본에 전파시킨 마리온을 빼고 크레이프를 논할 수 없다. 1976년 프랑스에서 탄생해 일본으로 건너온 크레이프는 시부야의 한 공원 주차장 구석에서 리어카 한 대로 시작하였다. 패스트푸드가 적었던 그 시절, 프랑스스러운 크레이프는 순식간에 유명세를 타고 다케시타도리점에 제2호점을 열게 되었다. 마리온 크레이프를 손에 든 젊은이가 트렌드를 선도하는 하라주쿠의 상징이 되었다고. 40년 넘게 프랑스 크레이프의 전통을 유지하면 전국 약 80개의 점포를 가지고 있다.

Ⓐ 1~2F, 1-6-15, Jingumae, Shibuya-ku 渋谷区神宮前1-6-15 1-2F
Ⓣ 03-3401-7297 📍 하라주쿠 역에서 도보 3분
🌐 www.marion.co.jp 📍 35.67122, 139.70489

6
EBISU & DAIKANYAMA
恵比寿&代官山

WALK AROUND

에비스 & 다이칸야마

•

에비스와 다이칸야마는 도보로 이동할 수 있는 거리에 두 지역이 위치해 있다. 에비스는 이 지역에 에비스 맥주 '공장이 있었던 것이 지역명이 되었다. 현재 공장은 없어졌지만 '에비스 맥주 기념관'이 있어 그 시절의 명성을 전하고 있다. 에비스 가든 플레이스는 총 부지의 60%가 녹지이며, 식당 폐수 재사용 시설, 폐열 재가동 시스템 등 자연과 환경을 생각한 마을 만들기에 주력했다. 어느 한 건물이 도드라지지 않고 작고 낮지만 예술적 감성이 충만한 다이칸야마는 도쿄 산책의 최적의 장소라고 감히 말한다. 쇼핑보다는 건물과 마을의 조화에 주목하며 산책을 즐기자.

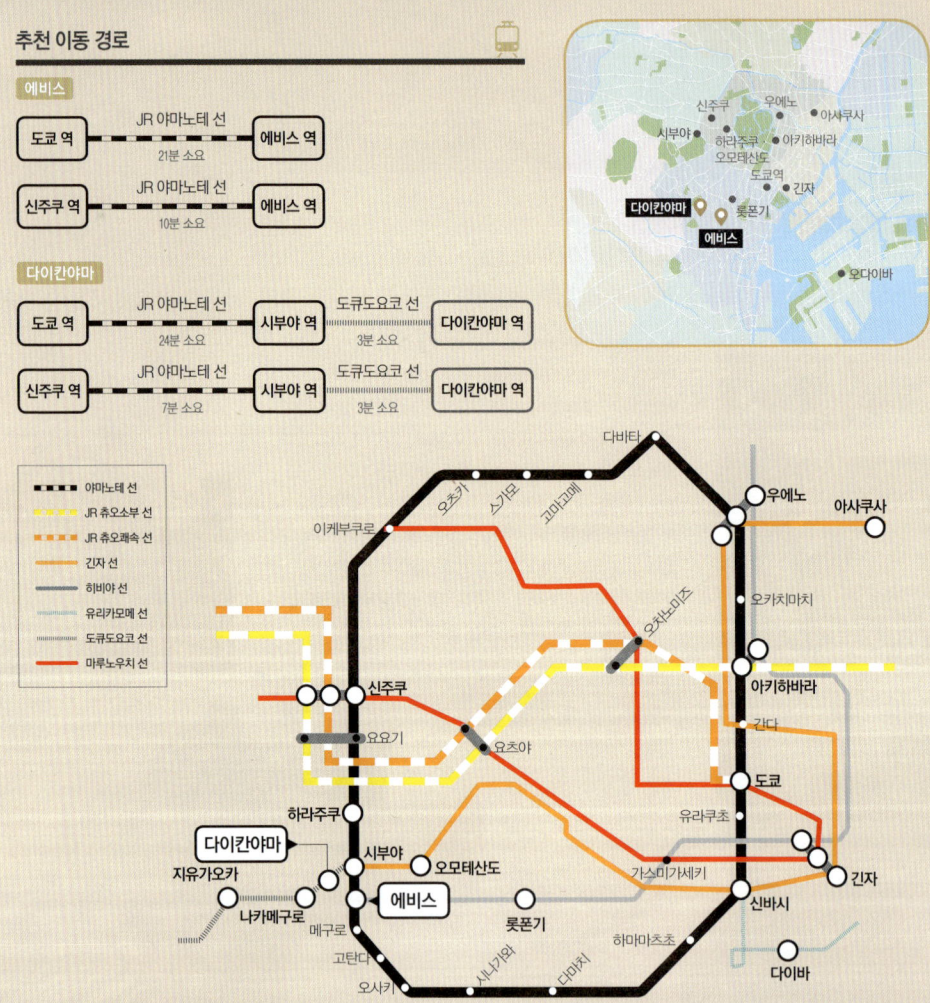

추천 일정

에비스 가든 플레이스
에비스 가든 플레이스는 에비스 가든 플레이스 타워, 웨스턴호텔 도쿄, 미츠코시백화점, 에비스 맥주 기념관 등 다양한 볼거리와 휴식의 공간이다.

도보 15분

구 아사쿠라케 주택
다이칸야마와는 어울리시 않을 것 같은 오래된 고택 구 아사쿠라케 주택은 1919년 지어졌다. 관동대지진 이전에 지어진 도쿄 도심에는 몇 남지 않은 건축물로 가치가 있다.

도보 1분

힐사이드테라스
다이칸야마가 지금의 모습을 일구어 내는 데 주축이 된 건축물이다. 힐사이드테라스 A, B, C, D, E, F, G, H동 그리고 아넥스 A, B동, 힐사이드프라자, 힐사이드웨스트 등 다이칸야마 건축물의 역사를 보여준다.

도보 5분

로그로드 다이칸야마
이전 도큐 도요코 선이 달리던 선로 부지에 5개 동의 건물이 길게 연결되어 있는 형상을 하고 있으며 콘셉트가 명확한 쇼핑 및 카페 공간이다.

도보 7분

테노하 다이칸야마
숲 속의 파티장을 연상시키는 정원이 인상적이다. 테노하의 '& STYLE STORE'는 다이칸야마에서 가장 주목 받는 숍에 반드시 거론되는 인테리어 가구 잡화 편집숍이다.

도보 5분

다이칸야마 티사이트
츠타야 서점을 중심으로 반려동물 숍, 카메라, 전동자전거 전문숍, 카페가 하나의 공간에 산책로와 정원을 따라 점점이 자리하고 있다. 아이비플레이스의 팬케이크가 인기다.

EBISU & DAIKANYAMA

기억에
남는
8장면

1. '덴하므'의 장인이 다이칸야마 거리에서 청바지 색을 빼고 있다
2. 색을 뺀 청바지는 다이칸야마의 하늘 아래에 걸려 있다
3. 다이칸야마의 흔한 브런치 클래스
4. 다이칸야마 티사이트 내 로드카페에서 드립 커피를 내리고 있다
5. 에비스 가든 플레이스 타워의 무료 전망대
6. 전봇대와 엉킨 전기줄은 아직도 도쿄의 도심 곳곳에서 볼 수 있는 풍경이다
7. 에비스 가든 플레이스에 사는 부엉이 '후쿠로우'
8. 100년 전의 건축물인 구 아사쿠라케 주택의 정교한 창문

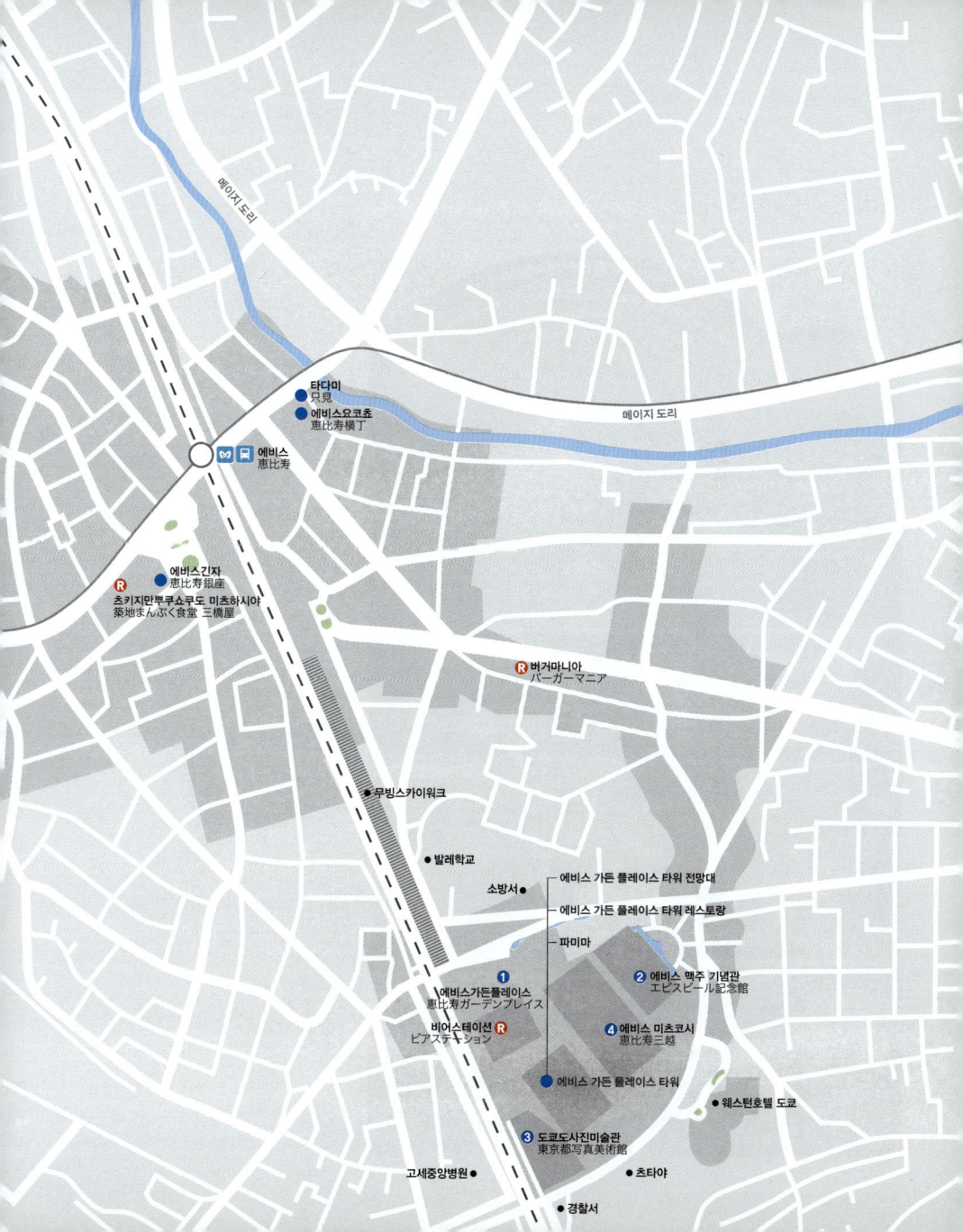

Ebisu&Daikanyama
Spot ❶

환경과 자연을 생각한
에비스 가든 플레이스 恵比寿ガーデンプレイス Yebisu Garden Place

에비스라는 지명은 우리에게도 익숙한 에비스 맥주에서 유래한다. 1887년 에비스 맥주의 제조사인 삿포로 맥주는 이 지역에 공장을 짓기 위해 부지를 매입하고 2년 후 맥주를 생산하게 되는데 그 맥주를 '에비스'라고 이름 지었다. 에비스 맥주는 큰 인기를 끌었고 맥주를 운반하기 위한 화물역과 여객역을 개설하고 맥주의 이름을 따서 에비스 역이라고 칭했다. 이후 에비스라는 지명의 기원이 된 맥주 공장은 치바로 이전하게 되고 1994년 그 자리에 에비스 가든 플레이스가 재탄생하였다. 에비스 가든 플레이스는 삿포로 맥주의 본사, 에비스 가든 플레이스 타워, 웨스턴호텔 도쿄, 미츠코시백화점, 에비스 맥주 기념관, 2016년 9월 리뉴얼 오픈한 도쿄도사진박물관, 에비스 가든시네마 등으로 구성된 복합시설이다. 에비스 역 근처에 일본 아이돌 화보집 발행으로 유명한 출판사 와니북스가 위치할 뿐 아니라 회사가 밀집되어 있어 런치타임이면 부근의 회사원들이 일제히 에비스의 거리로 빠져 나온다. 덕분에 에비스에는 맛있는 런치 레스토랑이 많다.

🅐 4-20, Ebisu, Shibuya-ku 渋谷区恵比寿4-20
🅣 03-5423-7111
🅦 gardenplace.jp
🅠 야마노테 선 혹은 히비야 선 에비스 역 동쪽 출구에서 도보 5분. 에비스 가든 플레이스까지 무빙 스카이워크로 연결되어 있어 편리하게 갈 수 있음
🅖 35.643115, 139.712977

tokyo special tips

【 에비스 가든 플레이스 타워 볼거리 】

에비스 가든 플레이스 타워 전망대
에비스 가든 플레이스 타워의 39층에는 신주쿠, 롯폰기힐즈 등 도쿄 도심을 전망할 수 있는 무료 전망대가 있다.

에비스 가든 플레이스 타워 전망대 레스토랑
에비스 가든 플레이스 타워 39층에 위치한 전망대 레스토랑에서는 중식, 일식, 한식을 맛볼 수 있는 식당이 모여 있다. 수량이 많지는 않지만 조용한 분위기에서 도쿄의 경치를 만끽하면서 천천히 식사를 할 수 있는 장소이다.

파미마
1층에 위치한 'Every Life, Every Fun'을 컨셉으로 한 패밀리마트의 신브랜드. 편리함과 즐거움을 동시에 누리는 편의점을 목표로 기존 패밀리마트보다 고퀄리티의 제품들을 선보이고 있다. 세계 각국의 수입 미네랄워터, 방금 끓인 수프, 오리지널 파스타와 샌드위치까지. 무엇보다 다양하고 알찬 도시락에 눈이 휘둥그레진다. 편의점 바로 옆에 카페 코너가 있어 도시락을 사서 식사를 할 수도 있고 시원한 음료수 한잔하면서 쉬어 가기에 훌륭한 공간이다.
◎ 07:00~23:00

Ebisu&Daikanyama
Spot ❷

맥주의 성지
에비스 맥주 기념관 エビスビール記念館 Yebisu Beer Museum

MUST SEE 1890년에 탄생한 에비스 맥주의 탄생 120년을 기념해 만들어진 기념관이다. 누구나 관람이 가능한 에비스 갤러리에서는 맥주의 변천사와 과학을 눈으로 확인할 수 있다. 유료로 시행되는 에비스 투어에 참가하면 커뮤니케이션 스테이지를 돌아볼 수 있으며 에비스 맥주를 마시며 전문가로부터 맥주와 관련된 다양한 지식을 얻을 수 있다. 테이스팅 살롱에서 제대로 시음까지 끝내면 에비스 맥주 기념관의 여정은 끝을 맺는다. 맥주를 좋아하는 사람들에겐 보고, 마시고, 공부할 수 있는 더할 나위 없이 흐뭇한 공간이다.

ⓐ Yebisugardenplace, 4-20-1, Ebisu, Shibuya-ku 渋谷区恵比寿4-20-1恵比寿ガーデンプレイス内
ⓣ 03-5423-7255 ⓞ 11:00~19:00 (월요일 휴무)
ⓦ www.sapporobeer.jp/brewery/y_museum
ⓠ 에비스 가든 플레이스 내 미츠코시백화점 쪽 삿포로 맥주 본사에 위치
ⓖ 35.643132, 139.714572

|에비스 투어 안내|

사전 예약한 사람이 우선 입장한다. 현장에서 당일권 구매가 가능하지만 붐빌 경우 참가가 불가능할 수도 있다. 미성년자는 갤러리까지만 참여가 가능하다.

- **투어 요금** 대인 ¥500(맥주 2잔 시음 포함)
  중학생 이상 20세 미만 ¥300(소프트 음료 포함)
  초등학생 이하 무료(소프트 음료 포함)
- **투어 예약 홈페이지** www.sapporobeer.jp/brewery/y_museum/kengaku
- **전화 예약** 03-5423-7255 (11:00~19:00)
- **투어 시간표** 11:00~17:00 (에비스투어최종회 17:10)
  평일은 30분 간격, 주말에는 20분 간격으로 실시되고, 소요시간은 약 40분

tokyo special tips

【 에비스 맥주 이야기 】

에비스 맥주가 특별한 이유
엄선된 맥아와 홉, 그리고 에비스 효모라 불리는 오리지널 향기 거품의 질. 빈 잔에 층층이 남은 거품 선은 맛있는 맥주의 증거! 흉내낼 수 없는 빛나는 황금빛 부드러운 맛은 장기간 숙성에 의한 결과다. 마일드한 쓴 맛, 깨끗한 목 넘김, 비싸지만 에비스 맥주를 선택하는 이유나.

럭키에비스 ラッキ恵比寿
에비스 맥주 기념관에는 609개의 에비스 맥주 캔으로 만들어진 오브제가 설치되어 있다. 그런데 이 중에 '럭키에비스'가 존재한다고 한다. 일반 에비스 맥주 캔에는 에비스 신이 한 마리의 도미를 어깨에 메고 있는데 단 1개의 캔만이 두 마리의 도미를 어깨에 메고 있다고. 이것을 발견하는 사람에게 에비스 신의 행운이 온다고 한다.

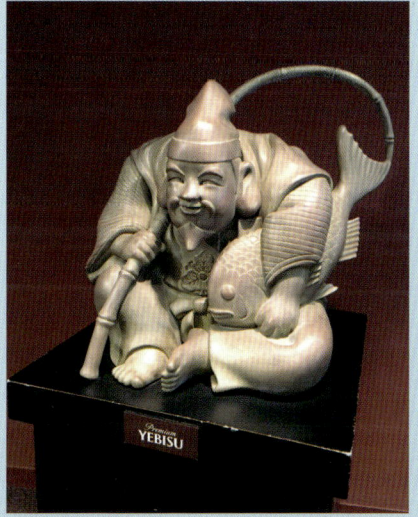

에비스 신 恵比寿 神
일본의 칠복신七福神 중의 하나로 인도나 중국에서 유래한 다른 신과는 달리 유일하게 일본의 신이다. 원래는 어업의 신이지만 이후 상업의 신으로 모셔지게 되었다. 에비스 곳곳에서 복스러운 얼굴을 한 에비스 신의 동상을 발견할 수 있다.

Ebisu&Daikanyama
Spot ❸

일본 최초의 사진 영상 뮤지엄
도쿄도사진미술관 東京都写真美術館 Tokyo Photographic Art Museum

에비스 가든 플레이스 내에 위치한 도쿄도사진미술관은 일본 최초로 지어진 사진 영상 관련 문화시설이다. 다른 곳 어디에도 없는 일본 유명 사진작가의 작품을 약 3만 점 이상 보유하고 있다. 사진미술관은 2014년부터 대규모 리뉴얼을 시작해 개장 20주년에 맞추어 2016년 9월 새롭게 오픈했다. 엘리베이터가 증설되고 다이칸야마의 유명 카페 메종 이치가 처음으로 미술관으로 들어와 한층 가까운 미술관이 되었다. Tokyo Photographic Art Museum의 첫 글자를 따서 'TOP 뮤지엄'이라는 더욱 친숙한 애칭으로 돌아왔다.

- Ⓐ Yebisugardenplace, 1-13-3, Mita, Meguro-ku 目黒区三田1-13-3 恵比寿ガーデンプレイス内
- Ⓣ 03-3280-0099 　Ⓞ 10:00~18:00(목·금요일은 20:00까지)
- Ⓦ topmuseum.jp
- 야마노테 선 에비스 역 동쪽 출구에서 도보 5분 에비스 가든 플레이스 내에 위치
- 35.641611, 139.713256

Ebisu&Daikanyama
Spot ❹

쾌적하고 여유로운 쇼핑공간
에비스 미츠코시 恵比寿三越 Yebisu Mitsukoshi

에비스 가든 플레이스 내에 위치한 백화점이다. 규모가 그리 크지 않지만 에비스 가든 플레이스의 고급스럽고 쾌적한 분위기와 잘 어우러져 여유롭게 쇼핑을 즐길 수 있다는 점에서 여느 백화점과는 또 다른 장점을 지닌 백화점이다. 크게 혼잡하지 않다는 것도 이곳의 매력이다. 긴자의 미츠코시가 단체 외국인 관광객이 많아 오히려 에비스 미츠코시를 선호하는 사람들이 상당하며 특히 꽃과 나무가 어우러진 광장에서 아이들을 동반한 가족들이 편안하게 휴식하는 모습이 인상적이다. 1층에 일본 전통 수공예품 판매점이 있어 기념품을 구매하거나 둘러보기에 좋다.

- Ⓐ 4-20-7 Ebisu, Shibuya 渋谷区恵比寿4-20-7
- Ⓣ 03-5423-1111 　Ⓞ 11:00~20:00
- Ⓦ mitsukoshi.mistore.jp
- 야마노테 선 에비스 역 동쪽 출구에서 도보 5분, 에비스 가든 플레이스 내로 진입하면 왼편에 보이는 붉은 벽돌색 건물
- 35.642590, 139.714250

tokyo special spot

【 에비스 역 근처 놓치기 아까운 볼거리 】

에비스 역에 도착하면 누구나 에비스 가든 플레이스가 있는 동쪽으로 먼저 향하게 된다. 동쪽 방면이 햇살 좋은 테라스 카페에서 커피 한잔하기에 딱 좋은 분위기라면 서쪽 출구 방면은 세련된 건물도 없고 멋스러운 가로수 길도 없지만 작은 노포가 많아 저렴하고 서민적인 일본풍의 식사를 하기에 안성맞춤이다. 상점가도 서쪽에 집중되어 있으니 둘러보고 다이칸야마로 향하면 좋겠다.

에비스요코쵸 恵比寿横丁 Ebisu Yokocho

일본에 불고 있는 요코초(좁은 골목길) 붐을 에비스도 비껴가지 못했다. 번성했던 쇼와시대 상점가의 부흥과 더불어 개성 있는 음식점을 개척하자는 취지 하에 에비스요코초는 요리인과 종업원, 손님이 하나가 되는 새로운 식도락 문화를 만들어 가고 있다. 오코노미야키, 꼬치구이, 오뎅바, 이사카야, 곱창구이, 와인비, 버섯요리, 한국요리 등 총 20개의 음식점이 모여 있다.

에비스 요코초 대표 음식점	
• 갓파짱 かっぱちゃん	미소된장소스 꼬치구이
• 타츠마텐구 達魔天狗	곱창구이
• 우메츠키 うめ月	오코노미야키

- 1-7-4, Ebisu, Shibuya-ku 渋谷区恵比寿1-7-4
- 11:00~05:00 (가게마다 다름)
- 에비스 역 서쪽 출구에서 롯폰기 방면, 에비스잇초메 교차점 횡단보도를 건너 좌회전 후, 왼편 3번째 건물 골목안
- www.ebisu-yokocho.com
- 35.64825, 139.71063

타다미 只見 TADAMI

그릇, 인테리어 소품 등 도기를 전문으로 하는 잡화점이다. 최근 한국에서 인기가 많은 부엉이 장식품은 일본에서는 아주 오래 전부터 집안에 좋은 운기를 부르는 소품으로 사용했었다. 부엉이를 칭하는 후쿠로우フクロウ의 앞 글자가 행복을 뜻하는 후쿠福와 발음이 같기 때문에 복을 부른다고 생각했다. 타다미에는 부엉이뿐만 아니라 행복과 돈을 부르는 고양이 '마네키네코', 집 나간 사람도 돌아오게 만든다는 개구리 '가에루', 5월 단오면 남자아이가 있는 집에는 꼭 걸어둔다는 붕어가 그려진 '코이노보리' 등 집에 두면 운기가 상승한다는 장식품들과 그릇들로 가득하다. 잡화는 주로 고양이 관련 상품이 많다. 근처 에비스나 다이칸야마의 세련된 언니들이 많이 찾는다고 한다.

- 1-7-13, Ebisu, Shibuya-ku 渋谷区恵比寿1-7-13 只見ビル1F
- 03-3441-2708
- 10:00~19:00
- 에비스 역에서 도보 4분. 에비스 역 서쪽 출구를 나와 롯폰기 방면(다이칸야마의 반대방면) 에비스잇초메 교차점 횡단보도를 건너 직진하면 오른편에 위치
- 35.648400, 139.710582

에비스긴자 恵比寿銀座

에비스 서쪽 출구 로터리 건너편 남북으로 길게 이어진 좁은 골목이 에비스 긴자이다. 다이칸야마로 가는 길목이며 작은 술집과 바가 즐비하다. 저녁에는 술을, 낮에는 밥을 파는 곳이 많다.

- 1-4-1 Ebisuminami, Shibuya-ku 渋谷区恵比寿南1-4-1
- 에비스 역 서쪽 출구에서 다이칸야마 방향 로터리 건너편에 위치
- 35.646713, 139.709152

tokyo special shop

【 에비스에서 다이칸야마로 가는 길목에서 만난 SHOP 】

품격 있는 식기점
뷔르 ヴェール VERRE
에비스 역 서쪽 출구에서 다이칸야마로 가는 코마자와도오리駒沢通り에 고급스러운 윈도우 디스플레이가 눈에 띄는 뷔르는 이탈리아, 프랑스, 독일, 포르투갈에서 아름다운 식기들을 수입해서 판매하는 테이블웨어 전문점이다. 매장 내에는 호텔 레스토랑에서 보았던 식기, 백화점 그릇 코너에서는 볼 수 없는 고급스러움 이상의 품격을 가진 식기들로 가득하다. 그렇다고 비싼 식기만 있는 것은 아니다. 뷔르오리지널 밥그릇, 유리 제품들이 합리적인 가격에 판매되고 있다. 특히 인기 있는 제품은 브랜드명에서 알 수 있듯 유리 플레이트, 유리잔 등 유리 제품이라고. 기념일 혹은 나만의 테이블 세팅이 필요한 날 내놓을 식기를 찾고 있다면 이곳을 눈여겨볼 만하다.

- 1F, AGIO1 B/D, 3-3-12, Ebisuminami, Shibuya-ku 渋谷区恵比寿南3-3-12 AGIO1ビル1F
- 03-5721-8013
- 11:00~20:00
- 에비스 역 서쪽 출구로 나와 에비스 상점가를 지나 다이칸야마로 가는 길목에 세븐일레븐을 지나면 바로
- www.verre.co.jp
- 35.646220, 139.704650

빈티지 가구 및 잡화점
에키페 エキペ ÉQUIPÉE

빈티지 가구점이라고 생각하고 들어갔는데 양복과 농기구들이 있다?! 유럽의 여러 나라에서 구입한 가구, 잡화, 의류를 한 공간에 모아 놓은 에키페는 '필요한 장비를 갖추다' 혹은 '가구'를 뜻하는 프랑스어다. 인더스트리얼 빈티지 스타일의 가구와 잡화를 판매한다.

ⓐ 102, Grandmaison daikanyama, 3-7-10, Ebisuminami, Shibuya-ku 渋谷区恵比寿南3-7-10 グランドメゾン代官山102
ⓣ 03-3794-0661
ⓞ 11:30~20:00
ⓛ 에비스 역 서쪽 출구로 나와 에비스 상점가를 지나 다이칸야마로 가는 길목에 위치
ⓦ www.equipee.info
ⓖ 35.646395, 139.703191

텍스타일계의 트렌드 세터 디자이너가 운영하는
이에노 텍스타일 家のテキスタイル Ieno Textile

인도의 공장에서는 그림을 그려주면 그 자리에서 미싱이나 손으로 샘플을 만들어 준다고 한다. 텍스타일 디자이너 나무라 단南村弾은 인도 장인들의 작업 광경에 크게 감동받아 자신의 디자인에도 현장감을 살리는 것이 중요하다고 판단하게 되었고, 이에노 텍스타일 나무라 단이 자신의 오리지널 디자인을 중심으로 따뜻한 집의 텍스타일을 제안해 준다. 보기만 해도 기분 좋아지는 텍스타일의 따뜻함을 그대로 살린 커튼, 쿠션커버, 쉐이드, 러그, 잡화 등을 만날 수 있다. 나무라 단은 홈텍스타일의 트렌드를 발신하는 독일 프랑크푸르트의 전시회 '하임텍스타일'이 선출한 트렌드 세터다. 하임텍스타일이 유럽 이외의 나라에서 트렌드 세터를 선출한 것은 처음이다.

ⓐ 2F, Twindbuilding Daikanyama A, 30-3, Sarugaku-cho, Shibuya-ku 渋谷区猿楽町30-3 ツインビル代官山A棟2F
ⓣ 03-5784-1657
ⓞ 11:00~19:00
ⓛ 에비스 역 서쪽 출구로 나와 에비스 상점가를 지나 다이칸야마로 가는 길목에 위치. 구 아사쿠라케 주택에서 가까움
ⓦ www.ienotextile.com
ⓖ 35.647322, 139.701732

Ebisu&Daikanyama
Spot 5

힐사이드테라스는 이곳에서 시작되었다
구 아사쿠라케 주택 旧朝倉家住宅 Kyu Asakura House

MUST SEE 다이칸야마와는 어울리지 않을 것 같은 오래된 고가 구 아사쿠라케 주택은 1919년 도쿄부 의회 의장을 역임한 아사쿠라 토라지로朝倉虎治郎에 의해 지어졌다. 도쿄 도심에는 몇 남지 않은 관동대지진 이전에 지어진 건축물이며 중요문화재로 지정되어 있다. 아사쿠라 집안은 원래 이 지역에서 큰 미곡점을 운영하던 집안이었다. 집안 대대로 물려받은 이 가업으로 이 일대의 많은 땅을 사들였고 지금은 부동산 회사를 운영 중이며 다이칸야마의 힐사이드테라스를 직접 운영·관리하고 있다. 지역 유지가 건축물에 대한 특별한 관심과 지식이 있었고 그와 전문 건축가와의 만남에 의해 다이칸야마는 지금과 같은 모습으로 발전해 온 것이다. 다이칸야마와 아사쿠라케를 따로 생각할 수 없는 이유다. 다이칸야마의 소유지에 남겨진 이 주택은 최고급 소재를 사용했을 뿐 아니라 군데군데 나 있는 창의 모양, 나무 레일 등 세세한 부분에서 집주인의 건축물에 대한 애정을 엿볼 수 있다. 이 집의 가장 깊은 곳에 위치한 스기나무 방杉の間에서 보는 정원이 특히 아름답다.

ⓐ 29-20, Sarugaku-cho, Shibuya-ku
ⓣ 03-4376-1021　ⓞ 10:00~18:00 (11월~2월은 16:30까지)
ⓦ 일반 ¥100　초·중학생 ¥50
ⓢ 도큐도요코 선 다이칸야마 역 정면 출구에서 도보 5분
ⓖ 35.647558, 139.700885

Ebisu&Daikanyama
Spot❻

그 누구도 흉내낼 수 없는 건축 미학
힐사이드테라스 ヒルサイドテラス Hillsideterrace

힐사이드테라스는 다이칸야마가 지금의 모습을 일구어 내는데 주축이 된 건축물이다. 힐사이드테라스 A, B, C, D, E, F, G, H동 그리고 아넥스 A, B동, 힐사이드플라자, 힐사이드웨스트로 나누어져 다이칸야마 전역에 분포되어 있다. 1969년에 시작해 1998년까지 약 30년에 걸쳐 지어진 주택과 점포가 공존하는 복합건물이다. 이 건축물의 오너는 이 지역의 대부호였던 아사쿠라케家. 당시 정치가였던 아사쿠라 토라지로朝倉虎次郎는 건축가 마키 후미히코槇文彦와의 인연으로 다이칸야마 집합주택계획을 함께 설계하게 된다. 40년 전 이곳은 조용한 민가로 이루어진 주택지였으나 규제가 완화되어 힐사이트테라스는 주거와 점포가 함께하는 지금과 같은 형태의 건물을 지을 수 있게 되었다. 외관은 1960년대에 계획된 건물이라고는 믿기지 않을 정도로 지금의 트렌드에 전혀 뒤쳐지지 않는다. 화장실이나 로비에서 건물의 역사가 느껴지지만 잘 관리해 온 정성이 보인다. 2003년 일본 모던무브먼트 건축물, Prince of Wales Prize 상 등 각종 건축디자인 상을 수상하였다. 힐사이드테라스는 40년 넘도록 절대적인 지지와 사랑을 받으며 폭넓은 연령층이 이곳에 거주하고 있다.

ⓐ E, Hillsideterrace, 18-29, Sarugaku-cho, Shibuya-ku 渋谷区猿楽町29-18ヒルサイドテラスE棟
ⓣ 03-5489-3705
ⓦ www.hillsideterrace.com
ⓛ 도큐도요코 선 다이칸야마 역에서 도보 3분, 도큐도요코 선·히비야 선 나카메구로 역에서 도보 7분, 야마노테 선·사이쿄 선·히비야 선 에비스 역에서 도보 10분
ⓖ 35.647457, 139.701537

Ebisu&Daikanyama
Spot ❼

다이칸야마에서 휴일을 즐기는 방법의 제안
다이칸야마 티사이트 代官山ティーサイト Daikanyama T-SITE

MUST SEE 다이칸야마 티사이트는 츠타야 서점을 중심으로 반려동물 숍, 카메라, 전동자전거 전문숍, 카페가 하나의 공간에 산책로와 정원을 따라 자리하고 있다. 마치 공기 좋은 숲 속 작은 마을에 온 듯 기분 좋은 공간이다. 특히 츠타야 서점과 스타벅스가 같은 공간에 위치해 있어 서점에서는 향기로운 커피 향을, 카페에서는 천장 끝까지 가득한 서고를 구경할 수 있다. 휴일 계획 없이 책만 읽다 가도 좋은 공간이다. 카페 IVY PLACE가 트렌드 세터에게 인기다.

ⓐ 16-15, Sarugaku-cho, Shibuya-ku 渋谷区猿楽町16-15
ⓞ 07:00~26:00 (점포별 다름) ⓦ real.tsite.jp/daikanyama
ⓖ 35.649082, 139.699577

📍 도큐도요코 선 다이칸야마 역 정면 출구에서 도보 5분. 출구를 나와서 길을 따라 직진하면 사거리가 나온다. 사거리에서 오던 길을 직진하듯 길을 건너 골목길로 직진. 힐사이드테라스 F동이 나오면 좌회전해서 걷다 큰 대로가 나오면 우회전. 조금 걸으면 오른편에 츠타야 서점이 보임

tokyo special spot

【 다이칸야마 티사이트 둘러보기 】

츠타야 서점 蔦谷書店 Tsutaya Books

츠타야 서점은 1983년 오사카 히라카타에서 탄생했다. 그들은 책과 영화와 음악을 통한 라이프스타일의 제안해 왔다. T-SITE는 츠타야의 포털사이트의 이름이기도 하다. 30년이 지난 그들이 새로운 라이프스타일을 제한하는 데 있어 다이칸야마 이외는 생각한 적이 없다고 한다. 그것은 다이칸야마가 가지고 있는 스토리 때문이었다고. 죠몬시대繩文時代(약 1만 5천 년 전에서 약 2천 300년 전)부터 도쿄에는 많은 사람이 살았다. 당시 시부야는 바다였고, 다이칸야마는 육지였다. 시부야와 다이칸야마의 위상은 달랐으며 그 당시부터 다이칸야마는 야마노테로 불리었을 만큼 지세가 좋아 무사나 큰 상점을 운영하는 사람이 이 터에 집을 지었으며 이후 외국의 대사관들도 이곳에 터를 잡게 된다. 실제로 다이칸야마 티사이트 근처에 덴마크 대사관과 이집트 대사관이 인접해 있다.

Ⓐ 17-5, Sarugaku-cho, Shibuya-ku 渋谷区猿楽町17-5   Ⓟ 03-3770-2525
Ⓖ 35.648846, 139.699800

가든 갤러리 ガーデンギャラリー GARDEN GALLERRY
츠타야 서점이 제안하는 라이프 스타일 장르를 중심으로 '양질의 일상', '최신', '발견'을 키워드로 정보를 발신하고 있다. 'TOOLS POP-UP SHOP' 'WORLD WINE FESTIVAL' 등 일상에 필요한 신상품 소개나 잡지 속의 페이지가 실제로 옮겨지는 등 다채로운 이벤트가 펼쳐지는 다목적 공간이다.

Ⓐ 16-15 Sarugakucho, Shibuya-ku 渋谷区猿楽町16-15   Ⓟ 03-3770-1888   Ⓖ 35.649300, 139.700365

자연과 사람과 물건이 하나가 되는 공간
테노하 다이칸야마 テノハ ダイカンヤマ Tenoha Daikanyama

테노하의 '& STYLE STORE'는 다이칸야마에서 가장 주목받는 숍에 반드시 거론되는 인테리어 가구 잡화 편집숍이다. 검은색 철제 격자 문을 통과하자마자 자유로운 분위기의 가든 카페가 펼쳐진다. 이 가든 카페를 중심으로 인테리어 및 잡화 중심의 'TENOHA & STYLE STORE', 레스토랑 'TENOHA & STYLE RESTAURANT', 이탈리안 카페 '본돌피 본카페'가 원형을 그리며 위치해 있다. 테노하는 손을 의미하는 '테手'와 나뭇잎을 의미하는 '하葉'를 합친 단어다. 사람의 손으로 만들어진 친숙한 느낌의 것들을 소중하게 생각하며 손과 손이 모여 나뭇잎처럼 번져 새로운 시대 열어가듯 새로운 삶의 방식을 만들어간다는 의미를 담고 있다. 차를 시켜 이야기하는 사람과 음식을 시키지 않고 자유롭게 미팅만 하는 모습도 눈에 띄어 도심의 여유가 느껴진다.

Ⓐ 20-23, Daikanyama-cho, Shibuya-ku 渋谷区代官山町20-23
Ⓦ tenoha.jp 35.648779, 139.702334

도큐도요코 선 다이칸야마 역 정면 출구에서 도보 3분 출구에서 길을 따라 정면으로 직진하면 사거리가 나오면 우회하여 직진 오른편에 TENOHA의 검은색 철제 문 입구가 보임

Ebisu&Daikanyama
Spot ❾

오래된 것이 가져다주는 따뜻함이라는 매력에 빠지다
카마와누 かまわぬ Kamawanu

카마와누는 편하게 들어오라는 의미를 가진 테누구이手拭 전문점이다. 테누구이란 얼굴이나 손을 씻거나 땀이 날 때, 목욕을 할 때 몸을 닦는 용도로 쓰이는 면으로 된 천을 말하며 일본에서는 오래 전부터 쓰여온 생활용품이다. 타올의 등장으로 점점 용도를 잃어 사라져 가는 듯했으나 최근 여성들이 손수건이나 손 타올 대신 전통 테누구이를 소지하는 것이 유행처럼 번져 전문점이 늘어나고 있다. 카마와누는 단순히 테누구이를 판매하는 것이 목적이 아니고 오래된 것, 옛것을 새로운 감각으로 받아들이자는 취지로 제품을 만들고 있다. 실제로 매장에는 전통 문양의 테누구이뿐만 아니라 부채, 머리핀 등 모던한 감각의 다양한 제품이 판매되고 있다. 카마와누는 29년째 다이칸야마에 본점을 두고 있으며 약 200여 개 제품이 전통 염색방식으로 만들어지고 있다.

Ⓐ 23-1, Sarugaku-cho, Shibuya-ku 渋谷区猿楽町23-1 ☏ 03-3780-0182
⊙ 11:00~19:00 도큐도요코 선 다이칸야마 역 서쪽 출구에서 도보 3분
ⓦ www.kamawanu.co.jp 35.64899, 139.70174

Ebisu&Daikanyama
Spot ❿

형형색색 건강한 오일과 술을 원하는 만큼 파는 곳
폼 파스 フォムファス VOM FASS

올리브 오일과 와인을 필요한 만큼 살 수 있는 곳이다. 독일을 중심으로 전 세계 30개국에 점포를 전개하고 있으며 유럽인들이 사랑하는 양질의 제품을 직접 테이스팅해 본 후 필요한 만큼 살 수 있다. 올리브 오일 뿐만 아니라 너트오일, 미용과 건강을 위한 각종 웰니스 오일이나 와인, 리큐어, 스피리츠 등 향기와 맛을 보고 자신이 원하는 병에 담아간다. 내용물을 화려하게 보이게 하는 특이하게 생긴 병은 선물용으로도 인기. 가격은 올리브 오일은 100ml에 ￥600 정도.

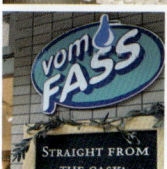

Ⓐ 103, Daikanyama SG B/D, 18-5, Daikanya-cho, Shibuya-ku 渋谷区代官山町18-5 代官山SG빌103 ☏ 03-6427-8717 ⊙ 11:00~19:00
도큐도요코 선 다이칸야마 역 북쪽 출구에서 도보 3분
ⓦ www.vomfass.co.jp 35.649287, 139.704377

Ebisu&Daikanyama
Spot ⑪

다이칸야마에서 가장 최근에 완성된 시설
로그로드 다이칸야마 ログロード代官山
Logroad Daikanyama

> **MUST SEE**
>
> 도큐도요코 선東急東横線이 달리던 선로 부지에 5개 동의 건물이 길게 연결되어 있는 형상을 하고 있다. 일본에 처음 들어온 미국 서해안을 대표하는 셀렉숍 'Fred Segai WOMAN & MAN'의 의류나 잡화는 '비밀스러운 선택'이라는 콘셉트로 스타일리시한 라인업이 눈에 띈다. 다른 누구도 가지고 있지 않을 것 같은 나만의 개성을 보여주기 충분한 아이템들이다. 기린 맥주가 디렉팅한 다이닝 'SPRING VALLEY BREWERY TOKYO'에서는 6가지의 크래프트 맥주를 맛볼 수 있다. 내부가 맥주 공장 콘셉트로 불가사의 느낌을 주는 공간이다. 'THE MART AT FRED SEGAL'은 오가닉 푸드를 취급하는 카페 겸 마트이다. 다양한 잡화와 함께 도넛, 커피가 판매된다. 로그로드 다이칸야마는 힐사이드테라스와 정반대 방향이라 시간을 들여서 꼭 가야 하나 생각이 들겠지만, 다이칸야마의 오래된 집들과 그 사이의 작은 카페나 개성 있는 숍의 풍경을 보면서 걷는다면 길이 그리 지루하지는 않을 것 같다. 생각보다 규모가 크지는 않지만 레어 제품을 찾는 사람들이라면 추천한다. 5개의 동이 만들어낸 각각의 콘셉트가 미국 서해안의 바다와 같이 상쾌하고 즐겁다.

ⓐ 13-1, Daikanyama-cho, Shibuya-ku 渋谷区代官山町13-1
ⓦ www.logroad-daikanyama.jp ⓖ 35.650627, 139.705209

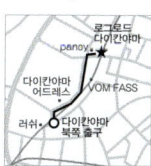

🚇 도큐도요코 선 다이칸야마 역 북쪽 출구에서 도보 4분, 북쪽 출구에서 선로 옆의 보도다리를 건너서 좌측계단으로 내려와서 직진. 십자로에서 우측에 위치

tokyo special shop

【 다이칸야마 주목도 No.1 콘셉트 SHOP 】

심플함이 모든 것을 앞선다
누크 스토어 ヌークストア Nook Store
심플, 모던, 내추럴, 누크 스토어는 여기에 한 가지 더 '따뜻함' 이라는 아주 중요한 요소를 가지고 있다. 의류, 신발, 가방에서 식품, 일상 용품까지 최대한 절제된 라인업과 세련된 셀렉션이 돋보이는 콘셉트 숍이다. 우리의 일상은 수많은 제품들로 넘쳐나 있다. 쓰다가 버리고, 다시 사고 또 버리는. 누크 스토어는 이러한 소비 패턴에 질린 듯 좋은 제품은 딱 하나로 충분하다는 듯, 오래 쓰고 최대한 절제하는 라이프 스타일을 보여준다.
ⓐ 14-12, Sarugaku-cho, Shibuya-ku 渋谷区猿楽町14-12
ⓟ 03-6416-1044
ⓞ 12:00~20:00 (주말 11:00~19:00)
ⓛ 다이칸야마 역 정면 출구를 나와서 길을 따라 직진 후 사거리가 나오면 길을 건너 직진한다. 왼편에 T-SITE가 보이면 우회하여 직진, 약 50m 왼편에 위치
ⓦ nookstore.jp
ⓖ 35.650041, 139.701157

제대로 된 레트로 콘셉트
저니 ジャーニー JOURNEY
다이칸야마의 흔한 레트로 콘셉트 숍이라고 생각하면 오산이다. 오래된 일본가옥의 정원을 가로지르는 통로를 숍으로 만든 공간으로, 가게 안에는 낡은 일본가옥의 외벽이 그대로 남아 있다. 레트로 분위기에 안성맞춤인 타탄체크 셔츠, 수제 구두, 아우터, 가방이 일부러 꾸며놓지 않은 듯 공간 속에 걸쳐져 있는 모습이 재미있다. 꾸미지 않은 듯 멋스러운 센스와 고퀄리티의 제품을 선호하는 남성에게 추천하고 싶다.
ⓐ 20-10, Sarugaku-cho, Shibuya-ku 渋谷区猿楽町20-10
ⓟ 03-3461-8506
ⓞ 11:30~20:00
ⓛ 도큐도요코 선 다이칸야마 역 정면 출구에서 도보 3분
ⓖ 35.649026, 139.701326

생활이 즐거워지는 라이프 스타일 숍
&스타일 스토어 &スタイルストアー &STYLE STORE
온라인 숍이 아무리 대세라 해도 레어 제품은 역시 발품을 팔아야 한다. 숲을 연상시키는 초록을 기조로 인테리어 가구, 잡화, 식품, 의류 등 생활을 더욱 즐겁게 해 줄 아이템을 찾던 사람들에게 추천하고 싶은 라이프 스타일 숍이다.
- Ⓐ TENOHA Daikanyama, 20-23, daikanyama-cho, shibuya-ku 東京都渋谷区代官山町20-23 TENOHA代官山
- ☎ 03-5784-0741
- ⓞ 11:00~20:00
- 다이칸야마 역 정면 출구를 나와서 길을 따라 직진 후 사거리가 나오면 우회, 테노하 내부에 위치
- Ⓦ tenoha.jp
- 35.648779, 139.702334

누구나 따라 하고 싶은 모델 린카의 아이템을 모아놓은
메종 드 리퍼 メゾンドリーファー Maison de REEFUR
일본 여성의 절대적인 지지를 받고 있는 모델 린카(梨花)가 디렉팅을 맡아 전개하고 있는 숍이다. 린카가 표지를 장식하면 잡지 매출이 확연히 오른다는 것은 일본 패션잡지계에서는 누구나 인정하는 사실. 린카의 옷, 화장법, 구두 등 린카 스타일은 일본 여성이 가장 동경하는 여성상이다. 2014년 리뉴얼 오픈한 메종드리퍼는 브랜드 오리지널 아이템 이외에도 스텔라 메카트니, 알렉산더 왕, 발렌시아가 등 린카가 엄선한 셀렉트 아이템을 만날 수 있다. 린카가 자신의 아이에게 입힌다는 아동복 코너는 같은 나이 또래의 주부들에게 단연코 인기다.
- Ⓐ 1F, Daikanyama B/D, 24-7, Sarugaku-cho, Shibuya-ku 渋谷区猿楽町24-7 代官山プラザビル 1F
- ☎ 03-3461-0921
- ⓞ 11:00~20:00
- 다이칸야마 역 정면 출구를 나와서 길을 따라 직진 후 사거리가 나오면 길을 건너 직진
- Ⓦ www.maisondereefur.com
- 35.648276, 139.701577

EBISU & DAIKANYAMA

Cost ￥1,000 이하 ￥ | ￥1,000~2,000 ￥￥ | ￥2,000 이상 ￥￥￥

RESTAURANT

CAFE

PUB & BAR

아주 맛있게, 싸게, 배부르게
츠키지만뿌쿠쇼쿠도 미츠하시야
築地まんぷく食堂 三橋屋 Mutsuhashiya

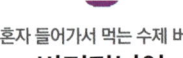

혼자 들어가서 먹는 수제 버거
버거마니아
バーガーマニア Burger Mania

MUST EAT 가게 이름처럼 츠키지 시장의 생선요리를 맛있게, 싸게, 배부르게 먹을 수 있는 곳이다. 에비스에 오면 꼭 들른다는 단골이 많기로 유명한데 이 정도 맛이면 다시 오지 않을 수 없겠다. 인기의 비결은 맛도 맛이지만 만족스러운 볼륨에 있다. 런치 메뉴는 사시미 정식(회 정식), 네키토로돈 (다진 파 참치덮밥), 야키자카나 정식(생선구이 정식) 등. 이 모두가 ¥800대의 가격으로 맛볼 수 있다. 이곳의 미소시루 (된장국)는 양도 맛도 일품이다. 저녁에는 단품 요리와 술 한 잔하기에 좋다. 가게 안 풍경은 특별할 것 없는 일본의 평범한 식당이지만 여행 중에는 이런 식당이 반갑기만 하다.

Ⓐ 1F, Frontia, 1-1-12, Ebisuminami, Shibuya-ku 渋谷区恵比寿南1-1-12 フロンティア恵比寿 1F
Ⓣ 03-3713-2839 ⊙ 11:30~14:00, 18:00~23:00 (일요일 휴무)
지하철 히비야 선 에비스 역 3번 출구에서 도보 2분 ¥
Ⓖ 35.646673, 139.708588

먹음직스런 패티의 육즙과 버거 안에 있는 채소의 맛이 아주 조화로운 곳! 가게 안으로 들어가면 고소한 향기가 가득한 이곳은 훌륭한 품질의 재료로 만든 버거를 맛볼 수 있다. 주문할 때 고기의 굽기 정도와 빵의 온도 등 세세한 부분까지 주문을 할 수 있다. 적절한 육즙과 촉촉한 고기의 맛을 느끼고 싶다면 고기의 굽기를 미디엄으로 추천한다.

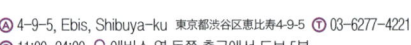

Ⓐ 4-9-5, Ebis, Shibuya-ku 東京都渋谷区恵比寿4-9-5 Ⓣ 03-6277-4221
⊙ 11:00~24:00 에비스 역 동쪽 출구에서 도보 5분
Ⓒ ¥¥ Ⓖ 35.645947, 139.713210

소박하지만 제대로 된 한 끼 식사

잇신
一芯 Isshin

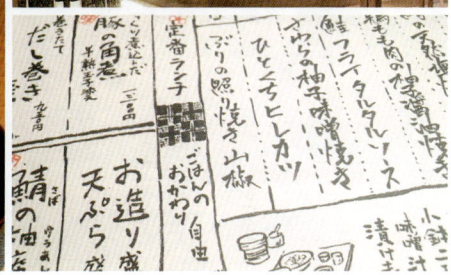

MUST EAT 다이칸야마의 구 아사쿠라케 주택 앞 맞은편, 교차로 건물 이곳 지하 깊은 곳에 식당이 있을 것이라고는 쉽게 생각할 수 없는 일이다. 왜냐하면, 그 어디에도 간판이 보이지 않기 때문이다. 그런데 이상하게도 사람이 하나둘 계단에서 끊임없이 올라온다. 지하로 내려가 아주 작은 정원을 지나 식당의 문을 열면 낮은 조도의 조명에 시끌벅적한 이 묘한 광경에 왠지 모를 신뢰감이 밀려온다. 이곳의 식사는 거짓이 없고 소박하고 절제되어 있으며 정갈할 것만 같다. 인테리어 또한 강하지 않고 조명 하나조차도 두드러짐이 없다. 직원들의 태도는 빠르고 예의 바르며 능숙하다. 인기의 이유가 단지 맛 하나는 아니라는 것을 새삼 알게 된다. 주로 고기나 생선을 찌거나 굽고, 간단한 츠케모노(곁들이는 채소 밑반찬)와 된장국으로 한 상을 차려 준다. 참으로 소박한 식사이다. 근처 직장인들에게 절대적인 지지를 받고 있는 세련된 일식당이다. 사진은 고등어구이 정식. 가격은 ￥1,000.

◎ B1F, 30-3, Sarugaku, Shibuya 渋谷区猿楽町30-3 B1F
☎ 03-6455-1614 ◎ Lunch 11:30~15:00 Dinner 17:30~24:00
도큐도요코 선 다이칸야마 역 정면 출구에서 도보 2분 ◎ ￥￥
35.647202, 139.701731

숲 속 정원의 브런치를 즐겨라
아이비 플레이스
アイビープレイス IVY PLACE

MUST EAT 아이비 플레이스는 오픈 테라스와 정원이 있는 단독 주택형 레스토랑이다. 도심 속 리조트 분위기로 연예인도 찾아오게 만드는 세련된 공간을 자랑하는 곳이다. 카페는 오전 7시부터 열려 모닝 메뉴나 브런치를 즐기려는 사람들로 아침부터 저녁까지 발길이 끊이지 않는다. 특히 이곳 팬케이크 마니아가 많다. 마치 이곳만이 시간이 느리게 흐르는 듯한 착각을 불러일으키는 카페이다.

TIP 알아두면 유용한 꿀팁
예약을 하지 않았더라도 실내외 좌석이 모두 꽉 차 보여도 아이비 플레이스는 시간 제한이 있어 1석 정도는 쉽게 자리가 나온다. 그냥 지나치지 말고 점원에게 웨이팅을 요청하자!

ⓐ 16-15, Saruraku-cho, Shibuya-ku 東京都渋谷区猿楽町16-15 DAIKANYAMA T-SITE GARDEN
ⓣ 03-6415-3232 ⓞ 07:00~23:00
조식 07:00~10:45 / 팬케이크 07:00~17:00 / 런치 11:30~15:00 / 디너 18:00~22:00 / BAR 17:30~22:00
ⓢ 다이칸야마 역 서쪽 출구에서 도보 4분, 다이칸야마 티사이트 가든 내
ⓦ www.tysons.jp/ivyplace ⓒ ¥¥
ⓖ 35.649402, 139.699932

다이칸야마 카페의 심볼
카페 미켈란젤로
カフェ ミケランジェロ Caffe Michelangelo

오가닉 델리 & 스위츠
가든하우스 크래프츠
ガーデンハウス・クラフツ Garden House Crafts

카페 미켈란젤로는 다이칸야마의 심볼과도 같은 존재이다. 18세기 이탈리아 도시국가를 떠올리는 후기 르네상스 문화의 오래된 이탈리아 카페를 재현하고 있다. 앤틱 가구와 클래식한 조명이 멋스러움을 더하는 실내와 유리로 만들어진 천장 너머로 계절별로 떨어지는 꽃잎과 낙엽을 마주할 수 있는 공간이다. 이곳을 찾는 이유로 많은 사람들이 바람이 잘 통하는 오픈 테라스를 손꼽는다. 도심의 소란스러움을 벗어나 조용한 휴식의 시간을 보낼 수 있어 많은 사람들로부터 사랑받는 카페이다. 파스타 세트나 파니니 세트 메뉴로 식사를 대신할 수 있고. 특히 이곳의 케이크를 좋아하는 사람이 많다.

가마쿠라의 인기 레스토랑 GARDEN HOUSE의 두 번째 점포가 로그로드 다이칸야마에 오픈했다. 자체 제작한 베이킹파우더와 일본산 밀가루로 빵을 만들어 내며 오픈 테라스와 점포 옆에 위치한 키친에서 스태프들이 빵을 만드는 모습을 지켜볼 수 있다. 계절 식재료를 이용한 샐러드, 갓 구워 낸 빵으로 만든 샌드위치, 과일과 채소가 듬뿍 들어간 디저트 등 건강을 생각한 음식 만들기에 집중한 베이커리 카페이다. 쇼케이스에는 갓 구워낸 빵과 신선한 과일과 재료로 만들어낸 디저트들이 가득하다. 다이칸야마의 마을이 한 눈에 내려다 보이는 테라스 석에는 건강한 식생활을 즐기는 사람들로 붐빈다. 많은 외국인이 거주하는 다이칸야마에 오가닉 재료로 음식을 제공하는 가든하우스 크래프츠는 이들이 주목하는 카페이기도 하다.

Ⓐ 29-3, Sarugaku-cho, Shibuya-ku 渋谷区猿楽町29-3
☎ 03-3770-9517 ⏰ 11:00~23:00
📍 다이칸야마 역 서쪽 출구에서 도보 5분, 츠타야 서점 큰 길 맞은편
Ⓒ ¥¥ 🅖 35.648525, 139.699336

Ⓐ Log Road Daikanyama NO.5, 13-1, Daikanyama, Shibuya 渋谷区代官山町13-1 ログロード代官山
☎ 03-6452-5200 ⏰ 08:00~20:00(LO. 19:30)
📍 다이칸야마 역 정면 출구, 혹은 북쪽 출구에서 도보 4분 Ⓒ ¥
🅖 35.651577, 139.705702

우유에 녹여 마시는 초콜릿
퀸즈컬렉션 초콜릿카페 다이칸야마
Queen's Collection Chocolate Café Daikanyama

초콜릿을 좋아하는 사람에게는 더할 나위 없는 곳이다. 다이칸야마의 작은 골목에 위치한 아주 작은 카페를 소개한다. 일본의 여성들의 초콜릿 사랑은 남다르다. 최신 트렌드를 선도하는 도쿄에는 새로운 초콜릿 카페가 계속 등장하고 있는데, 앞으로도 그 추세는 계속될 듯하다. 퀸즈컬렉션 초콜릿 카페에서 초콜릿을 마시는 아기자기하고 예쁜 방법을 소개하고 있다. 직원이 주문 방법이 적힌 메뉴 판을 가져다주지만 쉽지는 않다. 먼저 초콜릿의 양을 선택한다. 20g, 30g, 40g 용량에 따라 비용도 달라진다. 다음 하이비터, 비터, 밀크, 화이트 중 초콜릿의 종류를 선택한다. 추천은 하이비터 혹은 밀크 초콜릿. 하이비터는 카카오 함량이 64%, 비터는 50%이다. 추가로 시럽을 선택할지를 결정한다. 추천은 캐러멜 시럽. 주문한 초콜릿은 캔들에 올려져 나온다. 스테인리스 재질의 스트로우로 저어 준 후 초콜릿이 녹으면 마신다. 우유와 초콜릿을 번갈아 넣어가며 넣어준다. 우유는 ￥100에 추가 주문이 가능하다. 부드러운 초콜릿이 우유에 놓아 더욱 마일드한 느낌이다. 초콜릿을 즐기는 새로운 발견이다.

ⓐ ROOB2 1F, 24-1, Sarugaku, Shibuya 渋谷区猿楽町24-1 ROOB2, 1F
ⓣ 03-6416-1900 ⓞ 10:30~20:00 다이칸야마 역 정면출구에서 도보 3분
ⓖ 35.648591, 139.701555

진한 에스프레소와 초콜릿의 조우
본돌피 본카페
ボンドルフィ ボンカフェ Bondolfi Boncaffe

다이칸야마 테노하의 자유로운 공간에는 이탈리아 로마에서 1855년에 시작되어 150년간 사랑 받아온 본돌피 본카페가 있다. 테라스 석에 앉아 정원을 바라보며 로마로부터 건너온 진한 에스프레소를 즐길 수 있다. 인기 메뉴는 에스프레소에 초콜릿과 우유를 섞어 만든 다이칸야마점에서만 판매하는 가보챠네 カボッチョーネ이다. 최근 인기를 모으고 있는 메뉴는 의외이지만 모카 아이스크림이다. 잘 구워 낸 속이 비어 있는 크루아상 속에 모카 맛 아이스크림을 듬뿍 담은 후 초코 시럽을 뿌려준다. 마치 커피와 함께 빵을 먹는 그 기분이랄까? 낮에는 햇살 좋은 테라스에서 커피를, 밤에는 간단하게 한잔할 수 있는 카페이다.

ⓐ TENOHA Daikanyama, 20-23, Daikanyama-Cho, Shibuya-Ku 渋谷区代官山町20-23 TENOHA代官山
 다이칸야마 역에서 도보 5분
ⓣ 03-3463-3720 ⓞ 11:00~23:00 tenoha.jp/bondolfi-baocdffe ¥
ⓖ 35.648690, 139.702408

브런치 맥주, 어때요?
스프링밸리 브루어리
スプリングバレーブルワリー Spring Valley Brewery

맥주와 그에 딱 맞는 요리를 즐길 수 있는
비어스테이션
ビアステーション BEER STATION

 MUST EAT 도큐도요코 선 구간 중 시부야 역과 다이칸야마 역 사이가 지하화되면서 기존의 선로를 이용해 로그로드 다이칸야마가 탄생했다. 총 다섯 동으로 이루어진 이 공간 1호동에는 기린 맥주가 전개하는 스프링밸리 브루어리가 자리를 잡았다. 홀 내부에 양조용 탱크를 들여와 점포 내에서 직접 만든 크래프트 맥주를 제공한다. 스프링밸리 브루어리는 1870년 일본에서 처음으로 성공한 맥주 양조장으로, 이후 기린 맥주로 이어졌고 지금은 한 단계 더 업그레이드된 스프링밸리 브루어리를 탄생시켰다. 총 6가지 맥주와 그에 어울리는 페어링 푸드를 맛볼 수 있는데 브런치 메뉴에 맥주가 세트로 제공되는 발상이 재미있다. 아침 브런치와 함께하는 맥주는 어떨지 직접 체험해 보길. 6가지 스프링밸리 브루어리의 맥주 중 한 가지 맛을 선택할 수 있다. 사진은 에그 베네딕트와 세트 맥주 JAZZBERRY.

ⓐ #01, Log Road Daikanyama, 13-1, Daikanyama, Shibuya 渋谷区代官山町13-1 ログロード代官山
ⓣ 03-6416-4960 ⓞ 08:00~24:00(일요일은 22:00까지)
ⓠ 다이칸야마 정면 출구를 나와 오른쪽으로 꺾어 내려가 선로 따라 도보 4분
ⓒ ¥¥ 🅖 35.649954, 139.704713

에비스 생맥주뿐만 아니라 삿포로 쿠로라벨, 에비스 프리미엄 블랙, 에비스 스타우트까지 다양한 맥주와 그에 딱 맞는 요리를 즐길 수 있는 비어 스테이션. 중세 유럽의 성을 모티브로 한 웅장한 외관과 독일 비어홀을 연상시키는 비어 스테이션은 연간 75,000ℓ의 맥주를 판매한다. 런치 타임이면 비어 스테이션에서 고기 굽는 냄새가 퍼져 나오는데 주변 직장인들이 이 냄새를 맡고 우르르 몰려온다. 1층은 맥주 양조 가마를 본 뜬 오브제를 중심으로 170석의 좌석이 마련된 비어홀과 통유리창으로 꾸며진 발코니석으로 나누어져 있으며 2층은 파티를 열 수 있는 연회장과 개인 룸으로 이루어져 있다. 평일 점심에는 1층과 2층에서 각각 다른 메뉴의 런치 메뉴가 제공되니 입맛 당기는 대로 먹어보자.

ⓐ Yebisugardenplace, 4-20-1, Ebisu, Shibuya 東京都渋谷区恵比寿4-20-1恵比寿ガーデンプレイス内
ⓠ 야마노테 선 에비스 역 동쪽 출구에서 도보 5분, 에비스 가든 플레이스에 도착하면 횡단보도 앞에 위치
ⓣ 03-3442-9731 ⓞ 11:30~23:00 🌐 www.shinseien.jp/yebisu
ⓒ ¥¥ 🅖 35.642825, 139.712910

7
ROPPONGI
六本木

WALK AROUND

롯폰기

●

롯폰기는 이국적인 매력이 넘치는 곳이다. 주변에 외국 대사관이 다수 위치하고 있고 롯폰기힐즈에도 다수의 외자계 회사가 위치해 있어 외국인이 많고 다국적 음식점이나 나이트 타운의 이미지가 강한 지역이다. 그렇지만 이것이 롯폰기의 전부는 아니다. 롯폰기의 가장 큰 매력은 도심 속 거대한 정원이 오아시스의 역할을 훌륭히 해낸다는 점이다. 롯폰기힐즈 내에 위치한 모리 정원에서는 주변 샐러리맨들이 여유롭게 도시락을 즐기는 모습을 흔히 볼 수 있다. 또한 일명 롯폰기 아트트라이 앵글이라고 불리는 미술관 집합체는 예술적 도시로 자리매김하고 있는 지금의 롯폰기를 가장 잘 표현하고 있다.

Tokyo Subway Map

거대 쇼핑몰과 다국적 레스토랑이 연상되는 롯폰기이지만 실제로 가장 큰 볼거리는 거리 곳곳에 위치한 퍼블릭 아트와 대규모 미술관이다. 도쿄메트로 히비야 선을 이용하면 1C출구와 롯폰기힐즈가 연결되어 있어 편리하다. 도에이지하철 오에도 선 롯폰기 역에 하차하면 3번 출구에서 롯폰기힐즈까지는 3분이 소요된다. 국립신미술관은 치요다 선 노기자카 역에서 직결된다. 도쿄 미드타운은 오에도 선 롯폰기 역에서 직결, 히비야 선 롯폰기 역에서는 지하통로로 연결되어 있다.

추천 이동 경로

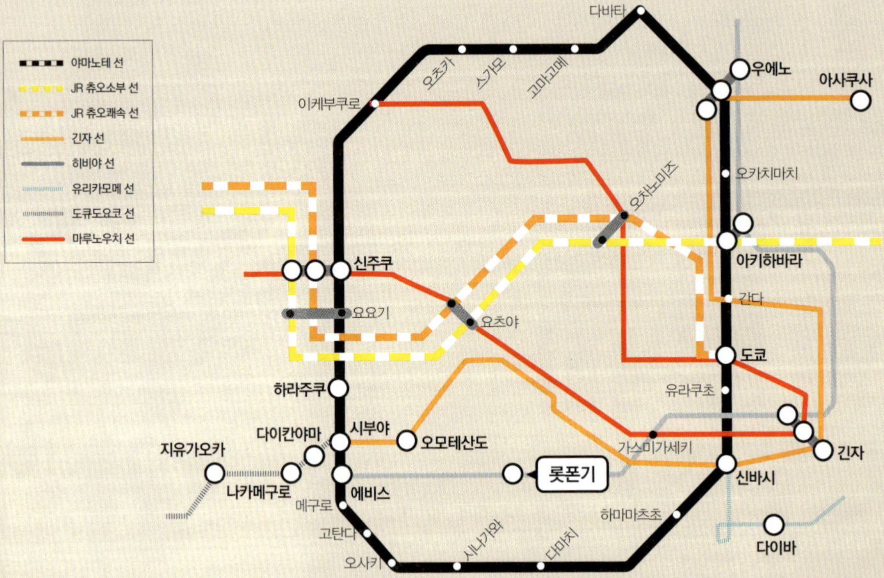

신주쿠 역 — 마루노우치 선 (4분 소요) — 가스미가세키 역 — 히비야 선 (5분 소요) — 롯폰기 역

신주쿠 역 — JR 야마노테 선 (9분 소요) — 에비스 역 — 히비야 선 (5분 소요) — 롯폰기 역

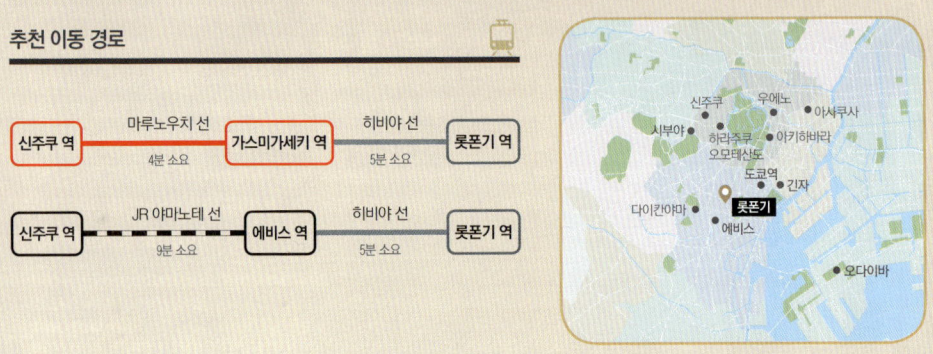

추천 일정

Start!

롯폰기힐즈
롯폰기를 대표하는 랜드마크 롯폰기힐즈는 세상에 가장 높은 모리미술관과 전망대, TOHO 시네마, 테레비 아사히, 케야키자카 등 아트 관람과 브랜드 쇼핑, 유명 레스토랑을 즐길 수 있다.

모리타워 52층으로 이동

롯폰기힐즈 전망대 도쿄시티뷰
모리 타워 52층에 위치한 전망대이다. 360도 전면 유리창으로 되어 있어 어느 위치에서든 도쿄 시내를 파노라마로 관망할 수 있다.

도보 10분

국립신미술관
미술관이 아닌 만남의 장소와 같은 공간이다. 사람들은 미술관에서 만나 식사를 하고 카페에서 이야기를 나눈다.

도보 5분

죠죠지
600년 이상의 역사를 가진 도심의 대표적인 절이다. 도쿄타워 아래 시바공원에 위치해 있어 오래된 절 처마와 도쿄타워의 첨탑을 앵글에 담을 수 있다.

도보 10분

도쿄타워
도쿄의 상징 도쿄타워는 오르는 것보다 바라보는 것이 아름다운 타워이다. 걸음마다 총총이 따라오는 도쿄타워는 사랑스럽다.

오에도 선으로 아카바네바시 역으로 이동(4분 소요)

도쿄 미드타운
롯폰기 아트 트라이앵글의 하나인 산토리미술관이 3층에 있다. 가상 일본다운 아름다움을 느낄 수 있는 미술관이다. 도쿄 미드타운 가든에서 일광욕을 잊지 말길.

롯폰기 345

ROPPONGI

기억에
남는
8장면

1. 아이들의 건강을 기원하는 코이노보리와 도쿄타워
2. 도쿄 미드타운에 광활하게 펼쳐진 가든
3. 도쿄 미드타운 내 쉼터에서 다양한 모습으로 휴식을 취하고 있는 사람들
4. 롯폰기힐즈에서 가장 먼저 만나게 되는 퍼블릭 아트 '마망'
5. 전망대와 미술관이 함께하는 모리타워
6. 빌딩 벽면에 비춰진 도쿄타워
7. 소금을 뿌려 먹는 아이스크림
8. 롯폰기힐즈 66프라자에서 열린 산토리 맥주 페스티벌. 맥주가 단돈 ¥100

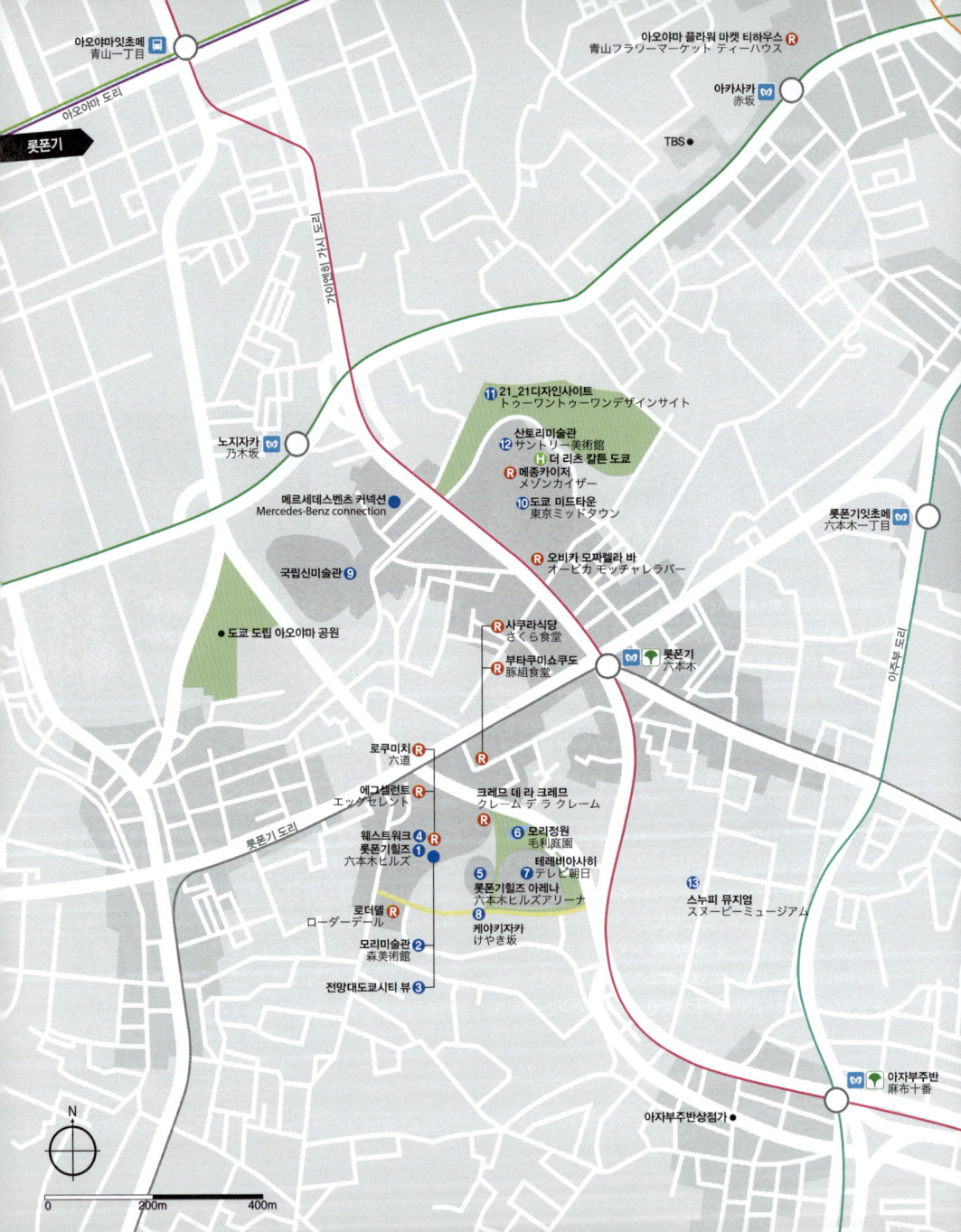

Roppongi
Spot ❶

롯폰기의 랜드마크
롯폰기힐즈 六本木ヒルズ Roppongi Hills

MUST SEE 롯폰기를 대표하는 랜드마크 롯폰기힐즈는 쇼핑과 레스토랑, 엔터테인먼트와 문화시설로 이루어진 복합시설이다. 대표시설로는 53층의 모리타워를 중심으로, 유명 부티크 숍이 밀집되어 있는 웨스트워크와 힐사이드, 〈도라에몽〉과 〈짱구는 못말려〉로 유명한 테레비 아사히, 각종 이벤트와 콘서트가 열리는 롯폰기힐즈 아레나, 도심 속 휴식공간 모리공원, 가로수 길을 따라 명품관이 들어서 있는 케야키자카가 있다. 그뿐만 아니라 IT 벤처 경영자, 유명 탤런트와 뮤지션이 대거 거주하는 롯폰기힐즈 레지던스까지 거주 공간과 상업시설이 복합적으로 운영되고 있다. 모리타워 53층에 위치한 모리미술관과 52층의 도쿄시티뷰 전망대가 서로 왕래할 수 있는 공간이라는 점이 이색적이다. 전망대 위의 전망대 스카이데크는 시원한 공기를 마시며 도심을 관망할 수 있는 도쿄 내 유일한 개방형 전망대이다.

🅐 6-10-1, Roppongi, Minato-ku 港区六本木6丁目10-1
☎ 03-6406-6000
📍 히비야 선 롯폰기 역 1C 출구 바로, 오에도 선 롯폰기 역 3번 출구 도보 3분
🌐 www.roppongihills.com 📍 35.66046, 139.72924

TIP 찾아가기 꿀팁

지하철에서 롯폰기힐즈로 이동하는 에스컬레이터를 타고 올라오면, 광장을 기준으로 중앙에 53층 모리타워, 살짝 오른쪽 방향에 웨스트워크, 그랜드하얏트 호텔이 있고, 왼쪽 방향에 힐사이드, 모리공원, 테레비 아사히가 있다. 케야키자카는 테레비 아사히 옆 도로 양 옆 언덕길 전체를 가리키는데 아래는 아자부주방으로 이어지고 위로는 그랜드하얏트호텔로 이어진다.

롯폰기힐즈 MAP

마망 ママン

거대 거미 '마망'은 롯폰기힐즈에 도착하면 가장 처음 발견하게 되는 퍼블릭 아트PUBLIC ART이다. 광장에 위치한 마망은 만남의 장소로 항상 붐빈다. 엄마를 뜻하는 마망은 프랑스 작가 루이즈 부르조와의 작품이며 전 세계 9곳에 설치되어 있다. 롯폰기의 마망은 중앙에 서서 위를 보면 거미의 배가 보이는데 그 속에 대리석으로 만든 알을 품고 있는 것이 보인다. 용산에 위치한 삼성미술관 리움에도 마망이 설치되어 있는데 엄마 거미가 새끼 거미를 끌어안듯 함께 있는 모습이다. 전 세계 9곳에 남겨진 마망은 불우한 어린 시절을 보낸 작가의 어머니에 대한 그리움이다. 세상에서 가장 따뜻한 예술 작품으로 불린다.

Roppongi
Spot ❷

세상에서 가장 높은 곳에 위치한 미술관
모리미술관 森美術館 Mori Art Museum

MUST SEE 모리타워 53층에 위치한 모리미술관은 실생활의 여러 장면에서 예술을 즐길 수 있는 사회를 만드는 것을 목표로 설립되었다. 건축, 디자인, 예술 등의 창조적 활동을 문화, 역사, 철학, 과학 등 다양한 맥락으로 이해하고자 하는 예술가들의 실험적 예술을 주로 전시한다. 실제로 전시되는 예술을 둘러보면 관람자의 다양한 시각으로 작품을 이해하게끔 하는 참여 예술이 많다. 예를 들어 내가 던지는 동전이 작가의 작품 속에서 하나의 움직임을 만들어 새로운 작품으로 탄생하는 것과 같은 것이다. 모리미술관은 예술을 통해 다양한 사람이 서로 소통하고 참여하는 장場을 만들어내는 새로운 개념의 미술관이다. 우리가 생각했던, 혹은 보아왔던 미술관과는 다른 느낌이지만 더 즐겁고 친근하게 느껴지는 것은 관람자가 작가적 입장으로 참여할 수 있기 때문인 듯하다. 미술관 티켓으로 52층에 위치한 전망대 도쿄시티뷰까지 입장이 가능하다.

TIP 찾아가기 꿀팁
롯폰기힐즈 자체가 미로와 같아 목적지를 찾는 것이 쉽지 않다. 미술관 입구도 마찬가지. 모리미술관은 지하철역에서 롯폰기힐즈로 올라오는 긴 에스컬레이터를 타고 올라오면 66프라자 광장의 거대 거미 '마망'을 지나 53층 모리타워로 들어가지 말고 왼쪽에 8층 유리창 건물 '뮤지엄존' 안에 미술관 티켓 카운터가 있다는 점 기억하자.

Ⓐ 53F, Roppongihills Moritower, 6-10-1, Roppongi, Minato-ku 港区六本木6丁目10-1 六本木ヒルズ森タワー53F
Ⓣ 03-5777-8600
Ⓞ 10:00~22:00(화요일 10:00~17:00, 최종입장은 종료 30분전까지)
Ⓦ 일반 ¥1,800, 대학생·고등학생 ¥1,200, 4세~중학생 ¥600 전망대 도쿄시티뷰 입장 가능 (특별전의 입장료는 공연에 따라 다름)
Ⓦ www.mori.art.museum
Ⓖ 35.66037, 139.72923

롯폰기 아트 트라이앵글 六本木 アートトライアングル Roppongi Art Triangle

롯폰기를 예술로 활성화시키자는 취지하에 롯폰기에 위치한 국립신미술관, 산토리 미술관, 모리 미술관 3곳이 결성한 아트 네트워크를 일컫는다. 각 미술관에서 실시하는 전시를 묶어 할인해 주는 '아토로(롯폰기 아트 트라이앵글의 약칭) 할인'이나, 아트 정보를 공유하는 '아토로맵'을 발행하는 등 아트를 중심으로 롯폰기의 새로운 매력을 전하는 데에 기여하고 있다.

Roppongi
Spot ❸

미술관과 함께하는 전망대
전망대 도쿄시티뷰 展望台 東京シティビュー Tenboudai Tokyo City View

모리타워 52층, 해발 250m에 위치한 롯폰기힐즈의 전망대이다. 360도 전면 유리창으로 되어 있어 어느 위치에서든 도쿄 시내를 관망할 수 있다. 모리타워의 전망대 도쿄시티뷰보다 20m 더 높은 곳에 위치한 스카이데크는 도쿄 내에서 유일한 천장이 없는 오픈 에어형 전망대이다. 360도 회랑식으로 270m 상공에서 공기와 바람을 직접 느낄 수 있다. 가장 인기 있는 방향은 도쿄타워를 중심으로 오른쪽에 오다이바의 레인보우 브리지와 관람차, 그 뒤편으로 디즈니리조트가 보이고 도쿄타워 왼쪽으로 시오도메 시오사이트와 긴자를 관망할 수 있는 포인트다 야경 데이트 코스로 적극 추천.

☎ 03-6406-6652
⏰ 10:00~23:00(금·토·휴일전일 10:00~25:00)
🌐 www.roppongihills.com/observatory
📍 모리타워 52층에 위치

Roppongi
Spot ❹

해외 유명 부티크 숍을 노려라
웨스트워크 ウェストウォーク West Walk

모리타워 1~6층에 숍과 레스토랑이 위치한 공간이다. 웨스트워크 4층과 5층은 각각 그랜드하얏트호텔 4층과 6층으로 연결되어 있다. 유명 레스토랑과 스텔라 메카트니STELLA McCARTNEY, 알렉산더 맥퀸Alexander McQueen 등 해외 유명 디자이너 숍과 보테가 베네타BOTTEGA VENETA 등 럭셔리 브랜드까지 자리하고 있다. 우리에게 친숙한 자라ZARA와 스타벅스는 웨스트워크 입구에서 만날 수 있다.

ⓐ 6-10-1, Roppongi, Minato-ku 港区六本木6-10-1
ⓣ 03-5777-8600 ● Shop 11:00~21:00, Restaurant 11:00~23:00
ⓠ 지하철에서 롯폰기힐즈로 올라오는 에스컬레이터에서 내리면 광장 오른편 방향 스타벅스와 ZARA사이에 웨스트워크 입구가 있음
ⓖ 35.660706, 139.729182

Roppongi
Spot ❺

롯폰기힐즈의 야외 스테이지
롯폰기힐즈 아레나 六本木ヒールズアリーナ Roppongi Hills Arena

롯폰기힐즈의 각종 행사가 펼쳐지는 야외 스테이지이다. 원형 스테이지와 유리 지붕 아래에서 현란한 대규모 이벤트가 펼쳐지는 공간이지만 평소에는 롯폰기힐즈의 인파를 벗어나 쉴 수 있는 한적한 공간이다. 또한 건너편 테레비 아사히와 모리정원의 나무와 연못을 관망할 수 있으며 바로 옆 힐사이드 쪽에는 테라스가 멋진 레스토랑이 있어 식사나 차를 즐기기에 좋다.

ⓐ 6-10-1, Roppongi, Minato-ku 港区六本木 6-10-1
ⓣ 03-5777-8600
ⓞ 롯폰기힐즈 내 힐사이드 지하 2층에 위치. 테레비 아사히, 모리정원과 접해 있음
ⓖ 35.6597, 139.7301

Roppongi
Spot ❻

샐러리맨들의 도심 속 휴식처
모리정원 毛利庭園 Mori Teien

여러 번 언급할 수밖에 없는 사실이지만, 도쿄의 도심 녹지는 항상 훌륭하다. 여행자의 눈으로 바라보아서일까? 그곳에 사는 도쿄 사람들은 어떻게 생각할지 궁금하기도 하다. 두말할 것 없이 모리정원은 롯폰기힐즈의 오아시스와 같은 공간이다. 정원이라고 해서 무시하면 곤란하다. 총 4,300평의 넓이의 도심 정원으로, 에도시대 정취를 만끽할 수 있는 연못과 계곡의 물소리, 나무와 꽃을 보며 벤치에 앉아 충분한 리프레시가 가능한 공간이다.

ⓐ 6-11-1, Roppongi, Minato-ku 港区六本木6-11-1
ⓣ 03-6406-6000
ⓞ 07:00~23:00
ⓞ 롯폰기힐즈 내 힐사이드 지하 2층에 위치
ⓖ 35.66032, 139.73049

Roppongi
Spot ❼

도라에몽이 탄생한 곳
테레비 아사히 テレビ朝日 TV Asahi

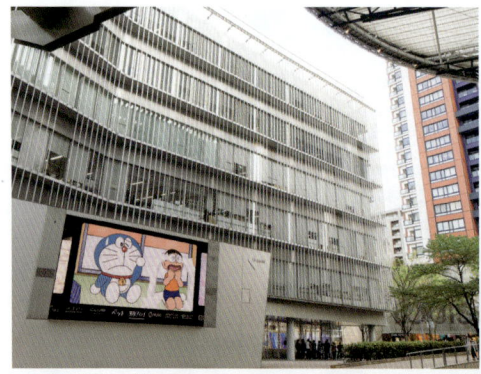

스타일리시한 외관이 돋보이는 방송국이다. 도쿄를 대표하는 인기 스폿 롯폰기힐즈에 위치한 테레비 아사히는 1층에 위치한 '아트리움'을 일반인에게 개방, 인기 프로그램 관련한 전시를 하고 있으며 우리에게도 친숙한 <도라에몽>, <짱구는 못말려> 등 테레비 아사히에서 방영한 인기 만화의 캐릭터들이 반갑게 맞이한다. 모리정원과 인접해 있어 나무숲 정원과 유리창 건물의 조화가 멋스럽다.

- 6-9-1, Roppongi, Minato-ku 港区六本木6-9-1
- 03-6406-1111 08:00~20:00
- www.tv-asahi.co.jp
- 롯폰기힐즈 내 롯폰기힐즈 아레나와 모리정원 옆
- 35.65962, 139.73097

테레비 아사히 · 롯폰기힐즈 여름축제 썸머스테이션

7월 중순에서 8월 말, 테레비 아사히가 주최하는 여름축제가 롯폰기힐즈 전역에 펼쳐진다. 매년 개최되는 이 축제는 테레비 아사히 본사 건물을 중심으로 롯폰기힐즈 아레나, 모리정원, 66프라자등에서 TV에서만 보아오던 테레비 아사히의 인기 프로그램을 직접 즐기고 체험할 수 있는 페스티벌이다. 뮤직 라이브, 비어가든 등 다채로운 여름행사가 함께 열린다.

Roppongi
Spot 8

걷는 것만으로도 셀럽 기분 충만해지는 언덕길
케야키자카 けやき坂 Keyakizaka

MUST SEE 케야키자카를 한글로 번역하면 느티나무 언덕이다. 이 길을 미로 같은 롯폰기힐즈 안에서 찾아내기란 쉬운 일이 아니지만, 혹시 오후의 햇살이 내려앉을 즈음 이 길을 찾는다면, 당신은 이 길에 홀딱 반할 것이 분명하다. 케야키자카는 테레비 아사히와 롯폰기힐즈 아레나에 인접한 4차선 도로 양옆의 약 400m에 이르는 가로수 길 언덕이다. 살바토레 페라가모Salvatore Ferragamo, 티파니Tiffany & Co. 루이비통LOUIS VUITTON, 조르지오 아르마니Giorgio Armani 등 고급 브랜드들이 낮은 담벼락 사이로 가로수들과 어깨를 기대고 있다. 긴자銀座의 브랜드 숍이 저마다 건물 자체만으로 아름답다면 케야키자카는 어느 것 하나 도드라지지 않고 거부감이 없이 편하다. 도쿄타워와 어우러지는 겨울의 일루미네이션이 특히 유명하고 낮은 건물들 사이로 오후 해가 넘어갈 무렵 황금색으로 빛나는 이 언덕길은 매일이 아름답다. 케야

키자카 뒤 레지던스 안쪽으로 들어가면 롯폰기에 사는 평범한 사람들의 삶을 엿볼 수 있다.

📍 테레비 아사히와 롯폰기힐즈 아레나 옆 가로수 길
🌐 35.65919, 139.73017

Roppongi
Spot ❾

최고의 미술관이 최고의 휴식처가 되는 순간
국립신미술관 国立新美術館
The National Art Center Tokyo

MUST SEE 국립신미술관은 건축가 쿠로카와 기쇼黒川紀章에 의에 설계되었으며 건물 그 자체만으로 하나의 예술작품으로 인정받고 있다. 자체적으로 미술 작품을 보유하고 있지 않으며 최대 규모로 알려진 14,000㎡에 이르는 공간은 다수의 전시관만으로 운영되고 있다. 3층으로 이루어진 건물은 층마다 크고 작은 일반 전시실과 기획 전시실로 나누어져 있다. 1층에는 카페 코키유, 2층은 카페 살롱 드 더 본드, 3층은 레스토랑 브라스리 폴 보큐즈 르 뮤제가 있어 식사와 차를 마실 수 있는 공간이 별도로 마련되어 있다. 국립신미술관은 일본 최대의 전시 스페이스를 활용하여 전시회를 개최하거나, 미술과 관련된 정보나 자료를 수집하고 그것을 사람들에게 제공하는 아트 센터로서의 목적으로 설립되었다. 미술을 통해 사람과 사람이 접촉하고 상호 이해를 바탕으로 새로운 문화를 창조하는 데 기여한다는 것이 취지이다. 그래서인지 국립신미술관에 있는 사람들은 전시 관람을 위해 오는 것이 아니라 카페나 레스토랑을 목적으로 오는 사람도 많아 보인다. 미술관이 만남의 장소가 되고 쉼터가 되는 우리가 바라는 가장 이상적인 미술관이다. 입장은 무료이며 기획전에 한해 유료 관람권이 필요하다.

ⓐ 7-22-2, Roppongi,Minato-ku 港区六本木7-22-2
ⓣ 03-5777-8600 ⓞ 10:00~18:00(입장은 종료 30분 전까지, 화요일 휴무)
ⓦ www.nact.jp 📍 35.66528, 139.72637

📍 치요다 선 노기자카 역 6번 출구에서 직결,
오에도 선 롯폰기 역 7번 출구에서 도보 8분,
히비야 선 롯폰기 역 4a 출구에서 도보 10분

TIP 찾아가기 꿀팁
국립신미술관 관람 후 롯폰기힐즈 방면으로 갈 예정이라면 미술관 정문으로 나오면 편리하다.

Mercedes-Benz Connection

국립신미술관으로 가는 길목에서 만난 메르세데스 벤츠 커넥션. 커넥션이라는 말이 뜻하듯 더 많은 사람들이 가벼운 마음으로 메르세데스 벤츠를 접할 수 있도록 하기 위해 만들어진 정보 발신의 거점이다. 갤러리에는 메르세데스 벤츠의 최신 모델 혹은 한정 모델을 직접 볼 수 있고, 트라이얼 스테이션에서 직접 시승 체험을 할 수 있다. 전문 트라이얼 크루가 시승 코스나 시승차에 관해 서포트해 주는 시스템이 마련되어 있다. 매장에서는 오리지널 상품, 라이프 스타일 잡화, 의류 등 메르세데스 벤츠 커넥션에서만 구매가 가능한 다양한 상품이 판매되고 있다. 카페와 레스토랑도 함께 운영되고 있다.

Ⓐ 7-3-10, Roppongi, Minato-ku 港区六本木7-3-10
Ⓣ 03-3423-1256
Ⓞ Down Stairs Coffee 07:00~23:00
Ⓦ mercedes-benz-connection.com
⑨ 35.66598, 139.72818

Roppongi
Spot ⑩

도시를 사는 사람들이 정원을 즐기는 방법
도쿄 미드타운 東京ミッドタウン Tokyo Midtown

MUST SEE '21세기 일본을 대표하는 거리를 만들고 싶다'라는 것이 도쿄 미드타운의 출발점이다. 도심이라는 것이 믿기지 않을 정도로 넓은 녹지, 뛰어난 기능성을 갖춘 숍, 창의력을 돋우는 디자인과 아트시설이 서로를 자극하며 새로운 것을 창조해 내고 있는 '도쿄 미드타운'은 2015년 4월에 오픈한 롯폰기에서 가장 큰 공간이다. 국내외 유명 브랜드 숍과 전국 맛집이 모여 있고 '생활 속의 미'를 기본 이념으로 하는 산토리미술관이 갤러리아관 3층에 위치한다. 도쿄 미드타운의 가장 큰 볼거리는 건물을 둘러싼 '미드타운 가든'이다. 산책과 미술관 감상, 쇼핑과 식사를 함께 즐길 수 있는 롯폰기에서 가장 싱그러운 공간이며 가장 놀라운 것은 4ha나 되는 녹지와 오픈 스페이스를 누구나 자유롭게 누릴 수 있다는 것이다.

ⓐ 9-7-1, Akasaka, Minato-ku 港区赤坂9-7-1
ⓣ 03-3475-3100 ⓦ www.tokyo-midtown.com/kr
ⓖ 35.665366, 139.730193

📍 오에도 선 롯폰기 역 8번 출구에서 직결, 히비야 선 지하통로로 직결, 치요다 선 노기자카 역 3번 출구에서 도보 3분

Roppongi
Spot ⓫

체험하는 디자인 공간
21_21 디자인사이트
トゥーワントゥーワンデザインサイト 21_21 Design Sight

MUST SEE 일본을 대표하는 건축가 안도 타다오安藤忠雄가 설계한 '21_21 디자인사이트'는 일본을 대표하는 디자이너 미야케 잇세三宅一生, 사토 타쿠佐藤卓, 후카사와 나오토深沢直人가 디렉팅을 맡아 테마가 있는 전시회와 워크숍을 개최하는 등 다양한 프로그램을 운영하고 있다. 미드타운 가든 내에 있어 사계절을 느끼며 디자인의 즐거움을 체험할 수 있는 공간이다.

Ⓐ Tokyo Midtown Garden, 9-7-6, Akasaka, Minato-ku 東京都港区赤坂 9-7-6 東京ミッドタウンガーデン内
ⓣ 03-3475-2121　ⓞ 10:00~19:00(화요일 휴무)
ⓢ 도쿄 미드타운 내 미드타운 가든에 위치　ⓦ www.2121designsight.jp
ⓟ 일반 ￥1,100, 대학생 ￥800, 고등학생 ￥500, 중학생 이하 무료
ⓖ 35.66748, 139.73033

Roppongi
Spot ⑫

가장 아름다운 일본이 보인다
산토리 미술관 サントリー美術館 Suntory Museum of Art

'생활 속의 미'를 기본 이념으로 회화, 도자기, 칠공예, 유리, 염직을 중심으로한 기획전을 개최하는 미술관이다. 롯폰기 아트 트라이앵글 속에서 가장 일본적인 아름다움을 느끼고 싶다면 단연코 산토리 미술관을 추천하고 싶다. 일본의 미를 국내외로 발신하고 있을 뿐만 아니라 일급 컬렉션과 모던한 일본식 공간은 가치 있는 볼거리를 선사한다.

알아두면 유용한 꿀팁
롯폰기 여행에 있어 미술관 여행을 빼놓을 수가 없는 데, 이때 화요일은 피하는 것이 좋다. 아트 트라이앵글에 속하는 주요 미술관이 화요일은 휴관이니 이점 꼭 기억하자.

ⓐ 3F, Tokyo Midtown Galleria, 9-7-4, Akasaka, Minato-ku 東京都港区赤坂9-7-4東京ミッドタウンガレリア 3F
ⓣ 03-3479-8600 ⓞ 10:00~18:00(주말은 20:00까지, 화요일 휴무) ⓠ 도쿄 미드타운 갤러리아관 3층
ⓐ 전시회에 따라 다름. 중학생 이하는 무료 ⓦ www.suntory.co.jp/sma/
ⓖ 35.666504, 139.730400

Roppongi
Spot ⑬

스누피 마니아들의 성지
스누피 뮤지엄 スヌーピーミュージアム Snoopy Museum Tokyo

스누피의 아버지 찰즈 M.슐츠는 죽기 전 30여 년간 캘리포니아주 산타로자에서 집필 활동을 했다. 그를 기념하는 슐츠 뮤지엄은 스누피 팬들에게는 꼭 가 보고 싶은 성지이기도 하다. 그 슐츠 뮤지엄이 도쿄 롯본기에 분점을 냈다. 거리에 퍼블릭 아트와 일본 최고의 뮤지엄이 모여 있는 롯본기는 슐츠 박물관이 분점을 내기에 최적의 장소였으리라. 스누피 뮤지엄의 등장으로 일본 팬들의 스누피 사랑은 재증명되었다. 관내는 1950년부터 50년간 신문에 기재하기 시작한 스누피가 주인공인 만화 <피너츠>의 원작과 각종 오리지널 상품을 볼 수 있다. 카페 블랭킷 Café Blanket에서는 스누피의 결혼을 테마로 한 '스누피노 사라다디쉬' 등 주인공 스누피를 테마로 한 메뉴를 판매하고 있다.

ⓐ 5-6-20, Roppongi, Minato-Ku 港区六本木5-6-20
ⓣ 03-6328-1960 ⓞ 10:00~20:00(입장시간은 10:00~11:30, 12:00~13:30, 14:00~15:30, 16:00~17:30, 18:00~19:30 총 5회)
ⓐ 일반 ¥1,800, 대학생 ¥1,200, 중·고교생 ¥800, 4세~초등학생 ¥400
ⓠ 롯본기 역에서 아자부주반 방향으로 도보 7분 ⓦ www.snoopymuseum.tokyo.
ⓖ 35.659758, 139.734016

Roppongi
Spot 14

소박한 빛 뿜어내는 영원한 도쿄의 심볼
도쿄타워 東京タワー Tokyo Tower

도쿄를 걷다 보면 빌딩과 빌딩 사이, 건너편 건물 넘어, 전선 위로 도쿄타워가 걸쳐있을 때 자신도 모르게 걸음이 멈춰지는 것을 느낄 것이다. 2013년 아사쿠사의 도쿄 스카이트리가 영업을 개시한 후 그 역할과 명성을 넘겨 주는 듯했지만 오랫동안 사람들의 가슴 속에 소박한 빛을 밝혀 준 도쿄타워를 대신할 수는 없을 것이다. 1958년 TV방송국의 전파 발신을 위해 준공되어 지금까지 도쿄의 심볼로서 사랑받고 있는 도쿄타워는 높이가 333m에 달한다. 지금은 전파 탑 역할을 도쿄 스카이트리가 담당하고 있지만 도쿄 스카이트리에 문제가 발생할 경우 도쿄타워가 예비 전파 탑으로서의 역할을 담당하고 있다. 지금도 라디오 FM은 도쿄타워의 선파를 통해 발신되고 있다. 전망대에서 도쿄 시내를 관망하는 것도 좋지만 어스름할 무렵 도쿄타워에 하나둘 불이 켜지는 것을 바라본다면 도쿄여행의 잊을 수 없는 순간이 될 것이다.

- 4-2-8 Shibakoen, Minato-ku 港区芝公園4-2-8
- 03-3433-5111
- 전망대 09:00~23:00(최종 입장은 종료 30분전까지)
- www.tokyotower.co.jp
- ¥1600(대전망대 ¥900, 특별전망대 ¥700)
- 35.65858, 139.74543

아카바네바시 역
아카바네바시 출구에서
도보 7분

Roppongi
Spot 15

원피스의 사상 최초의 대형 테마파크
도쿄 원피스타워 東京ワンピースタワー Tokyo Onepiece Tower

오다 에이이치로 尾田栄一郎 원작의 인기만화 〈원피스〉의 세계를 체험할 수 있는 사상 최초 대형 테마파크로 '도쿄로, 모험을!'이라는 캐치프레이즈 아래 2015년 3월에 오픈하였다. 만화 원피스의 세계를 완벽하게 재현한 도쿄 원피스타워는 놀이시설과 라이브 쇼, 엔터테인먼트 와 레스토랑, 그리고 어디에서도 볼 수 없는 한정 상품이 판매되는 숍 등 온통 원피스로 꾸며져 있다. 1층은 누구나 즐길 수 있는 원피스 숍으로 구성되어 있으며 테마파크는 3~5층에서 유료로 운영되고 있다.

- 10:00~22:00(최종입장은 21:00)
- 도쿄타워 3층에 위치
- onepiecetower.tokyo
- 어른 ¥3,200, 중고생 ¥2,700, 초등학생 ¥1,600

tokyo special spot

【 도쿄타워를 코앞에서 관망할 수 있는 포인트】

시바 공원 芝公園 Shiba Koen

우에노 공원과 맞먹을 정도로 오래된 역사를 지닌 공원이다. 흔히 도쿄타워를 가장 가까운 곳에서 보는 곳으로 시바 공원을 꼽는데, 시바 공원은 구역이 1호지에서 25호지로 나누어져 있으며 3호지는 도쿄프린스호텔, 4호지는 구립 미나토도서관, 초등학교가 들어서 있는 등 공원 내에 각종 시설이 있으며 그중 도쿄타워는 4호지에서 가장 잘 보인다. 도쿄타워에서 죠죠지로 들어서는 길과 죠죠지에서 하마마츠초 역으로 가는 길에서 걸으면서 도쿄타워를 감상할 수 있다.

ⓐ 4-8-4, Shibakoen, Minato-ku, Tokyo 東京都港区芝公園4-8-4
ⓟ 미타 선 시바 공원 A4출구에서 도보 3분, 오에도 선·아사쿠사 선 다이몬 역 A6, A3 출구에서 도보 10분
ⓦ shiba-italia-park.jp/shiba
ⓖ 35.654982, 139.747962

도쿄타워 하이볼가든 Tokyo Tower Highball Garden

도쿄타워의 바로 아래에서 산토리 위스키 '카쿠角'를 중심으로 다양한 하이볼과 생맥주를 즐길 수 있는 곳이다. 하이볼은 얼음에 위스키와 토닉워터를 섞어 마시는 술인데 일본에서는 일반음식점이나 이자카야에서 맥주처럼 흔히 마시는 술이다. 초록색 인조잔디 위에 테이블과 간판이 모두 노란색이라 금방 눈에 띄는 곳이다. 간단한 안주와 함께 유자, 레몬 맛 등 다양한 하이볼을 맛볼 수 있다. 도쿄타워 아래라서일까? 얼굴이 더욱 발그스름해 보이는 이유는.

ⓐ Tokyo Tower, 4-2-8, Shinakoen, Minato-ku 東京都港区芝公園4-2-8 東京タワー 正面玄関前
ⓞ 16:00~22:30(주말 12:00~22:30, 4월 초에서 10월 초까지만 운영) ⓟ 도쿄타워 1층 정면 현관 앞
ⓖ 35.658817, 139.745730

죠죠지 增上寺 Zojoji

죠죠지는 600년 이상의 오랜 역사를 자랑하는 절로, 도쿠가와케徳川家와 관련이 깊은 절이다. 본당의 25계단은 25번뇌를 의미하고 참배길에서 대전 앞에 이르는 18계단은 아미타불의 18원願을 의미한다. 도쿄타워 아래 시바 공원에 위치한 절 죠죠지增上寺에서는 오래된 절 처마와 도쿄타워의 첨탑이 카메라 앵글 속에 잡히는 곳으로 유명해 도쿄타워 투어와 함께 빠지지 않는 명소이다.

ⓐ 4-7-35, Shibakoen, Minato-ku
港区芝公園四丁目7番35号
🚇 JR・도쿄모노레일 하마마츠초 역에서 도보 10분, 오에도 선・아사쿠사 선 다이몬 역에서 도보 5분
🌐 www.zojoji.or.jp
📍 35.657415, 139.748165

스타벅스커피 시바다이몬점
スターバックスコーヒー 芝大門店
Starbucks Coffee Shibadaimonten

죠죠지에서 하마마츠초 역으로 걸어오는 도중에 만나게 되는 스타벅스이다. 테라스 석에서 커피를 마시며 도쿄타워를 관망할 수 있는 세상에 둘도 없는 베스트 포인트를 발견했다.

ⓐ Hotel Comsoleil Shiba Tokyo, 2-3-4, Shibakoen, Minato-ku
港区芝公園2-3-4 ホテルコンソレイユ芝・東京
☎ 03-6430-7950
🚇 죠죠지에서 하마마츠초 역으로 걸어가는 도중 오른편에 위치. 지하철 아사쿠사 선・오에도 선 다이몬 역 A6 출구에서 도보 2분, 야마노테 선 북쪽 출구에서 도보 6분
📍 35.656899, 139.752225

ROPPONGI

•

 Cost ￥1,000 이하 ￥ | ￥1,000~2,000 ￥￥ | ￥2,000 이상 ￥￥￥

RESTAURANT

CAFE

PUB & BAR

돼지고기를 건강하게 즐기는 방법
로쿠미치
六道

아침의 식문화를 바꾸는 것이 목적인
에그셀런트
エッグセレント Eggcellent

MUST EAT 롯폰기힐즈의 현관 입구, 에스컬레이터가 위치한 둥근 광고벽 건물 메트로햇 지하 2층에 위치한 로쿠미치六道는 돼지고기를 건강하게 먹는 방법을 제안하는 레스토랑이다. 프로가 엄선한 가고시마의 명품 돼지고기를 채소에 말아 먹는 꼬치구이가 전문이지만, 그 외에도 깔끔하게 기름기를 뺄 수 있는 찌는 방법도 로쿠미치六道가 알려 주는 돼지고기를 건강하게 먹는 방법이다. 특제 원형 냄비에 파와 돼지고기를 가득 채워 먹는 샤브샤브는 최고 인기 메뉴이다. 좋은 고기를 최소한의 조리법으로 가장 건강하고 담백한 방법으로 먹을 수 있다는 것이 즐겁다. 런치 타임에 들른다면 저렴한 가격으로 신선한 고기요리를 배부르게 먹을 수 있고, 와인가격이 저렴하다는 것도 추천의 이유.

Ⓐ B2F, Roppongihills Metrohat, 6-4-1, Roppongi, Minato-ku
港区六本木6-4-1　六本木ヒルズ メトロハットB2F
롯폰기힐즈 메트로햇 헐리우드프라자 지하 2층에 위치
Ⓣ 03-3478-3468　Ⓞ 11:00~24:00
Ⓦ www.dr-t.co.jp/rokumichi　Ⓒ Lunch ￥, Dinner ￥￥￥
Ⓖ 35.66044, 139.72923

MUST EAT 바쁘게 출근해서 정신없이 하루를 시작하는 샐러리맨들의 '아침 문화'를 변화시키고 싶다는 것이 '에그셀런트'의 생각이다. 에그셀런트의 고집은 그들이 사용 하는 달걀에서 가장 뚜렷하게 나타난다. 발효 사료를 먹이고 자연의 순리에 따라 숲에서 맘껏 뛰어다닌 건강한 닭들이 생산해 내는 유기농 달걀을 사용한다. 도쿄 디즈니랜드의 약 16배에 달하는 광활한 자연에서 자란 젖소에서 짜낸 우유로 만든 요구르트, 에그셀런트의 인기 메뉴 'A.M. 에그셀런트 베네딕트'의 소스로 사용하고 있는 보리된장. 이 모두가 에그셀런트가 고집하는 건강한 아침 식탁을 위한 식재료들이다. 에그셀런트 오리지널 팬케이크 믹스 가루를 사용, 입에 넣는 순간 사르르 녹아버리는 팬케이크도 유명하다.

Ⓐ 1F, Roppongihills Metrohat, 6-4-1, Roppongi, Minato-ku, Tokyo. 港区六本木6-4-1　六本木ヒルズ メトロハット1F
롯폰기힐즈 메트로햇 헐리우드프라자 1층
Ⓣ 03-3423-0089
Ⓞ 07:00~21:00　Ⓦ eggcellent.co.jp/roppongi
Ⓒ ￥￥　Ⓖ 35.66044, 139.72923

★ 롯폰기 역과 직결된 노스타워 지하 1층의 추천 식당

채소 소믈리에가 운영하는
사쿠라식당 さくら食堂 Sakura Shokudo

식판을 걸어놓은 인테리어가 눈길을 사로잡는다. 채소 소믈리에가 직접 운영하는 식당이며 채소를 듬뿍 섭취할 수 있도록 영양의 밸런스에 신경을 쓴 정식 메뉴를 ¥1,000 정도에 먹을 수 있다.

ⓐ B1F, Roppongihills North Tower, 6-2-31, Roppongi, Minato-ku 港区六本木6-2-1 六本木ヒルズノースタワー 地下1階
ⓞ 지하철 롯폰기 역 1C 출구에서 노스타워로 직결되는 지하통로에 들어서면 바로 오른편
ⓣ 03-5474-3230 ⓞ 11:00~23:00 ⓒ ¥
ⓖ 35.661898, 139.730211

명품 돼지고기를 사용한 돈카츠점
부타구미 쇼쿠도 豚組食堂 Butagumi Shokudo

돈카츠라는 요리가 고급 요리는 아니지만 소재와 조리 방법에 따라서 최고의 음식이 된다는 것을 보여주는 돈카츠 전문점이다. 원래 명품 돼지고기를 고집하기로 유명한 '니시아자부구미'西麻布組み의 돈카츠 퀄리티를 그대로, 가격은 저렴하게 낮추어 이 행복한 음식을 매일 먹을 수 있게 한다는 것이 부타구미 쇼쿠도의 이념이다. 일본의 브랜드 돼지만을 사용하고 2시간 숙성시킨 1등급 빵가루를 사용한다.

ⓐ B1F, Roppongihills North Tower, 6-2-31, Roppongi, Minato-ku 港区六本木6-2-1 六本木ヒルズノースタワー 地下1階
ⓞ 롯폰기 역 1C 출구에서 노스타워로 직결되는 지하통로에 들어서면 바로 오른편
ⓣ 03-5474-3230 ⓞ 11:00~23:00 ⓒ ¥¥
ⓖ 35.661898, 139.730211

꽃집이니? 밥집이니?
아오야마 플라워 마켓 티하우스
青山フラワーマーケット ティーハウス
Aoyama Flower Market TEA HOUSE

케야키자카 테라스 비스트로&다이닝바
로더델
ローダーデール　Lauderdale

꽃가게인지 레스토랑인지 도통 구분이 되지 않는다. 실내에는 푸른 식물들과 꽃으로 가득하다. 이렇게 싱그러울 수가! 이곳의 음식은 신선하지 않을 수가 없겠다는 생각이 든다. 'TEA HOUSE'는 일본 전국에 전개되고 있는 플라워 숍 'AOYAMA FLOWER MARKET'이 운영하는 카페&레스토랑이다. 플라워 숍다운 상쾌한 허브와 꽃, 계절 과일이 듬뿍 담긴 티하우스의 샐러드는 보기만 해도 온몸이 파룻파룻 살아나는 기분이다. 식사 후에는 함께 운영되는 플라워 숍도 놓치지 말고 둘러보길. 여행 중 리프레시가 필요하다면, TEA HOUSE로! 미나미아오야마南青山, 키치죠지吉祥寺에서도 'TEA HOUSE'를 만날 수 있다.

Ⓐ 1F, Akasaka biztower, 5-3-1, Akasaka, Minato-ku 港区赤坂5-3-1 赤坂Bizタワー1 F
ⓣ 03-3586-0687 ⓗ 11:00~23:00
치요다 선 아카사카 역에서 하차. 아카사카 비즈타워 1층에 위치
ⓦ www.afm-teahouse.com/aoyama Ⓒ Lunch ￥
ⓖ 35.672756, 139.736483

롯폰기힐즈 케야키자카 언덕 위 끝자락 사쿠라자카와 연결되는 길목에 케야키자카 테라스가 위치하고 있다. 주로 오피스로 사용되는 건물인데, 이 건물의 1층에 위치한 비스트로&다이닝바 '로더델'은 케야키자카에 매료되어 걷다가 언덕 위 꼭대기에 다다를 무렵에 만나게 된 운치 있는 테라스 카페이다. 내부는 다이닝 공간과 바 테이블로 나누어져 있고 야외에는 테라스 석으로 이루어져 있다. 오전에는 브런치를, 저녁에는 코스요리와 와인을 함께 즐길 수 있다. 간단한 케이크와 커피도 가능하니 테라스에 앉아 케야키자카를 바라보면서 편안한 휴식을 만끽해 보길. 사쿠라자카(벚꽃 언덕)와도 이어져 있어 봄이면 벚꽃 향연이 펼쳐진다.

Ⓐ Roppongi hills keyakizaka dori 1F, 6-15-1, Roppongi, Minato-ku 港区六本木6-15-1
ⓣ 03-3405-5533 ⓗ 07:00~23:00(Brunch,08:00~16:00 Lunch,11:00~16:00)
롯폰기힐즈 케야키자카에 위치. 그랜드호텔하얏트 맞은 편
ⓦ www.lauderdale.co.jp Ⓒ Lunch ￥￥, Dinner ￥￥￥
ⓖ 35.65911, 139.72823

이탈리아산 우유 100%의 모짜렐라를 사용하는
오비카 모짜렐라 바
オービカ モッチャレラバー　Obica Mozzarella Bar

자체 오리지널 밀가루를 사용하는
메종 카이저
メゾンカイザー　Maison Kayser

도쿄 미드타운에 위치한 오비카 모짜렐라 바는 이탈리아 로마에서 온 모짜렐라를 사용한 메뉴를 제공하는 레스토랑 바이다. 이딜리아산 우유 100% 신선한 모싸렐라, 파니니, 라자냐, 이탈리안 햄 등 와인과 함께 한잔하기에 좋은 안주 겸 식사류가 대부분이다. 가볍게 한잔할 수 있는 분위기와 맛으로 근처 직장인들에게 인기다. 낮에는 테라스에서 커피나 간단한 음료를 즐기는 사람들이 대부분이다.

도쿄에서 빵을 먹고 실패한 기억이 없지만, 특히 추천하는 빵집이다. 특별할 것이 없는 백화점 지하의 빵집이지만 맛은 눈이 휘둥그레질 정도이다. 파리 잡지 〈피가로〉에서 빵집 1위를 차지했다고 하는데 그 명성에 조금도 뒤처짐이 없는 맛이다. 오리지널 밀가루를 사용한 바게트와 크루아상, 독자적인 천연효모를 이용해 전통기법으로 고집스럽게 만들어 낸 빵은 어떤 것을 선택해도 후회가 없을 맛이다.

Ⓐ 1F, Tokyo Midtown East, 9-7-2, Akasaka, Minato-ku
東京都港区赤坂9-7-2 東京ミッドタウン イースト 1F
☎ 03-5772-1472　◐ 10:00~23:00　♨ 도쿄 미드타운 이스트 1층
Ⓐ ¥¥　 35.66484, 139.73097

Ⓐ 1F, Tokyo Midtown Galleria, 9-7-2, Akasaka, Minato-ku
港区赤坂9-7-2 東京ミッドタウン イースト 1F
☎ 03-6804-66285　◐ 11:00~21:00　♨ 도쿄 미드타운 갤러리아 지하 1층
Ⓐ ¥　 35.66616, 139.73036

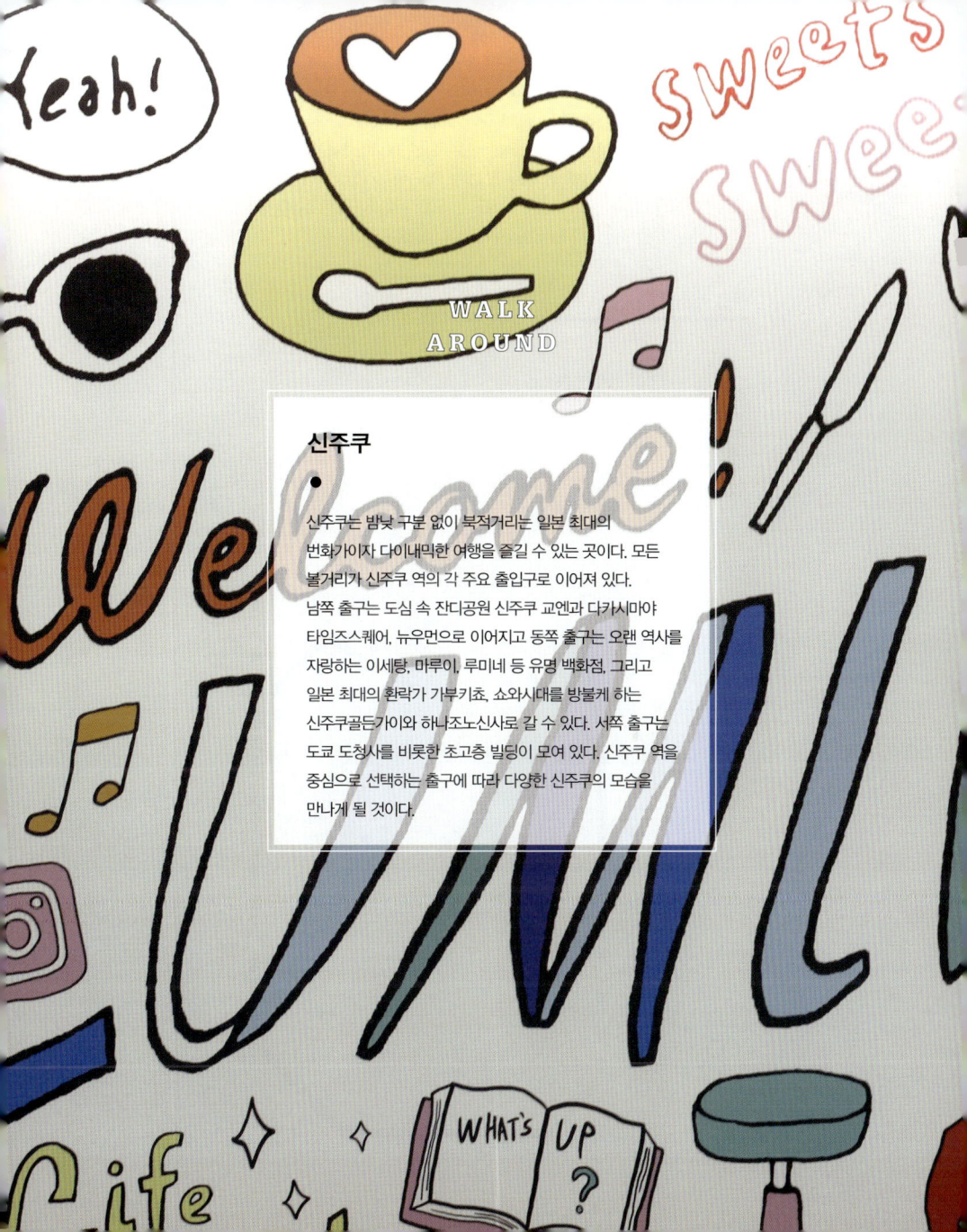

WALK AROUND

신주쿠

신주쿠는 밤낮 구분 없이 북적거리는 일본 최대의 번화가이자 다이내믹한 여행을 즐길 수 있는 곳이다. 모든 볼거리가 신주쿠 역의 각 주요 출입구로 이어져 있다. 남쪽 출구는 도심 속 잔디공원 신주쿠 교엔과 다카시마야 타임즈스퀘어, 뉴우먼으로 이어지고 동쪽 출구는 오랜 역사를 자랑하는 이세탕, 마루이, 루미네 등 유명 백화점, 그리고 일본 최대의 환락가 가부키쵸, 쇼와시대를 방불케 하는 신주쿠골든가이와 하나조노신사로 갈 수 있다. 서쪽 출구는 도쿄 도청사를 비롯한 초고층 빌딩이 모여 있다. 신주쿠 역을 중심으로 선택하는 출구에 따라 다양한 신주쿠의 모습을 만나게 될 것이다.

Tokyo Subway Map

동서남북으로 다양한 볼거리와 신나는 쇼핑의 천국 신주쿠는 JR 신주쿠 역을 중심으로 남구, 동구, 서구 등 다방면으로 볼거리들이 산재해 있다. JR은 야마노테 선·사이쿄 선·쇼난 신주쿠 라인·츄오 선이 정차하고 도에이지하철 오에도 선·신주쿠 선, 도쿄메트로 마루노우치 선이 정차한다. 후쿠토신 선과 마루노우치 선이 정차하는 신주쿠산초메 역도 위치가 편리하다. 신주쿠 도심을 내려다볼 수 있는 무료 전망대가 위치한 도쿄 도청은 오에도 선 도초마에 역에서 바로이다. JR 신주쿠 역에서 모두 이동이 가능하지만 필요에 따라 지하철을 유용하게 이용할 수 있다.

추천 이동 경로

도쿄 역 — JR 츄오쾌속 선 (15분 소요) — 신주쿠 역

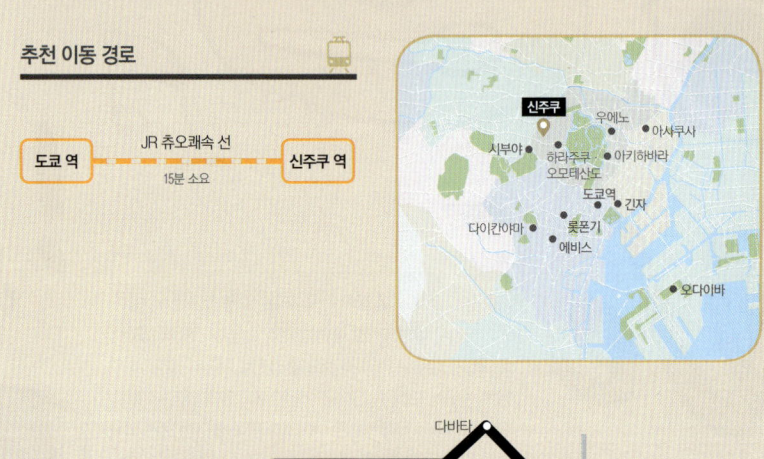

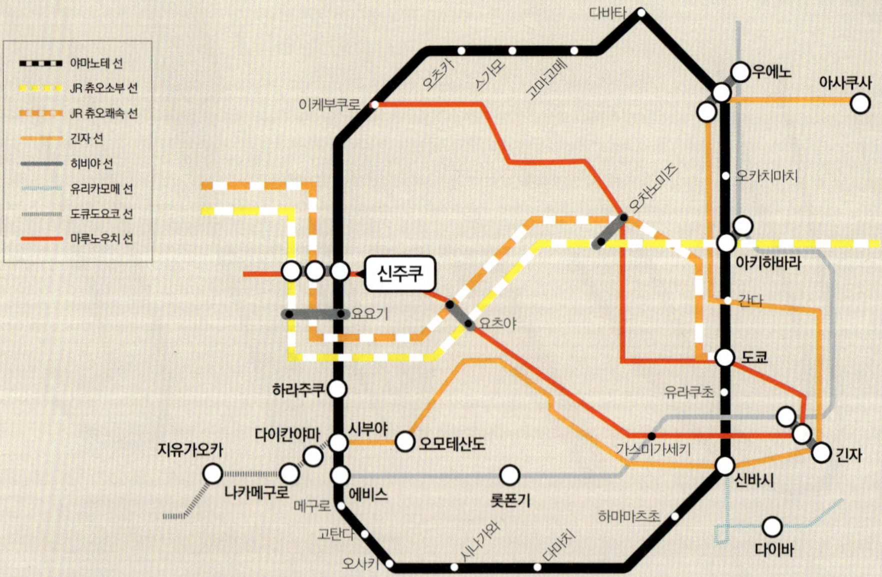

추천 일정

신주쿠 교엔
무려 58만3,000m²에 이르는 광대한 부지에 일본정원, 영국식 정원, 프랑스식 정원으로 꾸며져 있는 도심이라고는 상상하기 어려울 정도의 규모를 자랑하는 공원이다.

도보 10분

다카시마야 타임즈스퀘어
유명 브랜드 쇼핑이 즐거운 다카시마야 백화점, 생활을 더욱 편리하게 하는 도큐핸즈, 저렴하고 디자인이 심플한 니토리 등 하루 종일 있어도 지루하지 않은 쇼핑 공간이다.

도보 1분

뉴우먼
신주쿠의 가장 새로운 쇼핑 건물이다. 여성을 더욱 행복하게 하는 이곳은 도쿄의 트렌디 숍들이 모두 모여 있어 지금 가장 핫한 스폿이다.

도보 10분

가부키초
일본의 대표적인 유흥가이다. 이자카야, 만화찻집, 파칭코, 그리고 맛집이 많아 밤이면 더욱 불야성을 이룬다. 가부키초에서 북쪽으로 가면 세계 최대의 코리아타운 신오쿠보 거리와 만난다.

도보 5분

오모이데요코초
신주쿠 서쪽 출구에 가깝게 위치한 철도 고가 아래 허름한 술집들이 모여 있는 곳이다. 밤이면 야키토리 굽는 고소한 냄새가 입과 코를 자극한다.

도보 10분

도쿄 도청
니시신주쿠의 빌딩 숲 가운데에서도 가장 높은 243m의 높이의 쌍둥이 빌딩이다. 45층에 위치한 무료 전망대에서 도쿄의 절경을 감상할 수 있다.

SHINJUKU

기억에
남는
8장면

1. 신주쿠 역 컬러풀한 구조물이 활기찬 인상을 준다
2. 일본 최대의 유흥가 가부키초의 네온사인
3. 혼밥의 정석
4. 공사판 부조물이 키티짱인 나라
5. 신라면은 양은 냄비에 끓이는 것이 한국식임을 보여주는 코리아타운
6. 차와 함께 담소를 나누는 사람들
7. 피자 1인 1판의 기본을 지키는 소녀들
8. 미타카 역 앞의 흔한 반찬 가게

Shinjuku
Spot ❶

도시에 사는 사람들의 오아시스
신주쿠 교엔 新宿御苑
Shinjuku Gyoen National Garden

MUST SEE 신주쿠 교엔은 드넓은 잔디가 시원하게 펼쳐진 도심 공원이다. 무려 58만3,000㎡에 이르는 광대한 부지에 일본 정원, 영국식 정원, 프랑스식 정원으로 꾸며져 있다. 도심이라고는 상상하기 어려울 정도의 규모를 자랑하는 공원이다. 원래 왕실의 정원으로 만들어졌으나 전쟁 후 국민에게 공개되었다. 메이지 시대의 대표적인 근대 서양 정원으로 일본에 몇 안 되는 풍경 정원에 손꼽힌다. 만 그루 이상의 나무가 심겨 있으며 봄이면 벚꽃이, 가을이면 단풍이 아름답게 물들어 사람들의 발길이 끊임없이 이어진다. 신주쿠 교엔은 3개의 문이 있는데 그중 가장 많은 사람이 이용하는 것은 신주쿠문이다. 신주쿠 역에서 이동하기에도 신주쿠문이 가장 가깝다. 평일인데도 공원을 찾는 사람이 적지 않다. 젊은이들이 신주쿠를 찾을 때, 먹거리나 쇼핑 등 신나는 것만 찾을 것 같지만, 그렇지 않다는 것을 이곳에서 알게 된다. 도심에서 광활한 자연을 자유롭게 누릴 수 있다는 것은 참으로 큰 선물이다.

ⓐ 11, Naitomachi, Shinjuku-ku 新宿区内藤町11
ⓞ 09:00~16:00(월요일 휴무)
ⓦ 일반 ￥200, 초·중학생 ￥50
ⓠ 야마노테 선·게이오 선·오다큐 선 신주쿠 역 남쪽 출구에서 도보 10분, 마르노우치 선 신주쿠교엔마에 역에서 도보 5분
ⓖ 35.684740, 139.710012

Shinjuku
Spot ❷

일본에서 사고 싶은 것은 여기 다 모여 있다
다카시마야 타임즈스퀘어 タカシマヤ タイムズスクエア Takashimaya Times Square

핑크빛 장미가 상징인 일본을 대표하는 백화점 다카시마야, 생활에 필요한 모든 것이 모여 있는 도큐핸즈, 저가지만 양질인 생활 용품 전문점 니토리, 전 세계 젊은이들에게 절대적인 사랑을 받는 유니클로, 지금 열거한 이 모든 것이 한 곳에 모여 있다. 바로, 다카시마야 타임즈스퀘어이다. 신주쿠 역에 신남쪽 출구가 새로 생겨 다카시마야 타임즈스퀘어는 접근이 더욱 편리해졌다. 쇼핑몰뿐만 아니라 헤어살롱, 뷰티 에스테 살롱, 쿠킹 스튜디오 등 라이프 스타일에 충실한 트렌디한 숍들이 가득하다. 입구에 신주쿠의 영문자 대형 조형물이 타임즈스퀘어와 어우러져 도심의 분위기를 컬러풀하게 만든다. 사진 찍거나 주위에 그냥 걸터앉아 이야기 나누는 모습이 인상적이다.

Ⓐ 5-24-2, Sendagaya, Shibuya-ku 渋谷区千駄ヶ谷5-24-2号
📍 야마노테 선 신주쿠 역 신남쪽 개찰구 혹은 미라이나타워 개찰구에서 도보 1분, 신주쿠 선·오에도 선·게이오 선 신주쿠 역에서 도보 5분, 후쿠토신 선 신주쿠산초메 역에서 도보 3분 (지하1층 지하철 출구 직결)
🌐 35.687621, 139.702302

【 다카시마야 타임즈스퀘어 대표 시설 】

도시의 휴일을 책임지는
다카시마야 タカシマヤ

다카시마야의 성격을 말하자면, 일본의 전 연령층에서 가장 선호하는 백화점이라고 할 수 있겠다. 전국에 분포되어 있는 다카시마야 백화점은 그 지역의 특성에 맞춘 브랜드 입점이 눈에 띄는데, 신주쿠 다카시마야는 패셔너블한 젊은 층의 기호에 맞추어져 있다. 12층에서 14층까지 이어지는 레스토랑은 다카시마야 특유의 센스 있는 점포 선별이 매력적이다. 지상 14층에 위치한 화이트가든에서 옥상정원의 훌륭한 예를 감상할 수 있다.

ⓐ 타임즈스퀘어 빌딩 본관 지하 1층~지상 11층
ⓣ 03-5361-1111 ⓞ 10:00~20:00

여기, 없는 게 뭐니?
도큐핸즈 東急ハンズ

크리에이티브한 아이디어가 돋보이는 상품들이 모여 있는 곳 도큐핸즈. 사람이 살아가는 데 필요한 물건은 다 모아놓은 듯 풍부하고 신기한 상품들이 가득해 둘러 보고 있으면 시간 가는 줄 모른다. 집에 데리고 가고 싶은 아기자기한 주방용품에서 아이디어가 돋보이는 문구류, 디자인과 실용성이 돋보이는 여행용품과 뷰티 바디케어 제품까지 다양한 상품이 진열되어 있다.

ⓐ 타임즈스퀘어 빌딩 본관 2~8층
ⓣ 03-5361-1111 ⓞ 10:00~21:00

저가 양질의 홈 토탈 코디네이션
니토리 ニトリ

가구, 침대, 소파, 방석, 침구, 커튼, 식기, 주방 용품 등 생활 잡화 전반을 판매하는 니토리가 신주쿠 다카시마야 타임즈스퀘어 남관에 2016년 12월 1일 오픈했다. 다양한 생활 용품들이 가격도 저렴하고 디자인도 훌륭하다. 특히 신주쿠 다카시마야 타임즈스퀘어점은 니토리가 교외에서만 오픈해 오던 전략을 바꾸어 도심으로 들어온 첫 번째 프로젝트이자 야심작이다. 그만큼 볼거리와 내용이 충만하다. 꼭 들러보길.

ⓐ 타임즈스퀘어 빌딩 남관 1층~5층 ⓞ 10:00~20:30

Shinjuku
Spot ❸

여자를 빛나게 해주는 공간
뉴우먼 NEWoMAN

MUST SEE 신주쿠에서 가장 새로운 쇼핑타운, 2016년 4월 오픈한 뉴우먼은 신주쿠 역 신남쪽 출구에서 바로 직결 통로로 이용할 수 있는 쇼핑 및 복합시설이다. 이미 발 빠른 트렌드 세터들에겐 입소문이 자자한 쇼핑공간이다. 여성의 라이프 스타일을 빛나게 해줄 엄선된 라인업을 위해 세계 각국의 최고의 품질을 자랑하는 상품들을 모았다. 패션뿐만 아니라 건강, 뷰티, 헤어살롱과 어린이집, 병원 등이 모여 있다.

Ⓐ 4-1-6, Shinjuku, Shinjuku-ku 新宿区新宿4-1-6
Ⓣ 03-3352-1120
Ⓞ 1~4F, 7F 11:00~22:00 · 2F 07:00~28:00(점포마다 다름)
Ⓦ www.newoman.jp
📍 야마노테 선 신주쿠 역 신남쪽 출구에서 직결
📍 35.688679, 139.701826

tokyo special shop

【 뉴우먼 NEWoMAN, 오감으로 느끼는 트렌디 SHOP 】

1층

블루 보틀 커피 Blue Bottle Coffee
커피 계의 애플이라 불리우는 오클랜드에서 태어난 커피 브랜드. 뉴욕, LA 그다음으로 선택된 도시가 도쿄였다. 기요스미시라카와에 첫 등장 당시 큰 화제를 모아, 지금도 줄을 서지 않고는 마실 수가 없다는 그 커피. 기계의 힘을 빌리지 않고 사람의 손으로 천천히 뽑는 다는 것이 특징. 푸른색 병 마크가 애플사의 사과에 버금가는 커피계의 브랜드 파워를 보여준다.
ⓘ 08:00~22:00
🌐 bluebottlecoffee.jp/cafes/shinjuku

2층

코르크 Cork
와인과 꽃이 있는 향기롭고 싱그러운 편집숍이다. 특별한 날에 어울리는 와인과 꽃을 제안해 준다. 사랑하는 사람과의 기념일, 휴일의 식탁, 친구들과의 파티 등. 와인 소믈리에와 플라워 디렉터가 함께 제안하는 선물을 고를 수 있다.
🌐 www.cork-wf.com

4층

블룸 앤 브란치 Bloom & Branch
하루가 다르게 변화하는 세상살이, 덩달아 그때그때 변하는 것이 아니라 오랫동안 사용하거나 입을 수 있는 심플한 도구, 혹은 의류를 세계 각국에서 모아 재편집한 편집숍이다. 노포의 전문 브랜드, 장인이 만들어 낸 고유의 기술, 생활의 뒷받침이 되어 준 민예 등 '다음 세대에 물려주고 싶은 물건'을 찾아 픽업해 온다. 심플하면서도 편안한 분위기의 실내와 융드립 커피 전문점 COBI가 눈길을 끈다.
🌐 bloom-branch.jp

4층

마가렛 호웰 MARGARET HOWELL
브리티쉬 모던 감성을 대표하는 영국 디자이너 마가렛 호웰의 매장을 뉴우먼에서 만날 수 있다. 모던 클래식 감성을 좋아하는 여성이 즐겨 찾는 브랜드 마가렛 호웰은 한국에서는 단독 매장을 찾아 볼 수 없지만 도쿄에서 여러 곳에서 만날 수 있다. 신주쿠 뉴우먼에서는 그녀의 독특한 인생관이 엿보이는 가구, 스탠드, 잡화, 여성복은 물론, 마가렛 호웰의 대표 아이템인 셔츠의 원단을 그대로 사용한 홈웨어까지 두루 만날 수 있다.
ⓘ 11:00~22:00   🌐 www.margarethowell.jp/shop_detail/134

Shinjuku
Spot ❹

45층 전망대를 시민에게 무료로 오픈하는 도청
도쿄 도청 東京都庁 Tokyo Metropolitan Government Building

원래 도쿄 역 근처 마루노우치에 위치해 있던 도쿄청사가 노후화되어 1990년 신주쿠로 이전하게 되었다. 도쿄 도의 주요 행정을 담당하는 중추 기능을 담당하고 있는 도쿄 도청 건물은 니시신주쿠의 빌딩 숲 가운데에서도 가장 높은 243m의 높이의 쌍둥이 빌딩이다. 45층에 위치한 무료 전망대에서 도쿄의 절경을 감상할 수 있다. 도쿄 전망대는 도쿄 도청을 방문하는 많은 사람들이 도쿄를 이해하고 관심을 갖게 하기 위해 만들어졌으며 무료 관람이 가능하다. 북동방향으로 도쿄 스카이트리를, 남동방향으로 도쿄타워, 서북방향으로 12월에서 2월 사이의 맑은 날 후지산을 관망할 수 있다.

🆃🅿 알아두면 유용할 꿀팁

도쿄 도청 전망대에 위치한 특산품 코너가 가격도 저렴하고 퀄리티도 높다. 참고하길.

Ⓐ 2-8-1, Nishishinjuku, Shinjuku-ku 新宿区西新宿2-8-1
Ⓣ 03-5321-1111 Ⓦ www.metro.tokyo.jp
📍 신주쿠 역 서쪽 출구에서 도보 약 10분, 오에도 선 도초마에 역에서 도보 5분
🌐 35.689652, 139.692069

도쿄 도청 전망대 오픈시간

북쪽 전시실 09:30~23:00 / 남쪽 전시실 09:30~17:30
• **휴관일** 남쪽 전시실 제1, 제3 화요일 / 북쪽 전시실 제2, 제4 월요일

Shinjuku
Spot ❺

추억의 골목길
오모이데요코초 思い出横丁 Omoide Yokocho

MUST SEE 신주쿠 니시구치요코초 新宿西口横丁, 혹은 야키토리 요코초 焼き鳥横丁라고도 불리는 신주쿠 니시구치 西口에 위치한 오래된 먹자골목이다. 전쟁으로 모든 것이 불타버린 역 주변은 깨진 기와로 매립되었고 이후 역 근처에 오뎅, 덴뿌라, 헌책을 파는 포장마차 30~40대가 이어져 장사를 하기 시작했다. 이후 암시장으로 변하게 되었는데 암시장에서 파는 물건들이 단속에 걸리자 결국 단속에 걸리지 않는 물건이라는 것이 소나 돼지의 내장이었던 것이다. 그래서 이곳에서 내장 꼬치구이를 팔기 시작했고 이 골목길은 번성했다. 그 흔적이 지금도 이어져 기차길 철로를 사이에 둔 작은 골목길에 주로 꼬치구이를 팔고 있다. 사람들은 작은 가게 안의 불편한 의자에 모르는 사람들과 엉덩이를 붙이고 앉아 술잔을 기울인다. 퇴근길 전철역으로 가기 전에 동료들과 술잔을 기울이며 스트레스를 푸는 직장인들의 모습이 인상적이다. 신주쿠라고는 생각되지 않는 의외의 풍경이라 외국인 관광객의 발걸음도 멈추게 한다.

ⓐ 1Chome Nishishinjuku, Shinjuku-ku
新宿区西新宿1丁目
☎ 03-3364-3235
🌐 35.693026, 139.699504
📍 야마노테 선 신주쿠 역 서쪽 출구에서 도보 1분

Shinjuku
Spot ❻

신주쿠의 역 빌딩 쇼핑몰의 대명사
루미네 ルミネ LUMINE

루미네는 신주쿠 역 전역에 퍼져 있는 역과 연결된 빌딩 쇼핑몰이다. 신주쿠 남쪽 출구에는 루미네 1, 루미네 2, 동쪽 출구에는 루미네 에스트LUMINE EST, 가장 최근에 생긴 루미네 0(제로)는 신남쪽 출구의 뉴우먼 5층에 위치하고 있다. 루미네 0은 콘서트나 전시회를 위한 공간으로 다른 루미네와는 성격을 달리 한다. 이렇듯 각각의 다른 4개의 건물에 위치하고 있는 루미네는 쇼핑과 레스토랑 및 지하 디저트 코너는 젊은 여성들로 항상 붐빈다. 1976년 루미네는 신주쿠 역을 시작으로 요코하마橫浜, 오기쿠보荻窪등에 지금까지 어두운 이미지였던 역 빌딩을 젊은 여성들이 찾아오는 빌딩으로 변화시켰다. 그 당시 주 무기는, 판매하는 제품이 ￥10,000을 넘기지 않는다는 가격 설정이었는데 이로 인해 20대에서 30대에 이르는 여성들에게 큰 인기를 모았다. 이와 같은 행보를 거듭해 온 루미네는 결국 신주쿠 신미나미 출구와 직결되는 곳에 뉴우먼NEWoMAN이라는 여성을 응원하는 상업시설을 2016년 4월에 오픈하며 가장 트렌디한 숍들이 모여 있는 신주쿠 남쪽 출구의 새로운 랜드마크로 탄생했다.

루미네 Shop List

루미네 1
Ⓐ 1-1-5, Shinjuku, Shinjuku-ku 新宿区西新宿1-1-5
Ⓐ 오다큐 선・게이오 선 신주쿠 남쪽 출구에서 도보 1분
🌐 35.689204, 139.699296

루미네 2
Ⓐ 3-38-2, Shinjuku, Shinjuku-ku 新宿区新宿3-38-2
Ⓐ 오다큐 선・게이오 선 신주쿠 남쪽 출구에서 도보 1분
🌐 35.689781, 139.700490

루미네 에스토
Ⓐ 3-38-1, Shinjuku, Shinjuku-ku 新宿区新宿3-38-1
Ⓐ 신주쿠 역 동쪽 출구에서 도보 1분
🌐 35.691326, 139.701137

루미네 0
Ⓐ 5-24-55, Sendagaya, Shibuya-ku 渋谷区千駄ヶ谷5-24-55
Ⓐ 신주쿠 역 신남쪽 출구에서 직결. 뉴우먼 5층
🌐 35.688634, 139.701769

Shinjuku
Spot ❼

식품가 스위츠가 세계 최고
이세탕 伊勢丹 Isetan

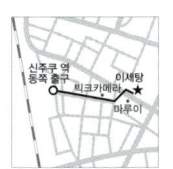

이세탕 백화점은 1886년에 창업한 일본에서 가장 오래된 백화점이다. 처음에는 포목점으로 시작한 이세탕은 1930년 신주쿠에 백화점을 설립하게 된 다. 건물은 기하학적인 아르데코 양식으로 도쿄 도의 역사적 건축물로 선정되어 있다. 신주쿠에 신주쿠 본점과 멘즈관으로 나누어져 영업하고 있으며 이세탕에서 가장 잘 팔리는 매장은 신사복 매장이다. 백화점들이 신사복 매장을 축소하는 이때에 그것도 고급 신사복 매장이 가장 잘 팔린다는 것은 이세탕이 포목점에서 시작한 것 때문이 아닐까 짐작해 본다. 멘즈관이 충실해 남성에게 선호도가 높은 백화점이다. 매일 아침 오픈 직전 정문 앞에 사람들이 서서 기다리다 문이 열리면 일제히 백화점으로 입장하는 모습을 볼 수 있다. 특히 소문난 이세탕 백화점 지하 식품가는 세상에서 가장 볼거리, 먹거리가 많은 식품가로 세계적으로도 유명하다. 특히 식품가가 품목별로 디자인과 색상이 통일되어 있는데 이는 '식食도 패션의 일부'라는 고집 때문이다. 천천히 둘러본다면 2시간도 족히 걸릴 세계에서 가장 볼거리가 많은 곳은 백화점 지하 식품가이다. 유명 셰프의 레시피가 적용되는 키친스테이지는 꼭 들러보길.

📍 신주쿠 역 동쪽 출구에서 도보 5분, 마루노우치 선 신주쿠산초메 역에서 출구 B5, B4, B3에서 도보 1분

🅐 3-14-1, Shinjuku, Shinjuku-ku 新宿区 新宿3-14-1
🅣 03-3352-1111
🕒 10:30~20:00
🌐 35.691628, 139.704595

Shinjuku
Spot ❽

책벌레들의 성지
키노쿠니야 紀伊国屋店 Kinokuniya

출판업계가 불황이라고 하지만 키노쿠니야를 찾았을 때 단 한 번도 불황의 기미를 느낀 적이 없다. 책을 좋아하는 사람들은 그냥 무조건 키노쿠니야 신주쿠 본점을 이용한다. 우리가 광화문 교보문고를 가는 것쯤 되겠다. 1927년에 설립되어 출판을 겸하고 있는 서점이며 서적과 잡지를 포함해 약 100만 권의 책이 판매되고 있다. 신주쿠의 필수 코스 중 하나.

📍 3-17-7, Shinjuku, Shinjuku-ku, Tokyo 東京都新宿区新宿3-14-1
📞 03-3354-0131
🕐 10:00~20:30
📍 35.692224, 139.702969

🚇 신주쿠 역 동쪽 출구에서 도보 3분

Shinjuku
Spot ❾

가부키초의 밤은 소란스럽다
가부키초 歌舞伎町 Kabukicho

신주쿠 역 동쪽 출구에서 북으로(출구에서 사선 좌측) 향해 걸으면 돈키호테 본점이 큰 도로 앞 건너편에 나타나고 돈키호테를 지나면 가부키초가 등장한다. 가부키초로 들어오면 이자카야, 캬바쿠라(여성이 접대하는 술집), 만화찻집, 호스트 클럽, 파칭코, 영화관, 볼링장, 러브호텔이 줄줄이 늘어서 있다. 밤이 되어서야 비로소 이곳의 생활은 시작되기에 '잠들지 않는 도시'라는 별명을 가지고 있다. 붉은 네온사인이 켜지면 젊은 여성들의 호객행위가 시작되고 술집 종업원들이 전단지를 나누어 주며 손님 끌어모으기에 혈안이다. 밤의 유흥가로 완벽한 변신을 한 가부키초는 영화에서 보았던 모습 그대로를 보여준다. 조금 더 깊숙이 들어가면 60~70년대의 모습을 간직한 신주쿠 골든가이, 더 들어가면 친숙한 한글이 하나둘 눈에 띄기 시작하고 코리아타운의 모습도 서서히 드러나기 시작한다.

Ⓐ 1Chome, Kabuki-cho, Sinjuku-ku 新宿区歌舞伎町1丁目
📍 야마노테 선 신주쿠 역 동쪽 출구에서 도보 5분, 개찰구에서 가부키초 방면이라고 적힌 계단을 올라오면 알타가 보인다. 알타 좌측길로 진입 후 횡단보도를 건너면 바로
Ⓖ 35.693862, 139.701022

Shinjuku
Spot ⑩

60년대 인정 넘치는 술집 골목
신주쿠 골든가이 新宿ゴールデン街 Shinjuku Golden Gai

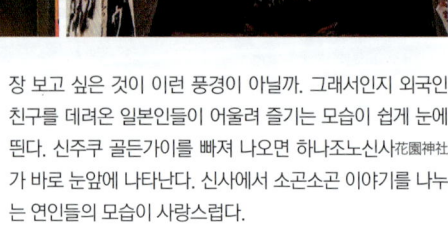

MUST SEE 신주쿠 골든가이는 태평양 전쟁 직후의 혼란기에 형성된 암시장이 기원이다. 좁고 긴 어두운 골목 낮은 목조 건물에 음식점 및 주점 200채 정도가 성냥갑처럼 다닥다닥 붙어 있다. 오래전부터 저널리스트, 작가, 영화인들이 모여 술잔을 기울이며 뜨거운 논쟁을 펼치던 곳이었다. 지금도 야키토리 점, 칵테일 바, 맥주 바 카운터에는 주인과 이야기를 나누며 술을 마시는 손님들로 가득하다. 아직도 60~70년대의 버블경제 이전의 일본의 모습이 그대로 남아 있어 따뜻한 인정과 함께 그 시절 퇴근길 술 한잔을 걸치는 샐러리맨들의 일상이 그려지는 곳이다. 일본을 찾는 외국인이 가장 보고 싶은 것이 이런 풍경이 아닐까. 그래서인지 외국인 친구를 데려온 일본인들이 어울려 즐기는 모습이 쉽게 눈에 띈다. 신주쿠 골든가이를 빠져 나오면 하나조노신사花園神社가 바로 눈앞에 나타난다. 신사에서 소곤소곤 이야기를 나누는 연인들의 모습이 사랑스럽다.

Ⓐ 1Chome, Kabuki-cho, Sinjuku-ku, Tokyo 新宿区歌舞伎町1丁目
📍 야마노테 선 신주쿠 역 동쪽 출구에서 도보 6분, 도에이신주쿠 선·마르노우치 선·부쿠도심 선 신주쿠산초메 역 E-1 출구에서 도보 1분
📍 35.693822, 139.704592

Shinjuku
Spot ⓫

일본인이 리얼타임으로 한국을 즐기는 방법
신오쿠보 코리아타운 新大久保コリアンタウン Shinokubo KoreanTown

한류열풍으로 더욱 열기가 고조된 신오쿠보의 코리아타운은 일본 최대의 외국인 타운이며 일본 속의 작은 한국으로 일본인들에게 기억되어 있는 곳이다. 20여 년 전 한 유학생이 신오쿠보에 한국식자재점을 오픈하면서 코리아타운은 시작되었다. 이후 한류드라마는 신오쿠보의 풍경을 바꾸는 결정적인 역할을 하게 된다. 한국인들의 마을이었던 이곳이 일본사람들이 줄을 서서 기다리는 한국사람으로서는 감동스러운 풍경을 만들어낸 것이다. 한류열풍이 사그라들었다고 하지만 지금도 주말이면 한류 상품 숍, 한국 카페, 옷 가게, 식당뿐만 아니라 신오쿠보 역 주변 길은 걸어 다니기 힘들 정도로 붐빈다. 거리에는 한국에서 흔한 길거리 떡볶이, 호떡, 파전을 먹으려는 사람들이 줄을 서서 기다리고 한국 식자재를 파는 슈퍼는 한국의 여느 마트와 다를 것 없는 상품들이 진열되어 있다. 이러한 풍경은 한류 열풍이 있기 전에는 보기 힘든 풍경이었다. 단순히 도쿄 혹은 수도권에 거주하는 한국사람들이 한국 음식을 먹고 싶거나 한국 라면, 김치 등 식자재를 사기 위해 찾는 곳이었다. 한국 사람이 일본어를 하지 못해도 먹고 살 수 있었던 이곳이 이제는 한국인뿐만 아니라, 중국, 타이, 필리핀 등 아시아타운으로 불리울 정도로 다국적 문화가 터전을 잡고 살아가는 곳으로 바뀌었다. 삼겹살에 매운 김치찌개 등 제대로 된 한국 음식을 먹을 수 있고 일본에 사는 한국 사람이 어떻게 살아가고 있는지, 그리고 한류의 인기를 직접 눈으로 확인할 수 있는 곳이다.

Ⓐ 1Chome, Okubo, Shinjuku-ku 新宿区大久保1丁目
Ⓠ 야마노테 선 신오쿠보 역에서 바로. 역에서 나와 우측으로 쭉 걸어가면 한국카페, 한류상품점, 한국식당 등이 모여 있는 코리아타운이 나옴
Ⓖ 35.701328, 139.700044

+Area 신주쿠에 왔다면 여기도 가보자!

키치죠지 吉祥寺 Kichijoji & 미타카 三鷹 Mitaka

키치죠지와 미타카는 일본인들이 가장 살고 싶어 하는 지역으로 손꼽히는 곳이다. 레트로한 느낌을 좋아하는 일본 사람들에게 제대로 취향 저격하는 숍들이 즐비하고 잘 정비된 도심 공원과 편리한 쇼핑센터, 그리고 꽤 큰 규모의 활성화된 전통시장, 이 모든 것이 키치죠지 역 주변에 모여 있다. 키치죠지 역에서 바로 직결되고 새롭게 오픈한 키라리나뿐만 아니라, 역 주변에 위치한 각종 쇼핑몰이 화려하지 않지만 소박한 멋스러움을 간직하고 있고 역 부근에 위치한 이노카시라 공원은 도쿄 젊은이들이 가장 사랑하는 공원이다. 무엇보다 역 바로 앞에 위치한 전통 시장 하모니카요코초는 거대 쇼핑센터에 전혀 뒤지지 않는 방문객 수를 자랑할 만큼 매력적인 곳이다. 실제로 줄을 서서 먹는 음식점이 많은데 좁은 골목길에 길을 따라 줄을 선 풍경은 놀랍고도 흥미롭다. 키치죠지는 도쿄의 주요 도심에 뒤지지 않을 정도로 매력이 넘친다.

키치죠지 & 미타카

+Area 01 　레트로한 느낌의 시장통 골목
하모니카요코초 ハモニカ横丁 Hamonica Yokocho

좁은 골목길에 작은 상점이 줄지어 있는 것이 하모니카와 같다고 하여 하모니카요코초라고 불리우게 되었다. 지금도 약 100채 이상의 가게가 키치죠지 북쪽 출구 건너편에서 성업 중이다. 예전 그대로의 모습을 유지하는 반면, 파스타 등 트렌드에 맞는 가게도 인기이다. 천천히 걷다보면 세상에 하나뿐인 보물을 찾게 될 지도.

🅐 1-1-3, Kichijojihoncho, Musasino-si 武蔵野市吉祥寺本町1-1-3
🌐 hamoyoko.jp 🚇 키치죠지 역 북쪽 출구에서 도보 1분
📍 35.703659, 139.579110

+Area 02 　도쿄 젊은이들이 가장 사랑하는 공원
이노카시라 공원 井の頭公園 Inokashira Park

도쿄 서부에 위치한 무사시노 시武蔵野市와 미타카 시三鷹市에 걸쳐 있는 이노카시라 공원은 도쿄 젊은이들로부터 가장 사랑받는 공원이다. 특히 벚꽃 시즌이면 도쿄 각지에서 몰려온 젊은 연인들로 가득하다. 이곳 벚꽃은 일본 벚꽃 100선에도 선정되어 있다. 공원 입구에서 그리 멀지 않는 호수에 떠 있는 보트는 이노카시라 공원이 데이트 코스로 각광 받는 큰 이유 중의 하나이다. 공원과 키치죠지 역 사이에 위치한 약 200m에 달하는 상점가 거리에는 꽤 괜찮은 레스토랑과 맥주바, 샐러드 바 등이 있어 공원 근처에서 식사를 즐기기에 안성맞춤이다. 레트로 숍이 많아 이 골목만 둘러봐도 키치죠지의 레트로한 분위기를 한껏 느낄 수 있다.

🅐 1Chome, Gotenyama, Musashino-si 武蔵野市御殿山一丁目 ☎ 0422-47-6900
🚇 키치죠지 역 공원 출구(남구)에서 도보 4분 📍 35.700458, 139.576817

💡 찾아가기 쉬운 꿀팁
키치죠지 역 공원 출구에서 직진, 마루이백화점 앞에서 횡단보도를 건넌 후 마루이백화점 오른편으로 돌아들어 가면 상점가, 카페를 보며 공원으로 진입할 수 있다.

+Area 신주쿠에 왔다면 여기도 가보자!

+Area 03 키치죠지에서의 쇼핑이 즐거운 이유
아트레 키치죠지 アトレ吉祥寺 Atre Kichijoji

아트레 키치죠지는 츄오선 키치죠지 역 고가 아래에 지어진 쇼핑몰이다. 키치죠지 역과 직결되어 편리하고 키치죠지에서 쇼핑을 한다면 먼저 아트레를 둘러보라고 권하고 싶다. 따뜻한 조명이 드리워진 통로나 트렌디하면서도 개성 있는 숍들이 있어 마음에 드는 물건이 분명 눈에 띌 것이다.

- 1-1-24, Kichijojiminami, Musasino-si 武蔵野市吉祥寺南1-1-24
- 0422-22-1401
- 10:00~21:00
- 키치죠지 역에서 직결
- www.atre.co.jp/store/kichijoji
- 35.703141, 139.578795

키치죠지 & 미타카

+Area 04

게이오백화점이 프로듀싱한

키라리나 キラリナ Kirarina

정식 명칭은 '키라리나 게이오 키치죠지 キラリナ京王吉祥寺'이다. 키치죠지 역 남쪽에 위치하며 JR츄오 선 키치죠지 역뿐만 아니라 게이오전철 이노카시라 선에서 바로 직결되는 2014년 4월에 오픈한 키치죠지에서 가장 새로운 쇼핑타운이다. 출점한 점포의 7할이 키치죠지에는 처음 문을 여는 브랜드이다. 또한, 키라리나에서 주목해야 하는 곳이 있는데 바로 3층에 위치해 있는 스타벅스이다. 눈

앞에서 바쁜 도쿄 도심의 전철을 바라보며 휴식을 취할 수 있기 때문이다. 지하 1층에 위치한 식품가는 게이오백화점이 프로듀싱한 식품 및 스위츠가 가득하다. 3층에 위치한 국내외 브랜드 편집숍 BEAMS가 키치죠지 첫 등장이라 관심을 모으고 있다. 9층 옥상 정원 '키라리나 테라스'는 맑은 날 도시락을 먹기에 최적의 장소다.

Ⓐ 2-1-25, Kichijojiminamimachi, Musasino-si 武蔵野市吉祥寺南町2-1-25
Ⓣ 0422-29-8240 ⓞ 10:00~21:00
Ⓢ 츄오 선・게이오 이노카시라 선 키치죠지 역 공원 출구에서 바로
Ⓦ www.kirarinakeiokichijoji.jp ⓖ 35.702818, 139.579981

+Area 신주쿠에 왔다면 여기도 가보자!

+Area 05 토토로가 안내해 주는 불가사의한 세계로
미타카의 숲 지브리 미술관
三鷹の森 ジブリ美術館 Mitakanomori Jiburibijutukan

지브리 미술관은 미야자키 하야오 감독의 작품 세계를 체험할 수 있는 공간이자 애니메이션 세계의 감동을 전하는 미술관이다. 먼저 만나게 되는 것은 입구에 있는 노란색 흙벽 건물의 토토로 매표소. 창문 안에서 토토로가 불가사의한 세계로 안내할 준비를 하고 있는 듯 밖을 내다보고 있다. 내부로 들어가면 가장 주목해야 할 영화가 탄생하는 장소. 영화가 완성되기까지의 과정을 체험할 수 있다. 첩첩이 쌓여 있는 작업물이 현실감을 더해준다. 옥상정원에는 지브리 미술관의 상징 〈천공의 성 라퓨타〉에 등장하는 로봇 깡통과 만날 수 있다.

ⓐ 1-1-83, Shimorenjaku, Mitaka-si 三鷹市下連雀1-1-83 ☎ 0570-055777
ⓞ 10:00~18:00 입장시간 10:00/12:00/14:00/16:00(30분전 입장, 화요일 휴무)
ⓠ 츄오 선 미타카 역에서 도보 15분, 미타카 역 남쪽 출구에서 셔틀버스로 5분
ⓦ www.ghibli-museum.jp ⓖ 35.696225, 139.570403

🕊 찾아가기 쉬운 꿀팁
지브리 미술관은 미타카 역 남쪽 출구에서 타마가와죠스이(玉川上水)를 따라 천천히 걸어서 15분 거리이다. 미술관의 방향과 거리를 알려주는 표지판이 있으니 표지판을 따라 걸어가면 된다. 미타카 역 남쪽 출구에서 셔틀버스를 이용하면 5분.

셔틀버스 이용방법
타는 곳 : 미타카 역 남쪽 출구 버스정류장
요금 : 편도 ¥210, 왕복 ¥320
배차간격 : 10분

키치죠지 & 미타카

+Area 06

지브리 미술관으로 가는 길목 풍경
바람의 산책로 風の散歩道

미타가 역에서 지브리 미술관 방향으로 향하는 길에 미타카 시와 무사시노 시를 흐르는 타마가와죠스이玉川上水를 따라 난 길을 '카제노산뽀미치風の散歩道(바람의 산책로)'라고 부른다. 마치 미야자키 감독의 작품 속에 들어온 듯 조용한 바람이 불어오는 길가에 가공되지 않는 강과 나무와 숲길이 이어진다. 이 산책로를 걷다 보면 극작가, 소설가로 활동한 대문호 야마모토 유조 기념관山本有三記念館을 만나게 된다. 그가 이곳에서 대표작인 대표작인 《로보우노이시路傍の石(길가의 돌)》를 썼다고 해서 더욱 유명하다. 대나무와 석조건물이 자리 잡고 있는 정원이 아름답다. 기념관 주변으로 조용하고 살기 좋은 미타카의 주택가를 구경하는 재미도 있다. 왜 이 지역이 살고 싶은 곳으로 인기가 많은지 이 길 하나만으로도 공감이 된다.

+Area 07

극작가 야마모토 유조의 생애를 소개하는
야마모토 유조 기념관 山本有三記念館 Yuzo Yamamoto Memorial Museum

미타카 시 야마모토 유조 기념관은 일본의 극작가이자 소설가인 야마모토 유조가 1936년에서 1946년까지 가족과 함께 살았던 집이다. 그의 생애와 작품을 소개하는 시설이며 전람회나 낭독회가 열리고 있다. 작가가 이 지역에 큰 애착이 있었으며 거주 당시 남긴 작품이 대표작으로 꼽히기에 후에 기념관으로 관리되고 있다.

내 맘대로 골라먹기 좋은 미타카 역 구루메

개찰구를 나오면 역내에 다양한 반찬거리를 판매하는 곳이 눈에 띈다. 샐러드, 파스타, 양배추롤 등 너무도 신선하고 맛있어 보여 무의식적으로 발길이 옮겨진다. 실패율 제로의 반찬 전문점. 주문해서 지브리 숲에서 먹어도 좋다.

+Area 신주쿠에 왔다면 여기도 가보자!

시모키타자와 下北沢 Shimokitazawa

시모키타자와는 라이브하우스와 소극장, 구제품 가게, 빈티지한 잡화점, 작은 카페와 이국적인 레스토랑 등 젊은 층이 선호하는 문화가 응축되어 있는 매력적인 동네이다. 식사나 커피 가격이 저렴하고 골목마다 등장하는 옷가게, 주말이면 열리는 플리마켓 등 젊음의 감성을 자극하는 곳이다. 역에서 내리면 먼저 남쪽 출구로. 이곳에 시모키타자와를 대표하는 혼다 극장, 요시모토 바나나의 소설 속에 등장하는 카페 몰디브, 고독한 미식가 고로상이 찾은 오코노미야키 히로키, 플리마켓이 열리는 퓨어로드가 있어 시모키타자와의 매력을 한껏 느낄 수 있다. 이후 북쪽 출구로 남아 가면 이곳은 구제 패션의 천국이다. 좁은 골목길은 그야말로 젊은이의 천국이다.

ⓐ Kitazawa, Setagaya-ku, Tokyo 世田谷区北沢
ⓜ 오다큐 선·게이오 이노카시라 선 시모키타자와 역에서 하차
(시모키타자와 액세스 방법은 신주쿠에서 접근이 용이한 오다큐 선, 시부야에서 편리한 게이오 이노카시라 선 두 가지가 있다. 모두 시모키타자와 역에서 하차한다. 신주쿠에서는 10분, 시부야에서는 5분이 소요된다.)

시모키타자와

| +Area 01 | 시모키타자와 소극장계의 대부
혼다 극장 本多劇場 Honda Gekijou

특별한 랜드마크가 없는 시모키타자와에서 유일하게 누구나 아는 심볼과도 같은 존재이다. 시모키타자와를 연극의 거리로 부르는 데는 혼다 극장의 영향이 크다. 1982년 오픈한 혼다 극장은 도쿄의 소극장의 중핵적인 역할을 하며 오픈 당시 유명 극단의 공연이 끊이지 않았다. 지금은 그 명성에 비해 공연은 크게 줄었지만 지금도 시모키타자와 소극장의 대부와도 같은 존재로 남아 있다. 혼다 극장 외에도 혼다 그룹이 운영하는 소극장이 시모시타자와에도 에키마에 극장, 게키 소극장, 소극장 낙원, 시어터711 등 다수의 무대를 운영하고 있다. 혼다 극장과 같은 건물에 위치한 '마르쉐 시모키타자와'에는 각각의 숍들이 공간을 쉐어하며 시모키타자와 다운 모습을 연출해 내고 있어 볼 만하다.

ⓐ 2-10-15, Kitazawa, Setagaya-ku 世田谷区北沢2-10-15
ⓣ 03-3468-0030 ⓞ 시모키타자와 역 남쪽 출구에서 도보 2분
ⓖ 35.661621, 139.668259

신주쿠 401

+Area 신주쿠에 왔다면 여기도 가보자!

+Area 02 안녕, 시모키타자와
몰디브 モルディブ Moldive

ⓐ 2-14-7, Kitazawa, Setagaya 世田谷区北沢2-14-7　ⓣ 03-3410-6588
ⓞ 10:00~21:00　ⓢ 시모키타자와 역 남쪽 출구에서 도보 2분
ⓖ 35.660087, 139.667402

시모키타자와의 남쪽 출구를 나와 상점가 쪽으로 걷다 보면 얼마 지나지 않아 왼편에 몰디브라고 적힌 오래된 간판을 발견하게 된다. 1984년에 오픈한 몰디브는 로스팅에서 가공, 판매, 테이크아웃 커피, 인터넷 판매까지 모든 것이 이루어지는 곳이다. 요시모토 바나나吉本バナナ의 소설《안녕, 시모키타자와もしもし下北沢》에 등장하는 실존하는 가게이다. 이 소설에서는 주인공이 시모키타자와에 살아가는 모습이 그려지는데 거의 대부분 실존하는 가게들이 등장한다. 큐브형으로 얼린 커피 원액 얼음에 우유를 부어 마시는 카페오레큐브의 원조가 바로 몰디브이다. 시모키타자와가 친근한 이유는 소설 속 장면을 곱씹으며 산책할 수 있기 때문이다. 몰디브는 원두 판매전문점으로 테이크아웃만 가능하다. 커피와 관련된 훌륭한 도구들을 저렴한 가격으로 구입할 수 있다. 시모키타자와에 가게 된다면 반드시 들러보길.

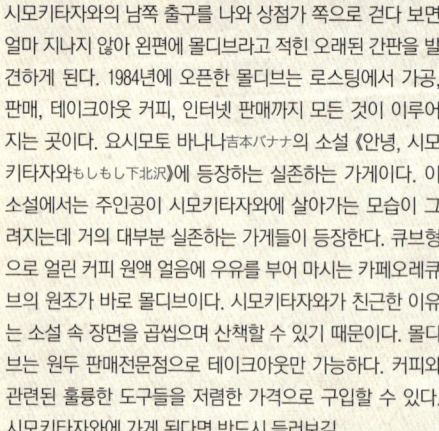

시모키타자와

| +Area 03 | 산사로三叉路에 위치한 따뜻한 등불
산사토 三叉灯 San Sa To |

산사토는 개인 작가가 만든 소품과 의류를 판매하는 귀여운 간판과 글씨가 매력적인 셀렉트 숍이다. 알록달록하고 귀여운 소품들이 눈에 들어와 여자 손님들은 가던 발걸음을 멈추고 서서 만지작거린다. 산사토는 1995년 FLASH라는 이름으로 오픈한 가게를 2015년 지금의 오너가 이어받아 리뉴얼 오픈하였다. 이전의 오너가 소중히 생각해온 FLASH라는 이름을 살려 현재 위치하고 있는 시모키자타와의 산사로三叉路와 등불이라는 단어를 더해 산사토三叉灯라고 이름 지었다. 산사토에서만 살 수 있는 잡화들이 많은데 모두 개인 작가들이 하나씩 손으로 만들어 내는 작품들이기 때문이다. 브로치, 가방, 모자, 장갑 등 보기만 해도 웃게 되는 작품들이다.

Ⓐ 5-36-14, Daizawa, Setagaya-ku 世田谷区代沢5-36-14　☎ 03-3419-2305
◎ 11:00~20:00　시모키자타와 역 남쪽 출구에서 도보 4분
Ⓖ 35.659197, 139.667384

| +Area 04 | 매콤하지만 부드러운 탄탄멘
가무이 金威 Kamui |

시모키타자와에 위치한 정통 차이니즈 레스토랑이다. 마파두부와 같은 매운 사천요리를 전문으로하는 곳으로 무엇보다 가무이기 추천하는 메뉴는 탄탄멘. 다른 곳과는 다르게 가늘게 채 썬 달걀노른자가 가득 올려져 있다. 보기에도 매운 기운이 넘치는데, 먼저 스프를 한 입 마셔보니 보기만큼 그리 맵지는 않다. 특히 위에 얹혀진 달걀노른자와 면을 함께 먹으니 매운맛을 부드럽게 잡아준다. 적당하게 맛있는 매운맛이다. 탄탄멘과 함께 밥, 그리고 작은 접시에 중국풍 피클과 디저트까지 한상차림으로 세팅되어 나온다. 조금은 색다른 탄탄멘을 경험할 수 있다.

Ⓐ 2-14-3, Kitazawa, Setagaya-ku 世田谷区北沢2-14-3　☎ 03-6450-8876
◎ 11:30~15:00, 17:30~24:00 (주말 11:30~24:00, 화요일 휴무)
시모키자타와 역 남쪽 출구에서 도보 3분
Ⓖ 35.659694, 139.667472

+Area 신주쿠에 왔다면 여기도 가보자!

+Area 05 욕심 없는 자들의 플리마켓
퓨어로드 ピュアロード Pure Road

그들의 표정은 '그냥 와서 한잔해요' '그냥 와서 한번 봐요' 그런 표정이다. 따뜻한 햇살 아래 고양이가 기지개를 켜듯 그들의 행동은 느리고 왠지 모를 여유가 느껴진다. 시모키타자와 남쪽 출구에서 상점가를 따라 내려와 3~4분쯤 걷다 보면 갈림길 왼쪽 건너편으로 '퓨어로드'라고 하는 간판이 하늘 높이 달려 있는 작은 길을 발견하게 된다. 30~40m 남짓한 짧은 거리에는 삐에로가 풍선을 만들어 주며 아이들과 행복한 대화를 나누고 음료수 박스 위에 술을 파는 사람, 액세서리를 좌판에 놓고 파는 사람, 옷을 파는 사람 등등 작은 플리마켓이 열리는 곳이다. 이 동네 사람들인지 골목에서 바비큐를 준비하는 사람도 보인다. 분주하지도 않고 분주할 만큼 사람이 많지도 않을 뿐더러 특별한 욕심도 없어 보인다. 그냥 '여기는 시모키타자와야!'라고 무언의 울림을 전하는 사람들이다. 운동화나 니트, 셔츠 등 프리마켓에 나오는 물건들 치고는 꽤나 상태가 좋다. 가격은 ¥300부터 라는 종이에 손글씨로 써 놓았다. 이 사람들은 물건을 팔 생각은 그리 없는 듯 여유롭다. 플리마켓은 부정기적.

ⓐ 2-1-7, Kitazawa, Setagaya 世田谷区北沢2-1-7
ⓞ 시모키타자와 역 남쪽 출구에서 도보 5분
ⓖ 35.659091, 139.667492

시모키타자와

+Area 06 고독한 미식가 고로상이 감동한 맛
히로키 ヒロキ Hiroki

히로키는 30년 된, 이미 알려질 대로 알려진 유명한 히로시마풍 오코노미야키 전문점이다. 하지만 간판이 작아 금방 눈에 띄는 가게는 아니니 지도를 잘 보고 찾아갈 것. 유명세 탓인지 식당 안쪽에서부터 기다리는 손님이 있고 밖에까지 두세 팀이 기다리고 있다. 15시쯤이면 줄을 서지 않아도 된다는 스태프의 귀띔이 있었다. 이렇게 기다리는 데는 이유가 있다. 그 유명한 드라마〈고독한 미식가孤独のグルメ〉에서 고로상이 식사를 한 곳이기 때문이다. 입구에는 드라마의 장면이 흘러나오고 있다. 고로상 특유의 표현 방식으로 맛을 감탄하는 장면들이다. 내부는 테이블 좌석과 철판을 둘러싼 카운터 좌석으로 이루어져 있다. 카운터 좌석에서는 철판에서 오코노미야키가 구워지는 과정을 볼 수 있다. 참고로 고로상이 주문한 메뉴는 이카토 에비 오코노미야키(오징어와 새우 오코노미야키), 호타테 가릭쿠 야키(가리비 마늘 구이), 타코노 히로시마네키토 유즈폰즈(낙지 히로시마 파 유자초절임), 카키 고소바타야키(굴 향초 버터구이)이다. 가격은 ¥1,300~¥1,400. 파는 히로시마 파만 사용한다. 오코노미야키 면은 소바와 우동 중 선택해야 한다.

📍 2-14-14, Kitazawa, Setagaya-ku 世田谷区北沢2-14-14 ☎ 03-3412-3908
🕐 12:00~21:45 시모키타자와 역 남쪽 출구에서 도보3분
35.660086, 139.667869

+Area 07 소품이 볼 만한 아주 작은 카페
북앤드 커피 서비스 ブックエンド コーヒー サービス BOOKENDS COFFEE SERVICE

너무 작은 카페라서 눈이 띄었을까. 점내 ¥200, 테이크아웃 ¥180이라고 적힌 큼지막한 간판 때문이었을까. 기다리는 사람들 사이를 비집고 안으로 들어가 보니 4~5평의 작은 내부에는 테이블이 하나, 둘. 의자가 넷, 다섯이 전부나. 벽 천장 가까이에는 커피 관련된 제품이나, 캔버스 토트 백 이 가득 진열되어 있다. 도쿄는 가는 곳마다 토트백이 어찌나 이쁜지. 아주 좁지만 아무렇게나 놓여진 이 공간의 모든 것들에 세련됨이 있다. 이런 분위기라면 커피 맛이 나쁠 수가 없지 않은가.

📍 2-11-17, Kitazawa, Setagaya-ku 世田谷区北沢2-11-17 ☎ 03-3411-8885
🕐 11:00~21:00 시모키타자와 역 남쪽 출구에서 도보3분
35.661018, 139.668731

SHINJUKU

 Cost ￥1,000 이하 ￥ | ￥1,000~2,000 ￥￥ | ￥2,000 이상 ￥￥￥

RESTAURANT

CAFE

PUB & BAR

라멘 붐을 일으킨 장본인
멘야 무사시 본점
麵屋 武蔵 本店 Menya Musasi Honten

신주쿠 톱 클래스 라멘
풍운아
風雲児 Huunji Ramen

한 번 먹으면 자꾸 먹고 싶어지는 라멘 맛집에서 빠지지 않는 가게이다. 명성은 해외에서도 이미 알아주고 신주쿠 본점을 일부러 찾는 이가 매일 끊이질 않는다. 그래서 말레이시아 등 해외에도 직접 점포를 열어 가고 있는 멘야 무사시. 이곳의 수프는 신선한 해산물이 베이스이다. 확실하게 국물이 맑고 고기는 놀랄 만큼 두껍다. 라멘 국물은 다이어트를 위해 남기는 것이 좋지 않을까 생각되지만 그 맛을 보면 멈출 수가 없다.

MUST EAT 신주쿠 필식必食라멘 풍운아. 라멘집의 호불호는 수프의 내용과 면의 탄력으로 결정된다. 풍운아는 닭뼈와 어패류를 베이스로 수프를 만들어낸다. 농후하다기보다는 진득진득하다는 표현이 어울릴 정도로 짙은 국물이 이 집의 특징이다. 그런데 깔끔한 맛이 난다는 것이 매력이다. 면은 국산 밀가루를 사용한 좀 두꺼운 직면을 사용하는데 그 탄력이 짙은 국물과 어울려 환상적인 조화를 이룬다. 한 번 먹은 사람은 그 맛을 잊지 못한다고. 면을 찍어 먹는 츠케멘이 전문이지만 라멘도 인기다. 손님이 많지만 접객이 빠르고 섬세하다는 것 또한 이 집의 장점. 물론 줄 서는 것은 각오하고 가야 한다.

- 7-2-6, Nisishinjuku, Shinjuku-ku 新宿区西新宿7-2-6
- 03-3363-4634 ⓞ 11:00~22:30
- 신주쿠 역 서쪽출구에서 도보 8분, 세이부 신주쿠 선 세이부 신주쿠 역에서 보도 3분, 오쿠보 역에서 도보 8분 ⓒ ¥
- 35.695590, 139.698633

- 2-14-3, Yoyogi, Shibuya-ku 渋谷区代々木2-14-3
- 03-6413-8480
- Lunch 11:00~15:00 Dinner 17:00~21:00 (일요일 휴무)
- 신주쿠 역 남쪽 출구에서 고슈 가이도를 따라 도보 8분 ⓒ ¥
- 35.686853, 139.696636

변하지 않는 노포의 텐푸라
츠나하치
つな八 Tsunahachi

돈카츠차츠케라는 새로운 메뉴, 히트다 히트
스즈야
すずや Suzuya

다이쇼 13년 창업 이래 90년간 고유의 맛을 단 한 번도 변화시키지 않고 고집스럽게 지켜온 텐푸라 명품점이다. 신주쿠를 시작으로 삿포로, 센다이, 후쿠야마 등 전국에 31개의 지점을 가지고 있다. 텐푸라는 튀김의 기술과 재료가 생명이라는 츠나하치의 설명처럼 엄선한 식재료를 이용해 전통적인 기술로 정성스럽게 튀겨낸 텐푸라는 오랜 시간 많은 사람으로부터 칭송받는 이유다.

- Ⓐ 3-31-8, Shinjuku, Shinjuku-ku 新宿区新宿3-31-8
- Ⓣ 03-3352-1012
- 🕘 11:00~22:30(L.O.22:00)
- 🚶 신주쿠 역 동쪽 출구에서 도보 3분
- 💰 ¥¥
- 📍 35.690789, 139.703207

MUST EAT 돈카츠에 녹차를 부어 먹는 스즈야의 명물 돈카츠 차즈케는 예술가, 매스컴 관계자 등 스즈야의 단골 손님들이 찾는 숨은 메뉴였다. 이제는 그 메뉴가 발전해 스즈야하면 떠오르는 대표 메뉴가 되었다. 항상 먹던 대로 돈카츠를 즐긴 후, 1/3 정도 남은 시점에서 점원에게 '오차 구다사이(녹차 주세요)!'를 외치면 녹차를 가져다 준다. 남은 밥 위에 돈카츠를 올리고 와사비를 토핑으로 얹은 후 녹차를 부어 먹으면 이것이 돈카츠 차즈케. 녹차의 쓴맛이 돈카츠에 배어져 전혀 다른 맛을 낸다. 신주쿠에서 돈카츠를 먹는다면 스즈야를 추천한다. 아니, 강추한다.

> **스즈야에서 필요한 일본어 한마디**
> おちゃください
> 오차 구다사이
> 녹차 주세요.

- Ⓐ 5F, 1-23-15, Kabukicho, Shinjuku-ku 新宿区歌舞伎町1-23-15 SUZUYAビル5階
- Ⓣ 03-3209-4480 🕘 11:00~23:00
- 🚶 신주쿠 역에서 동쪽 출구에서 도보 3분 💰 ¥¥
- 📍 35.694004, 139.700997

온몸이 리셋 되는 느낌
가든하우스
ガーデンハウス Garden House

1인 1피자의 실천
800° 디그리즈 나폴리탄 피자리아
800°DEGREEES NEAPOLITAN PIZZERIA

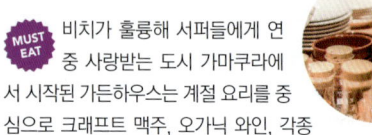

MUST EAT 비치가 훌륭해 서퍼들에게 연중 사랑받는 도시 가마쿠라에서 시작된 가든하우스는 계절 요리를 중심으로 크래프트 맥주, 오가닉 와인, 각종 차와 커피를 즐길 수 있는 곳이다. 가마쿠라에서 오픈 4년 째인 가든하우스는 2016년 신주쿠 뉴우먼에 오픈하면서 감성은 더욱 여성스러워지고 섬세해졌다. 돌가마에서 구워낸 피자와 샐러드, 팬케이크, 가마쿠라의 명물로 110년 전통을 자랑하는 가마쿠라 베이컨을 사용한 GH구루메 버거가 인기이다. 오후 3시경이면 오가닉 티를 찾아오는 여성 손님으로 가득해 진다. 매장 입구에 레스토랑에서 사용되는 식기나 식재, 생활용품을 판매하는 숍이 있어 쇼핑을 곁들일 수 있다. 실용적인 캔버스 토트백과 심플한 그릇들이 구매욕을 자극한다.

ⓐ 4F, NEWoMAN Shinjuku, 4-1-6, Shinjuku, Shinjuku-ku 新宿区新宿 4-1-6 NEWoMAN SHINJUKU 4F
☎ 03-5925-8871 ⓗ 11:00~22:00
ⓢ 신주쿠 역 신남쪽 출구에서 직결, NEWoMEN 4층 ⓦ ¥¥
ⓖ 35.688686, 139.701774

카운터 서비스 식으로 운영되는 젊고 캐주얼한 감각의 나폴리 피자 레스토랑이다. 먼저 카운터에서 좋아하는 피자를 고르고 추가로 토핑을 주문하면 신선한 모짜렐라 치즈와 엑스트라버진 올리브 오일을 뿌려 화씨 800도의 가마에서 90초간 구워내 바로 손님에게 전달한다. 도우가 아주 얇아 가마에서 구워 나올 때 살짝 타서 나오는 것이 특징이다. 주위를 둘러보니 모두 자신 앞에 피자 한 판씩을 올려놓고 먹는다. 1인 1피자를 제대로 실천하는 광경이다. 캐주얼한 분위기, 새로운 주문 방식, 저렴한 가격이 젊은 층에게 적중했는지 사람이 가득하다. 저녁이면 샐러리맨들이 모여 술과 피자를 먹는 모습이 우리와 닮아 있다. 맛은 기본에 충실해있다. 심플한 토마토 소스의 마르게리타를 주문하는 사람이 많다. 저렴하지만 직원들의 숙련된 서비스나 신선한 인테리어, 맛에서 후한 점수를 주고 싶다.

ⓐ 2F, NEWoMan Shinjuku ekisoto, 5-24-55, Sendagaya, Shibuya-ku 渋谷区千駄ヶ谷5-24-55 NEWoMan SHINJUKU エキソト2F
☎ 03-3353-1800
ⓢ 신주쿠 역 고슈가이도 개찰구에서 바로. 신남쪽 출구에서 뉴우먼 에키소토 2층
ⓦ ¥¥ ⓖ 35.688687, 139.701842

뉴욕의 셀렙들이 사랑하는 건강한 조식 레스토랑
사라베스
サラベス Sarabeth's

가볍게 한 잔 하기 딱 좋은 맥주 바
기린시티
キリンシティ KIRIN CITY

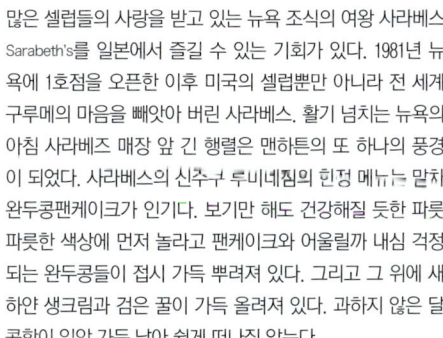

많은 셀렙들의 사랑을 받고 있는 뉴욕 조식의 여왕 사라베스 Sarabeth's를 일본에서 즐길 수 있는 기회가 있다. 1981년 뉴욕에 1호점을 오픈한 이후 미국의 셀렙뿐만 아니라 전 세계 구루메의 마음을 빼앗아 버린 사라베스. 활기 넘치는 뉴욕의 아침 사라베즈 매장 앞 긴 행렬은 맨하튼의 또 하나의 풍경이 되었다. 사라베스의 신주쿠 루미네점의 한정 메뉴 말차 완두콩팬케이크가 인기다. 보기만 해도 건강해질 듯한 파릇파릇한 색상에 먼저 놀라고 팬케이크와 어울릴까 내심 걱정되는 완두콩들이 접시 가득 뿌려져 있다. 그리고 그 위에 새하얀 생크림과 검은 꿀이 가득 올려져 있다. 과하지 않은 달콤함이 입안 가득 남아 쉽게 떠나질 않는다.

Ⓐ 2F Lumine, 3-38-2, Shinjuku, Shinjuku-ku 新宿区新宿3-38-2 ルミネ新宿店 ルミネ 2F
☎ 03-5357-7535 ⓒ 9:00~22:00
신주쿠 역 남쪽 출구에서 도보 1분, 게이오 선 루미네신주쿠점에서 직통
¥¥ 35.689569, 139.700551

기린 맥주 공장의 맛있는 맥주를 그대로 가져와 판다는 콘셉트의 맥주 바이다. 한 잔 한 잔 정성을 다한 맥주에 딱 맞는 다양한 안주를 맛볼 수 있다. 만든 사람의 정성이 느껴지는 소시지나 대표 안주 치킨 바스켓 등 생산자의 마음을 담은 요리가 가득하다. 또한 채소를 듬뿍 넣은 신선한 요리와 맥주를 같이 할 수 있다. 무엇보다 저렴한 요리를 여러 가지 주문해 맛볼 수 있고 다양한 기린 맥주도 맛볼 수 있어 가볍게 한잔하면서 배도 채울 수 있어 좋다.

Ⓐ 1-2F, 3-25-9, Shinjuku, Shinjuku-ku 新宿区新宿3-35-9 新宿モアビル1・2F
ⓒ 12:00~23:30 신주쿠 역 동쪽 출구에서 도보 1분
¥ 35.692666, 139.702150

인스타그램 최강 비주얼 인정!
베어즈 슈거 쉑
ベアーズ シュガー シャック BEAR'S SUGAR SHACK

궁극의 생크림 스위츠
밀크
ミルク Milk

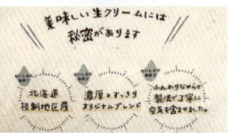

신주쿠 동남쪽 출구 GAP 입구와 같은 층에 위치한 베어즈 슈거 쉑은 자타공인 비주얼 최강의 팬케이크 전문점이다. 이름에서 보여지는 것과 마찬가지로 판자집을 모티브로 한 귀여운 매장 안에는 팬케이크와 아이스크림 위에 놓여질 각종 토핑이 자리하고 팬케이크는 바로 눈앞에서 구워진다. 팬케이크는 사진에서 보는 것보다 훨씬, 아주 많이 작다는 점 주의. 실제 곰이 이렇게까지 귀엽지는 않겠지만 이 귀여운 곰 로고가 새겨진 텀블러, 머그컵, 에코백은 대단히 인기다. 버터가 더해져 짭조름한 팬케이크와 달콤한 아이스크림, 그리고 부드러운 생크림과 생과일 시럽이 어우러져 새콤달콤한 이 맛이 꽤나 조화롭다.

신주쿠역 동쪽 출구, 루미네 에스토 1층에 위치한 밀크는 홋카이도산 생크림을 사용한 아이스크림, 치즈케익, 쉐이크, 프렌치 토스트 등 달콤한 디저트를 판매하는 곳이다. 워낙 줄이 길어 중간에 포기하는 사람도 많은 밀크. 통행을 위해 계단 위로 길게 줄을 서야 한다며 안내하는 전문 스태프가 따로 있을 정도다. 공기를 머금지 않도록 정성스럽게 만들어낸 생크림이 부드럽고 입에 쫙쫙 달라 붙는 느낌이다. 깊고 달콤한 우유 맛을 혀와 뇌가 기억해 여행 중에 꼭 다시 찾게 될 것이 분명하다. 각 점포별로 한정 상품이 있으니 방문한다면 꼭 먹어보길. 바삭바삭한 파이 속에 생크림이 가득 담긴 생크림 슈크림은 신주쿠점에서 꼭 먹어야 할 한정 상품이다. 가볍게 소프트 아이스크림부터 시작해 보자.

1F, Flags, 3-37-1, Shinjuku, Shinjuku-Ku 新宿区新宿3-37-1 Flags 1F
11:00~23:00
JR신주쿠 역 동남출구에서 도보 1분   Bears-sugershack.com
35.689814, 139.701698

1F, Lumine Est, 3-38-1, Shinjuku, Shinjuku-Ku
新宿区新宿3-38-1 ルミネエスト1F
11:00~22:00(주말은 10:30~21:30)
JR신주쿠 역 동쪽 출구에서 도보 5분   milk-craftcream.com
35.691703, 139.700900

두 번 구워 더욱 바삭하다
베이크 치즈 타르트
ベイクチーズタルト　Bake Cheese Tart

세상을 핑크빛으로 물들인 홍차
알프레드 티 룸
アルフレッド ティールーム　ALFRED TEA ROOM

노릇노릇 잘구워진 타르트가 가지런히 진열되어 있는 모습에 먼저 마음을 사로잡히게 되는 베이크 치즈 타르트. 바삭한 타르트 쿠키 속에 부드러운 크림치즈가 가득 담겨 한 입 베어 물면 치즈의 풍미가 가득 퍼진다. 바삭함의 이유는 구키 상태에서 한 번 구워낸 후 크림 치즈 무스를 넣어서 한 번 더 굽기 때문이니. 바로 먹는 것이 가장 좋지만 냉장고나 냉동고에 두었다가 먹으면 치즈 케이크와 같은 식감을 즐길 수 있고, 보존 과정에서 차가워진 타르트는 오븐 토스터에 구우면 바로 구워낸 것과 같은 식감을 다시 느낄 수 있다. 타르트 1개의 가격은 216엔. 6개 셋트 1박스는 1,242엔이다. 모두 세금 포함 금액.

ⓐ 1F, Lumine Est, 3-38-1, Shinjuku, Shinjuku-Ku
　 新宿区新宿3-38-1 ルミネエスト1F
ⓣ 03-5925-8170　ⓗ 11:00~22:00(주말은 10:30~21:30)
ⓢ JR신주쿠 역 동쪽 출구에서 도보 5분 ｜ cheesetart.com ｜ ¥
ⓖ 35.691632, 139.701024

홍차의 이미지가 원래 핑크였을까 하는 착각이 들 정도로 핑크와 홍차가 이렇게 잘 어울리다니. LA발 홍차 브랜드 알프레드 티 룸은 도쿄의 여심에 제대로 적중한 모양이다. 매장 앞으로 루미네 에스토의 통로를 방해할 정도로 긴 줄이 있고 내부는 거의 대부분 여자 고객들이다. 테이크아웃 잔을 받자마자 서서 손을 치켜들고 사진을 찍는 모습이 흥미롭다. 그렇게 업로드된 사진들은 지금 SNS를 타고 세상을 홍차도, 핑크빛으로 물들이고 있다. 홍차를 더욱 캐주얼하고 젊은 이미지로 변화시켰다는 찬사를 받고 있는 알프레드 티 룸은 신주쿠의 루미네 에스토 점과 더불어 아오야마 본점을 동시에 오픈했다.

ⓐ 1F, Lumine Est, 3-38-1, Shinjuku, Shinjuku-Ku
　 新宿区新宿3-38-1 ルミネエスト1F
ⓣ 03-6380-6721　ⓗ 10:00~22:00
ⓢ JR신주쿠 역 동쪽 출구에서 도보 5분 ｜ ¥
ⓖ 35.691153, 139.701099

9
UENO & AKIHABARA
上野＆秋葉原

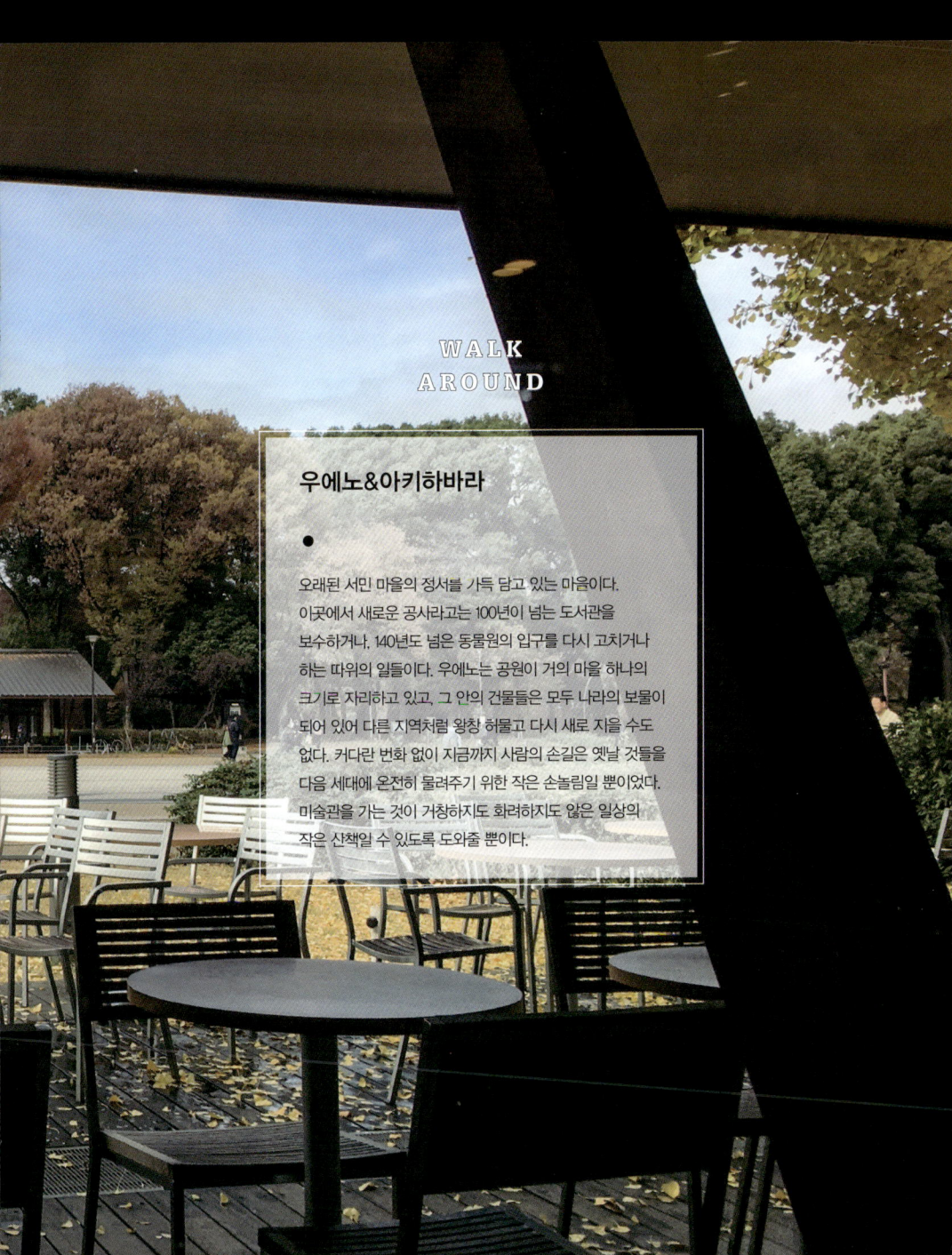

WALK AROUND

우에노&아키하바라

●

오래된 서민 마을의 정서를 가득 담고 있는 마음이다. 이곳에서 새로운 공사라고는 100년이 넘는 도서관을 보수하거나, 140년도 넘은 동물원의 입구를 다시 고치거나 하는 따위의 일들이다. 우에노는 공원이 거의 마을 하나의 크기로 자리하고 있고, 그 안의 건물들은 모두 나라의 보물이 되어 있어 다른 지역처럼 왕창 허물고 다시 새로 지을 수도 없다. 커다란 변화 없이 지금까지 사람의 손길은 옛날 것들을 다음 세대에 온전히 물려주기 위한 작은 손놀림일 뿐이었다. 미술관을 가는 것이 거창하지도 화려하지도 않은 일상의 작은 산책일 수 있도록 도와줄 뿐이다.

Tokyo Subway Map

박물관과 미술관이 가득한 우에노와 전자제품과 피규어 등 엔터테인먼트가 가득한 아키하바라라는 성격이 전혀 다른 두 곳을 여행할 수 있도록 하는 코스이다. JR 우에노 역에는 야마노테 선, 게이힌도호쿠 선, 우에노도쿄 라인이 정차한다. 그 외 사철 게이세이 우에노 역을 이용할 수 있다. 아키하바라 역은 JR 츄오소부 선·야마노테 선·게이힌도호쿠 선이 정차한다. 그 외, 츠쿠바 익스프레스, 도쿄메트로 히비야 선 아키하바라 역을 이용할 수도 있다.

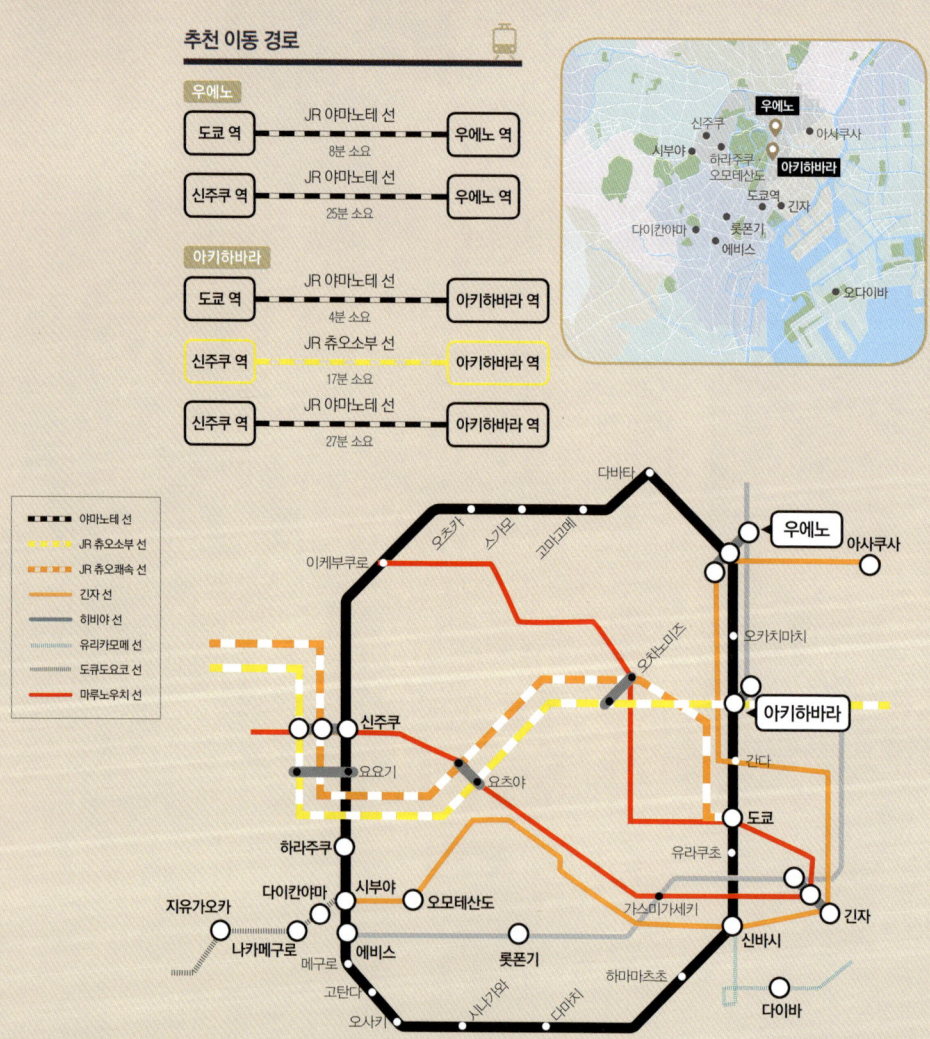

추천 일정

우에노 공원
벚꽃 명소로 유명한 우에노 공원은 동물원, 박물관, 미술관, 도서관이 모여 있는 학습의 장소이다. 공원 광장 카페에서 차 한잔한 후, 아트 산책에 나서보자.

도보 5분

아메야요코쵸
아메요코로 불리우는 도쿄 최대의 재래시장이다. 여행 코스에서 빠지지 않는 이유는 과자점, 과일가게 등 명물가게가 많기 때문이다.

도보 7분

2k540
전철의 고가아래 허름한 공간이 예술가들의 거리로 변신하였다. 작가들의 개성 있는 작품이 세롭게 디자인되어 진열되어 있다.

도보 5분

마치에큐트 만세이바시
흐르는 간다 강 바로 옆, 역 선로 아래 붉은 벽돌의 아치형 건물 안에 인테리어 가구점, 서점, 레스토랑, 카페, 베이커리 등 다양한 볼거리와 먹거리가 가득하다.

도보 5분

라디오회관
라지칸으로 불리우는 아키하바라의 대표적인 어덜트를 위한 공간이다. 제품 수량도 많고 레어 제품도 많이 찾는 이들이 많다.

도보 5분

요도바시아키바
카메라, 시계 농 선사세품끼 디워즈 등 유명 캐릭터의 피규어가 많아 쇼핑 욕구 자극되는 곳이다. 레스토랑가의 맛집이 활기차고 맛도 좋다.

UENO & AKIHABARA

기억에
남는
8장면

1. 절대로 뒤돌아 보지 않는 우에노 동물원 샤이한 고릴라의 뒷태
2. 폐역 철로 아래 카페에서 낮술하는 사람들
3. 철도 모형 페스티벌에 모인 남자 사람 어른들
4. 국립과학박물관의 심볼, 흰수염고래 조형물
5. 건담 카페 앞에서 오픈을 기다리는 사람들
6. 아키하바라 역 주변 밀집된 전자상가
7. 진귀한 제품이 숨어 있는 아키하바라의 플리마켓
8. 강은 흐르고 시간도 흐르고 사람은 취하고

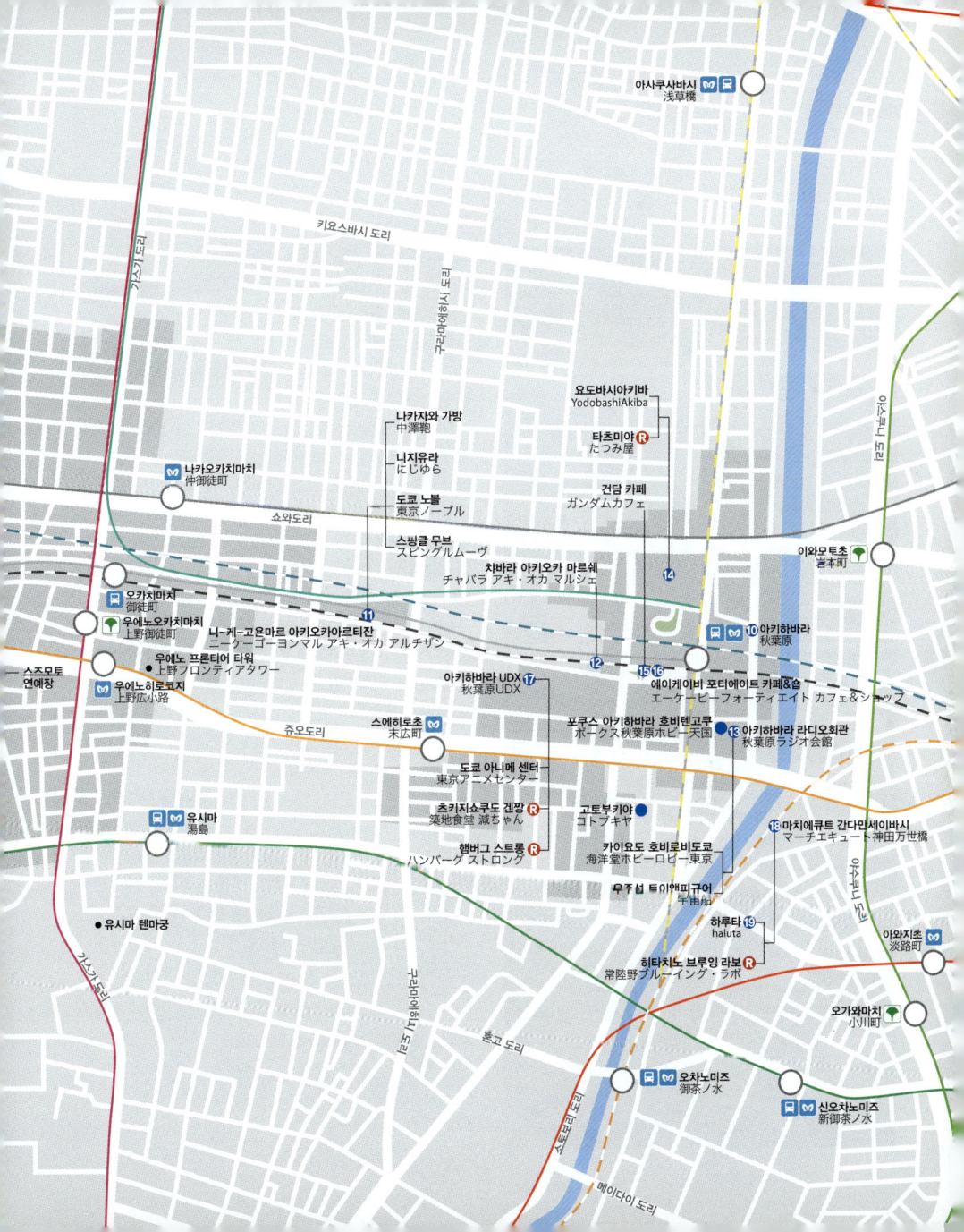

Ueno&Akihabara
Spot ❶

140년 역사를 품은 공원 숲 속 아트 삼매경에 빠지다
우에노 공원 上野公園 Ueno Park

도쿄의 벚꽃 명소 중 첫 번째로 손꼽히는 우에노 공원은 1873년 일본 최초의 공원으로 지정된 공원이다. 우에노 역을 나와 공원으로 들어서면 먼저 눈에 띄는 고목들이 공원의 역사를 말해준다. 53만㎡에 달하는 경내에는 동물원, 박물관, 미술관이 다수 존재해 아트산책을 곁들일 수 있는 최적의 장소이다. 봄이면 벚꽃, 가을에는 낙엽으로 공원이 물들어 사계절이 아름다운 공원이다. 공원의 중심으로 들어오면 탁 트인 광장에 스타벅스 커피가 눈에 들어오고 점점 보이는 사람들의 모습에서 여유로움이 느껴진다. 광장 입구에 위치한 Park Side Cafe에는 외국인이 특히 눈에 띈다. 그들의 모습에서 여행이 아닌 도쿄에서 사는 듯한 여유가 느껴진다. 따스한 햇살 아래 반려견과 함께 산책하는 사람, 연인과 아이와 함께하는 가족, 박물관과 미술관 앞에서 사람들이 삼삼오오 무리 지어 앞으로 보게 될 전시에 대해 이야기하며 서 있다. 53만㎡ 넓이의 공원 군데군데 위치한 박물관과 미술관을 모두 둘러 보려 한다면 우에노 공원만으로 하루가 모자랄 정도이다. 서두르지 말고 천천히 둘러보자. 원내를 산책하는 것만으로도 우에노 공원을 찾은 이유가 될 터. 굳이 바쁘게 이리저리 힘들게 돌아다니지 않아도 충분히 아트 감성에 빠질 수 있을 것이다. 넓디넓은 우에노 공원을 즐기기 전에 먼저 공원 입구에서 현재 진행하는 전시를 파악하고 꼭 보고 싶은 전시나 박물관을 체크한 후 여유롭게 둘러보고 공원이 보이는 곳에서 식사를 겸한 휴식을 취한다면 최고의 여행이 될 것이다.

Ⓐ 7-7, Uenokouen, Daito-ku 台東区上野公園7-7
Ⓣ 03-3828-5644
📍 야마노테 선 우에노 역 공원 출구에서 도보 1분, 게이세이 선 게이세이우에노 역 도보 7분, 긴자 선 · 히비야 선 우에노 역 도보 8분
Ⓖ 35.71598, 139.77273

Ueno&Akihabara
Spot ❷

지금, 팬더를 만나러 갑니다
우에노 동물원 上野動物園 Ueno Tobutsuen

1972년 9월 일중국교정상화를 기념하여 중국 정부로부터 두 마리의 팬더를 선물 받게 되는데 그 팬더는 우에노 동물원에서 생활하게 된다. 이후 팬더는 우에노 동물원의 상징이 되었고 많은 사람들이 우에노 동물원을 찾는 계기가 되었다. 검은 눈의 팬더가 대나무 잎을 먹는 모습은 남녀노소, 특히 아이들과 여성의 사랑을 독치지하게 된다. 1882년 일본 최초의 동물원으로 개원하여 130년 이상의 역사를 자랑하는 우에노 동물원은 현재 약 400종의 동물, 3,000마리 이상의 동물들이 생활하고 있다. 개원 당시 약 1만㎡에 불과했던 면적은 현재 14만3,000㎡에 이르고 동원과 서원으로 나누어져 있다. 동원과 서원은 걸어서 관람할 수 있지만 모노레일로 이동이 가능하다. 모노레일을 타는 것만으로도 동심의 세계로 건너가는 듯 즐겁다. 0.3km에 불과한 짧은 모노레일이지만 일본 최초의 모노레일이며, 동물원의 놀이시설이 아니고 철도사업법에 준해 운행하는 교통기관이다. 1분 30초 남짓한 짧은 시간이지만 모노레일에서 내려다보이는 동물원의 풍경도 놓칠 수 없는 볼거리. 팬더 외에도 넓적부리 황새, 고릴라 등 각종 희귀종의 동물들이 가득하다.

🔵 알아두면 유용한 꿀팁
동물원은 팬디가 있는 동원을 먼저 보고 서원으로 넘어가는 것이 편리하다. 팬더는 11시, 13시, 15시, 17시 먹이 주는 시간에 활발하게 움직인다. 타이밍이 안 맞으면 잠자는 팬더, 뒤돌아 앉은 팬더, 움직이지 않는 팬더만 보고 올 수도 있다.

- Ⓐ 9-83, Uenokouen, Daido-ku 台東区上野公園9-83
- ☎ 03-3828-5171
- 🚇 야마노테 선 우에노 역 공원 출구에서 도보 5분
- 🕘 09:30~17:00(월요일 휴무)
- 💴 일반 ￥600, 중고생 ￥200
- 🌐 www.tokyo-zoo.net/zoo/ueno/
- 📍 35.71645, 139.77131

예술과 함께하는 우에노 공원 ART 순례

Ueno&Akihabara
Spot ❸

설명해 주는 세상에서 가장 친절한 미술관
도쿄도미술관 東京都美術館
Tokyo Metropolitan Art Museum

도쿄도미술관은 시민들이 가까이에서 전시회를 관람하고, 아이들이 미술관을 찾아오고, 어린 예술가가 첫 작품을 출품하고, 장애를 가진 사람이 거리낌 없이 미술관을 관람할 수 있도록 이른바 열린 '아트의 현관'를 지향하며 도쿄 도가 우에노 공원 내에 설립한 공립미술관이다. 미술관으로서의 기본 역할인 전시회 사업뿐만 아니라 도쿄예술대학과 연계한 아트 커뮤니케이터 '토비라とびら'의 육성 등 아트와 일반인의 소통을 위해 다양한 프로그램을 운영하고 있다.

Ⓐ 8-36, Uenokoen, Taito-ku 台東区上野公園7-7 ☎ 03-5777-8600
🕐 09:30~17:30(금요일 20:00까지, 입장은 마감 30분전까지, 매달 첫째 주, 셋째 주 월요일 휴무)
🚇 우에노 공원 입구에서 우에노 동물원 방향으로 직진 후 오른쪽 붉은 벽돌 건물
💰 입관은 무료, 관람료는 전시에 따라 다름 🌐 http://www.tobikan.jp
📍 35.71719, 139.77217

아트 커뮤니케이터 애칭 '토비라とびら'의 의미

토비라는 문을 의미하는 단어이며 도쿄도미술관이 지향하는 열린 미술의 의미를 함축하고 있다. 토비とび는 도쿄도미술관의 약자, 라ラ는 사람을 의미한다. 토비라는 도쿄도미술관과 도쿄예술대학이 연계되어 대학의 교수, 혹은 전문가가 사람과 작품, 사람과 사람을 연결하는 역할을 한다.

Ueno&Akihabara
Spot ❹

오래된 작고 소박한 서고, 귀중한 보물이 되다
도쿄예술대학 붉은 벽돌 1·2호관
東京芸術大学 赤レンガ1·2号館
Tokyo National University of Fine Arts and Music

도쿄예술대학은 1949년에 설립된 국립대학이다. 대학이 설립되기 이전에 도쿄 내에서 가장 오래된 붉은 벽돌 건물이 도쿄예술대학 내에 있다. 도쿄예술대학 음악학부 수위실 뒤편에 나란히 세워져 있는 붉은 벽돌색 건물 두 채, 아카렌가 1·2호관이 바로 그것이다. 1880년에 지어져 현존하는 붉은색 벽돌 건물로 역사적으로 귀중한 건축물이다. 1호관은 최초의 교육박물관으로 지어졌으며 이후 서고書庫로 활용되었는데, 책을 화재로부터 보호하기 위해 모든 문이 철제로 되어 있다. 그 덕에 130년간 지진과 화재를 이겨낼 수 있었다. 2호관은 도쿄 도서관 서적 열람소의 서고로 지어졌으며 지붕이 목조인 붉은 벽돌 건물이다. 두 건물 모두 세월의 흔적을 담고 오랜 시간 함께 해 온 주변의 고목들과 함께 도쿄예술대학의 소박한 풍경을 지켜내고 있다.

- Ⓐ 12-8, Uenokoen, Taito-ku 台東区上野公園12-8
- ᯒ 우에노 역 공원 출구에서 보도 12분
- 🌐 35.71925, 139.77224

Ueno&Akihabara
Spot ❺

고풍스러운 외관, 최첨단 시설을 갖춘 내부, 그 갭이 즐겁다
국제어린이도서관 国際子ども図書館
International Library of Children's Literature

어린이 도서관이지만 어른도 즐겁게 시간을 보낼 수 있는 도서관이다. 한눈에도 역사가 느껴지는 도서관은 그 자체만으로도 하나의 예술품과 같이 고풍스럽다. 제국도서관이었던 명칭은 2000년 건축가 안도 타다오安藤忠雄의 설계에 의해 국제어린이도서관으로 재탄생하였다. 르네상스 양식을 도입한 메이지 시대의 근대 건축물 중 하나로 고풍스러운 외관을 자랑하지만 내부로 들어서 계단을 오르면 180℃ 다른 현대적인 최첨단 도서관을 만나게 된다. 그 차이가 너무 커서 한층 흥미롭다. 서고에 들어서면 책을 읽고 있는 사람조차도 숨을 멈추고 있는 듯 그 어떤 소리도 들리지 않는 고요함이 어린이 도서관이라고는 상상할 수 없을 정도의 규모와 무게를 보여준다. 도서관의 내부를 보는 것만으로도 가치 있는 시간이 된다.

- Ⓐ 12-49, Uenokoen, Taito-ku 台東区上野公園12-49
- 🕘 09:30~17:00 (월요일 휴무)
- ☏ 03-3827-2053
- ᯒ 우에노 역 공원 출구에서 보도 12분
- 🌐 www.kodomo.go.jp
- 🌐 35.71956, 139.77375

Ueno&Akihabara
Spot ❻

일본의 가장 오래된 박물관
도쿄국립박물관 東京国立博物館
Tokyo National Museum

1872년에 창설된 일본에서 가장 오래된 박물관이다. 본관本館, 효케이칸表慶館, 도요칸東洋館, 헤세이칸平成館, 호류지호모츠칸法隆寺宝物館, 총 5개의 전시관으로 구성되어 있으며 본관에서는 일본 미술을, 도요칸에서는 아시아 미술을 다루는 등 각각 다른 종류의 미술품과 고고 유적을 전시하고 있다. 입구 좌측에 위치한 초록색 돔 형태의 지붕을 한 효케이칸은 도쿄 역을 설계한 타츠노 킨고辰野金吾 등 일본의 유수의 건축가를 길러낸 영국 출신의 건축가 조시아 콘도르Josiah Conder의 제자 카타야마 토쿠마片山東熊가 설계했다. 메이지 시대 말기의 서양 건축물을 대표하는 근대 건축물로 일본의 중요문화재로 지정되어 있다.

- Ⓐ 13-9, Uenokoen, Taito-ku 台東区上野公園13-9
- Ⓞ 09:30~17:00(입장은 16:30까지, 월요일 휴무) Ⓣ 03-5777-8600
- 일반 ¥620, 대학생 ¥410
- 우에노 역 공원 출구에서 도보 10분, 우에노 공원 입구를 통과하여 우측 방향. 광장 분수대를 지나 2차선 도로 건너편에 위치한다.
- Ⓦ www.tnm.jp Ⓖ 35.71883, 139.77652

Ueno&Akihabara
Spot ❼

개인 소장 미술품이 국립서양미술관의 근간이 되다
국립서양미술관 国立西洋美術館
The National Museum of Western Art

가와사키 중공업의 사장이었던 마츠가타 고우지로松方幸次郎의 컬렉션을 중심으로 주로 중세 말에서 20세기 초반에 걸친 서양미술 작품을 관람할 수 있는 미술관이다. 마츠가타 고우지로는 처음 런던으로 건너갔던 해인 1916년부터 약 10년간 유럽을 방문할 때마다 회화, 조각, 가구 등을 하나씩 모아왔고 그 수량은 무려 1만 점에 이른다. 일본의 젊은 작가들에게 진품을 보여주기 위해 수집한 이 막대한 수량의 미술품은 일본으로 가져오지 못하고 파리에 남겨지게 되는데, 이후 프랑스 정부는 일본과의 우호관계를 위해 일부 일본에 마츠가타 고우지로의 수집품을 반환하게 되고 이 수집품을 전시하기 위해 1959년에 국립서양미술관이 설립되었다. 마츠가타 고우지로가 수집한 미술품 외에 서양의 18세기 이전 작가들의 작품을 볼 수 있는 일본의 몇 안 되는 미술관이다. 특히 주목할 점은 스위스 출신 프랑스 설계가 르 코르뷔지에가 설계한 본관은 나라의 중요문화재에 지정되어 있으며 일본 근대 건축사에 있어 중요한 역할을 담당하는 건축물이다.

- Ⓐ 7-7, Uenokoen, Taito-ku 台東区上野公園7-7
- Ⓞ 09:30~17:30(금요일 20:00까지, 월요일 휴무)
- Ⓣ 03-5777-8600
- 우에노 공원 입구로 들어 오른편
- Ⓐ 상설전시 관람료 일반 ¥430, 대학생 ¥130, 고등학생 이하 무료
- Ⓦ www.nmwa.go.jp Ⓖ 35.715369, 139.775825

Ueno&Akihabara
Spot ❽

인류역사를 최첨단 자료로 알고 배우는
국립과학박물관 国立科学博物館 National Museum of Nature and Science

바다 표면 위로 뛰어오르는 듯한 흰수염고래 조형물이 눈에 띄는 국립과학박물관은 1877년 설립된 일본의 유일한 종합 과학박물관이다. 기존에 있던 일본관에 더불어 2004년에 지구관이 건립되어 약 400만 점이 넘는 중요한 표본과 자료들을 보관 전시하고 있다. 일본관에서는 남북으로 긴 영토를 가진 일본 열도의 자연과 생물에 관련된 자료들을 주로 볼 수 있다. 특히 일본관 대리석벽에 암모나이트 화석이 심어져 있이 내부도 볼 만하다. 새로 긴립된 지구관에서는 지구 생명과 인류 역사에 관련된 최첨단 자료들을 전시하고 있다. 그중에서도 특히 압도적인 스케일과 살아 있는 듯 생동적인 공룡 화석 전시 코너가 볼 만하다.

ⓐ 7-20, Uenokoen, Taito-ku 台東区上野公園 7-20
◎ 09:30~17:00(금요일은 20:00까지, 폐관 30분전 입장 종료, 월요일 휴무)
ⓐ 일반・대학생¥620, 고등학생 이하 무료
ⓣ 03-5777-8600   ⓦ www.kahaku.go.jp
ⓠ 우에노 역 공원 출구에서 도보 5분. 우에노 공원 입구를 통과하여 우측 방향, 국립서양미술관 옆에 위치
ⓖ 35.71635, 139.77638

놓치지 말자! 국립과학박물관 Point

흰수염고래 (시로나가스 쿠지라)
현존 하는 생물체중에 가장 크다는 흰수염고래(시로나가스 쿠지라), 실물 크기로 제작되어 국립과학박물관 건물 앞에 설치되어 있다.

증기기관차 D-51
데코이치라는 애칭으로 더욱 유명한 증기기관차 D-51. 현 일본국철의 전신인 철도성이 설계・제조하고 태평양 전쟁 시 대량 생산되어 주로 화물수송에 쓰였다.

Ueno&Akihabara
Spot ❾

시장 난장에서 한잔합시다!
아메야요코초 アメヤ横丁 Ameya Yokocho

MUST SEE 흔히 '아메요코'로 더욱 친숙한 도쿄 최대의 재래시장이다. 다른 지방 사람들에게도 명소로 손꼽히는 곳이라 도쿄 여행 코스에 빠지지 않는 곳이다. 야마노테 선 우에노 역과 오카치마치 역 사이 고가 아래에 있다. 약 500m의 좁은 거리에 약 400여 개의 점포가 들어서 있다. 이름의 유래는 예로부터 엿을 파는 가게가 많아서 엿을 의미하는 '아메' 요코로 불린다는 설과 미국산 군용물자를 파는 가게가 많아서라는 설이 있다. 때문인지 지금도 엿이나 과자를 파는 가게가 많다. 과일, 채소, 어패류, 신발, 잡화, 과자점 등 흔히 시장에서 볼 수 있는 낯익은 풍경이지만 일본의 현대식 상점가와는 또 다른 옛날 그대로의 장터 느낌이 나는 재래시장이다. 일본의 TV에서 아메요코의 명물로 자주 등장하는 ¥1,000 초콜릿 가게인 '시무라쇼텐'에서 펼치는 호객 퍼포먼스를 실제로 보니 반갑기만 하다. 아메요코에 들어서서 우측 사이 골목길로 들어가면 노천에 의자를 펴고 야키토리, 라멘, 고래고기를 맛볼 수 있는 먹자골목이 등장한다. 밤이면 더욱 활기차지는 도쿄의 낡은 고가 아래 시끌벅적한 시장이다. 분위기에 취했다면 일정은 여기서 마무리하고 시원한 맥주 한 잔에 피곤함을 달래 보자.

Ⓐ 4~6Chome, Ueno, Daito-ku 台東区上野4~6丁目
Ⓖ 35.71135, 139.77461

❾ 야마노테 선 우에노 역 시노바즈 출구를 나와 선로 고가를 따라 오카치마치·아키하바라 방향으로 걸어와 신호등을 건너면 '아메야요코쵸' 간판이 보임

tokyo special tips

【 아메요코의 명물 】

사이코우슌 샹하이쇼롱포 西湖春 上海小龍包
중국의 야시장을 방불케 하는 샤오롱바오 전문점. 아메요코No.1 이라는 글자가 눈에 띈다. 인기 메뉴는 야키쇼롱포. 일반적인 쇼롱포와 전혀 다른 고소한 맛을 느낄 수 있다. 맥주와 찰떡궁합!
◎ 10:00~20:00
♁ 아메요코 입구에서 우측

시무라쇼텐 志村商店
봉투에 초콜릿을 한가득 담아 ￥1,000이라고 외치는 퍼포먼스는 TV에 자주 등장하는 모습이다. 봉투 안으로 들어가는 초콜릿이나 과자의 품질에 대해서는 의문을 가지는 사람도 많지만 어쨌든 점원의 퍼포먼스는 볼 만하다.
◎ 09:00~19:00
♁ 우에노 역 시노바즈 출구를 나와 신호를 건너 아메요코 간판을 지나 좌측 16번째 상점

햑가엔 百果園
멜론, 파인애플, 수박 등 시기별로 가장 맛있는 과일을 조각내어 꼬치에 끼워 파는 과일 가게이다. 일본의 디저트 못지않게 달콤한 과일을 ￥100~￥200 정도로 맛 볼 수 있다. 조각 과일뿐만 아니라 점포 내에는 질 좋은 제철 과일이 가득하다.
◎ 10:00~19:30
♁ 아메요코 입구에서 좌측

오다코야키 大だこ焼
아메요코 시장 안에서 줄 서서 먹는 이름 그대로 큰 문어가 들어가 있는 명물 가게이다. 특히 남자 손님이 많은 시장에서 오다코의 넉넉한 인심은 언제나 인기. 가격은 4개 ￥200, 6개 ￥300, 8개 ￥400으로 저렴하게 먹을 수 있다.
◎ 11:00~19:00
♁ 우에노 역에서 도보 9분, 오카치마치 역에서 도보 3분

싱크로드 화장품 シルクロード化粧品
PART IV
화장품계의 노포 실크로드 화장품은 샤넬, 크리스찬 디올 등 명품 화장품을 저렴하게 구입할 수 있는 매장이다.
◎ 10:00~19:00
♁ 우에노 역에서 도보 10분. 오카치마치 역 북구에서 바로 위치

Ueno&Akihabara
Spot 10

키덜트와 오타쿠의 성지
아키하바라 秋葉原 Akihabara

애니메이션 캐릭터의 커다란 광고 간판과 색색의 건물 네온 사인들이 여기가 일본이라 아우성치는 듯 현란한 아키하바라는 '아키바'라는 약칭으로 더욱 친숙하며 일본 최대의 전자 상점가이자 애니메이션과 아이돌의 성지이다. 전자 상점가로 발전하기 전, 제2차 세계대전이 끝난 후 아키하바라는 암시장으로 번성하였다. 이후 경제부흥으로 전자제품이 늘어나면서 전자 상가로 유명해지고 이후에는 레코드, CD, 게임 숍이 번성하는 등 시대를 거쳐 지금의 모습으로 변모하게 되었다. 사실 우리가 생각하는 아키하바라는 전자 상점가가 빼곡히 들어서 있을 듯하지만 실제 아키하바라는 애니메이션과 게임기기, 피규어, 아이돌 숍을 목표로 찾는 오타쿠들의 성지이다. 아키하바라에서 전기 상가는 조립 컴퓨터나 전기 전자 부품을 찾는 전자 상점가라는 이미지가 크다. 실제로 1~2평 남짓한 전기 부품점이 JR츄오소부 선総武線 고가 밑에 밀집되어 있다. 최근에는 메이드 카페, 건담 카페, 애니메이션 카페 등 아키하바라의 특징과 변화를 보여주는 콘셉트 카페가 급격히 늘고 있다. 아키하바라가 탄생시킨 국민적 아이돌 그룹 AKB48이 AKB48시어터에서 매일 공연을 펼치고 있어 삼촌 팬들을 아키하바라로 부르는 마력을 보여준다. AKB48 CAFÉ&SHOP은 초등학생에서 어른까지 남녀노소를 불문하고 큰 사랑을 받고 있다. 일본 오타쿠의 취미생활을 엿볼 수 있는 아키하바라는 언제나 활기가 넘치고 흥미진진하다. 최근에 오픈한 아키하바라UDX 내에 위치한 아키바이치AKIBA ICHI에서 일본의 다양한 음식을 푸짐하게 맛볼 수 있다.

TIP 아키하바라 주요 시설 찾아가기 꿀팁

아키하바라 역秋葉原駅에서 전기상점가 출구電気街口로 나오면 출구가 북측과 남측으로 나뉘어 있다. 북측으로 나가면 출구 바로 앞에 AKB48 CAFÉ&SHOP과 시어터가 있고 그 옆에 건담 카페, 애니메이션 센터와 각종 먹거리가 풍부하게 밀집되어 있는 건물 아키하바라UDX도 북측이 편리하다. 남측에는 피규어, 애니전문 숍이 들어가 있는 유명한 라디오회관과 포커스 아키하바라 호비텐고쿠가 위치해 있다. 피규어나 애니가 목적이라면 남측으로 나가는 것을 추천한다. 여성을 매료시킬 간다 만세이바이에 새롭게 붉은 벽돌 구조의 아름다운 건물에 다양한 인기 숍이 들어와 있는 '마치 에큐트 간다만세이바시(mAAch ecute 神田万世橋)'도 상전가 출구 남측으로 나가면 편리하다. 요도바시카메라는 쇼와도리 출구가 편리하다.

🅐 Akihabara, Taito-ku 台東区秋葉原
🅠 아키하바라 역 전기 상점가 출구

Ueno&Akihabara
Spot ⑪

아키하바라 역과 오카치마치 역 사이, 철로 고가 아래 아티스트의 거리
니케고욘마르 아키오카아르티잔 ニーケーゴーヨンマル アキ・オカ アルチザン 2k540 AKI-OKA ARTISAN

MUST SEE

일본은 전철 고가 아래 낡고 허름한 공간을 다양하게 활용하고 있다. 오카치마치 역에서 아키하바라 역을 잇는 선로 고가 아래에 위치한 2k540 AKI-OKA ARTISAN에는 장인들의 공방과 숍이 함께 운영되고 있다. 2k540이라는 명칭은 도쿄 역을 중심으로 2k 540m가 떨어져 있다고 해서 지어진 명칭이다. 이곳에서 볼 수 있는 제품들은 희소가치가 있고 흔하지 않은 제품이 대부분이다. 가죽 공방, 염색 공방, 신발가게, 우산가게 등 다채롭고 아기자기한 콘셉트의 공방에서는 직접 체험을 할 수도 있고 오랫동안 자신들만의 기법을 전시를 통해 보여주기도 한다.

ⓐ 5-9, Ueno, Taito-ku 台東区上野5-9　ⓟ 03-6806-0254
ⓗ 11:00~19:00 (수요일 휴무)　ⓦ www.jrtk.jp/2k540
ⓢ 오카치마치 역 남쪽 출구에서 아키하바라 방향으로 선로를 따라 도보 4분, 아키하바라 역에서 도보 7분, 우에노 역에서 도보 12분
ⓖ 35.70328, 139.7741

Ueno&Akihabara
Spot ⓬

쇼와시대, 최고 청과시장의 번성기를 다시 한번
챠바라 아키오카 마르쉐 チャバラ アキ・オカ マルシェ CHABARA AKI-OKA MARCHE

CHABARA AKI-OKA MARCHE는 '2k540'과 연결되는 전철 고가 아래에 위치한 일본 각 지역의 산지 특산품을 모아 놓은 먹거리 장터이다. '챠바라'라는 명칭은 청과시장을 의미하는 '얏챠바'와 '아키하바라'를 합성하여 만든 단어이다. 원래 이 자리는 일본 제일의 청과시장이었던 간다 청과시장이 있던 장소였다. '챠바라'라는 명칭은 그때의 번성기를 되살리자는 뜻도 포함되어 있다. 챠바라 매장 내에는 일본인에게 조차 신기한 식재료가 많고 먹는 방법을 설명하기도 하고 시식을 권하기도 한다. 일본의 일품 식재료를 한눈에 볼 수 있는 장소이다. 신기하고 희귀한 것들이 많아 선물용으로 쓸 만한 제품들이 많다.

Ⓐ Kandaneribei-cho, Chiyoda-ku
📍 아키하바라 역 전기상점가 출구에서 도보 1분. 역 출구를 나와 건담카페를 지나 도로가 나오는 곳에서 우회하면 바로 위치
🕐 11:00~20:00
☎ 03-5334-1060
🌐 35.69989, 139.77312

tokyo special tips

【 2k540 AKI-OKA ARTISAN, 발길을 멈추게 하는 크레이티브 숍 】

90년 전통의 가방 브랜드, 정성이라는 이름의 바느질
나카자와 가방 中澤鞄 Nakazawa Kaban

비즈니스 가방 공장으로 시작하여 90년 역사를 자랑하는 손 바느질 가죽가방 노포 '나카자와 가방'이 공방과 함께 2k540 내에 위치하고 있다. 한 땀 한 땀 손으로 만들어낸 가죽가방 특유의 따뜻한 느낌이 고스란히 전해지는 브랜드이다. 가방뿐만 아니라 연필꽂이 등 다양한 소품들을 만날 수 있어 매장을 구경하는 재미가 솔솔 하다. 공방이 함께 있어 마음에 드는 가죽과 색상을 선택해 동전 지갑, 명함 지갑 등 간단한 가죽제품을 직접 만들어 가져갈 수 있다.

ⓐ 2K540 Q-1, 5-9, Ueno, Taito-ku 東京都台東区上野5-9
ⓣ 03-3834-1200
ⓦ www.nakazawa2k540.tokyo

전통과 유니크함이 어우러진 염색 천의 오색 물결
니지유라 にじゆら Nijiyura

니지유라는 주염注染이라고 하는 전통 염색기법을 활용해 만든 염색 천을 판매하는 곳이다. 말 그대로 염료를 부어서 염색한다는 뜻으로, 원래 염색은 한장씩 색을 입히지만 주염은 25장 정도의 천을 겹쳐 놓고 그 위에 염료를 부어 한 번에 몇 장의 염색 천을 완성할 수 있는 효과적인 기법이기는 하나 모든 공정이 사람의 손을 거쳐야만 가능한 전통기법이다. 니지유라 2k540점은 오사카에서 출발한 니지유라의 첫 번째 도쿄 지점이다. 전통 기법인 주염을 알리고자 매장 내에는 주염 데모기기를 설치해 놓았다. 니지유라 특유의 유니크한 디자인의 테누구이(목면으로 만든 천, 손을 닦거나 두건으로 사용한다)를 만날 수 있다.

ⓐ 2K540 O-2, 5-9, Ueno, Taito-ku 東京都台東区上野5-9
ⓣ 03-5826-4125
ⓦ nijiyura.com

비 오는 날의 패셔니스타를 위한
도쿄 노블 東京ノーブル Tokyo Noble

내가 원하는 색상과 무늬의 원단으로 만든 세상에 단 하나뿐인 우산이 있다면 비가 오는 날 우산을 펼 때마다 얼마나 설렐까? '도쿄 노블'은 이렇듯 특별한 기쁨을 누릴 수 있는 나만의 우산을 만들 수 있는 곳이다. 77가지 색상의 우산 원단과 나무, 고무, 프라스틱 등 다양한 재료의 손잡이, 거기에 마음에 드는 테슬 장식까지 선택할 수 있다. 소중한 사람이 비를 피할 수 있다는 것만으로도 '도쿄 노블'의 우산은 특별한 선물 아이템이 될 수 있을 것 같다. 매장 안을 수놓은 77가지 컬러의 우산이 마치 무지개가 펼쳐진 듯 아름답다.

ⓐ 2K540 N-3, 5-9, Ueno, Taito-ku 東京都台東区上野5-9
ⓣ 03-6803-2414
ⓦ www.tokyo-noble.com

가마에서 구워낸 스니커즈
스핑글 무브 スピングルムーヴ Spingle Move

밑창이 휘어져 올라와 갑피를 감싸고 있는 독특한 디자인의 '스핑글 무브'는 170년 전 미국에서 시작된 벌커나이즈 제법으로 신발을 제조한다. 벌커나이즈 제법이란 100℃ 이상의 가마에서 한 시간 동안 가압 가열하여 갑피와 밑창을 견고하게 결합하는 제조 기법이다. 75년 이상의 역사를 자랑하는 히로시마의 '스핑글 무브'의 공장에서 수십 년간 기술을 축적시킨 장인이 만들어낸 세상에 단 하나뿐인 스니커즈를 만날 수 있다.

ⓐ 2K540 P-1, 5-9, Ueno, Taito-ku 東京都台東区上野5-9
ⓣ 03-5812-4812
ⓦ spingle.jp/spingle_move

Ueno & Akihabara
Spot ⑬

아키하바라의 얼굴
아키하바라 라디오회관 秋葉原ラジオ会館 Akihabara Radio Kaikan

MUST SEE 노란색 간판에 '라디오회관'이라고 쓰여진 붉은 글씨가 한 눈에도 임팩트가 느껴지는 아키하바라 라디오회관은 통칭 '라지칸'으로 불리는 아키하바라의 얼굴이다. 이 주변은 예전에 작은 전자부품 상점들이 밀집해 있던 곳이다. 라디오회관이라는 그 시절의 향수를 불러일으키는 명칭 그대로지만 외관은 2015년 리뉴얼 오픈하여 아키하바라의 현재를 고스란히 담고 있다. 지하 2층에서 지상 10층까지 레스토랑, 컴퓨터, 게임, 오디오 등 전자기기와 프라모델, 완구, 피규어, 팬시, 잡화를 파는 매장이 빼곡하게 들어차 있다. 특히 상품의 수량이 절대적으로 많고 볼거리가 풍부해 젊은 오타쿠들이 많이 찾는 곳이다. 어쩌면 가장 아키하바라다운 분위기를 맛볼 수 있는 곳일지도 모르겠다.

Ⓐ 5F, Radio Kaikan, 1-15-16, Sotokanda, Chiyoda-ku 代田区外神田1-15-16 ラジオ会館5階
Ⓞ 11:00~20:00
g 35.69782, 139.77187

📍 아키하바라 역 전기상점가 출구 남측 출입구에서 도보 1분

436 TOKYO

Ueno&Akihabara
Spot ⑭

아키하바라 쇼핑을 편리하고 쾌적하게
요도바시아키바 丸の内線 YodobashiAkiba

아키하바라 역에 정차하는 5개의 노선을 모두 이용할 수 있는 요도바시아키바는 이러한 교통의 편리함을 최대한 살린 일본 내 최대규모를 자랑하는 전자제품 전문점이다. 그뿐만 아니라 지역적 특성을 살린 대표적인 상업시설이라고 볼 수 있다. 카메라, 전자제품 전문점이었던 요도바시카메라 아키하바라점은 2015년 대대적인 리뉴얼 작업을 거쳐 8층의 레스토랑 플로어에 30여 개의 점포를 끌어 들였으며, 6층에 프라모델, 피규어 등 완구와 취미 전문 제품을 확충하고, 9층에는 1,000여 종 이상의 제품군을 자랑하는 골프 프라자가 들어섰다. 전자제품 몰이 단순히 상품을 판매하는 것이 아니라 그 지역을 찾는 고객의 니즈에 맞춘 변화라고 볼 수 있겠다. 6층에 위치한 피규어 및 다양한 취미생활을 중심으로 한 플로어에서는 우리에게도 친숙한 〈스타워즈〉 섹션을 가장 눈에 잘 띄는 에스컬레이터 앞에 두어 구매를 자극시킨다. 3층 카메라 층도 브랜드별 최대급의 수량을 자랑한다. 카메라 부속품도 찾기 쉽게 진열되어 있고 한국 남성들에게 인기인 지샥 시계의 다양한 모델이 진열되어 있다. 7층에 위치한 전문점 플로어에는 서점, 남성패션, 여성패션 잡화 등이 백화점 못지않은 라인업을 자랑하며 특히 남성들을 타깃으로 한 상품이 많다는 것도 이 지역의 특성을 잘 보여주는 점이다. 특히 주목할 만한 8층 레스토랑에는 돈카츠, 회전스시, 야키만두, 피자, 라멘, 크래프트 비어, 한국요리 등 다양한 식사 종류와 간단하게 한잔할 수 있는 식당들이 모여 있다. 아키하바라의 쇼핑과 편하게 식사도 할 수 있는 대표적인 시설이다.

ⓐ 1-1, Knadahanaokacho, Chiyoda-ku 千代田区神田花岡町1-1
ⓣ 03-5209-1010
ⓞ 1~6F 요도바시카메라 09:30~22:00 / 7F 전문점 09:30~22:00
8F 레스토랑 11:00~23:00 / 9F 골프숍 11:00~22:00
ⓟ 야마노테 선 · 소부 선 · 케인도후쿠 선 아키하바라 역 쇼와도리 출구에서 도보 1분, 츠쿠바 익스프레스, 히비야 선 아키하바라 역 하차후 바로
ⓖ 35.69871, 139.77476

【 키덜트를 위한 아키하바라 HOBBY SHOP 】

아키하바라에서는 'HOBBY'라는 단어가 곳곳에서 눈에 띈다. 이 단어의 네온 간판이 부착된 건물에서는 프라모델, 피규어, 인형, 미니어처, 철도모형 등 아이의 감성을 가진 어른, 즉 키덜트를 위한 다양한 아이템을 판매한다. 최근 한국에도 피규어를 모집하는 사람이 많아 아키하바라를 찾는 목적을 그것에 둔 이들이 많아졌다. 아키하바라에서도 대표적인, 키덜트를 위한 HOBBY 숍을 모아 보았다.

세상에서 가장 정교한 피규어를 만드는 회사
카이요도 호비로비도쿄 海洋堂ホビーロビー東京
아키하바라 역 전자상점가 출구에서 바로, 라디오회관 건물 5층에 위치한 세상에서 가장 정교한 피규어를 만드는 것으로 알려진 가이요도海洋堂의 유일한 직영 판매점이다. 약 2m의 〈에반게리온〉초호기, 실물 크기의 아야나미 레이, 〈북두의 권〉'켄시로전', 〈스타워즈〉, 〈울트라맨〉 등의 캐릭터 피규어가 놓여져 있다.
⚲ 라디오회관 5층
☎ 03-3253-1951
🕐 11:00~20:00
🌐 www.kaiyodo.co.jp
📍 35.69782, 139.77187

가장 친숙한 애니메이션 피규어를 만날 수 있는 곳
우주선 토이앤피규어 宇宙船 TOYS&FIGURES
카이요도 호비로비도쿄와 마찬가지로 라디오회관 건물 5층에 위치한 피규어 전문점이다. 우리에게도 친숙한 〈트랜스포머〉, 〈원피스〉, 글루미 베어, 리락쿠마, 지브리 작품의 피규어 등 장르를 불문한 남녀노소가 좋아하는 피규어를 판매하는 곳이다.
⚲ 라디오회관 5층
☎ 03-3258-8031
🕐 10:00~20:00
🌐 www.uchusen.co.jp
📍 35.69782, 139.77187

TV애니메이션과 게임 캐릭터 피규어의 강자
고토부키야 コトブキヤ

1947년 완구점으로 시작한 고토부키야는 프라모델 피규어 개발, 제조, 판매뿐만 아니라 피규어 해설집을 포함하여 피규어 사진집, 만화를 발행하는 출판사까지 운영하고 있는 피규어 전문 회사이다. 고토부키야 아키하바라점 1층에는 애니메이션 상품, 2층은 여성 취향의 캐릭터 상품, 3층은 피규어와 프라모델, 4층에는 고토부키야 쇼룸으로 이루어져 있다. 고토부키야 한정품 등 고토부키야에서만 구입할 수 있는 아이템을 만날 수 있다.

- 1-8-8, Sotokanda, Chiyoda-ku 東京都千代田区外神田1-8-8
- 03-5298-6300
- 아키하바라 역 전기상점가 출구에서 도보 5분 소요
- 10:00~20:00 www.kotobukiya.co.jp
- 35.69923, 139.77021

중고 피규어까지 섭렵하고 싶다면
포쿠스 아키하바라 호비텐고쿠 ボークス秋葉原ホビー天国

지하 1층에서 지상 7층까지 전관이 호비 상품으로 가득한 말 그대로 호비 천국인 건물이다. 이 긴 볼 자체가 아키하바라가 헤도 과언이 아닐 정도. 상자 안에 무엇이 들어 있는지 알 수 없는 트레이드 피규어, 비매품 피규어, 중고 피규어가 풍부하다. 매월 할인권, 피규어 복주머니 등이 당첨되는 재미있는 이벤트로 분위기를 고조시키는 곳이다.

- 1-15-4, Sotokanda, Chiyoda-ku 東京都千代田区外神田1-15-4
- 03-5295-8160
- 아키하바라 역 전기상점가 출구 남측 방향에서 라디오회관 방향
- 평일 11:00~20:00, 주말 10:00~20:00
- volks.co.jp/hobbytengoku/
- 35.69801, 139.77145

Ueno&Akihabara
Spot ⑮

건담 덕후들 다 모여라!
건담 카페 ガンダムカフェ Gundam Cafe

35주년을 맞이한 애니메이션 <기동전사 건담>의 세계관을 보여주는 건담 전문 카페이다. 스파게티 '붉은 혜성', '쟈브로 커피', '건담 야키' 등 건담 애니메이션에 등장하는 캐릭터를 모티브로 한 메뉴들이 재미를 한층 더한다. 카페 내부 여기 저기에는 금방이라도 만화에서 튀어나온 듯한 캐릭터와 상품들이 가득하고 건담 정보를 얻을 수 있는 공간이 마련되어 있어 발 빠른 최신 건담 뉴스를 접할 수 있다. 여성 스태프가 극 중 캐릭터 복장을 착용하고 있어 건담 팬이라면 최적의 장소가 될 듯하다. 건담과 자크 머그컵 등 머스트잇 아이템을 놓치지 말자!

Ⓐ 1-1, Kandahanaoka-cho, Chiyodad-ku
Ⓞ 아키하바라 역 전기상점가 출구를 나와 오른편 바로
Ⓣ 10:00~22:30(L.O.21:30)
Ⓟ 03-3251-0078
Ⓦ g-cafe.jp
Ⓖ 35.69913, 139.77297

Ueno&Akihabara
Spot ⑯

찾아가면 만날 수 있는 아이돌 AKB48의 오리지널 카페&숍
에이케이비 포티에이트 카페&숍
エーケービーフォーティエイト カフェ&ショップ
AKB48 CAFÉ & SHOP

'만날 수 있는 아이돌'이라는 콘셉트으로, 찾아가면 언제나 볼 수 있는 아이돌 그룹 'AKB48'은 아키하바라에서 탄생한 아이돌 그룹이다. TV나 콘서트에서만 보아오던, 동경하던 아이돌을 내가 보고 싶을 때 언제든지 볼 수 있다는 것은 팬이라면 가장 행복한 일일지도 모른다. 아키하바라 역 바로 앞에 위치한 AKB48 CAFÉ & SHOP에서는 AKB48 멤버들의 오리지널 굿즈를 만날 수 있고 AKB48 CAFÉ & SHOP과 나란히 위치한 AKB48 THEATER에서 매일 그녀들의 공연을 볼 수 있다.

Ⓐ 1-1, Kandahanaoka-cho, Chiyodad-ku 千代田区神田花岡町1-1
Ⓞ 아키하바라 역 전기상점가 출구를 나와 오른편 바로
Ⓣ 11:00~22:00
Ⓟ 03-5297-4848
Ⓦ akb48cafeshops.com
Ⓖ 35.69902, 139.77295

Ueno&Akihabara
Spot ⑰

맛보아야 할 음식은 여기 다 모였다
아키하바라 UDX 秋葉原UDX Akihabara UDX

아키하바라의 새로운 심볼, 아키하바라 UDX는 레스토랑, 애니메이션센터, 시어터, 이벤트 스페이스, 오피스가 갖추어진 복합시설이다. 아키하바라 UDX 내에서 가장 인기 있는 곳은 1층부터 3층으로 이어지는 레스토랑 플로어 '아키바이치'이다. 라멘, 야키토리, 장어 덮밥, 스테이크, 덴푸라, 돈카츠, 오코노미야키, 스시 등 30여 가지의 다양한 요리를 이 한 곳에서 모두 맛볼 수 있다. 아키하바라의 주요 고객이 남성이라는 점을 감안해 양이 푸짐하다는 것도 매력적이다. 4층에 위치한 도쿄아니메센터에서는 애니메이션과 관련된 상설 전시와 각종 행사를 무료로 관람할 수 있고 최신 애니메이션 관련 상품을 판매한다.

ⓐ 4-14-1, Sotokannda, Chiyodad-ku 千代田区外神田4-14-1
ⓞ 11:00~23:00 ⓦ udx.jp
ⓠ 아키하바라 역 전기상점가 출구에서 도보 2분
ⓖ 35.7009, 139.77288

도쿄아니메센터 東京アニメセンター
아키하바라 UDX 4층에 위치, 일본 애니메이션의 정보를 발신하고 있다. 애니메이션 관련된 전시와 오리지널 상품을 판매하고 있다.
ⓞ 11:00~19:00, Close 월요일
ⓦ www.animecenter.jp

Ueno&Akihabara
Spot ⓳

흐르는 강물처럼 시간도 흘러간다
마치 에큐트 간다 만세이바시 マーチエキュート神田万世橋 mAAch ecute Kanda Manseibashi

MUST SEE 츄오 선 간다 역에서 오차노미즈 역 사이에 만세이바시 역이 있었다. 역이 개통한 1912년부터 완전히 폐쇄된 1943년까지의 일이다. 간다 역은 개통 후 관동대지진이 일어났던 1923년에 전소, 그 후 작은 역사가 재건 되었으나 도쿄 역의 개통으로 승객이 감소하자 완전히 폐쇄되었다. 2013년 만세이바시 역이 있었던 장소에 트렌디숍이 가득한 '마치 에큐트 간다 만세이바시'가 새롭게 오픈 하였다. 간다가와神田川를 끼고 있는 역 선로 아래 붉은 벽돌의 아치형 건물은 묘한 향수를 불러일으킨다. 옛 정취를 살린 공간에는 지금 유행하는 인테리어 가구, 서점, 레스토랑, 카페, 베이커리 등 다양한 볼거리와 먹거리가 있어 도쿄의 새로운 명소가 되었다. 간다가와를 향해 오픈형 테라스 카페나 숍들이 여성들에게 특히 인기다. 공간과 구조의 레트로한 느낌과는 달리 내부의 트렌디한 분위기가 여성들의 눈길을 사로잡는다. 역은 폐쇄되었지만 모든 것이 사라진 것은 아니었다. 약 70년 만에 공개된 '1912계단'이나 옛 만세이바시 역 플랫폼 '2013 플랫폼' 등 역사의 흔적을 확인할 수 있다.

ⓐ 1-25-4, Kandasuda-cho, Chiyoda-ku
千代田区神田須田町1-25-4
ⓣ 03-3257-8910
ⓞ Shop 11:00~21:00(일요일, 공휴일은 11:00~20:00),
Restaurant 11:00~23:00(일요일, 공휴일은 11:00~21:00)
ⓦ www.maach-ecute.jp
ⓖ 35.69718, 139.77026

아키하바라 역에서 전기상점가 출구 남측 방향에서 도보 4분, 간다 역 6번 출구에서 도보 3분

Ueno&Akihabara
Spot ⑲

북미 빈티지 가구를 만나다
하루타 ハルタ haluta

하루타는 마치 에큐트 간다만세이바시에 들어서면 바로 입구에 위치한 북미 빈티지 가구와 잡화 및 패션의류, 식기 등 다양한 아이템을 다루는 곳이다. 덴마크에서 컨테이너 가득 매월 수입해오는 Hans J. Wegner의 디자인 가구를 만날 수 있다. 하루타는 원래 나가오카 현의 작은 식당이었다. 그러나 2006년에 덴마크 가구를 수입하기 시작하면서 현재에 이르게 되었다. 하루타에서는 가구뿐만 아니라 실생활에 필요한 다양한 제품을 비싸지 않은 가격에 구입할 수 있다. 전체적으로 군더더기 없는 심플한 디자인의 제품들이라 어느 것을 골라도 질리지 않는다.

Ⓐ N2, N3, S1, mAAch ecute Kandamanseibashi, 1-25-4, Kandasuda-cho, Chiyoda-ku 千代田区神田須田町1-25-4 マーチエキュート神田万世橋 N1区画
Ⓣ 03-5295-0061
Ⓞ 11:00~21:00(일요일 공휴일은 11:00~20:00)
Ⓦ www.haluta.jp
Ⓖ 35.69712, 139.77046

UENO & AKIHABARA

Cost ¥1,000 이하 ¥ | ¥1,000~2,000 ¥¥ | ¥2,000 이상 ¥¥¥

RESTAURANT

CAFE

PUB & BAR

숲 속 자연과 더불어 하는 건강한 식사
파크 사이드 카페
パークサイドカフェ Park Side Café

MUST EAT 우에노 공원 산책과 아트 삼매경에서 빠져나왔다면 출출한 배를 채울 차례다. 공원 광장에 위치한 오픈 테라스가 눈길을 사로잡는 카페 레스토랑 파크 사이드 카페는 계절 채소를 중심으로 재료가 가진 본연의 맛을 최대한 살린다는 요리 철학을 가진 레스토랑 카페이다. 제철 과일과 채소를 아낌없이 사용한 식사 메뉴와 후레쉬 허브 티가 인기다. 테라스에서는 한눈에 들어오는 뻥 뚫린 공원 경치와 함께 식사가 가능하다. 꽤 붐비는 듯 보이지만 회전도 빨라 웨이팅을 걸어 두면 자리가 나는 데까지 그리 오랜 시간이 걸리지는 않으니 인파에 겁내지 말고 기다리자. 공원 입구에서 가까워 둘러보기 전에 차를 한잔하고 움직이는 것도 좋겠다.

- 8-4, Uenokoen, Daito-ku 台東区上野公園8-4　03-5815-8251
- 10:00~21:00(L.O.20:00, 토 일 공휴일은 09:00~21:00)
- 우에노 역 공원 출구에서 도보 3분　¥¥
- 35.71563, 139.77476

시원한 맥주 한 잔과 야키토리!
야키토리 분라쿠
やきとり文楽 Yakitori Bunraku

MUST EAT 대낮부터 야키토리와 맥주를 한잔할 수 있는 곳이다. 아메요코 시장 안, 그리고도 또 골목으로 들어가야만 발견할 수 있는 이 일대는 야키토리, 라면, 고래고기 가게가 모여 있다. 어느 집이든 가게 앞에 테이블을 깔아놓고 손님을 맞이하는데, 그 노상 테이블에 하나둘 사람이 차면 분위기가 180도 바뀐다. 술이 들어가면 목소리가 유독 커지는 일본의 술자리 분위기를 맘껏 느낄 수 있는 곳이다. 중국인이나 서양인이 메뉴판을 뚫어져라 쳐다보는 광경이 눈에 띈다. 그것도 그럴 것이 야키토리는 메뉴 이름만 보면 뭐가 어느 부위인지 도통 알 수가 없다. 그림이 있어야, 닭똥집인지 순살인지 껍질인지 채소가 끼워져 있는지 알 수가 있다.

돈 있어도 주문을 못 해 못 먹는 음식이다. 분라쿠文楽는 일본어 메뉴 뒤에 영어 메뉴와 사진이 놓여져 있으니 걱정 말고 먼저 자리 차지하고 앉자. 시간 지나면 자리가 없어 못 먹는다. 닭과 채소를 굽는 고소한 냄새가 코를 자극하고 그 고소함이 너무도 강렬해 그냥 지나칠 수 없을 것이다. 고기가 신선하고 소스가 강하지 않아 고기 맛 그대로를 느낄 수 있다. 맥주와 함께라면 이보다 더 좋을 수는 없다.

⊙ 6-12-1, Ueno, Daito-ku 東京都台東区上野6-12-1 JR高架下
☎ 03-3832-0319 ⊙ 14:00~23:00(토요일 12:00~21:00, 일요일 11:00~20:00)
⊙ 우에노 역에서 도보 3분 ⊙ ¥¥
⊙ 35.71043, 139.77492

좋은 가격에 신선한 재료, 볼륨까지 만점
츠키지쇼쿠도 겐짱
築地食堂 減ちゃん Tsukiji-Shokudo Gen-Chan

MUST EAT 츠키지 시장에서 공수받은 신선한 해산물 중심으로 일본 정식과 돈부리를 전문으로 하는 식당이다. 그날그날 가져온 재료에 따라 메뉴가 달라진다. 매장은 츠키지 시장을 연상시키는 복장을 한 점원들 덕분에 분위기는 한층 업되고 아키하바라에서 츠키지 시장의 분위기가 느껴진다. 2시간 동안 무제한 술과 8가지 종류의 회를 맛볼 수 있는 메뉴가 있다. 혼자보다는 여러 명의 손님이 와서 식사를 하거나 술을 마시기에 분위기가 시끌벅적하다. 저녁이면 근처 샐러리맨들의 술자리가 되는 곳이다. ¥1,000에 생선구이, 츠케모노, 사시미, 술 한잔이 함께 나오는 세트 메뉴를 추천한다.

Ⓐ 2F, Akiba ichi, 4-14-1, Sotokanda, Chiyoda-ku 千代田区外神田4-14-1 AKIBA ICHI 2F
Ⓣ 050-5815-5038
Ⓞ 11:00~23:00(L.O.22:00, 일요일은 11:00~22:00, L.O.21:00)
아키하바라 역 전기상점가 출구에서 도보 2분 ¥
35.7009, 139.77288

우리가 굽고 있는 것은 인생이다
함바그 스트롱
ハンバーグ ストロング Hamburg Strong

서민 정서가 느껴지는
타츠미야
たつみ屋 Tatsumiya

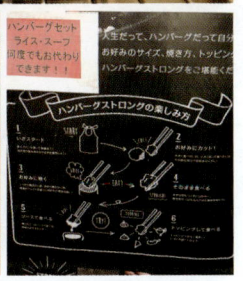

아키바이치 2층 에스컬레이터를 내리자마자 바로 등장하는 함바그 스트롱HAMBURS STRONG. 100% 쿠로와규(검은 흑소)를 사용한 햄버그 스테이크 전문점이다. 레어 상태로 제공되는 고기를 자신이 좋아하는 굽기 정도로 조절해서 구워 먹는 재미있는 콘셉트의 식당이다. '우리가 굽고 있는 것은 인생이다'라는 캐치프레이즈 아래 '인생은 크게'를 외치는 '초Strong size'는 무려 500g이라는 양을 자랑한다. 스트롱 메뉴는 밥과 스프를 몇 번이든 추가할 수 있다.

Ⓐ 2F, Akiba ichi, 4-14-1, Sotokanda, Chiyoda-ku 千代田区外神田4-14-1 AKIBA ICHI 2F
☎ 03-3526-2950
⏰ 11:00~23:00(L.O.22:30, 일요일은 11:00~22:00, L.O.21:30)
📍 아키하바라 역 전기상점가 출구에서 도보 2분
🌐 www.hamburgstrong.jp ¥¥ 35.7009, 139.77288

아키하바라 역에서 가까운 요도바시아키바의 레스토랑 플로어 8층에 위치한 탕 및 냄비요리 전문점이다. 스키야키나베, 아나고츠케나베, 바라나베 등 냄비에 끓여 먹는 탕 요리인 나베요리가 주류이다. 텐푸라, 텐동 등 간단한 식사류도 다양하게 갖추어져 있다. 타츠미야는 아사쿠사에서 시작된 서민 음식점이다. 그래서인지 서민 정서가 느껴지는 노포의 분위기가 물씬 풍긴다. 스키야키 정식은 스키야키 나베에 소고기, 두부, 버섯, 양파가 간장을 베이스로 한 달콤한 소스에 한 번 끓여 나오는데 믹는 동안 뜻히게 먹을 수 있도록 화로에 올려져 나온다. 미소 된장국과 한국의 김치와 같은 채소를 소금에 절인 츠케모노와 밥과 함께 먹으니 든든한 한 끼 식사가 된다. 맥주나 일본 술인 니혼슈와 함께 먹으면 술안주로도 좋다. 후덕하고 친절한 사장님이 이것저것 친절하게 도와주셔서 기분이 좋아지는 가게이다.

Ⓐ 1-1, Knadahanaokacho, Chiyoda-ku 千代田区神田花岡町1-1
☎ 03-3525-8399 ⏰ 11:00~23:00
📍 아키하바라 역에서 쇼와도리 출구에서 바로 ¥¥
🌐 35.69871, 139.77476

역사와 미술과 함께하는 커피전문점
우에지마커피점 쿠로다기념관점
上島珈琲店 黒田記念館店 Uejima Coffee Kuroda Memorial Hall

종이 필터가 아닌 천 필터를 사용하여 내리는 넬 드립 커피 전문점으로 유명하다. 우에지마 커피점은 일본 전역에서 만날 수 있지만 우에노 공원의 도쿄국립박물관 근처에 위치한 이곳은 아주 특별한 의미를 가진다. 우에지마커피점 쿠로다 기념관점은 일본의 근대 서양 미술의 아버지라고 불리는 쿠로다세이키黒田清輝를 기념하기 위해 1928년에 세워진 쿠로다기념관黒田記念館 내에 있다. 쿠로다세이키黒田清輝는 자신이 살아 있는 동안 모아온 미술품을 나라의 미술 장려를 위해 일부 기증하겠다는 뜻을 유언으로 남겼고 그의 뜻을 기리기 위해 기념관이 설립된 것이다. 이곳은 도쿄국립박물관에 소속된 미술전시관으로 상시 미술 전시가 개최되고 있다. 공원을 바라다보면 한적한 시간을 보낼 수 있다는 점과 쿠로다세이키라는 인물이 남긴 업적을 뒤돌아보며 차를 한잔할 수 있다는 것은 이곳이 우에노이기 때문에 가능한 것이리라. 광대한 공원을 둘러보다가 잠시 쉬고 싶다면 이곳이 위치상으로도 최적의 장소가 될 것이다.

Ⓐ 1F~2F, Kuroda Memorial Hall, 13-43, Uenokoen, Taito-ku 台東区上野公園13-43 黒田記念館1~2階
Ⓣ 03-5815-0411 Ⓞ 08:00~19:00 Ⓠ 우에노 역에서 도보 8분
Ⓖ 35.71876, 139.77316

강과 마주하고 맥주 한 잔
히타치노 브루잉 라보
常陸野ブルーイング・ラボ Hitachino Brewing Lab.

MUST EAT 흐르는 간다가와를 끼고 옛 만세이바시 역사의 흔적이 남아 있는 곳에 새롭게 문을 연 '마치 에큐트 간다 만세이바시'. 이곳에서 가장 먼저 만나게 되는 것은 빨간색 부엉이다. 히타치노 브루잉 라보는 190년의 전통기술을 자랑하는 히타치노 네스트 맥주의 직영점이다. 그 맛과 향이 세계 각국으로부터 인정받아 지금은 해외에서 더욱 지명도가 높다. 히타치노 레귤러 맥주 5종류의 가격은 모두 ¥680. 안주 겸 살짝 요기도 되는 샌드위치도 인기다. 매장 내에 놓인 양조 탱크는 양조장에 온 듯한 리얼감을 증폭시킨다. 일본인에게 맥주는 휴식이며 일상이다. 오픈 시간인 11시부터 간다가와를 바라보며 맥주를 즐기는 사람이 많다. 술을 좋아한다기보다는 분위기와 여유를 즐긴다고 하는 것이 맞겠다. 잠시 쉬는 순간이라 할지라도 아무 곳이나 들어가고 싶지 않다면 히타치노 브루잉 라보에서 강을 바라보며 시원한 맥주 한 잔은 어떨까.

Ⓐ N1, mAAch ecute kandamanseibashi, 1-25-4, Kandasuda-cho, Chiyoda-ku 千代田区神田須田町1-25-4 マーチエキュート神田万世橋 N1区画
℡ 03-3254-3434　⏰ 11:00~23:00(L.O.22:30, 일요일 공휴일은 11:00~21:00)
🌐 hitachino.cc/brewing-lab　💴 ¥¥
📍 35.69718, 139.77026

WALK AROUND

아사쿠사&도쿄 스카이트리타운

도쿄여행에서 에도江戸의 정취를 맛보고 싶은 단 한 곳을 선택한다면 단연코 아사쿠사이다. 에도를 그대로 옮겨 놓았다고 해도 지나치지 않을 만큼 오래된 거리가 그대로 남아 있고 수 세기를 거쳐 남아 있는 노포의 맛을 느껴볼 수 있는 곳이다. 전국의 쌀을 모아두는 저장고가 아사쿠사에 있었고 그 쌀을 지키는 인부 또한 전국에서 몰려들었다. 이 때에 쌀을 돈으로 바꿔주는 중개업자 후다사시札差가 생겨나 아사쿠사는 경제의 중심이 되었다. 지금도 그 활기를 확인할 수 있는 상점가와 노포가 남아 있어 일본의 옛 정취를 느낄 수 있는 최고의 명소이다.

Tokyo Subway Map

에도의 옛 정취가 가득한 아사쿠사와 현재 가장 주목 받는 도쿄 스카이트리타운은 신구의 대조가 명확한 관광코스이다. 아사쿠사는 도쿄메트로 긴자 선, 도에이지하철 아사쿠사 선, 도쿄 스카이트리라인, 츠쿠바 익스프레스 아사쿠사 역을 이용할 수 있다. 도쿄 스카이트리타운은 한조몬 선, 아사쿠사 선 오시아게(스카이트리마에) 역, 도부 스카이트리라인 도쿄 스카이트리 역에서 내린다. 아사쿠사에서 도쿄 스카이트리타운으로 갈 경우, 도부스카이트리라인과 아사쿠사 선을 이용할 수 있다. 각각 도쿄 스카이트리 역, 오시아게(스카이트리마에) 역에 하차한다.

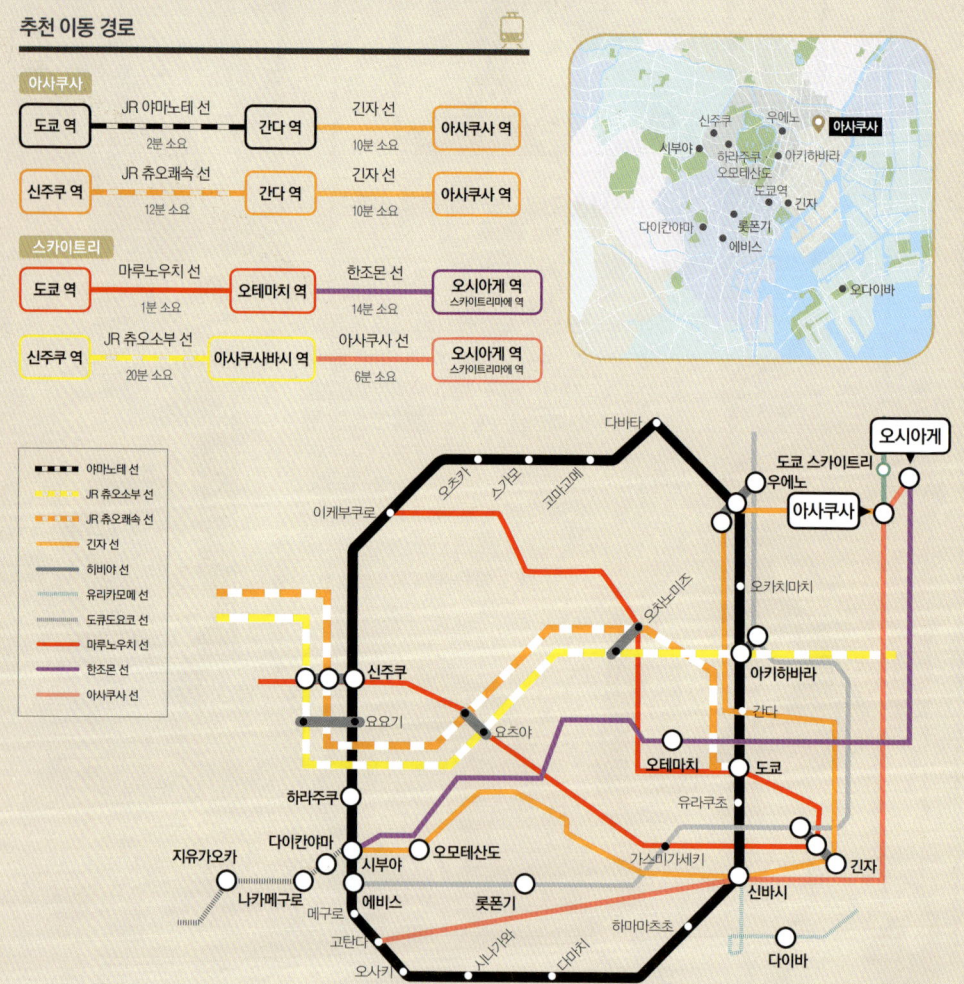

추천 일정

Start!

나카미세도리
붉은 제등 가미나리몬을 통과하면 에도의 상점가가 펼쳐진다. 일본의 기념품, 전통과자, 유행하는 디저트까지 활기찬 상점가가 즐겁다.

도보 3분

센소지
도쿄를 대표하는 축제 산자마츠리가 열리는 도쿄의 가장 오래된 절이다. 나카미세도리를 지나면 향로 죠코로에서 피어 오르는 향을 아픈 곳에 씌우면 낫는다고 한다.

도보 3분

홋피도리
홋피는 맥주 맛이 나는 청량음료이다. 나카미세도리 사잇길 덴보인도리를 100m 정도 지나면 술집들이 즐비하게 들어서 있는데 밤이면 장관을 이룬다.

도보 1분

도쿄 스카이트리타운
세계에서 가장 높은 전파탑인 도쿄 스카이트리와 도쿄에서 가장 트렌디한 숍, 도쿄 스카이트리가 보이는 레스토랑이 모여 있는 지금 가장 주목받는 곳이다.

도부스카이트리라인 2분

갓파바시도구도리
식기, 냄비, 프라이팬 등 주방 전문 기기들을 파는 거리이다. 프로들이 사용하는 전문가용 칼이나 각종 도구들이 즐비해 요리에 관심이 있는 사람이라면 놓칠 수 없다.

도보 5분

마루고토닛폰
밀그대로 일본을 그대로 가져다 놓은 쇼핑몰이다. 전국의 먹거리와 전통공예, 지역에서 시작된 트렌드 카페 등 볼거리와 먹거리가 가득하다.

ASAKUSA & TOKYO SKYTREE TOWN

기억에
남는
8장면

1. 남다른 붕어빵 포장용 캐리어. 사진은 5~6마리 용
2. 도쿄는 낮술 중
3. 아사쿠사관광정보센터 옥상은 센소지와 도쿄 스카이트리를 한눈에 볼 수 있는 숨은 명소이다
4. 스미다 강 너머로 보이는 도쿄 스카이트리
5. 350m 지점의 도쿄 스카이트리 전망대에서 창 너머 도심 풍경을 바라본다
6. 갓파바시도구 거리에서 갓파 동상 찾아내기
7. 아사쿠사의 인력거를 모는 샤후車夫들이 잘생겼다는 소문이 있다
8. 31층 소라마치 다이닝 스카이트리뷰에서 내려다보이는 도쿄 스카이트리타운

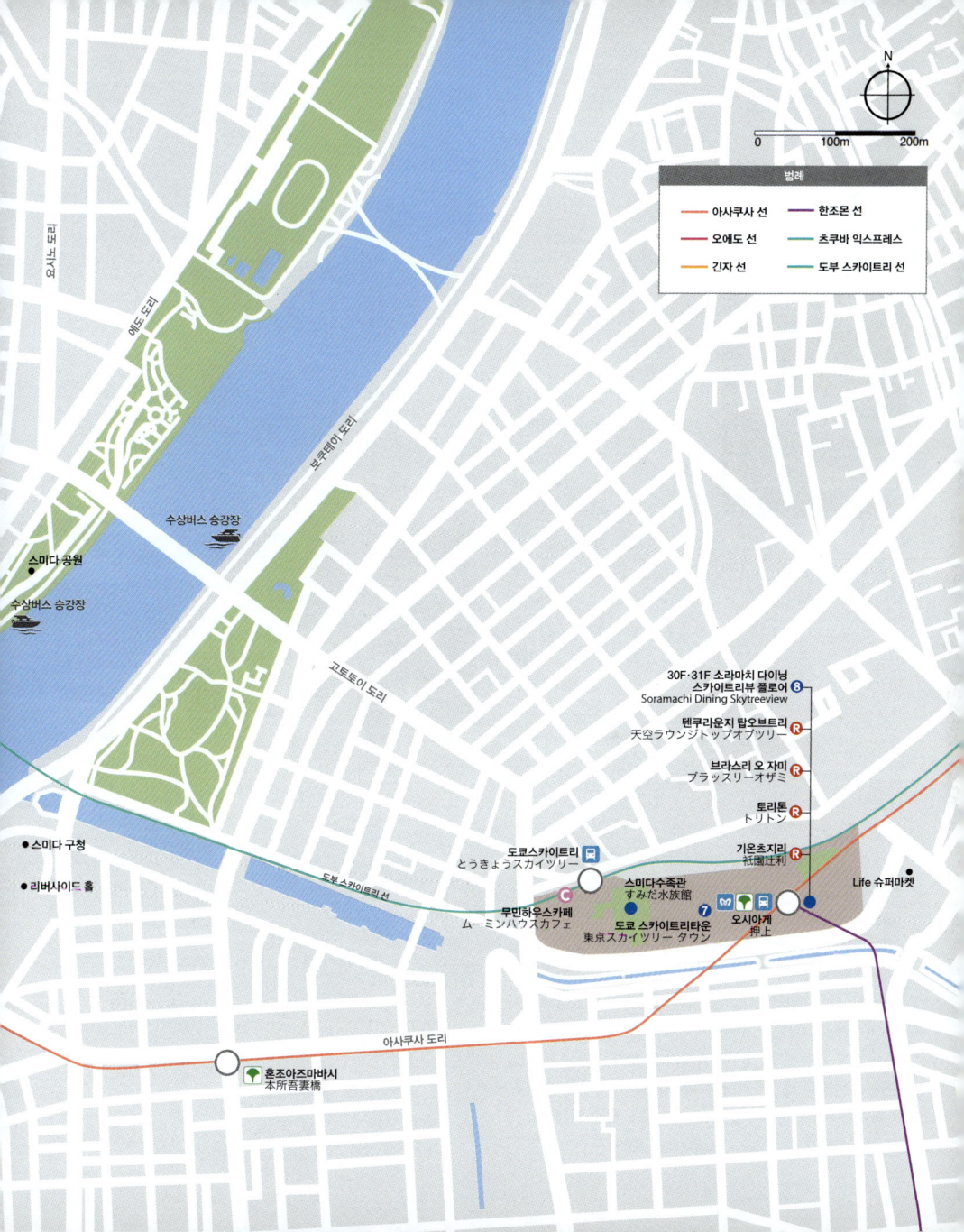

Asakusa&Tokyo Skytree Town
Spot ❶

도쿄 내 가장 오래된 절
센소지 | 浅草寺 Sensoji

MUST SEE 센소지에 도착하면 먼저 가미나리몬의 상징 붉은 제등 초친ちょうちん의 크기에 놀라고 그 아래 모여 있는 인파에 한 번 더 놀랄 것이다. 센소지는 도쿄에서 가장 오래된 절이다. 세츠분가이(절분, 입춘 전날인 2월 3일. 한국의 동지와 비슷한 날로 콩을 던지며 악귀를 쫓는 행사), 하나마츠리(꽃 축제), 도쿄를 대표하는 축제인 산자마츠리三社祭 등 다양한 행사가 열려 연간 약 3,000만 명이 찾는 절이다. 센소지의 역사는 628년부터 시작된다. 지금의 스미다강에서 고기를 잡던 어부 형제의 그물에 불상이 걸린 것이 그 시작이다. 그 불상은 센소지의 본존本尊이 되어 법당에 모셔져 있다. 센소지를 칭하는 데 있어 '아사쿠사데라'라고 부르지 않는 이유는 절은 음독을, 신사는 훈독하기 때문이다. 센소지의 입구를 알리는 가미나리몬에는 높이 3.9m에 달하는 제등이 먼저 반긴다. 제등 아래에서 위를 쳐다보면 정교한 용이 새겨져 있다. 문의 왼쪽에는 라이신雷神, 오른쪽에는 후진風神이 보이는데 모두 센소지를 지켜주는 신이다. 박력 넘치는 가미나리몬을 통과하면 마치 에도 영화를 보는 듯한 장면이 펼쳐진다. 일본에서 가장 오래된 상점가 나카미세도리가 펼쳐지는데 그 모습이 마치 에도시대를 그대로 옮겨다 놓은 듯하다. 일본의 전통 공예품과 오래된 먹거리 등을 판매하고 있다. 상점가를 지나 호조몬寶蔵門을 통과하면 절 경내가 펼쳐지고 멀리 본당 앞에는 아픈 부위를 낫게 해 준다는 향로 죠코로常香炉에서 흰 연기가 피어오르고 많은 사람들이 향로 주위를 에워싸고 있다. 아픈 무릎이라도 한 번 가져다 대 보자. 혹시 나을지도 모르니. 향로를 지나면 본당에 이른다. 센소지의 본당은 모든 소원을 이루어지게 한다고 전해 내려온다. 특히 현세의 이익을 비는 곳으로 유명하다. 아사쿠사에 오래된 노포가 많은 이

유도 이 때문인가 하는 생각이 든다. 절을 감상하기에는 다소 사람이 많은 듯하나 그 또한 여행의 묘미. 에도를 온몸으로 느끼며 둘러보자.

📍 2-3-1, Asakusa, Daito-ku 東京都浅草2-3-1 ☎ 03-3842-0181
🕐 하계 06:00~17:00 동계 06:30~17:00 📍 35.71476, 139.79665

🚶 긴자 선 아사쿠사 역 1번 출구에서 도보 5분, 아사쿠사 선 아사쿠사 역 A4 출구에서 도보 5분

아사쿠사 문화관광센터 浅草文化観光センター
Asakusa Culture and Tourism Center

관광안내센터라고 하기에는 너무도 훌륭한 외관, 그리고 내부시설을 자랑하는 아사쿠사 문화관광센터는 가미나리몬 맞은편에 위치하고 있다. 8층의 현대식 건물은 한국에서도 유명한 건축가 쿠마겐고隈研吾의 작품이다. '찾아주는, 보여주는, 도와주는'을 콘셉트로 아사쿠사뿐만 아니라 다이토 구를 찾는 관광객에게 도움을 주기 위해 다이토 구가 설립한 관광안내센터이다. 한국어 안내서, 컴퓨터를 활용한 검색을 무료로 할 수 있다. 한눈에도 연륜이 느껴지는 프로 의식 투철한 스태프들이 눈치 빠르게 이것저것 도와준다. 뭐든 더 안내해 주려고 하는 열정이 보여서 인상적이다. 외환 업무, 티켓판매서비스, 찻집이 운영되고 있어 여러모로 도움이 된다. 8층에 위치한 전망 테라스에서 아사쿠사 일대, 특히 나카미세도리에서 센소지에 이르는 길과 도쿄 스카이트리의 조망이 가능하다. 정보도 얻고 무료 서비스도 이용하고 전망대에서 스카이뷰까지. 들르지 않을 이유가 없다.

ⓐ 2-18-9, Asakusa, Daito-ku 台東区浅草2-18-9
ⓣ 03-3842-5566
ⓞ 09:00~20:00(전망 테라스는 22:00까지), 연중무휴
🚇 긴자 선 아사쿠사 역에서 2번 출구에서 도보 1분, 아사쿠사 선 아사쿠사 역에서 A4 출구에서 도보 2분
ⓖ 35.71066, 139.79665

Asakusa&Tokyo Skytree Town
Spot ❷

에도 분위기 그대로
나카미세도리 仲見世通り Nakamise Dori

가미나리몬을 통과하면 다른 세상이 펼쳐진다. 그곳은 에도江戶. 나카미세도리는 일본에서 가장 오래된 상점가이며 센소지의 입구 가미나리몬雷門에서 본당에 이르기 전의 호조몬宝蔵門 사이에 이어지는 약 250m에 이르는 길 양옆으로 펼쳐진 상점가이다. 도쿠가와 이에야스徳川家康가 에도에 막부를 설치하면서부터 인구가 증가하고 센소지의 참배도 늘어나게 된다. 이에 센소지 경내 청소의 부역을 받은 근처의 사람들에게만 참배 길에 상점을 열 수 있는 특권이 주어지는데 이것이 나카미세의 시작이다. 나카미세도리에는 에도 정서를 느낄 수 있는 기념품이나 수백 년의 역사를 가진 맛집이 많아 산책하면서 맛집을 즐기는 사람들로 빼곡하다. 금방 만들어낸 따뜻하고 고소한 단고, 갓 구워낸 닌교야키, 모나카 등 노포의 맛을 꼭 체험해보자. 부채나 아기자기한 일본 공예품 가게가 특히 눈에 띈다. 한국에 가져갈 기념품이나 인테리어 소품으로도 쓸 만한 것들을 골라보자.

ⓐ 1Chome, Asakusa, Daito-ku 東京都台東区浅草1丁目
ⓣ 03-3842-3350
ⓞ 가게마다 다름. 약 09:00~19:00 사이 영업
ⓠ 긴자 선 아사쿠사 역에서 1번 출구에서 도보 1분, 아사쿠사 선 아사쿠사 역 A4번 출구에서 도보 3분
ⓖ 35.71124, 139.79638

tokyo special tips

【 나카미세도리에 왔다면 꼭 먹어야 할 전통 스위츠 】

아사쿠사키비단고 아즈마 浅草きびだんご あづま
행렬이 끊이지 않는 키비(기장)단고 가게이다. 키비는 오카야마의 명물로, 예로부터 키비를 이용하여 단고를 만들었다. 가루를 반죽하여 콩가루를 묻혀 먹기도 하고 콩가루 없이 그냥 먹기도 한다. 아사쿠사키비단고 아즈마에서는 금방 쪄낸 단고에 콩가루를 묻히는 퍼포먼스를 보면서 긴 행렬을 기다린다. 따뜻한 키비단고와 고소한 콩가루가 조화롭게 어우러진다. 말차와 함께하면 금상첨화.
ⓐ Nakamise, 1-18-1, Asakusa, Taito-ku 台東区浅草1-18-1 仲見世通り内
ⓟ 03-3843-0190 ⓞ 09:00~19:00 ⓖ 35.71151, 139.79634

나카미세 키네야 仲見世 杵屋
좋은 쌀로 만들어 낸 센베이를 튀겨낸 아게오카키, 숯불야키센베이 전문점이다. 아게오카키는 떡을 튀겨내는 일본 전통 과자이다. 최특상품 베니바나유(홍화씨유)와 명품 쌀을 이용하여 전문가가 하나 하나 정성껏 깨끗하게 튀겨주니 그 맛이 고소하고 깊다. 그 외에도 숯불야키센베이, 우리의 강정과 비슷한 가미나리오코시를 판매하고 있다.
ⓐ Nakamise, 2-3-1, Asakusa, Daito-ku 台東区浅草2-3-1 仲見世通り内
ⓟ 03-3844-4550 ⓞ 09:00~18:45 ⓖ 35.71198, 139.79629

아사쿠사쵸친 모나카 浅草ちょうちんもなか
쵸친(제등) 모양의 모나카에 아이스크림이 들어있는 별미 과자이다. 모나카에 아이스크림을 넣어 파는 곳은 도쿄에선 이곳이 유일하다. 바닐라, 말차, 팥, 고구마, 검은깨, 콩가루 외에 망고, 코코넛 맛 아이스크림을 입맛대로 골라 먹을 수 있다. 여름이라면 최고의 스위츠가 될 듯. 어른들도 좋아할 일본다운 스위츠이다.
ⓐ Nakamise, 2-3-1, Asakusa, Taito-ku 台東区浅草2-3-1 仲見世通り内
ⓟ 03-3842-5060 ⓞ 10:00~17:30 ⓖ 35.71295, 139.79662

기무라야 닌교야키본점 木村屋人形焼き本舗
아사쿠사에서 꼭 먹어야 하는 명물 중 닌교야키를 빼놓을 수 없다. 1868년 메이지 원년에 창업한 아사쿠사의 명물이자 닌교야키의 원조인 기무라야 닌교야키가 나카미세도리에 본점이 있다. 닌교야키는 한국의 붕어빵처럼 반죽을 부은 후 팥소를 넣어 인형이나 새 등 주물의 형태 그대로 구워내는 빵이다. 팥소를 넣는 닌교야키와 소를 넣지 않는 카스테라야키 두 가지 종류가 있다.
ⓐ Nakamise, 2-3-1, Asakusa, Taito-ku 台東区浅草2-3-1 仲見世通り内
ⓟ 03-3842-5060 ⓞ 09:30~18:30 ⓖ 35.71348, 139.79666

Asakusa&Tokyo Skytree Town
Spot ❸

일본 전국 먹거리와 공예품을 모아놓은
마루고토닛폰 まるごとにっぽん Marugoto Nippon

센소지에서 갓파바시로 넘어가는 길목에 아기자기한 숍들이 가득 들어서 있어 눈에 띄는 쇼핑몰이다. 입구에 들어서면 매력적인 숍 구성이 여자의 마음을 사로잡는다. 1층은 돗토리현의 커피전문점 사와이커피 등 지방색이 짙은 지역의 엄선된 맛집과 산지직송된 신선한 재료들을 판매하는 '닛폰쇼쿠이치바 라쿠이치にっぽん食市場楽市', 2층은 전통을 살린 생활용품, 잡화를 중심으로 한 '쿠라시노도구가이 와라이くらしの道具街和来', 3층은 여행을 테마로 한 '아사쿠사닛폰쿠浅草にっぽん区', 4층은 신선한 요리를 맛볼 수 있는 식당가 '후루사토쇼쿠도카이 엔미치ふるさと食堂街縁道'로 이루어져 있다. 지금 가장 핫한 일본의 트렌디한 맛과 현대적 감각으로 만날 수 있는 전통 공예품 등 이름 그대로 일본을 '통째'로 만날 수 있는 곳이다.

🅐 2-6-7, Asakusa, Taito-ku 台東区浅草2-6-7 🅣 03-3845-0510
🅞 1F~ 2F 10:00~20:00 3F 10:00~21:00 4F 11:00~23:00
🅖 35.71413, 139.79374

📍 츠쿠바 익스프레스 아사쿠사 역 A1-1 출구에서 도보 1분, 긴자 선 아사쿠사 역 1번 출구에서 도보 8분, 아사쿠사 선 아사쿠사 역 A4번 출구에서 도보 8분

【 마루고토닛폰 각 지역 대표 선수 】

★ 군마 대표 ★

오쿠리 オクリ okuri
군마에서 오래전부터 생산해 오던 소재를 활용한 화장품 전문점이다. '피부에게 보내는 선물'이라는 콘셉트로 건강한 피부 만들기를 도와줄 화장품, 욕실제품, 자외선 대책 상품, 홈 웨어 등으로 구성되어 있다. 신도불이라는 말이 우리에게도 있듯이 피부를 위해 안심하고 쓸 수 있는 제품을 소개하고 있다.
ⓣ 03-3844-2811   10:00~20:00   마루고토닛폰 2층

★ 오카야마 대표 ★

하기모노야 はぎもの舎
1892년에 창업한 실내에서 발을 보호해주고 편하게 신는 신발만을 판매하는 곳이다. 오카야마 현 구라시키에서 시작된 하기모노야는 어떻게 하면 더 편할지, 어떻게 하면 릴렉스 할 수 있을지를 독자적으로 연구 개발해 숯을 활용하여 원적외선 효과나 빙취효과가 있는 쇠싱품의 실내화를 만들어내고 있다. 발이 편해야 마음도 편하다는 것을 제대로 실현시키는 곳이다.
ⓣ 03-3845-5161   10:00~20:00   마루고토닛폰 2층

★ 나가노 대표 ★

신슈목공관 信州木工館
신슈목공관은 나가노 지역의 전통 기법을 계승하여 일본 국내를 넘어 세계에서 인정받고 있는 가구, 불단, 칠기점이 모여 탄생시킨 목공가구 전문 숍이다. 전통적인 가구에서부터 모던하고 스타일리쉬한 디자인의 가구, 그리고 일본에서 오르골의 최고봉이라고 불리는 니혼덴산산쿄 日本電産サンキョー와의 콜라보로 만들어낸 오르골까지. 나무로 만들어내는 가구, 인테리어 소품의 최고의 경지를 맛보게 될 것이다.
ⓣ 03-3841-7880   10:00~20:00   마루고토닛폰 2층

★ 일본 대표 컬렉션 ★

아사쿠사농원 浅草農園
내가 먹는 음식의 재료가 어느 지방의 것이며 어떤 이의 정성이 담겨 있는지 그 과정이 명확하다면 우리는 안심하고 먹거리를 선택할 수 있을 것이다. 아사쿠사 농원은 그 시기에 그 지역에서만 채취할 수 있는 전국 각지의 계절 채소나 과일을 판매하는 산지 직송 마켓이다. 진짜 맛있는 것만 추천한다는 이 가게의 프라이드가 대단하다.
ⓣ 03-5828-5101   10:00~20:00   마루고토닛폰 1층

Asakusa&Tokyo Skytree Town
Spot ❹

아사쿠사의 밤은 훗피도리가 책임진다
아사쿠사훗피도리 浅草ホッピー通り Asakusa Hoppy Dori

아사쿠사의 밤은 야타이(한국식 포장마차) 촌으로 변모한다. 나카미세도리 샛길 덴보인도리를 100m 정도 지나면 술집들이 즐비하게 들어서는 장관을 이룬다. 낮에는 크게 눈에 띄지 않지만 저녁에 존재감을 확실히 들어낸다. 훗피Hoopy는 맥주맛이 나는 청량음료이다. 흔히 소주를 타서 마신다. 훗피도리에는 지금도 훗피를 파는 가게가 많다. 안주가 후레시하지는 않다. 우리가 포장마차에서 닭똥집이나 닭발을 먹는 딱 그 정도의 음식이라고 생각하면 될 듯. 붉은 등이 하나둘 내걸리면 묘한 옛 정취를 불러일으키는 훗피도리는 이 지역 사람들에게는 퇴근길에 한 잔 걸치고 가는 특별할 것 없는 코스이다. 저녁에 포장마차에 들러 국수 한 그릇과 소주 한 잔 걸치는 우리네 그것과 다를 바 없다.

Ⓐ 2-5, Asakusa, Taito-ku, 東京都台東区浅草2-5
🚇 츠쿠바 익스프레스 아사쿠사 역 A1에서 도보 5분
📍 35.71356, 139.79424

TIP 알아두면 유용한 꿀팁

훗피 마시는 방법
훗피 자체의 알코올 도수는 0.8%로 와리칸리라고 하여 훗피5:소주1로 섞어 마시는 술이다. 잔이 비워지면 나카라고 하는 잔 소주를 추가 주문하여 남아있는 훗피를 다시 섞어 마신다.

Asakusa&Tokyo Skytree Town
Spot ❺

라쿠고와 만담을 즐길 수 있는
아사쿠사 연예홀 浅草演芸ホール Asakusa Engei Hall

일본의 오래전부터 전해 내려오는 라쿠고, 만담, 곡예, 콩트를 1년 365일 볼 수 있는 대중 연예홀이다. 이러한 연예를 대중에게 보여 주기 위해 자리를 마련하고 경영하는 상설관을 요세寄席라고 불렀다. 요세의 기원은 에도 초기에 신사나 절의 일부를 빌려 이야기를 들려주는 행사를 열었던 것을 그 기원으로 한다. 그러나 그것은 부정기적으로 개최되었다. 요세와 락쿠고를 떨어뜨려 생각할 수 없는데 이유는 락쿠고가에게 있어 요세는 수행의 장소였고 기술을 연마할 수 있는 유일한 장소였기 때문이다. 일본에서 이런 라쿠고를 본다는 것은 비싸고 어렵게 느껴질지 모르지만 홀 입구에서 티켓을 구입하여 빈 좌석에 앉기만 하면 된다. 예약도 필요 없이 당일권이 원칙이다. 공연은 점심과 저녁으로 나누어지며 티켓 판매는 오전 11시부터 시작된다.

ⓐ 1-43-12, Asakusa, Taito-ku 台東区浅草1-43-12
ⓣ 03-3841-6545
ⓞ 아사쿠사 역에서 도보 10분
ⓘ 점심공연 : 11:40~16:30, 저녁공연 16:40~21:00
ⓦ ¥2,800
ⓖ 35.7135, 139.79302

인력거를 이용한 아사쿠사 관광

아사쿠사 거리에서 인력거를 보는 것은 그리 어려운 일이 아니다. 인력거는 아사쿠사의 정통 관광코스 외에 걸어서 다니기에는 조금은 불편한 곳까지 데려다준다. 인력거를 끌어주는 차부가 잘 알려지지 않는 곳이나 관광 포인트를 알려주면서 안내해 준다. 아사쿠사를 돌아다니는 인력거가 모두 같아 보이지만 모두 12곳 정도의 인력거 회사가 움직이고 있다. 회사나 차부에 따라 서비스가 달라 '에비스야えびす屋', '지다이야時代屋'는 전국에 체인점을 가지고 있는 인력거 메이저급 회사로 손님에게 친절하고 영어가 가능해 서비스 면에서는 최고라고 볼 수 있다.

Asakusa&Tokyo Skytree Town
Spot ❻

부엌 살림살이 모두 여기에
갓파바시도구거리 かっぱ橋道具街

쿠커 모자를 쓴 '점보쿡 상'이 심볼인 갓파바시도구거리는 식기, 냄비, 프라이팬 등 주방 용품들이 모여 있는 재미있는 곳이다. 특히 각종 요리 샘플을 보고 있으면 그 정교함에 신기하기도 하고 웃음이 저절로 난다. 프로들이 사용하는 전문가용 칼이나 각종 도구들이 즐비해 요리에 관심이 있는 사람이라면 누구라도 이 거리를 그냥 지나칠 수는 없을 것 같다. 세계 각국의 최고의 키친 용품을 모아둔 가게, 알루미늄을 재료로 하는 도구들만 모아놓은 가게, 아기자기한 일본 밥그릇이나 찻잔을 전문으로 하는 가게 등 볼거리가 무궁무진하다. 좋은 제품을 고르는 눈이 있다면 갓파바시도구거리에서 저렴하게 구입할 수 있을 것이다. 개성 있는 아이템으로 주방을 더욱 편리하고 센스 있게 꾸며볼 수 있는 찬스다.

※매년 10월 9일을 전후로 갓파바시도구 마츠리(축제)가 열린다. 상점가 최대의 이벤트로 연중 가장 많은 사람이 찾는 시기인 만큼 가게마다 저렴하게 물건을 내놓는다.

ⓐ 3-18-2, Matsugaya, Taito-ku 台東区 松が谷 3-18-2
ⓣ 03-38441225 ⓞ 09:00~17:00 ⓖ 35.71449, 139.78887

긴자 선 다와라마치 역에서 도보 5분,
츠쿠바익스프레스 아사쿠사 역에서 도보 5분,
긴자 선 아사쿠사 역에서 도보 13분

tokyo special shop

【 갓파바시도구거리 추천 SHOP 】

가마아사쇼텐 釜浅商店 Kamaasa Shoten

1908년 메이지 41년에 창업한 100년이 넘는 노포이다. 갓파바시에는 100년을 넘는 역사를 자랑하는 노포가 상당히 많다. 그중에서도 가마아사쇼텐은 '가마솥'을 메인으로 하는 가게이다. 현대적 감각의 가마솥이 눈에 띈다. 그 외에도 북경팬, 알루미늄 냄비도 유명하다. 특히 바로 옆에 위치한 부엌칼 전문점은 외국에서도 직접 찾아올 만큼 유명하다.

- Ⓐ 2-24-1, Matsugaya, Taito-ku 台東区松が谷2-24-1
- Ⓣ 03-3841-9355
- ⓞ 09:00~17:30
- ⓖ 35.71385, 139.78866

나카오 알루미늄제작소 中尾アルミ製作所 Nakao Alumi

매장 입구의 거대한 주전자와 양철 로봇이 심볼인 나카오 알루미늄제작소는 오나베노하쿠부츠칸(냄비박물관)이라는 별칭을 내걸고 있다. 일반인이 사용하는 냄비에서 프로급 사양의 냄비까지 말 그대로 엄청난 양의 냄비를 보유하고 있는 가게이다. 프라이팬 등 각종 조리도구가 일단 양으로 보자면 최고가 아닐까 한다. 입구의 ¥100짜리 국자는 고객의 눈길을 끌기 위한 특가품이다.

- Ⓐ 2-21-4, Nishiasakusa, Taito-ku 台東区西浅草2-21-4
- Ⓣ 03-5830-2511
- ⓖ 35.71395, 139.78911

니이미 양식기점 ニイミ洋食器店 Niimi

1907년 메이지 40년에 오픈한 니이미 양식점은 갓파바시도구거리의 상징 점보쿡 조각상이 건물 옥상에 있는 것으로 유명하다. 이 점보쿡 조각상은 너무나도 임팩트가 강해 갓파바시도구거리를 거쳐 간 사람들은 누구나 한 장씩은 가지고 있을 사진이다. 모델은 니이미 양식점의 창업자라고 한다. 일본 국내외 다양한 조리도구가 진열되어 있다.

- Ⓐ 1-1-1, Matsugaya, Taito-ku 台東区松が谷1-1-1
- Ⓣ 03-3842-0213
- ⓞ 10:00~18:00
- ⓖ 35.7105, 139.78807

덴가마 田窯 Dengama

매력적인 일본 식기에 매료되어 무의식적으로 발걸음이 옮겨 지는 가게이다. 용도별로 식기들이 보기 쉽게 잘 진열되어 있다. 식기 외에도 일본풍의 소품들이 많아 한동안 발걸음이 떨어지지 않는 곳이다. 전품 20% 할인한다는 점도 매력적이다.

- Ⓐ 1-4-3, Nishiasakusa, Taito-ku 台東区西浅草1-4-3
- Ⓣ 03-5828-9355
- ⓞ 10:00~19:00
- ⓖ 35.7105, 139.78843

Asakusa&Tokyo Skytree Town
Spot ❼

하늘과 가장 가까이 닿아 있는 마을
도쿄 스카이트리타운 東京スカイツリー タウン Tokyo Skytree Town

세계에서 가장 높은 전파탑 도쿄 스카이트리, 도쿄에서 가장 트렌디한 숍과 도쿄 스카이트리가 보이는 레스토랑, 바다 생물체의 신비로운 세계를 경험할 수 있는 수족관, 야경을 감상하기에 좋은 야외 데크, 볼거리와 즐길거리가 모여 있는 도쿄 스카이트리타운은 지금 도쿄에서 가장 주목받는 명소이다. 특히 수십 년간 도쿄의 심벌로 자리매김하고 있던 도쿄타워의 위상을 과감하게 가져온 도쿄 스카이트리. 높이 634m를 자랑하는 현존하는 전파탑 중 가장 높은 탑이다. 지상 350m에 전망데크, 450m에 전망회랑이 위치하고 있으며 두 곳 모두 360° 파노라마 뷰가 가능하다. 개인적으로 전망대에서 바라본 뷰 중에서는 도쿄에서 최고라고 말하겠다. 도쿄 스카이트리가 가장 최신 시설이라는 점과 고가의 입장료를 고려하면 전망대 뷰의 퀄리티는 당연한 결과물일지도. 현재 일본인이 가장 많이 찾는 도쿄 명소라고 할 수 있겠다.

ⓐ 1-1-2, Osiage, Sumida-ku 墨田区押上1-1-2
ⓠ 도부 스카이트리라인 도쿄 스카이트리 역 정면 출구 혹은 동쪽 출구에서 바로, 아사쿠사 선 · 한조몬 선 · 게이세이 선 오시아게(스카이트리마에) 역 지하 3층에서 직결, 혹은 B3 출구에서 바로 위치
ⓦ www.tokyo-skytreetown.jp
ⓢ 35.71005, 139.81069

― tokyo special tips ―

【 도쿄 스카이트리타운 3대 포인트 】

① 도쿄에서 가장 높은 시티뷰 감상하기

2013년 5월 22일 높이 634m를 자랑하는 도쿄 스카이트리가 오픈하였다. 지상 디지털 방송의 전파를 송신하는 세계에서 가장 높은 전파탑이다. 타워의 350m 지점에 위치하고 있는 전망데크에서는 도쿄 시내를 360도 파노라마로 감상이 가능하다. 전망 데크로 올라가는 엘리베이터는 춘, 하, 추, 동 4개의 패턴으로 되어 있어 어느 것을 타게 될지 기대되는 부분이다. 전망데크 보다 더 높은 지상 445m에 위치한 전망회랑은 걸어서 450m 지점까지 가는 길로 이루어져 있다.

- ⓐ 1-1-2, Osiage, Sumida-ku 墨田区押上1-1-2
- ⓣ 0570-550-634
- ⓞ 08:00~22:00
- ⓜ 도부 스카이트리라인 도쿄 스카이트리 역 정면 출구 혹은 동쪽 출구에서 바로, 아사쿠사 선·한조몬 선·게이세이 선 오시아게 역에서 지하 3층에서 직결, 혹은 B3 출구에서 바로
- ⓟ 전망데크 어른 ¥2,060, 중고생 ¥1,540, 소아 ¥930, 유아 ¥620 전망회랑은 추가요금 성인 ¥1,030, 중고생 ¥820, 소아 ¥510, 유아 ¥310

2 세상에서 가장 아름다운
수족관 둘러보기

도쿄 스카이트리 타운 5, 6층에 위치한 스미다수족관은 스미다 강을 중심으로 살아온 이 지역의 모든 사람에게 수족관이 있는 삶을 체험하게 하기 위한 목적으로 설립되었다. 해파리를 중심으로 바다의 생물의 실제의 모습을 알게 되는 귀중한 시간을 경험하게 될 것이다. 생물체가 번식해서 수조에 전시되기까지의 과정이 공개되어 있다. 수족관 스태프의 사육의 광경이나 연구 활동 모습을 직접 볼 수 있다.

- Ⓐ 1-1-2, Osiage, Sumida-ku 墨田区押上1-1-2
- Ⓣ 03-5619-1821
- ⓞ 09:00~21:00
- 📍 도부 스카이트리라인 도쿄 스카이트리 역 정면 출구 혹은 동쪽 출구에서 바로, 아사쿠사 선·한조몬 선·게이세이 선 오시아게 역에서 지하 3층에서 직결, 혹은 B3 출구에서 바로
- ¥ 성인 ￥2,050, 중고생 ￥1,500, 소아 ￥1,000, 유아 ￥600
- ⑨ 35.71005, 139.80976

3 도쿄 소라마치에서
쇼핑과 맛집 즐기기

도쿄 소라마치는 하늘 마을이라는 의미를 가지고 있다. 최고 높이의 전파탑 도쿄 스카이트리를 중심으로 세련된 분위기의 레스토랑, 카페, 선물 숍 총 312개가 들어가 있다.

- Ⓐ 1-1-2, Osiage, Sumida-ku 墨田区押上1-1-2
- ⓞ 10:00~21:00
- 📍 도부 스카이트리라인 도쿄 스카이트리 역 정면 출구 혹은 동쪽 출구에서 바로, 아사쿠사 선·한조몬 선·게이세이 선 오시아게 역에서 지하 3층에서 직결, 혹은 B3 출구에서 바로

Asakusa&Tokyo Skytree Town
Spot ❽

도쿄스카이트리를 무료로 관망 할 수 있는 포인트!
30F · 31F 소라마치 다이닝 스카이트리뷰 플로어 Soramachi Dining Skytreeview

도쿄 스카이트리 30층, 31층에는 무료로 전망을 즐길 수 있는 말 그대로 숨어 있는 관망 포인트가 있다. 거의 모든 사람들이 4층에서 엘리베이터를 타고 전망대로 바로 올라가기 때문에 이런 훌륭한 전망을 무료로 만끽할 수 있다는 것을 놓치기 쉽다. 그리고 스카이트리뷰 다이닝은 비쌀 것이라는 생각도 놓치게 되는 이유 중 하나이다. 알아두면 도쿄 스카이트리의 매력이 배로 다가올 포인트이다. 30F · 31F로 올라가는 전용엘레베이터는 지하철 오시아게 역押上駅에서 직결되는 이스트야드East Yard에 있다. 역에서 내려 도쿄 스카이트리 방향으로 진입 후 지하 3층에서 지상 1층으로 올라 가는 에스컬레이터를 타고 1층에 도착하면 소라마치 광장으로 나가는 현관문 바로 오른편에 있다. 담당 직원이 엘리베이터 앞에서 친절히 안내해 준다. 30층과 31층은 주로 스카이트리뷰를 바로 옆에서 관망할 수 있는 고급 레스토랑으로 이루어져 있는데 레스토랑 내에서뿐만 아니라 레스토랑 밖 로비에서도 전망이 가능하도록 휴식처가 마련되어 있다는 것이 포인트이다. 주로 이탈리안, 프렌치 등 고급 코스요리 전문점이 많지만 간단히 맥주를 마실 수 있는 공간도 있으니 가볍게 즐겨볼 만하다.

- Ⓐ 1-1-2, Osiage, Sumida-ku 墨田区押上1-1-2 Ⓞ 11:00~23:00
- Ⓠ 오시아게 역에서 내려 개찰구를 빠져 나온 후 스카이트리로 진입하기 위한 에스컬레이터를 타고 올라오면 소라마치 1층에 도착한다. 소라마치 광장으로 나가는 현관문 안쪽 오른편에 전용 엘레베이터가 있음
- Ⓖ 35.71018, 139.8128

tokyo special tips

【 풍경과 음식에 취해 보자 】

Soramachi Dining Skytreeview 30F
탕요리와 회요리가 중심인 일본요리 전문점 쇼쿠칸食幹, 정통 이탈리안 및 프렌치 레스토랑 카페 이자레슈치에로Issare shu cielo, 한국의 불고기를 맛볼 수 있는 죠죠엔叙々苑, 코스요리와 와인을 즐길 수 있는 브라스리 오 자미 Brasserie AUX AMIS, 간단한 요리안주와 맥주를 즐길 수 있는 비어앤스파이스 슈퍼드라이 Beer&Spice Super DRY 가 위치하고 있다. 브라스리 오 자미에서는 식사 시간을 비켜가면 자리가 비어 있어 간단하게 글라스 와인만 주문이 가능하다. 이자레슈치에로는 런치가 끝나면 오후 5시까지 브레이크 타임을 갖는다.

Soramachi Dining Skytreeview 31F
유명 중화요리 전문점 긴자아스타가 선보이는 소라마치풍 새로운 중화요리 전문점 브라스리 시노와 스바루Brasserie Chinois SUBARU, 자연식 이탈리안 라소라시드LA SORA SEED, 프렌치와 이탈리안을 베이스로 하는 카페레스토랑 텐쿠라운지 톱오브트리즈天空ラウンジTOP of TRFE, 일본 에도마에 요리를 만끽할 수 있는 쿠니미国見, 철판요리 마텐로摩天楼, 큐슈의 전골요리를 맛볼 수 있는 아리즈키蟻月 등 총 6개의 레스토랑으로 이루어져 있다.

알아두면 유용한 꿀팁
FREE Wi-Fi
도쿄 스카이트리의 'TOBU FREE Wi-Fi'가 외국인 관광객을 위해 무료 랜서비스를 실시하고 있다. 앱스토어나 구글플레이에서 Japan Connected-free Wi-Fi를 검색한 후 다운로드 하면 된다. 이 서비스를 한 번 시작하면 NTT가 제공하는 재일외국인을 위한 무료서비스가 실행되는 다른 지역에서도 사용이 가능하다. 간단히 메일 주소만 입력하면 무료 와이파이를 사용할 수 있으며 한국어 대응이 가능하다.

ASAKUSA & TOKYO SKYTREE TOWN

Cost ¥1,000 이하 ¥ | ¥1,000~2,000 ¥¥ | ¥2,000 이상 ¥¥¥

RESTAURANT

CAFE

PUB & BAR

식사를 마친 이들의 한결 같은 인사 '오이시캇다(맛있었어요)'

스테이크하우스 노부
ステーキハウス のぶ Steak House Nobu

MUST EAT 아사쿠사 나카미세도리에서 센소지에 다다를 무렵 양 갈래로 갈라지는 덴보인 거리를 우회전하면 전통 과자, 전통잡화를 파는 가게들 사이에 작은 문하나 사이로 고소한 고기 굽는 냄새가 난다. 빼꼼히 들여다보니 카운터식 식당에 손님이 다닥다닥 붙어 앉아 있다. 이곳은 로컬 맛집, 그러니까 여행객에게는 소개되지 않은 이 지역 사람들은 다 아는 맛집 아사쿠사 스테이크하우스 노부이다. 걷다 보면 아무런 정보 없이도 눈에 들어오는 식당이 있는데 노부가 바로 그랬다. 냄새만으로 식욕을 자극하는 노부의 인기 메뉴는 런치 한정의 히레스테이크. 밥과 미소된장국을 포함한 정식차림으로 ¥1,490이라는 리즈너블한 가격으로 제대로 된 히레스테이크를 맛볼 수 있다. 철판을 중심으로 빙 둘러앉는 10석 남짓한 테이블 석에서는 어디서든 고기를 굽는 모습을 지켜볼 수 있다. 착석하니 사장님이 고기의 굽는 정도를 물어본다. 주문한 미디엄으로 먹기 딱 좋은 정도로 구워 주는데 고기와 함께 주는 숙주와의 하모니가 최고다. 맛을 보니 고기와 숙주에 전혀 간이 되어 있지 않다. 정말 재료만 철판에 구워 주는 것이다. 재료에 대한 자신감이 느껴진다. 맛은 상상했던 대로, 아니 상상 그 이상. 아사쿠사에 노포가 많아 은근히 식사 가격이 비싼 편인데 이 가격으로 좋은 스테이크를 밥, 된장국과 함께 든든히 맛볼 수 있다면 고민의 여지가 없다.

Ⓐ 1-36-7, Asakusa, Taito-ku 台東区浅草1-36-7 Ⓣ 03-3845-4173
Ⓞ 11:00~14:30, 17:00~21:00 (주말 11:00~15:30 17:00~21:00, 화요일 휴무)
긴자 선 아사쿠사 역 6번 출구에서 도보 2분
Ⓒ ¥¥   9   35.71275, 139.79677

아사쿠사몬자의 맛을 계승하는
로쿠몬센
六文錢 Rokumonsen

MUST EAT 로쿠몬센은 아사쿠사의 명물 인력거를 모는 차부들이 즐겨 찾는 맛집이다. 무거운 인력거로 하루 종일 아사쿠사를 달린 후 저녁이면 모여 앉아 하루의 피로를 풀 수 있는 음식에 오코노미야키와 몬자야키 만한 것이 있을까. 시끌벅적한 분위기에서 오코노미야키를 철판에 구워가며 술판이 벌어지는 모습은 흔한 일본의 술집의 모습이기도 하다. 밀가루 반죽에 각종 채소와 해산물, 고기류를 섞어 구워 감칠맛 나는 소스를 발라 먹으면 배도 채우면서 맥주 안주로도 최고다. 로쿠몬센은 특히 가장 기본적인 메뉴를 버리지 않았다. 아사쿠사 몬자의 맛을 고집스럽게 이어가는 곳이기도 하다. 아사쿠사 몬자는 전쟁 후 빈곤했던 시절, 아이들은 아주 조금의 용돈을 받으면 동네의 다가시야駄菓子屋에서 밀가루 반죽을 철판에 올려 길게 길게 늘여 먹던 것이 그 시작이었다. 그 시절 토핑이라고는 어느 집에나 있었던 마른 새우, 파, 돼지고기와 같은 것이 전부였다. 로쿠몬센은 이렇게 가장 기본적인 맛을 계승하고 있다. 물론 지금은 까망베르치즈, 버터 등 다양한 토핑을 갖추고 있다. 새우와 문어, 가리비를 섞은 믹스텐돈은 ¥864, 돼지고기텐은 ¥756, 드링크류는 생맥주가 ¥594이니 한 사람당 ¥1,500 정도면 푸짐하게 먹고 술까지 한잔할 수 있다.

Ⓐ 1-16-9, Asakusa, Taito-ku 台東区浅草1-16-9 Ⓣ 03-3843-5335
긴자 선 아사쿠사 역 1번 출구에서 도보 4분
Ⓒ 11:30~22:30 Ⓒ ¥¥ 35.71185, 139.79455

창업 120년, 고집스러운 아사쿠사의 맛을 계승하다
이마한 본점
今半本店 Imahan Honten

너무 맛있어서 죄송합니다!
요시카미
ヨシカミ Yosikami

센소지 앞 나카미세도리 안에 위치하고 있는 일본산 흑소 와규를 사용하는 스키야키 전문점이다. 처음 내달렸던 그대로 한 번도 교체하지 않았을 것 같은 낡은 간판, 낡았지만 그 시대 꽤나 고급 저택이었을 것 같은 외관이 한눈에도 역사가 느껴지는 곳이다. 그도 그럴 것이, 메이지 28년 서기 1895년 창업 당시 이 건물은 이마한고텐今半御殿으로 불리웠다. 당시의 건축기술을 압축시킨 이 건물은 나카미세도리의 풍경을 지배했다고 할 정도였다. 메뉴는 스키야키를 중심으로 와후和風스테이크 외에 간단한 술 안주가 될 텐푸라, 사시미 등이 있다.

1951년에 창업한 양식 요리점이다. 간장이나 일본 술을 이용해 일본인이 좋아하는 양식의 맛을 만들어냈다. 관광객뿐만 아니라 일본인에게도 사랑받는 이곳은 점심시간 전부터 길게 줄이 생겨나는 곳이다. '너무 맛있어서 죄송합니다!'라는 캐치프레이즈가 셰프의 자신감을 보여준다. 이 집에서 꼭 먹어야 하는 음식은 하야시라이스와 비프스튜. 가격도 비싸지 않고 양도 많아 맛있게 배부르게 먹을 수 있다. 따뜻한 음식은 사람의 마음을 부드럽게 만드는 묘한 힘이 있다.

- 1-19-7, Asakusa, Daito-ku 台東区浅草1-19-7 03-3841-1411
- 11:30~20:30(L.O.20:00) 평일 15~16시 브레이크타임
- 긴자 선 아사쿠사 역에서 도보 3분, 나카미세도리로 진입 오른편 골목 안쪽에 위치
- ￥￥￥ 35.71171, 139.79674

- 1-41-4, Asakuasa, Daito-ku 台東区浅草1-41-4 03-3841-1802
- 11:45~22:30(L.O.22:00) 매주 목요일 휴무
- 긴자 선 아사쿠사 역 6번 출구에서 도보 7분 ￥￥
- 35.71293, 139.79382

창업 200년, 도쿄에서 맛보는 최고의 일품 요리
우나기 고마가타 마에가와 본점
鰻 駒形 前川本店 Unagi Komagata Maekawa Honten

메이지 20년(1887년) 창업, 참기름으로 튀겨내 더욱 고소한
다이코구야 텐뿌라
大黒家天麩羅 Daikokuya Tenpura

스미다 강의 석양을 내려다보는 풍경을 200년간 이어온 우나기(장어 덮밥) 전문점이다. 최근에는 그 풍경 속에 도쿄 스카이트리까지 더해서 그 가치가 드높아지고 있는 명품 중의 명품, 일품 요리를 맛볼 수 있는 곳이다. 일본의 명사들도 추천하는 마에가와는 그도 그럴 것이 고급스러운 분위기와 최고의 엄선된 재료를 정성을 다해 구워내는 솜씨에 모두 극찬을 보낸다. 여행의 하루를 마무리할 때, 혹은 여행 끝자락에서 도쿄 여정을 천천히 뒤돌아보고 싶 때 힘껏 걸어온 자신에게 정성스런 만찬을 선물한다면 마에가와를 추천한다.

창업 이래 지금까지 오로지 참기름으로만 튀겨내는 텐동(튀김 덮밥) 전문점이다. 다른 곳에 비해 색이 검게 보이는 이유이다. 특제 소스도 창업 이래 변함이 없다. 이 달콤, 매콤한 소스기 이 집 맛의 비결이자 프라이드이다. 일본에 수많은 텐동 전문점이 있지만 단 한 번 텐동을 먹는다면 이 집을 추천하고 싶다. 특히 이 집의 인기 메뉴는 에비농(새우튀김 덮밥)이다. 통통하고 신선한 새우를 참기름에 튀겨내면 고소함이 배가 된다는 것이 놀랍다.

ⓐ 2-1-29, Komagata, Daito-ku 台東区駒形2-1-29 ⓣ 03-3841-6314
ⓞ 11:30~21:00
ⓠ 아사쿠사 선 아사쿠사 역 A2번 출구에서 도보 1분
ⓒ ¥¥¥ ⓖ 35.7082, 139.79629

ⓐ 1-31-9, Asakusa, Daito-ku 台東区浅草1-31-9 ⓣ 03-3844-1111
ⓞ 월~금, 일요일 11:10~20:30, 토·공휴일 11:10~21:00
ⓠ 긴자 선 아사쿠사 역 6번 출구에서 도보 7분 ⓒ ¥¥
ⓖ 35.71276, 139.79558

가장 이상적인 일본 가정식
하타바타
畑々 Hatabata

홋카이도에서 줄 서서 먹는 스시
토리톤
トリトン Toriton

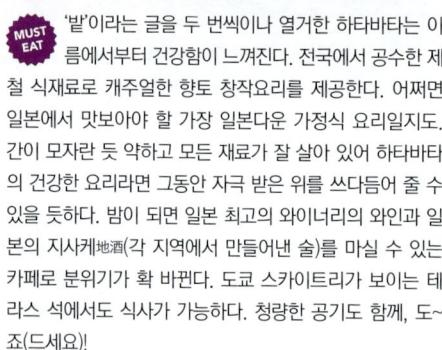

MUST EAT '밭'이라는 글을 두 번씩이나 열거한 하타바타는 이름에서부터 건강함이 느껴진다. 전국에서 공수한 제철 식재료로 캐주얼한 향토 창작요리를 제공한다. 어쩌면 일본에서 맛보아야 할 가장 일본다운 가정식 요리일지도. 간이 모자란 듯 약하고 모든 재료가 잘 살아 있어 하타바타의 건강한 요리라면 그동안 자극 받은 위를 쓰다듬어 줄 수 있을 듯하다. 밤이 되면 일본 최고의 와이너리의 와인과 일본의 지사케地酒(각 지역에서 만들어낸 술)를 마실 수 있는 카페로 분위기가 확 바뀐다. 도쿄 스카이트리가 보이는 테라스 석에서도 식사가 가능하다. 청량한 공기도 함께, 도~죠(드세요)!

도쿄 스카이트리타운 소라마치 6층에 위치한 토리톤은 홋카이도의 신선한 생선의 맛을 제대로 느낄 수 있는 스시 전문점이다. 토리톤의 총 14개 점포 중 도쿄 소라마치, 이케부쿠로를 제외하면 모든 점포가 홋카이도에 있다. 점포 내에서부터 이어지는 긴 행렬이 이 집의 맛을 증명한다. 긴 줄이어도 20~30분 정도면 자리가 나니 끈기를 가지고 기다리자. 계절 생선이나 특선 스시는 주문해야 한다. 전용 주문 용지에 작성하는 방식이니 '코리안 메뉴!' 혹은 '아임 코리안!'을 외쳐 점원에게 한국어 메뉴판을 요청하자. 메뉴판에 주문 방법이 잘 설명되어 있다. 가격은 ¥130부터.

ⓐ 4F, Marugotonippon, 2-6-7, Asakusa, Daito-ku 台東区浅草2-6-7まるごとにっぽん4F
☎ 03-3845-5122 ⏰ 11:00~23:00(L.O.22:00)
🚇 츠쿠바 익스프레스 아사쿠사 역 A1-1출구에서 도보 1분
긴자 선 아사쿠사 역 1번 출구에서 도보 8분, 아사쿠사선 아사쿠사 역 A4번 출구에서 도보 8분. 마루고토닛폰 4층에 위치
💳 ¥¥ 📍 35.71413, 139.79274

ⓐ 6F, Tokyoskytreetown Soramachi, 1-1-2, Osiage, Sumida-ku 墨田区押上1-1-2東京スカイツリータウン・ソラマチ6F
☎ 03-5637-7716 ⏰ 11:00~23:00(L.O.22:00)
🚇 도부 스카이트리라인 도쿄 스카이트리 역 정면 출구 혹은 동쪽 출구에서 바로, 아사쿠사 선·한조몬 선·게이세이 선 오시아게 역 지하 3층에서 직결, 혹은 B3 출구에서 도보 2분
💳 ¥¥ 📍 35.71007, 139.81292

도쿄스카이트리 베스트 뷰
브라스리 오 자미
ブラッスリーオザミ Brasserie Aux Amis

도쿄 스카이트리를 감상하며 여유로운 식사
텐쿠라운지 탑오브트리
天空ラウンジトップオブツリー Tenkulounge TOP of TREE

도쿄 스카이트리 소라마치 스카이뷰 다이닝 30층에 위치한 정통 이탈리안&프렌치 레스토랑이다. 외국인 스태프들의 분주한 모습에서 정통 양식 레스토랑의 포스가 느껴진다. 그도 당연한 것이 브라스리 오 자미는 파리의 인기 카페 비스트로를 그대로 가져다 놓은 것이다. 소라마치 분위기에 맞는 비스트로 요리와 무려 250 종류의 와인 라인업을 자랑한다. 누가 뭐래도 이곳의 강점은 스카이트리 뷰라고 할 수 있겠다. 런치는 ¥2,800부터, 디너는 ¥6,000부터 정통 비스트로를 맛볼 수 있다. 런치 타임을 비켜가면 간단하게 음료만 시킬 수 있으니 한가한 오후 4시경 해지는 스카이트리를 지척에 두고 차나 와인 한잔하는 것은 어떨까. 글라스 와인은 ¥800 전후.

ⓐ 30F, Tokyoskytreetown Soramachi, 1-1-2, Osiage, Sumida-ku 墨田区押上1-1-2東京スカイツリータウン・ソラマチ30F
ⓣ 03-5809-7477　ⓗ 11:00~23:00 런치 11:00~15:00
ⓜ 도부 스카이트리라인 도쿄 스카이트리 역 정면출구 혹은 동쪽 출구에서 바로, 아사쿠사선·한조몬선·게이세이선 오시아게 역 지하 3층에서 직결, 혹은 B3 출구에서 바로
ⓟ ¥¥¥　ⓖ 35.71018, 139.81264

지상 31층에 위치해 최고의 로케이션을 자랑하는 레스토랑 텐쿠라운지 탑오브트리는 프렌치와 이탈리안 중심의 레스토랑이다. 전채요리가 어뮤즈타워라고 하는 도쿄 스카이트리 모양의 스탠드에 올려져 서빙된다. 이 어뮤즈타워가 등장하면 누구나 약속한 듯 연신 셔터를 눌러댄다. 주로 런치 메뉴인 TOP런치를 노리는 젊은 20대 여성이 대부분이다. 참고로 런치는 예약이 불가하므로 기다리는 것은 기본으로 각오하자. 천장까지 이어지는 통유리창 바로 옆에 도쿄 스카이트리가 서 있는 경치는 덤. 이곳에서의 추억은 꽤 맛있게 기억될 듯하다.

ⓐ 31F, Tokyoskytreetown Soramachi, 1-1-2, Osiage, Sumida-ku 墨田区押上1-1-2東京スカイツリータウン・ソラマチ31F
ⓣ 03-5809-7377　ⓗ 11:00~23:00 런치 11:00~16:00(L.O.15:00)
ⓜ 도부 스카이트리라인 도쿄 스카이트리 역 정면 출구 혹은 동쪽 출구에서 바로, 아사쿠사 선·한조몬 선·게이세이 선 오시아게 역 지하 3층에서 직결, 혹은 B3 출구에서 바로
ⓟ ¥¥¥　ⓖ 35.7102, 139.812659

90년 전통, 매일 아침 줄 서서 기다려야 먹을 수 있는 도라야키
카메쥬
亀十 Kameju

메이지 13년(1880년) 창업, 일본 최초의 바
카미야 바
神谷バー Kamiya Bar

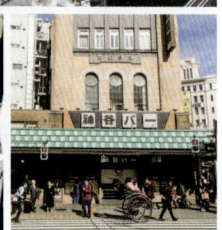

도쿄에서 가장 맛있는 도라야키 가게는? 정답은 카메쥬이다. 매일 아침 아사쿠사의 카메쥬 앞에는 문이 열리기 전부터 기다란 행렬이 카메쥬의 문이 열리기만을 기다리고 있다. 한꺼번에 100개씩 구매하는 사람이 있어 오랜 시간 기다리거나 사지 못하는 경우도 허다하다. 도라야키는 둥그란 모양의 카스테라 빵 2장 사이에 팥소를 넣어 만든 일본과자이다. 도라銅鑼라고 하는 타악기의 모양과 비슷하다고 해서 도라야키로 불리운다. 1일 한정 3,000개만 판매하는 카메쥬는 아사쿠사 가미나리몬에서 90년 이상의 역사를 자랑한다. 빵케이크처럼 달콤하고 부드러운 카스테라 빵 사이의 팥소는 그리 달지 않아 달콤한 빵과 적당히 잘 어우러진다.

아사쿠사 1정목 1번지 1호에 위치한 일본 최초의 바. 아사쿠사에 위치한 카미야 바는 메이지明治를 지나, 다이쇼大正로, 그다음의 시대 쇼와昭和, 지금의 헤이세이平成까지 서민의 사교의 장이었고 앞으로도 그러할 것이다. 카미야 바의 명물 덴키브란デンキブラン은 메이지 15년(1882년) 창업자인 카미야덴베神谷伝兵衛가 착안해낸 브랜디를 베이스로 한 칵테일이다. 여기에서 일본 최초로 잔으로 판매하는 술이 시작되었다. 서민의 정취가 가득한 실내에서 야키토리나 간단한 가정요리를 안주로 맛볼 수 있다.

Ⓐ 2-18-11, Kaminarimon, Taito-ku 台東区雷門2-18-11　📞 03-3841-2210
🕐 10:00~20:30　🚇 긴자 선 아사쿠사 역 2번 출구에서 도보 1분
💴　🅖 35.71069, 139.79676

Ⓐ 1~3F, 1-1-1, Asakusa, taito-ku 東京都台東区浅草1-1-1　📞 03-3841-5400
🕐 11:30~22:00　🚇 긴자 선 아사쿠사 역 3번 출구에서 도보 1분
💴　🅖 35.71096, 139.79747

핀란드 동화 무민의 일본 공식 카페

무민하우스카페
ムーミンハウスカフェ Moomin House Café

맛이 깊어 오랜 시간 남아 있는 말차 소프트 아이스크림

기온츠지리
祇園辻利 Giontsujiri

핀란드 동화 무민에서 무민의 집을 테마로 한 카페이다. 현관에서부터 무민이 '안녕'이라고 말을 건네듯 반갑게 맞이한다. 생각 없이 만져보고 싶어지는 귀엽고 사랑스러운 무민. 문을 열고 안으로 들어오면 마치 동화 속으로 들어온 듯 무민의 세계가 펼쳐진다. 먼저 눈에 띄는 것은 무민 패밀리를 모티브로 한 귀여운 상품들이 가득한 숍이다. 카페는 그 안쪽에 위치하고 있다. 캐릭터 중심의 숍으로 보이지만 의외로 요리가 맛있다. 런치 메뉴는 파스타나 로스트 비프 등이 있고 팬케이크 등 디저트류도 상당히 고퀄리티다. 앉아서 먹고 있으면 '빈자리에 앉아도 되나요?'라며 무민이 내 옆자리에 앉는다. 무민을 잘 모르는 사람도 그 매력에 푹 빠지게 될 확률 100%.

MUST EAT 1860년 교토京都의 우지시宇治市에 개업한 차를 전문으로 하는 노포이다. 150년 역사를 자랑하는 기온츠지리의 우지말차의 깊은 맛을 소프트 아이스크림으로 즐길 수 있는 곳이다. 소프트 아이스크림은 현미말차, 말차, 호우지차 세 종류이다. 특히 말차 소프트 아이스크림은 맛이 깊고 특유의 가루가 입안에서 느껴지지 않는 깔끔한 느낌이다. 인기 메뉴는 도쿄 스카이트리가 올려져 있는 츠지리트리소프트 시리즈. 식사 후에 간단한 디저트로 강력 추천. 녹차도 종류별로 다양하게 있어 정성 담긴 녹차 선물을 필요로 하는 사람에게 추천이다.

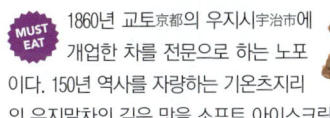

Ⓐ 1F, Tokyoskytreetown Soramachi, 1-1-2, Osiage, Sumida-ku 墨田区押上1-1-2東京スカイツリータウン・ソラマチ1F
Ⓣ 03-5610-3063 Ⓞ 08:00~23:00(L.O.22:00) 런치 11:00~15:00
도쿄 스카이트리라인 도쿄 스카이트리 역 정면 출구, 혹은 동쪽 출구에서 도보 1분
Ⓒ ¥¥ ⓖ 35.71036, 139.80904

Ⓐ 6F, Tokyoskytreetown Soramachi, 1-1-2, Osiage, sumida-ku 墨田区押上1-1-2東京スカイツリータウン・ソラマチ6F
Ⓣ 03-6658-5656 Ⓞ 11:00~23:00(소프트 아이스크림은 21:30까지)
도부 스카이트리라인 도쿄 스카이트리 역 정면 출구, 혹은 동쪽 출구에서 바로 위치
Ⓒ ¥ ⓖ 35.71034, 139.81284

❶ 요코하마
❷ 가마쿠라
❸ 하코네

chapter 4
TOKYO SURBURBS
도쿄 근교 여행

TOKYO · JAPAN

1
YOKOHAMA
横浜

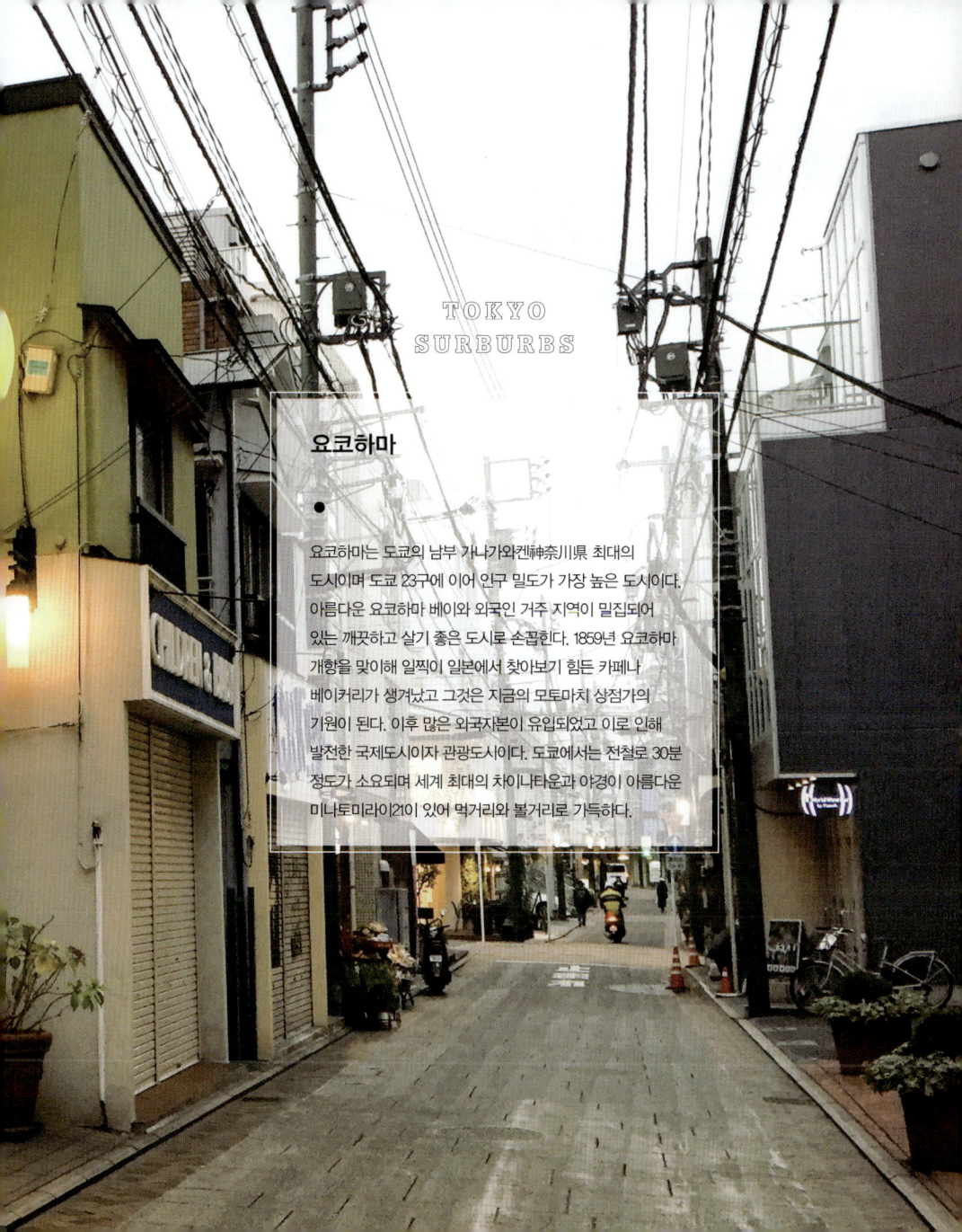

TOKYO SURBURBS

요코하마

•

요코하마는 도쿄의 남부 가나가와켄神奈川県 최대의 도시이며 도쿄 23구에 이어 인구 밀도가 가장 높은 도시이다. 아름다운 요코하마 베이와 외국인 거주 지역이 밀집되어 있는 깨끗하고 살기 좋은 도시로 손꼽힌다. 1859년 요코하마 개항을 맞이해 일찍이 일본에서 찾아보기 힘든 카페나 베이커리가 생겨났고 그것은 지금의 모토마치 상점가의 기원이 된다. 이후 많은 외국자본이 유입되었고 이로 인해 발전한 국제도시이자 관광도시이다. 도쿄에서는 전철로 30분 정도가 소요되며 세계 최대의 차이나타운과 야경이 아름다운 미나토미라이21이 있어 먹거리와 볼거리로 가득하다.

Tokyo Subway Map

도쿄 시내에서 요코하마로 가는 방법으로 도쿄 역에서는 게이힌도호쿠 선, 도카이도 선, 요코스카 선, 신주쿠 역에서는 쇼난신주쿠 라인, 시부야 역에서는 도큐도요코 선을 이용할 수 있다. 시부야 역에서 출발하는 도큐도요코 선은 요코하마 역에서 모토마치 · 주카가이 역까지 운행하는 미나토미라이 선과 상호직통운행을 하고 있어 환승 없이 주요 관광지로 접근할 수 있어 편리하다.

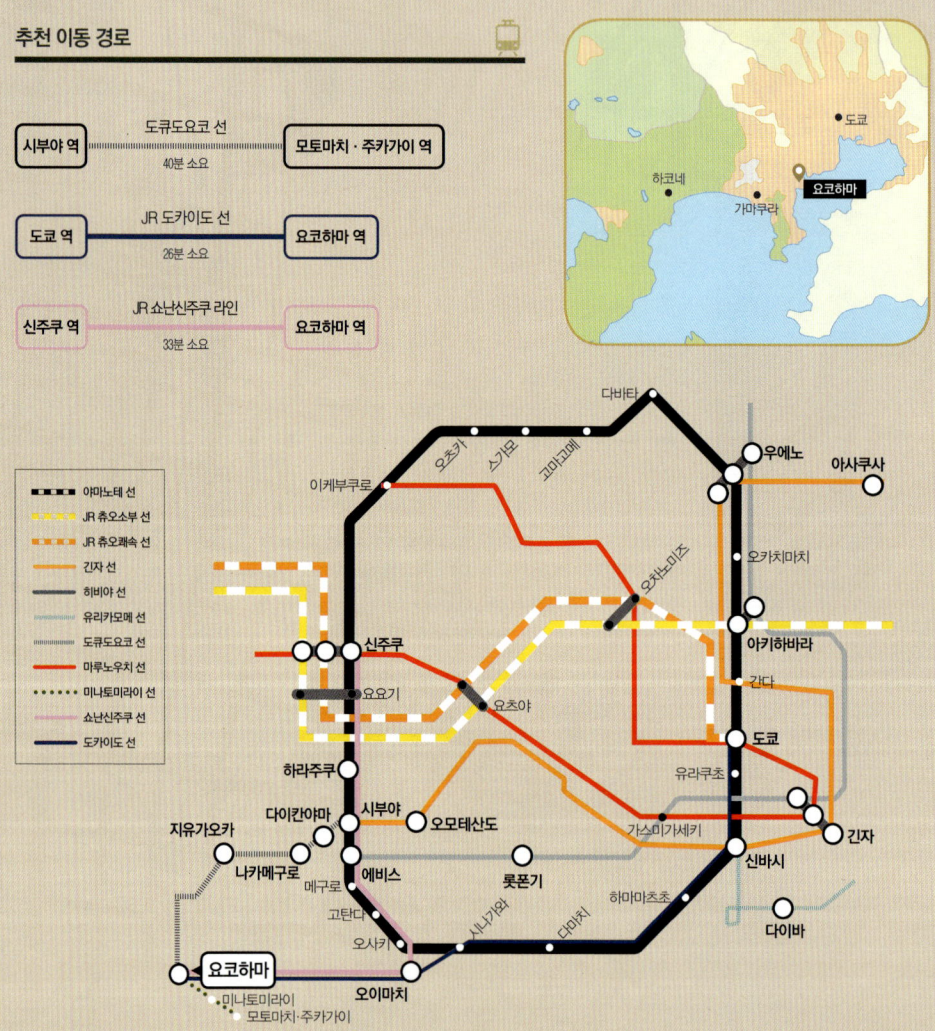

추천 일정

Start!

야마테
하늘에 닿아 있는 마을 야마테는 바다가 보이는 항구와 유럽풍 외국인 저택들이 많아 이국적인 정서가 가득한 곳이다.

도보 10분

모토마치
일찍이 개항을 한 요코하마는 모토마치를 중심으로 상가가 번창하였고 요코하마발 패션 브랜드가 생겨나 요코하마 트래디셔널이라는 말이 유행했을 정도였다.

도보 5분

요코하마 주카가이
세계 최대의 차이나타운인 요코하마 주카가이에는 쇼룽포, 니쿠만 등 거리 주전부리가 천지다. 4가지 방향에 위치한 주카가이 4대문과 간테이뵤가 볼만하다.

도보 5분

미라토미라이 21
요코하마의 미쓰비시 중공업이 있던 자리는 빌딩, 브랜드숍, 레스토랑, 카페, 테마파크, 호텔로 변신하였다. 미나토미라이21의 야경은 로맨틱함의 절정이다.

도보 20분

아카렌가소고
사용가치를 상실한 부둣가의 창고는 패션숍, 레스토랑, 카페, 바로 변신하였다. 붉은색 벽돌 건물에서 뿜어져 나오는 온화한 빛이 창고의 역사를 말해준다.

도보 20분

야마시타공원
관동대지진의 잔해로 만들어진 야마시타공원은 요코하마 항구와 베이브릿지가 한눈에 들어오는 수려한 경관을 자랑한다.

YOKOHAMA

기억에
남는
8장면

1. 어스름해질 무렵 모토마치의 심볼 훼닉스아치에도 불이 켜진다
2. 밤이 더 아름다운 요코하마
3. 아카렌가소고의 방문객을 맞이하는 장난감 병정
4. 중국보다 더 중국 같은 요코하마 주카가이
5. 옛 추억을 부르는 부리키 장난감박물관
6. 돈을 부른다는 오른손을 올린 마네키네코
7. 하늘과 산이 닿아 있는 마을 야마테
8. 주카가이는 니쿠만 찌는 연기로 가득하다

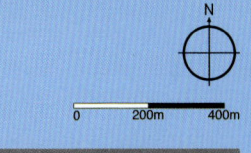

Yokohama
Spot ❶

이국적인 정취 가득한
야마테 山手 Yamate

요코하마의 많은 외국인이 거주하는 지역인 야마테는 중요한 서양 건축물이 모여 있는 아름다운 마을이다. 언덕 위를 한참 걸어 올라가야만 만나게 되는 야마테는 바다가 보이는 언덕 공원이 있어 요코하마의 바다가 한 눈에 내려다 보이고 영국 무역상인이었던 B.R.베릭의 저택과 에리스만의 저택 등 일본의 근대 서양 건축물들을 볼 수 있는 소중한 기회이다. 꽤 많은 양의 도보를 필요로 하지만 야마테에 올라 바라보는 바다 풍경과 바람이 피곤함을 달래 줄 것이다.

ⓐ Yamate-cho, Naka-ku, Yokohama 橫浜市中区山手町
ⓑ 미나토미라이 선 모토마치·주카가이 역 6번 출구에서 도보 5분
ⓖ 35.43846, 139.6524

요코하마 뷰 포인트
바다가 보이는 언덕 공원 海の見える丘公園 Harbor View Park

야마테에 다다르면 바다가 보이는 작은 언덕 공원을 만나게 된다. 이곳은 요코하마 베이브리지의 절경을 볼 수 있는 뷰 포인트이며 사계절을 통해 장미가 피어나는 장미정원으로 유명하다. 특히 장미가 아름다운 시기는 5월 중순에서 6월 중순, 그리고 10월 중순에서 11월 중순까지이다.

ⓐ 114, Yamate-cho, Naka-ku, Yokohama
橫浜市中区山手町114
☎ 045-622-8244
ⓑ 미나토미라이 선 모토마치·주카가이 역 6번 출구에서 도보 5분
ⓖ 35.44023, 139.65457

알록달록 깡통 장난감의 세상
부리키 장난감 박물관 ブリキのおもちゃ博物館 Tin Toy Museum

부리키라는 말은 네델란드어로 Blic에서 온 말로 깡통을 만드는 철판을 의미한다. 부리키 장난감 박물관은 1890년대에서 1960년대까지 주로 일본에서 만들어진 완구 3,000점을 전시하고 있다. 이곳은 부리키 장난감 콜렉터로 세계 1인자인 키타하라 테루히사北原照久의 개인 콜렉션을 모아 놓은 곳이다. 대학시절 유학을 떠났던 유럽에서 시계나 골동품, 포스터를 수집하기 시작해 부리키 장난감을 만난 이후 부터는 부리키 장난감만 모으기 시작해 1986년 야마테에 박물관을 오픈 했다. 주석 양철판으로 만들어진 다양하고 귀중한 장난감을 만날 수 있다.

- Ⓐ 239, Yamate-cho, Naka-ku, Yokohama 横浜市中区山手町239
- Ⓣ 045-623-1696
- Ⓞ 09:30~18:00(주말은 19시까지)
- 어른 ¥200, 초·중학생 ¥100
- 미나토미라이 선 모토마치·주카가이 역 6번 출구에서 도보 5분
- 35.43761, 139.65305

가장 화려한 서양식 건축물
베릭 홀 ベーリック・ホール Berrick Hall

현존하는 야마테의 외국인 저택 중 가장 화려하고 가장 규모가 커 건축학적으로도 가치가 있는 베릭 홀은 영국의 무역상 이었던 B.R.베릭의 저택으로 1930년 만들어진 건물이다. 제2차 세계대전까지는 주택으로, 이후 2000년까지는 국제학교인 센트 조셉 인터내셔널 스쿨의 기숙사로 활용되었다. 미국인 건축가 J.H.모건에 의해 만들어졌으며 그의 작품은 야마테 111번관, 야마테성공회, 네기시경마장 등 요코하마의 곳곳에 남겨져 요코하마의 서양 건축학적으로 중요한 역할을 담당하고 있다. 600평에 이르는 규모의 베릭 홀 내부는 스페니쉬 스디일을 기조로 히고 있으며, 타일 바닥의 넓은 리빙룸이 압도적이다.

- Ⓐ 72, Yamate-cho, Naka-ku, Yokohama 横浜市中区山手町72
- Ⓣ 045-663-5685
- Ⓞ 09:30~17:00(제2수요일 휴관)
- 미나토미라이 선 모토마치·주카가이 역 6번 출구에서 도보 10분
- 35.43762, 139.65069

Yokohama
Spot ❷

요코하마의 유행은 모토마치에서
모토마치 元町 Motomachi

요코하마 유행의 중심 모토마치는 1859년 개항을 통해 항구 가까이에 위치한 모토마치로 서양 문물이 밀려 들어 왔으며 사람들은 이곳에서 쇼핑과 커피를 즐기면서 시작되었다. 요코하마 모토마치에서 생겨난 노포는 전국으로 퍼졌고, 모토마치는 그 당시 트렌드의 대명사였다. 150년 역사를 자랑하는 모토마치 상점가는 메이지유신을 거치며 외국인을 향한 상점가로 번성하였다. 1970년대에는 요코하마 트레디셔널의 약어 하마토라ハマトラ라고 하는 스타일이 생겨나 모토마치에 키타무라, 미하마 등의 요코하마발 브랜드를 탄생시켰다.

Ⓐ Motomachi, Naka-ku, Yokohama 横浜市中区元町
Ⓠ 미나토미라이 선 모토마치 · 주카가이 역 5번 출구
Ⓖ 35.44129, 139.65044

 요코하마발 노포 브랜드가 모여있는
모토마치 스트리트 元町ストリート Motomachi Street

모토마치의 메인스트리트인 모토마치 스트리트는 오래전부터 외국인 거주지역의 외국인을 상대로 장사를 해 오며 일본의 어느 곳 보다 서양의 문물이 빨리 들어온 패셔너블한 마을이었다. 키타무라, 후쿠조, 미하마, 스타주얼리 등 자생적으로 생성된 요코하마발 노포가 인기를 모았다. 요코하마 트래디셔널은 세련미와 그 시절의 유행을 대변하였으며 지금까지 이어오고 있다. 바로 한 블록 위로 조용한 분위기의 또 다른 쇼핑 스트리트인 모토마치 나카도리가 이어진다. 두 곳을 비교하며 둘러보면 모토마치 쇼핑이 더욱 즐거울 것이다.

Ⓐ 1~5Chome, Motomachi, Naka-ku, Yokohama 横浜市中区元町1-5丁目
Ⓠ 미나토미라이 선 모토마치 · 주카가이 역 5번 출구

tokyo special shop

【 모토마치 스트리트의 요코하마發 노포 브랜드 】

요코하마 가방 노포
키타무라 Kitamura

키타무라는 요코하마 모토마치의 대표적인 노포이다. 핸드백을 만드는 업체로 1882년 메이지 15년에 창업한 회사이다. 1970년대 요코하마 트래디셔널 하마토라 붐으로 인해 큰 인지도를 얻게 된다. 정장에서부터 캐주얼까지 유행을 따르지 않는 심플한 스타일은 요코하마의 많은 여성들로부터 오랫동안 사랑받아 온 브랜드이다. 컬러 오더가 가능하다.

ⓐ 4-178, Motomachi, Naka-ku, Yokohama 横浜市中区元町 4-178
ⓣ 045-664-1189 ⓞ 10:00~19:00
미나토미라이 선 모토마치·주카가이 역 5번 출구에서 도보 7분, 네기시 선 이시가와초 역 도보 5분
ⓖ 35.43982, 139.646783

1882년 창업 요코하마 그릇 노포
다카라다 タカラダ Takarada

영국과 덴마크에서 수입해온 그릇과 오리지널 식기류 3,000여 점이 진열되어 있는 요코하마의 그릇 노포 다카라다. 그릇뿐만 아니라 캔들 등 식탁을 아름답게 꾸며줄 테이블 웨어가 가득하다. 설립 당시에는 서양 가구와 실내 장식품 전문점으로 시작해 오늘날 양식기 전문점으로 변화했다. 가게의 입구에 들어서면 왼쪽 벽면에 다카라다의 트레이드마크 도그플레이트가 먼저 눈에 들어온다.

ⓐ 3-118, Motomachi, Naka-ku, Yokohama 横浜市中区元町 3-118
ⓣ 045-641-0057 ⓞ 10:00~19:30
미나토미라이 선 모토마치·주카가이 역 5번 출구에서 도보 5분
ⓖ 35.44044, 139.64807

주얼리계의 선두주자
스타주얼리 スタージュエリー Star Jewelry

피어스를 처음으로 사용한 것으로 유명한 모도마치에 많은 점포를 가지고 있는 주얼리 브랜드이다. 모토마치 스트리트의 뒷골목 모토마치 나카도리에서는 주얼리 공방과 주얼리 카페를 선보이며 색다른 전개로 고객과 만나고 있다. 본점 지하의 브라이덜 코너에서는 디자이너의 센스가 놓보이는 독특한 주얼리가 인기다.

ⓐ 1-24, Motomachi, Naka-ku, Yokohama 横浜市中区元町 1-24
ⓣ 045-641-0650
ⓞ 11:00~20:00
미나토미라이 선 모토마치·주카가이 역 5번 출구에서 도보 2분
ⓖ 35.44113, 139.64968

Moto machi

모토마치의 작은 골목, 개성 넘치는 거리

모토마치 나카도리 元町仲通り Motomachi Nakadori

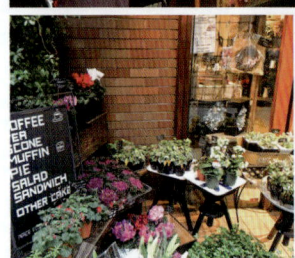

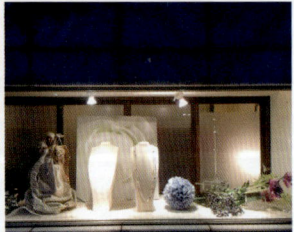

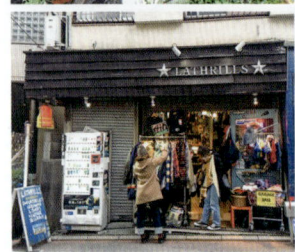

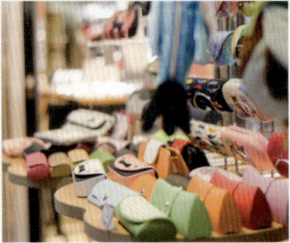

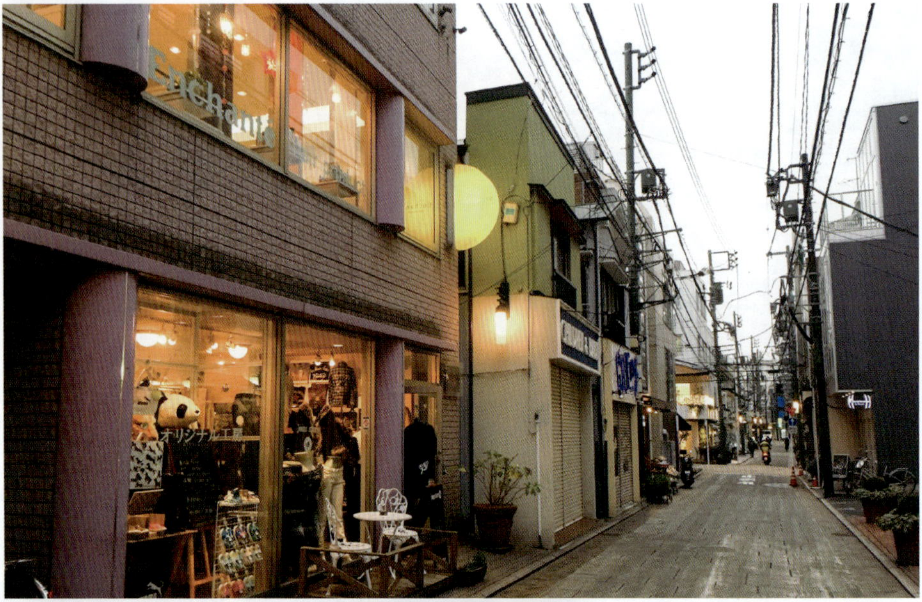

모토마치 스트리트에서 야마테 방면, 즉 산 쪽 방향으로 한 블럭 위에 위치한 모토마치 나카도리는 와인바, 카페, 헤어살롱 등 노포가 많은 모토마치 스트리트에 비해 개성 강하고 트렌디한 숍들이 모여있다. 1946년 오픈 해 장기간 모토마치에서 사랑받아온 스타주얼리가 자사 공방과 자사 경영의 카페 등 숍이 아닌 새로운 감각으로 전개되고 있다. 커피 헌터 가와시마 요시아키가 운영하는 카페 미카페토가 골목 안에서 조용히 눈길을 끈다.

Ⓐ 1~5Chome, Motomachi, Naka-ku, Yokohama
横浜市中区元町1~5丁目

미나토미라이 선 모토마치 · 주카가이 역 5번 출구

Moto machi

커피와 타르트의 마리아주
미카페토 Micafeto

모토마치 나카도리의 조용한 골목에 위치한 미카페토는 커피 헌터 카와시마 요시아키川島良彰가 자신의 경험을 결집시켜 최고의 커피만을 골라 선보이는 곳이다. 정말 맛있는 커피를 마시는 즐거움을 많은 사람들에게 알리고자 만들어낸 미카페토에서는 커피를 생산하는 나라, 그곳의 커피농가, 밭, 나무의 선별, 수확, 건조, 수송, 보관에 이르기까지의 모든 과정과 품질을 기준으로 엄선한 커피원두 'Grand Cru Café'를 선보이고 있다. 커피는 와인에 버금가는 농산물임에도 불구하고 그 가치가 발휘되지 못하는 것을 아쉬워했던 카와시마 요시아키는 커피도 와인과 같이 같은 농가 안에서도 밭의 위치나 토질에 따라 원두가 다르므로 그 성질에 따른 품종 선택이 필수라고 강조하고 있다. 또한, 미카페토에서는 커피에 맞는 타르트를 추천해 주는데, 예를 들어 서양배 타르트에는 과일 맛과 카카오의 고소함이 느껴지는 엘사바도르의 로즈노카레스 농가의 핑크부르본을 추천하는 것과 같은 방식이다. 타르트는 손으로 집어 베어 무는 것이 향기가 도망가지 않는다고 하니 다양한 농가의 최고급 커피와 함께 즐겨보길.

Ⓐ 2-93, Motomachi, Naka-ku, Yokohama 横浜市中区元町2-93
Ⓣ 045-319-6667
Ⓞ 09:00~19:00
미나토미라이 선 모토마치·주카가이 역 5번 출구에서 도보 3분
Ⓦ www.mi-cafeto.com
⑨ 35.44057, 139.64946

Yokohama
Spot ❸

세계 최대의 차이나타운
요코하마 주카가이 横浜中華街 Yokohama Chinatown

과연 이곳이 일본인가 싶을 정도로 중국 거리의 모습이 잘 재현된 요코하마 주카가이는 세계 최대의 차이나타운으로 알려져 있다. 거리 곳곳에 먹거리가 풍부해 이것저것 맛보고 싶은 것들이 유혹한다. 돼지고기와 야채 듬뿍 들어간 따끈따끈한 니쿠만肉まん은 요코하마의 명물. 주카가이 내에서 어디서든 맛볼 수 있다. 요코하마에서의 점심은 단연코 주카가이이다. 거리에서 먹는 주전부리만으로도 배가 부르겠지만 제대로 된 차이나 레스토랑에서 식사를 즐겨보는 것도 나쁘지 않다. 주카가이로 들어서는 문은 저마다 기원하는 내용이 다르다는 점. 알아두면 재미있다.

Ⓐ Yamasita-cho, Naka-ku, Yokohama 横浜市中区山下町
🚇 미나토미라이 선 모토마치 · 주카가이 역에서 도보 2분 Ⓖ 35.44354, 139.64656

China town

사업 번창을 기원하는
간테이뵤 関帝廟 Kanteibyou

삼국지에 등장하는 관우를 모시는 곳으로 장사를 하는 사람에게 영업의 번창을 기원하는 곳으로 유명하다. 일본이 개국하고 요코하마 항이 열린 1859년 이후 많은 중국인이 요코하마로 장사를 위해 들어오게 되고, 야마시타 부근의 외국인 거류지에 정착하게 된다. 한 중국인이 관우의 목상을 들고와 제를 올리게 되는데 그곳이 바로 현재의 간테이뵤이다. 고향을 떠나 요코하마라는 타국에 자리를 잡으며 그들 자신의 안녕과 사업번창을 기원한 것이다. 그것을 계기로 장사를 하는 많은 사람들이 이곳 간테이뵤를 찾아 기원을 하게 되었고 요코하마 주카가이 최고의 볼거리로 유명하다.

Ⓐ 140, Kanagawa-ken, Yokohama-shi, 山下町Yamashitachō, 140
🌐 www.yokohama-kanteibyo.com 🚇 미나토미라이 선 모토마치 · 주카가이 역에서 도보 7분
Ⓖ 35.44228, 139.64526

주카가이 4개 문의 수호신과 기원 내용

주카가이는 여러 방향에서 진입이 가능한데 주요 진입 방향에는 사신사상四神想을 바탕으로 한 총 4개의 문이 있다. 모토마치 주카가이 역에서는 초요몬朝陽門, JR이시가와초 역에서는 엔베이몬延平門, 모토마치 방면에서는 수자쿠몬朱雀門, 니혼오도리 방면에서는 겐부몬玄武門이 가장 가깝다. 4가지 문은 수호신이 각각 다르며 기원하는 내용도 모두 다르다. 동문에 해당하는 가장 주요한 출입구인 초요몬은 청룡신이 수호신이며 아침의 햇살이 마을의 번영을 가져다 준다. 남문에 해당하는 수자쿠몬은 큰 재해를 없애주며 수호신은 주작신이다. 서문에 해당하는 엔베이몬은 평화와 안정을 기원하는 문이며 수호신은 백호이다. 북문에 해당하는 겐부몬은 자손의 번영을 기원하는 문이며 현무신이 수호신이다.

tokyo special shop

【 요코하마 주카가이의 거리 주전부리 】

보텐가쿠鵬天閣의 상하이쇼롱포

평일에도 항상 대기 행렬이 길게 줄을 서는 주카가이오도리中華街大通り에 위치한 보텐가쿠의 인기 메뉴는 상하이쇼롱포이다. 쇼롱포를 기름에 구우면서 한편 증기를 이용해 바닥은 바삭하고 위는 부드럽다. 한 입 베어 물면 고기 육수가 줄줄 흐른다. 정말, 뜨거우니 입안 화상 주의!

ⓐ 192-15, Yamasita-cho, Naka-ku, Yokohama 横浜市中区山下町192-15
ⓧ 미나토미라이 선 모토마치·주카가이 역에서 도보 2분
ⓖ 35.44351, 139.64669

에도세이江戸清의 부타만

주카가이에서 가장 많이 볼 수 있는 거리 주전부리는 단연코 부타만, 혹은 니쿠만이라고 부르는 고기와 야채가 가득 들어간 호빵처럼 생긴 주카만中華まん이다. 여기저기서 사람들이 먹는 장면을 발견하게 되는데 에도세이는 120년 전통과 함께 약 15종류 이상의 주카만을 팔고 있는 노포이다. 사진은 부타만.

ⓐ 192, Yamasita-cho, Naka-ku, Yokohama 横浜市中区山下町192
ⓧ 미나토미라이 선 모토마치·주카가이 역에서 도보 3분
ⓖ 35.44348, 139.64656

가이카로우開華楼의 후카히레 스프 (상어 지느러미 스프)

주카가이의 각종 기념품을 판매하는 요코하마하쿠란칸横浜博覧館 1층에 위치한 가이카로우에서는 니쿠만, 슈마이가 인기다. 특히 고가의 식재료로 알려진 후카히레 스프를 간단한 거리 음식으로 맛볼 수 있다.

ⓐ 1F, Yokohama Hakurankai, 145, Yamasita-cho, Naka-ku, Yokohama 横浜市中区山下町145 横浜博覧会 1F
ⓧ 미나토미라이 선 모토마치·주카가이 역에서 도보 5분
ⓖ 35.44315, 139.64479

【 노포 레스토랑에서의 우아한 식사 】

만친로 萬珍樓 Manchinrou

요코하마 주카가이에 거리 음식이 넘쳐지만 식사는 제대로 된 레스토랑에서 주방장의 솜씨를 느껴보았으면 한다. 주카가이의 메인 스트리트인 주카가이오도리中華街大通り에 위치한 만친로는 광동요리의 유명 노포 레스토랑이다. 코스요리가 유명하지만 각종 볶음밥과 면 종류를 단품으로 즐길 수 있다. 가격은 ¥1,500 전후. 약 60여 종의 텐신点心도 인기다.

ⓐ 156, Yamasita-cho, Naka-ku, Yokohama 横浜市中区山下町156
ⓣ 045-664-4004
ⓒ 11:00~21:30
ⓧ 미나토미라이 선 모토마치·주카가이 역 2번 출구에서 도보 5분
ⓖ 35.4432, 139.6445

Yokohama
Spot ❹

요코하마의 로맨틱한 항구가 한눈에 들어오는
야마시타 공원 山下公園 Yamashita Park

약 700m에 달하는 일본 최고의 임해공원인 야마시타 공원은 관동대지진의 잔해들을 매립하여 만든 공원이다. 요코하마의 상징인 요코하마 베이브리지와 요코하마 항이 한눈에 들어오는 로맨틱한 공원이다. 1922년 발표된 동요 '아카이구츠(붉은 구두)' 내용의 소녀 동상이 유명하다. 이 소녀가 요코하마 항에서 배를 타고 이방인의 나라로 떠나갔다는 내용으로 인해 붉은 구두를 신은 소녀와 붉은 구두는 요코하마의 상징이 되었다. 요코하마의 주요 관광지를 순회하는 버스 '아카이구츠버스'도 이 동요에서 유래된 것이다. 조용한 공원은 여기저기 기념비와 장미 정원의 명소로 유명하며 공원 바로 앞 바다에 떠 있는 박물관 선박인 히카와마루氷川丸가 일본 해운의 역사를 보여준다.

ⓐ 279, Yamashita-cho, Naka-ku, Yokohama
　横浜市中区山下町279
ⓣ 045-671-3648
ⓜ 미나토미라이 선 모토마치·주카가이
　역에서도 도보 3분

tokyo special spot

【 요코하마 3대 탑 】

니혼오도리 日本大通り 주변에는 요코하마의 주요 관청이 모여 있다.
특히 이 주변에는 요코하마 3대 탑이라고 불리는 가나가와현청, 요코하마세관, 요코하마시 개항기념관은
각각 킹, 퀸, 잭으로 불리우며 역사적 가치를 지닌 건축물이다. 요코하마 개항기념관, 카나가와현청,
요코하마세관 순으로 둘러보며 아카렌가소고로 넘어가면 자연스러운 산책길이 된다.

KING
가나가와현청 본청사 神奈川県庁本庁舎

킹의 탑으로 불리는 이 건물은 1928년에 지어졌으며 가나가와 현 내에서 최초로 나라의 유형문화재로 지정되었다. 6층 역사전시실은 개방되어 있다.

- 1, Nihonodori, Naka-ku, Yokohama 横浜市中区日本大通1
- 미나토미라이 선 니혼오도리 역 1번 출구에서 바로 위치
- 35.44796, 139.64257

QUEEN
요코하마세관 横浜税関

이슬람 사원을 연상시키는 초록색 돔형태의 탑 높이는 51m로 요코하마 3대 탑 중 가장 높다. 1934년에 준공되었으며 1층 자료실은 무료로 관람이 가능하다.

- 1-1, Kaigandori, Naka-ku, Yokohama 横浜市中区海岸通1-1
- 미나토미라이 선 니혼오도리 역 1번 출구에서 도보 3분
- 35.44916, 139.64224

JACK
요코하마 시 개항기념회관
横浜市開港記念会館

가나가와현청 본청사와 가까이 있는 요코하마 시 개항기념회관은 요코하마 3대 탑중 가장 오래된 건물로 1917년에 지어졌다. 스탠드글라스가 유명한 로비만 견학이 가능하다.

- 1-6, Nihonodori, Naka-ku, Yokohama 横浜市中区日本大通1-6
- 미나토미라이 선 니혼오도리 역 1번 출구에서 도보 1분
- 35.44726, 139.64124

Yokohama
Spot ⑤

요코하마의 심볼
아카렌가소고
赤レンガ倉庫 Yokohama Red Brick Warehouse

요코하마 바다 바로 앞에 붉은색 벽돌 건물이 길게 서 있다. 겉모습은 창고이지만 이곳 내부는 화려한 숍들과 레스토랑이 가득한 요코하마의 심볼 아카렌가소고이다. 화려한 불빛 아래에서 식사를 하거나 쇼핑을 즐기는 사람들로 가득하다. 1913년에 완성된 아카렌가소고는 일본 최초로 화물용 엘리베이터, 소화수전인 스프링쿨러, 방화도어 등 최신식 설비를 갖춘 창고였다. 1호관과 2호관으로 나뉘어 지어져 모든 설비가 일본에서 생산된 제품으로 내진 설계 등 최신식 기술을 도입한 창고로 자긍심을 느끼게 하는 중요한 건축물이다. 1923년 9월 1일에 발생한 관동대지진으로 많은 피해를 입었지만 지진으로 인해 다른 많은 벽돌 건물은 무너져 없어져 아카렌가소고는 현존하는 벽돌 구조의 건축물로 귀중한 건축 자산이다. 세계 제2차대전 때는 군사물자를 보급하는 기지로 활용, 1970년대에는 해상운송이 콘테이너화가 되면서 창고로써의 역할이 줄어들게 되고 아카렌가소고의 경관을 살리는 계획이 진행되게 된다. 창고로써의 역할은 끝났지만 2002년 1호관은 전시공간으로, 2호관은 레스토랑과 숍이 들어서면서 요코하마의 심볼로 화려하게 다시 태어났다.

ⓐ 1-1, Shinko, Naka-ku, Yokohama 横浜市中区新港1-1
☏ 045-227-2002
◎ 1호관 10:00~19:00 2호관 11:00~20:00
🚇 미나토미라이 선 니혼오도리 역 1번 출구에서 도보 6분,
   미나토미라이 선 바샤미치 역 6번 출구에서 도보 6분
🌐 yokohama-akarenga.jp
📍 35.45229, 139.64173

Yokohama
Spot ❻

요코하마 미래의 결집
미나토미라이21 みなとみらい21 Minatomirai21

미나토미라이21은 요코하마 나카구와 니시구에 걸쳐 요코하마 항에 접해 있는 요코하마 도심 재개발에 의해 만들어진 복합시설이다. 개발 되기 전에는 미쓰비시 중공업의 요코하마 조선소, 다카시마 부두, 신항부두가 있던 지역이다. 미나토미라이21 개발 계획에 의해 요코하마 랜드마크타워, 닛산본사, 아카렌가소고, 코스모월드 등으로 다시 태어났다. 273m의 높이를 자랑하는 요코하마 랜드마크타워는 최고층인 69층에 요코하마 일대를 파노라마로 조망이 가능한 전망대 스카이가든이 위치하고 있다. 이곳에서 요코하마 베이뿐만 아니라 도쿄 스카이트리와 운이 좋으면 후지산도 관망이 가능하다. 입장료는 ¥1,000. 오전 10시에서 저녁 21시까지 입장이 가능하다. 이외에도 1층에서 5층까지는 쇼핑이 가능한 랜드마크프라자, 지하 1, 2층에는 12개의 음식점이 집결 되어 있는 미라이요코초가 볼만하다. 특히 지하에 위치한 도크야드가든은 메이지 시대에 만들어진 조선소의 배를 건조 수리하기 위해 만들어진 도크를 활용한 공간이다. 이곳에서는 원형의 석조 구조에서 투영된 영상물을 감상할 수 있다. 이 지역이 조선소의 유적지라는 점을 100% 활용한 공간이다. 요코하마 랜드마크 타워 이외에도 퀸즈스퀘어 등 쇼핑 공간이 가득하고 길게 이어지는 빌딩과 아름다운 범선 니혼마루日本丸, 코스모월드의 대관람차가 자아내는 요코하마 미나토미라이21의 야경은 도시경관 100선에 채택된 아름다운 야경이다.

◎ 2-2-1 Minatomirai, Nishi-ku, Yokohama 横浜市中区みなとみらい2-2-1
◎ 미나토미라이 선 미나토미라이 역에서 하차, 퀸즈스퀘어요코하마 연결 출구에서 도보 3분
⦿ 35.45499, 139.63124

TOKYO
SURBURBS

가마쿠라

●

사무라이의 도시로 유명한 가마쿠라는 일본의 정치 역사에도 중요한 위치를 차지하고 있는 도시이다. 막부 정치의 시작인 가마쿠라 시대(1185년~1333년)에는 불교가 번성하였고 훌륭한 문화 자원은 지금의 가마쿠라가 관광 도시로 발전하는 원동력이 되었다. 사계절 서핑을 즐길 수 있는 바다, 유명한 사찰, 가마쿠라의 상징 대불, 후지산이 보이는 해변, 바다를 달리는 에노덴, 그리고 바다 위 작은 섬 에노시마… 가마쿠라의 매력은 셀 수 없다. 가마쿠라 역에서 에노덴江ノ電이라고 하는 전철로 갈아타면 에노시마라는 작은 섬까지 들어갈 수 있는데 여행의 클래이맥스는 바로 이 에노덴이라고 할 수 있다. 도중에 정차하는 정거장마다 아름다운 풍경과 볼거리가 가득하다.

Tokyo Subway Map

도쿄에서 가마쿠라로 가는 방법은 두 가지로 요약할 수 있다. 도쿄 역, 신바시 역, 시나가와 역에서는 JR 요코스카 선을, 신주쿠, 시부야 방면에서는 JR쇼난신주쿠 라인을 이용하면 편리하다. 모두 환승없는 직통 노선이다. 단, 쇼난신주쿠 라인을 이용할 경우 행선지를 꼭 확인해야만 한다. 행선지가 즈시逗子, 요코스카橫須賀, 구리하마久里浜의 경우 환승없이 가마쿠라까지 갈 수 있지만 행선지가 고우즈國府津, 오다하라小田原인 전철을 탔다면 도중 오다하라小田原에서 요코스카 선으로 갈아 타야 한다는 점 잊지 말자.

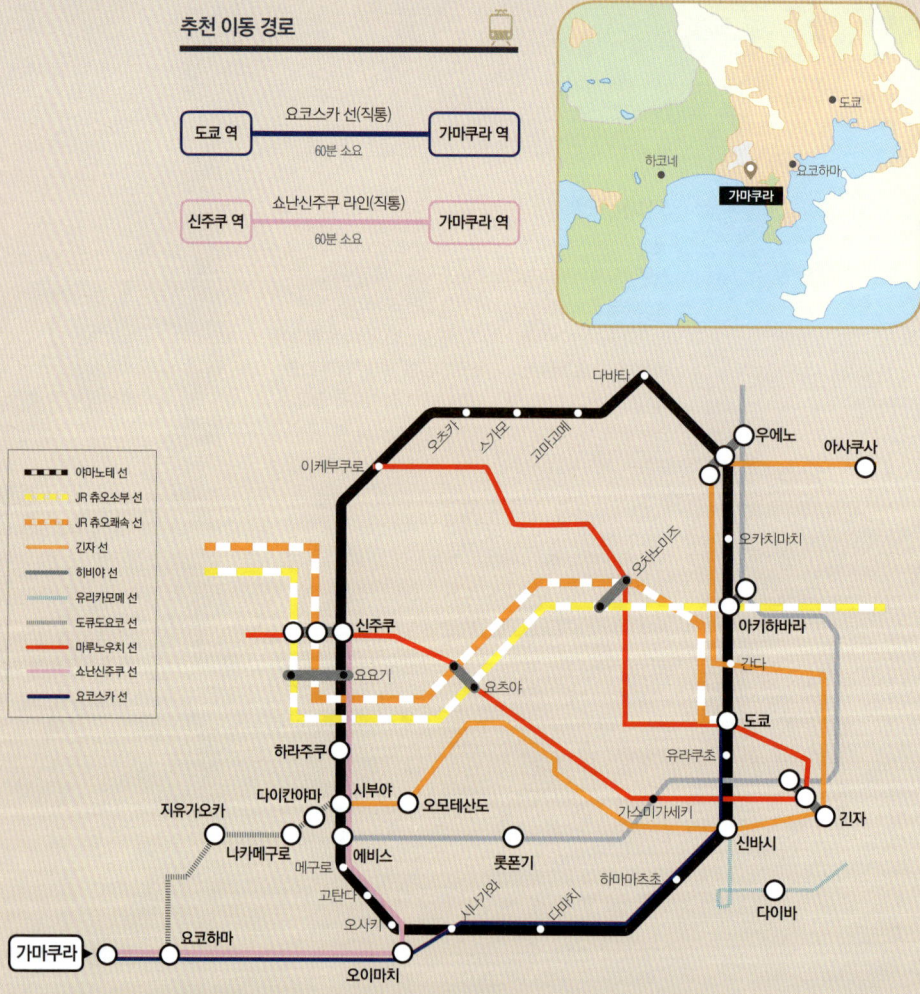

추천 일정

엔가쿠지
1282년에 창건된 가마쿠라를 대표하는 고찰이다. 석가모니의 치사리歯舎利가 봉안되어 있는 샤리덴은 가마쿠라 유일의 국보 건축물이다.

도보 10분

요우쇼메이 미술관
마음이 따뜻해지는 시와 그림으로 세상에 행복한 메시지를 전하는 작가 요우쇼메이의 작품을 만날 수 있는 공간이다.

기타가마쿠라 역에서 가마쿠라 역까지 요코스카 선으로 3분 가마쿠라 역에서 도보 1분

고마치토리
가마쿠라 햄, 가마쿠라 가마보코, 고구마 고로케, 찹쌀떡 등 가마쿠라의 다양한 먹거리를 맛볼 수 있는 곳이다.

도보 10분

쓰루가오카하치만구
가마쿠라는 쓰루가오카하치마구를 중심으로 시가지가 만들어졌다. 그래서 쓰루가오카하치만구는 가마쿠라의 중심이라 불린다.

에노덴으로 6분

에노시마
가마쿠라 본 시가지와 다리로 연결될 작은 섬. 연인들의 데이트 코스로 유명한 낭만적인 섬이다.

에노덴으로 9분

시치리가하마
일본의 물가 100선에 해당하는 길아 약 2.9km에 이르는 가마쿠라를 대표하는 해변이다.

에노덴으로 10분

가마쿠라 대불
높이 12.38m, 무게 121t에 이르는 가마쿠라의 상징. 에노덴 하세 역에서 가마쿠라 대불이 있는 고도쿠인까지 가는 길이 즐겁다.

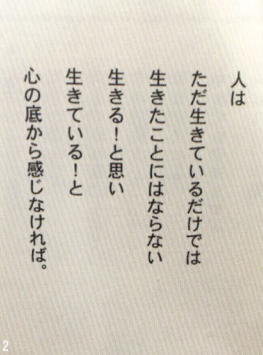

人は
ただ生きているだけでは
生きたことにはならない
生きる！と思い
生きている！と
心の底から感じなければ。

KAMAKURA

기억에
남는
8장면

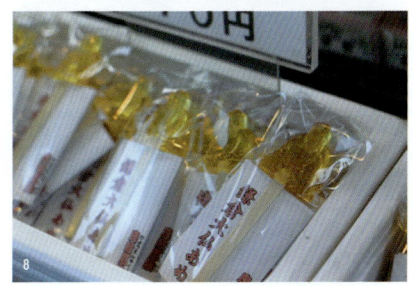

1. 영화 '바닷마을 다이어리'에 등장하는 우미네코식당의 실제 간판은 '분사식당'
2. 사람은 단지 살아 있는 것만으로는 산 것이 아니다. '살아야지!'라고 생각하고, '살아 있어!'라고 마음 깊은 곳에서부터 느끼지 못한다면. –요우쇼메이
3. 노인과 바다
4. 누군가를 바다로 데려다주었을 슬리퍼
5. 고즈넉한 기타가마루라 역 풍경
6. 해 질 녘까지 유이가하마 바다를 떠나지 못하는 서퍼
7. 하세 역 앞 미니 푸드 트럭의 바리스타. 정성스러움에 마음을 빼앗기다.
8. 옛 추억 떠올리게 하는 가마쿠라 대불 모양의 막대 사탕.

Kamakura
Spot ❶

기타가마쿠라의 보물
엔가쿠지 円覚寺 Engakuji

기타가마쿠라 역에서 그리 멀지 않은 곳에 가마쿠라고잔鎌倉五山 중 3개의 절이 위치하고 있어 의외로 많은 사람들이 기타가마쿠라 역에서 하차한다. 그 중 가장 가까운 곳에 가마쿠라고잔 상위 두 번째에 해당하는 엔가쿠지가 있다. 1282년에 창건되었으며 특히 석가모니의 치사리齒舍利가 봉안되어 있는 샤리덴은 가마쿠라 유일의 국보 건축물이다. 가을 단풍이 유명한 절이다.

*가마쿠라고잔鎌倉五山 : 순위 순으로 겐초지建長寺, 엔가쿠지円覚寺, 쥬후쿠지寿福寺, 조치지浄智寺, 조묘지浄妙寺. 불교의 종파 중 하나인 젠슈(선종, 禪宗)의 보호와 통제를 위해 가마쿠라 막부가 5개의 절을 순위별로 지정하고 막부에서 임명한 주지가 순차적으로 상위 절로 승진하게끔 한 제도.

*샤리덴솜利殿 : 샤리덴솜利殿은 가마쿠라 유일의 국보건축물로 의미가 깊다. 중국에서 가져온 석가모니의 치사리齒舍利가 봉안되어 있다.

Ⓐ 409, Yamanouchi, Kamakura-shi, Kanagawa-ken 神奈川県鎌倉市山ノ内409
Ⓣ 0467-22-0478
◎ 08:00~16:30
Ⓥ 어른 ￥300 중학생 이하 ￥100
🚶 기타가마쿠라역에서 도보 3분
Ⓖ 35.337733, 139.547480

Kamakura
Spot ❷

수국이 유명한
메이게츠인 明月院 Meigetsuin

수국의 풍경으로 유명해 통칭 아지사이紫陽花절 이라고도 불린다. 절 내부에 총 2,500주의 수국이 심겨 있어 일본의 장마인 6월, 수국 꽃이 활짝 필 때면 전국에서 수많은 관광객이 몰려든다. 본당의 동그란 창문으로 바라다보는 정원의 풍경이 아름답기로 유명하다. 깨달음의 창이라고 불리는 이 둥근 창에서 바라다보이는 사계절은 본당의 고요함과 어우러져 마치 한 폭의 그림처럼 아름다운 풍경을 자아낸다.

Ⓐ 189, Yamanouchi, Kamakura-shi, Kanagawa-ken 神奈川県鎌倉市山ノ内189
Ⓣ 0467-22-0478　6월 08:30~17:00 그 외 09:00~16:00
Ⓥ 어른 ￥300 (6월은 고등학생이상 ￥500, 초·중등학생 ￥300)
🚶 기타가마쿠라 역에서 도보 10분
Ⓖ 35.334892, 139.551429

Kamakura
Spot ❸

시와 그림이 있는 곳
요우쇼메이미술관
葉祥明美術館 Yohshomei Art Museum

기타가마쿠라가 즐거운 이유는 수묵화가 어울릴 듯한 이곳에 아름다운 수채화가 흩뿌려진 의외성을 발견할 수 있기 때문이다. '당신은 오늘 미소 지었나요?' '기쁨을 느꼈나요?' '아름다운 것에 마음을 기울였나요?' 마음이 따뜻해지는 시와 그림으로 행복한 삶으로의 힌트를 전해 온 요우쇼메이는 세계 최대 아동 도서전인 이탈리아 볼로냐 국제 아동 도서전에서 그래픽상을 수상한 그림책 작가이다. 미술관 내부는 그가 그린 소박하지만 따뜻하고 선명하지만 부드러운 파스텔의 색들로 가득하다. 그림책, 엽서, 마그넷 등 작가의 그림을 활용한 다양한 상품을 구입할 수 있다.

Ⓐ 318-4, Yamanouchi, Kamakura-shi, Kanagawa-ken 神奈川県鎌倉市山ノ内318-4
Ⓣ 0467-24-4860　Ⓗ 10:00~17:00
Ⓦ www.yohshomei.com
⑨ 35.335321, 139.548981

기타가마쿠라를 놓치지 말자!

도쿄에서 바로 가마쿠라역으로 바로 갈 수도 있지만 가마쿠라 역 한 정거장 전에 도착하는 기타가마쿠라를 놓치지 말자. 가마쿠라 유일의 국보 유적인 엔가쿠지円覚寺, 수국으로 유명한 메이게츠인明月院, 화가이자 시인인 요우쇼메이미술관葉照明美術館 등 볼거리가 너무 많기 때문이다. 이곳이 고도古都 가마쿠라임을 느끼게 하는 역 풍경도 빼놓을 수 없다. 먼저 기타가마쿠라 주변부터 둘러 본 후 기타가마쿠라 역으로 되돌아와서 다시 요코스카 선을 이용해 가마쿠라 역까지 이동하는 경로를 추천한다.

Kamakura
Spot ❹

가마쿠라 주전부리가 가득한
고마치도리 小町通り Komachi Dori

가마쿠라 역 동쪽 출구로 나오면 쓰루가오카하치만구로 이어지는 길가에 사람들이 빼곡한 좁고 긴 상점가를 만나게 된다. 이곳은 원래 참배길로, 지금은 거리 주전부리와 잡화점, 카페, 식당으로 가득해 볼거리와 출출한 배를 채워줄 거리 음식들로 가득하다. 작은 도시의 상점가이지만 이 고마치도리에서 가마쿠라에서 유명하다는 음식을 저렴하고 다양하게 맛볼 수 있다. 가마쿠라에서 가장 사람이 많이 모이는 곳으로 연중 관광객으로 북적이지만 천천히 구경하면서 걷는 재미가 있다. 이 길 끝자락에 가마쿠라의 중심이라 불리우는 쓰루가오카하치만구가 있다.

ⓐ 1Chome, Komachi , Kamakura-shi, Kanagawa-ken 神奈川県鎌倉市小町1丁目
ⓖ 35.321716, 139.552346

Kamakura
Spot ❺

가마쿠라의 중심
쓰루가오카하치만구
鶴岡八幡宮 Tsurugaokahachimangu

가마쿠라의 중심에 위치하며 가마쿠라 시대의 무사들을 수호하던 신사이다. 처음에는 유이가하마 해변 근처에 지어졌지만 미나모토 요리토모源頼朝가 가마쿠라 막부를 세우면서 현재의 위치로 옮겨 왔다. 가마쿠라는 이 쓰루가오카하치만구를 중심으로 마을이 형성되었다. 본궁에 해당하는 상궁과 하궁 2개의 궁으로 나누어져 있으며 본궁의 사쿠라몬에 새겨진 하치만구의 하지ハ는 하치만신의 사자인 비둘기가 서로 마주보고 있는 형상으로 하고 있다. 참배길의 시작을 알리는 이치노토리이一ノ鳥居가 지금도 유이가하마 해변 근처에 세워져 있다.

ⓐ 2-1-31, Yukinoshita, Kamakura-shi, Kanagawa-ken 神奈川県鎌倉市雪ノ下2丁目1-31
ⓣ 0467-22-0315 ⓞ 08:00~21:00
📍 가마쿠라 역에서 도보 10분
ⓖ 35.324960, 139.556001

【 고마치도리 줄 서서 먹는 주전부리 】

아사히나 あさひな
가마쿠라 아게가마보코

고마치도리 입구에 들어서자마자 사람들이 모여 있어 눈에 띈다. 살이 부드럽고 하얀 명태, 싱싱하고 맛이 뛰어난 갈치, 씹는 맛과 풍미가 깊은 도미. 이 세 가지의 신선한 재료를 사용해 튀겨 낸 아게가마보코는 풍미와 식감이 뛰어나다.

한나리이나리 はんなりいなり
타마고야키탄

시라스라고 하는 잔멸치가 유명한 가마쿠라에서만 맛볼 수 있는 거리 주전부리다. 이 가게의 명물은 유부초밥을 변형해 유부에 시라스를 넣어 만든 한나리시라스. 잔멸치에 달걀을 풀어 만든 타마고야키탄도 인기다. 매스컴에도 자주 등장한다.

가마쿠라 고로 鎌倉五郎
무기타모찌

반츠키라고 하는 반달모양의 센베이 과자로 유명한 가마쿠라 고로의 본점이 고마치도리에 있다. 가게 입구에는 고마치도리의 명물 무기타모치를 1개씩 판매하고 있다. 찹쌀떡과 같은 것인데 보리가루를 뿌려 고소한 풍미가 뛰어나다. 달지 않고 소박한 맛이 일품이다.

가마쿠라 고로케 鎌倉コロッケ

소고기, 고구마, 검은깨, 우메시소, 초코 등 다양한 식재료를 사용한 고로케로 유명하다. 독특한 재료로 독특한 색상을 자아내는 고로케는 바로 튀겨 내 바삭한 겉면과 부드러운 속이 어우러져 식감이 뛰어나기로 유명하다.

Kamakura
Spot ❻

서핑 컬쳐의 발상지
유이가하마 由比ガ浜 Yuigahama

가마쿠라 역에서 에노덴을 타고 본격적인 가마쿠라 여행을 즐겨보자. 에노덴을 탄 후 두 번째 정거장인 유이가하마 역에서 내려 낮은 담벼락의 골목길 걷기 약 5분. 해변에 다다르게 된다. 파도가 높기로 유명해 서퍼들에게 사랑받는 해변이자 일본의 서핑 컬쳐의 발상지이다. 여름이면 해수욕과 불꽃놀이를 즐기는 사람들로 가득해진다. 해질 무렵 해변을 서성이는 사람들, 파도와 함께 출렁이는 서퍼의 모습이 어우러져 장관을 이룬다. 1년에 한 번, 한 여름밤에 가마쿠라의 가장 큰 불꽃놀이가 유이가하마 해변을 배경으로 펼쳐진다.

ⓐ Yuikagama Beach, Kamakura-shi, Kanagawa-ken 神奈川県鎌倉市由比ヶ浜海岸
에도덴 유이가하마 역에서 도보 5분, 가마쿠라 역에서 도보 15분
35.309334, 139.542227

Kamakura
Spot ❼

가마쿠라의 상징
가마쿠라 대불 鎌倉大仏 Kamakura Daibutsu

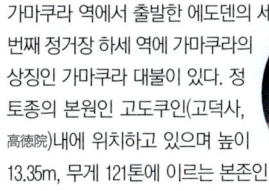

가마쿠라 역에서 출발한 에도덴의 세 번째 정거장 하세 역에 가마쿠라의 상징인 가마쿠라 대불이 있다. 정토종의 본원인 고도쿠인(고덕사, 高徳院)내에 위치하고 있으며 높이 13.35m, 무게 121톤에 이르는 본존인 아미타여래 청동 좌상이다. 절로 걸어가는 다이부츠 도리에는 관광객의 입과 눈을 자극하는 상점들이 이어져 있어 걸음을 재촉하기가 힘들어진다. 작은 봉고 트럭에서 세월이 느껴지는 도구들로 천천히 커피를 내려주는 노인 바리스타, 가마쿠라에서 시작된 과자점, 노부부가 운영하는 그릇가게, 코를 자극하는 오징어 전병 등등. 사실 가마쿠라 대불에서는 사람이 너무 많아 그 웅장한 모습을 잠시 보는 것으로 만족해야만 하고 거리 상점가에 즐길거리가 더 많다.

ⓐ 4-2-28, Hase, Kamakura-shi, Kamagawa-ken 神奈川県鎌倉市長谷4-2-28
ⓣ 0467-22-0703
ⓞ 4월~9월 7:00~18:00 10월~3월 7:00~17:30
ⓦ ￥200
ⓛ 에노덴 하세 역에서 도보 8분
ⓖ 35.316858, 139.535681

Kamakura
Spot ❽

아름다운 풍광은 영화의 배경이 되고
고쿠라쿠지 極楽寺 Gokurakuji

고레에다 히로카즈是枝裕和 감독의 〈바닷마을 다이어리〉에서 집 나간 엄마가 할머니의 제사를 맞아 집으로 찾아오는 장면에서 고쿠라쿠지와 고쿠라쿠지 역이 등장한다. 이 외에도 영화의 배경이 되어 자주 등장하는 고쿠라쿠지 지역은 고레에다 감독의 팬이라면 꼭 한 번 들르고 싶은 여행지로 손꼽힌다. 고쿠라쿠지는 절의 명칭이자 그 지역의 명이기도 하다. 절 경내는 백일홍과 수국이 아름다운 것으로 유명하다. 고쿠라쿠지 역에 내려 잠깐 역만 둘러보는 것도 좋다. 밤이면 무인역이 될 정도로 작은 역이지만 관동지역의 역 100선에 꼽힐 만큼 풍광이 아름다운 역이다.

ⓐ 3-6-7, Gokurakuji, Kamakura-shi, Kamagawa-ken 神奈川県 鎌倉市極楽寺3-6-7
☎ 0467-22-3402
📍 에노덴 고쿠라쿠지 역에서 도보 3분
🌐 35.310029, 139.528700

Kamakura
Spot ❾

에노덴의 클라이맥스
시치리가하마 七里ヶ浜 Shichirigahama

가마쿠라 역을 출발한 에노덴은 고쿠라쿠지 역까지 전철ان에서는 바다를 볼 수 없다. 고쿠라쿠지 역을 통과하고 이나무라가사키 역을 지나 시치리가하마 역으로 향하는 지점에서야 바다는 모습을 드러낸다. 숨이 멎을 정도로 아름다운 풍경이 펼쳐지므로 에노덴 안으로 사람들의 환호성이 퍼진다. 시치리가하마는 약 2.9km에 해당하는 가마쿠라를 대표하는 해변으로 아름답기로는 일본의 물가 100선에 올려져 있을 정도다. 시치리가하마 역에서 내려 몇 걸음 걸으면 바로 바다가 펼쳐진다. 석양이 떨어질 때 즈음, 날씨가 맑다면 후지산과 에노시마 섬을 배경으로 한 시치리가하마 해변의 아름다운 석양을 볼 수 있을 것이다. 정말 운이 좋다면 말이다.

Ⓐ Shichirigama Beach, Kamakura-shi, Kanagawa-ken 神奈川県鎌倉市七里ヶ浜海岸
🚇 에노덴 시치리가하마 역에서 바로
📍 35.304487, 139.514002

Kamakura
Spot ⑩

연인들이 사랑하는 섬
에노시마 江の島 Enoshima

가마쿠라 여행에서 에노시마를 빼놓을 수 없다. 정확한 소재지는 가나가와 현 후지사와 시에 소속되어 있는 섬이다. 에노시마 역에 도착하면 다리를 건너 도보로 섬까지 쉽게 들어갈 수 있다. 역에서 바다로 가는 길가에 위치한 라멘 가게 '하레루야晴れる屋'가 유명하다. 그 외에도 카페, 소품가게, 요우강 전문점이 있어 바다로 가는 길이 지루하지 않다. 에노시마 해안가에 펼쳐진 음식점, 오래된 상점가, 영화 촬영지 등 볼거리가 많고 풍광이 좋아 데이트 코스로 더할 나위 없다. 시라스라고 하는 잔멸치가 가득 올려진 돈부리가 유명해 섬 어디에서든 맛볼 수 있다. 에노시마 씨캔들이라고 불리는 전망대에서 쇼난 해안선의 아름다운 풍경을 만끽할 수 있다.

📍 에노덴 에노시마 역
오다큐 선 가타세에노시마 역
🌐 35.300157, 139.478493

Tip 알아두면 유용한 꿀팁!
가마쿠라 여행에서 에노시마를 마지막으로 둘러본 후 도쿄로 돌아갈 경우 에노시마에서 가까운 오다큐 선 가타세에노시마 역을 이용하면 편리하다. 시발역이므로 신주쿠 역까지 앉아서 편안하게 갈 수 있다.

© 에노시마 전철 캘린더

에노시마 씨캔들

에노시마의 상징 씨캔들에서 바라보는 해안선은 최고의 풍경을 선물한다.
- 09:00~20:00
- 대인 ￥500 소인 ￥250

에노시마 에스카

에노시마 정상까지 계단을 오르면 약 20분의 시간이 소요된다. 에노시마 에스카를 이용하면 4분만에 도착한다.
- 08:50~19:05
- 대인 ￥360 소인 ￥180

론카페(LONCAFE) 에노시마 본점

론카페는 일본에서 처음으로 프렌치 토스트를 선보인 곳으로 유명하다. 테라스에서 바라보는 사가마만相模湾의 경치가 절경이다.
- 11:00~20:00

에노덴(에노시마 전철)

가마쿠라에서 후지사와까지 운행하는 전철이다. 아름다운 절경을 구석구석 볼 수 있도록 도와주는 가마쿠라 여행에서 빼놓을 수 없는 이동 수단이다.
- 구간당 ￥150 프리티켓 ￥600

3
HAKONE
箱根

TOKYO
SURBURBS

하코네

•

도쿄 여행의 즐거움 중 하나가 편리한 교통편을 이용해 천연 온천여행을 즐길 수 있다는 점이다. 하코네는 지금도 화산 활동이 진행되고 있는 활화산 지역으로 도쿄에서 가장 가까운 천연 온천마을이다. 신주쿠에서 이름도 로맨틱한 특급 로망스카를 타면 약 1시간 25분만에 하코네에 도착할 수 있다. 로망스카에서 꼭 먹어야 하는 에키벤은 하코네로 향하는 마음을 한껏 들뜨게 한다. 아시노코 호수 등 자연경관이 수려하며 등산열차, 케이블카, 로프웨이, 해적선 등 편리하게 이동할 수 있는 교통수단도 하코네 관광의 빼놓을 수 없는 즐거움 중 하나이다.

Tokyo Subway Map

신주쿠에서 출발하는 하코네행 열차는 오다큐 급행과 추가요금을 지불하면 승차할 수 있는 특급 로망스카로 나눌 수 있다. 오다큐 급행과 특급 로망스카는 중간 정차역과 환승 열차가 각각 다르니 액세스를 확인하고 구매하자. 우선 무엇을 타든 하코네유모토 역에 도착하게 되는데 하코네의 여행이 시작되는 현관문이다. 하코네유모토를 출도착 지점으로 생각하고 하코네의 어디를 가든 하코네유모토로 돌아와서 도쿄 도심행 전철을 이용하면 편리하다.

추천 이동 경로

신주쿠 역 —[오다큐 특급 로망스카 85분 소요]— 하코네유모토 역

신주쿠 역 —[오다큐 급행 100분 소요]— 오다와라 역 —[하코네등산열차 15분 소요]— 하코네유모토 역

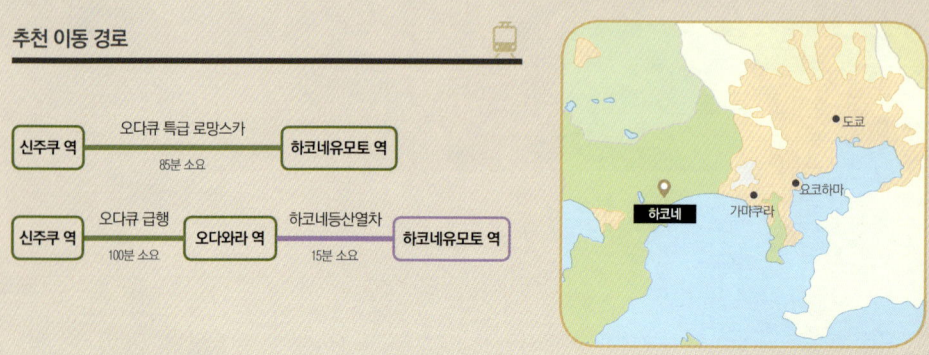

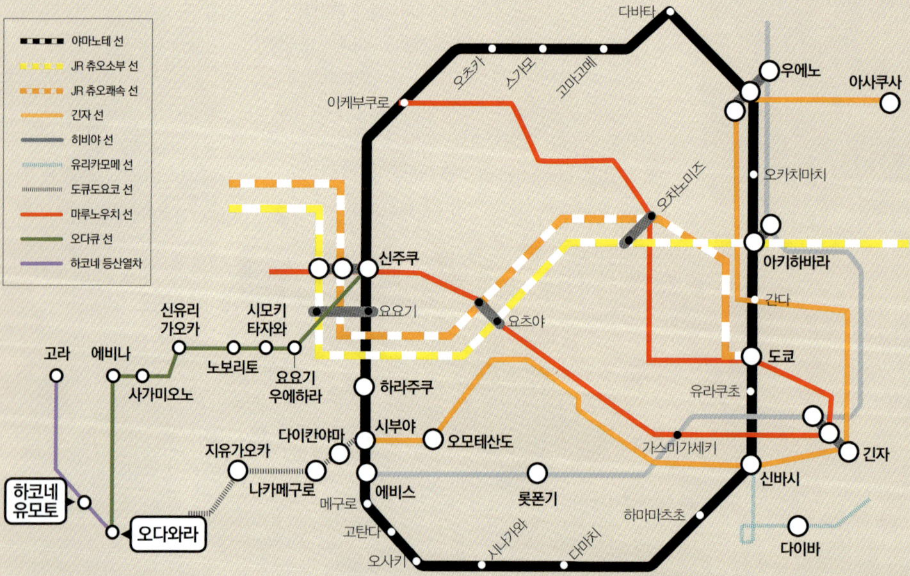

추천 일정

하코네유모토
하코네에서 가장 오래된 온천마을이다. 1,200년의 역사를 가진 하코네유모토는 온천마을 특유의 정취를 느끼며 온천과 쇼핑, 맛집을 함께 즐길 수 있다.

등산전차로 40분

조각의 숲 미술관
70,000㎡에 이르는 광활한 부지에 세계적으로 유명한 조각품 약 120점을 만날 수 있는 곳이다. 내부에 족욕탕이 있어 쉬어갈 수 있는 미술관이다.

등산열차로 고라역까지 3분
고라역에서 케이블카로 2분

고라공원
예로부터 별장이 많았던 고라에 위치한 고라공원은 일본 최초의 프랑스식 정원이다. 유리공예, 스타일비즈 등 체험관이 함께 운영되고 있다.

케이블카로 소운잔까지 9분
소운잔에서 로프웨이로 8분

모토하코네
해적선이 출도착하는 아시 호수에 접한 작고 예쁜 항구 마을이다. 유적지와 신사, 미술관, 카페가 있어 온천마을의 정취를 느끼며 산책과 휴식하기에 좋다.

해적선으로 40분

아시노코
3000년 전 하코네야마의 대폭발로 생겨난 호수이다. 해적선이 도겐다이에서 출도착하여 호수를 건너 하코네마치 항으로 향한다.

로프웨이로 16분

오와쿠다니
하코네야마의 최고봉인 카미야마가 폭발했을 때 생겨난 분화구의 유적에서 아직도 흰 연기와 유황 냄새가 진동을 한다. 오와쿠다니에서 삶은 쿠로타마고가 유명하다.

HAKONE

기억에
남는
8장면

1. 하코네에서는 후지산이 더 가깝다
2. 호수에 떠 있는 것 같은 신사의 모습
3. 모토하코네에 안개가 자욱해 신비롭다
4. 전통적인 온천마을의 정취가 가득한 하코네유모토
5. 하코네에서만 가능한 빵집의 무료 족욕탕
6. 해적선에서 바라본 하코네마치 항
7. 아찔한 급 커브를 도는 하코네 등산열차
8. 하코네로 가는 로망스카의 에키벤은 여행의 또다른 즐거움

하코네 533

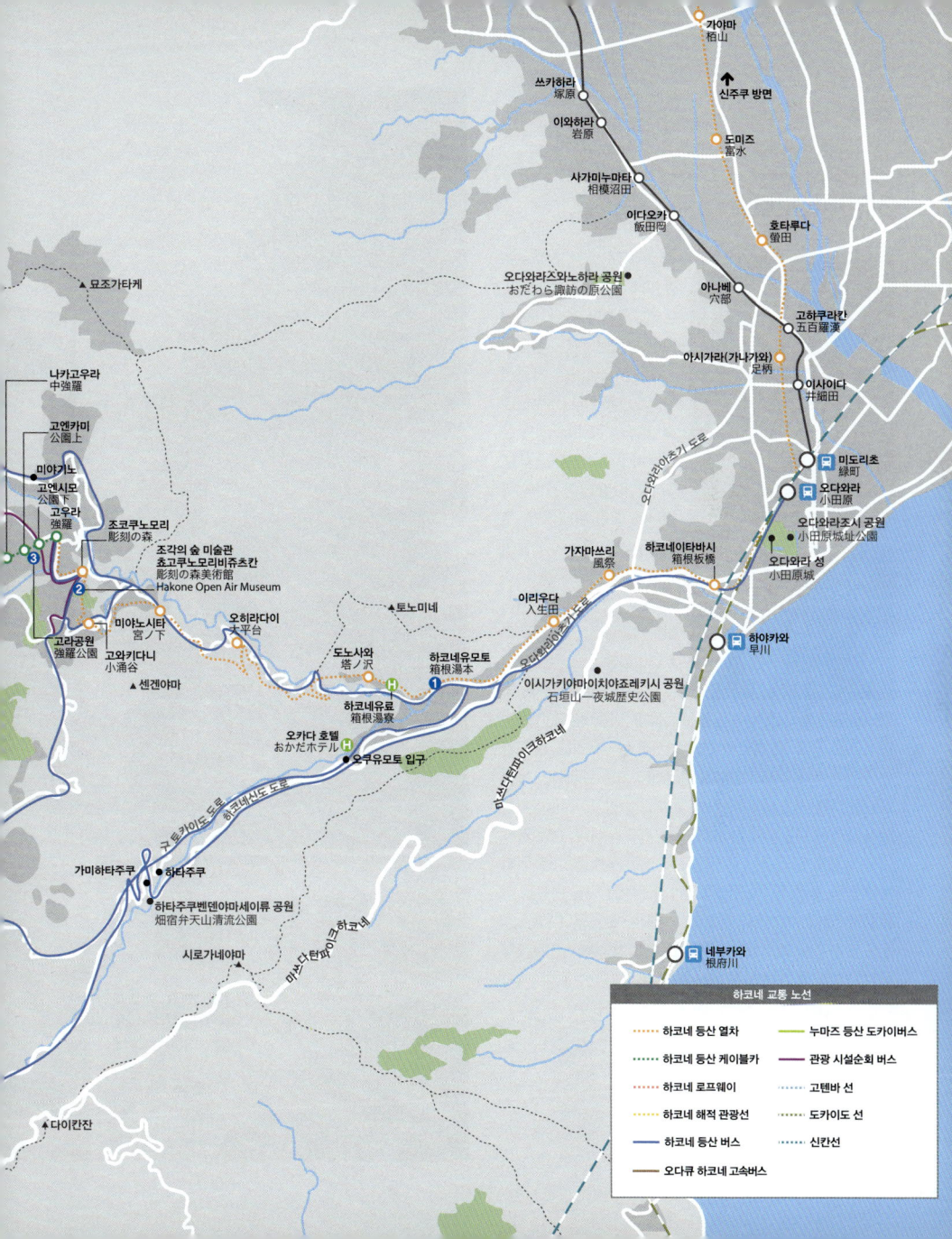

Hakone
Spot ❶

하코네 마을의 현관
하코네유모토 箱根湯本 Hakoneyumoto

하코네유모토는 신주쿠를 출발해 처음 만나게 되는 온천마을이다. 하코네에서 가장 오래된 온천마을이며 1,200년의 역사를 자랑한다. 이곳에만 약 20여 군데의 온천장, 총 40여 개의 온천탕이 존재하는데, pH8.8의 알카리성 단순 온천이며 피부에 좋은 무색투명, 무미무취의 누구에게나 들어가기 쉬운 온천수이다. 천연 자연 용천으로 이루어진 하코네유모토는 지금도 하코네야마에서 뜨거운 온천수가 쏟아 오르고 있다. 하코네유모토 역 바로 앞에는 온천 마을을 기념하는 기념품점, 아게모노, 만쥬 등 하코네 전통 먹거리로 가득하다. 상점가를 구경하면서 걸어서 10분여 걸어 올라가면 본격적인 온천 료칸이 나타난다. 하코네유모토를 흐르는 강 하야카와무川를 따라 오래된 료칸들이 한눈에도 역사가 느껴진다. 숲에 가려 겨우 형체를 드러내는 료칸들도 보인다. 숙박을 하면 더할 나위 없이 좋겠지만 히가에리日帰り라고 하는 당일 온천을 이용할 수 있다. 히가에리 온천에는 식사가 포함되어 있는 경우도 있어 전통 카이세키요리와 로텐부로露天風呂(야외온천), 온천 대욕조 등 제대로 된 온천 료칸 체험을 할 수 있다. 비싸다는 하코네의 이미지를 버리고 온천을 즐겨보자.

ⓐ Yumoto, Hakone, Ashigarasimo, Kanagawa-ken 神奈川県足柄下郡箱根町湯本
ⓞ 신주쿠 역에서 로망스카를 타고 하코네유모토 역에 도착(85분 소요). 혹은 신주쿠 역에서 오다큐 급행을 타고 오다와라 역에서 하코네 등산열차로 환승 후 하코네유모토 역에 도착(115분 소요, 환승 시간 불포함)
ⓖ 35.23248, 139.10263

유모토 관광 인력거, 우미카제야 海風屋

하코네 하야카와 강을 가로지르며 하코네의 역사와 전통, 자연과 관광지를 소개해주는 하코네 인력거가 인기이다. 맛집 정보까지 알려준다는 하코네 인력거에 앉아 편안한 여행을 즐겨보자.

- **하야카와 코스** 소요시간 : 20분, 탑승인원 : 2명, 탑승요금 : ￥3,000
- **유모토 코스** 소요시간 : 40분, 탑승인원 : 2명, 탑승요금 : ￥6,000

로맨틱한 하코네로 데려다 줄 로망스카 ロマンスカー Romance Car

신주쿠 역에서 하코네유모토까지 빠르고 편하게, 그리고 쾌적하게 운행하는 대표적인 교통수단이다. 신주쿠 역 오다큐 선 플랫폼에서 출발하며 약 85분이 소요된다. 요금은 오다큐 급행 전철의 요금인 ￥1,190에서 특급권 요금 ￥890을 추가로 지급해야 하며 전좌석 지정석이다. 차내에는 로망스카에서 빼놓을 수 없는 명물 도시락을 판매한다. 하코네로 향하는 로망스카에서 따뜻한 차와 도시락으로 여행의 부푼 마음은 더욱 고조되고, 도시락을 즐기는 사이 하코네의 현관, 하코네유모토에 도착하게 된다.

tokyo special tips

【 두근두근 신나는 교통 수단과 함께하는 하코네 베스트 코스 】

하코네에는 편리하고 재미있는 교통수단이 다양하게 존재한다. 등산열차, 케이블카, 로프웨이, 배, 등산버스 등이 바로 그것인데, 하코네의 경치와 함께 하는 이 교통 수단들의 인기도 높다. 등산열차는 최근 신형 아레그라호가 새롭게 달리기 시작해 등산 매니아가 많은 일본에서는 이 또한 화제이다. 조금 더 급경사로 올라가게 되는 케이블카에서는 덜컹거리는 차체의 소리만으로도 스릴이 느껴진다. 교통수단의 하이라이트 로프웨이를 타고 이동하는 도중에 만나게 되는 오와키다니는 1년 7개월 만에 2016년 7월에 재개통되어, 지면에서 흰 연기가 피어오르는 대자연의 파워를 내려서 직접 느낄 수 있게 되었다. 도겐다이에 도착하면 웅장한 해적선이 기다린다. 해적선을 타고 아시노코의 물살을 갈라 도착하게 되는 곳은 모토하코네마치. 그 어떤 누구도 찾지 못하게 꼭꼭 숨을 수 있을 것 같은 조용한 마을이다. 내리면 소바, 텐동 등 전통요리점들이 줄지어 있다. 젊은 세대에게 인기인 베이커리앤테이블에서 커피 한잔 마신 후 천천히 발걸음을 하코네신사로 옮긴다. 강을 따라 걷는 길이 운치 있다. 해적선에서 내렸던 모토마치코로 돌아와 등산버스를 타고 하코네유모토로 돌아오면 하코네 일주가 마무리된다.

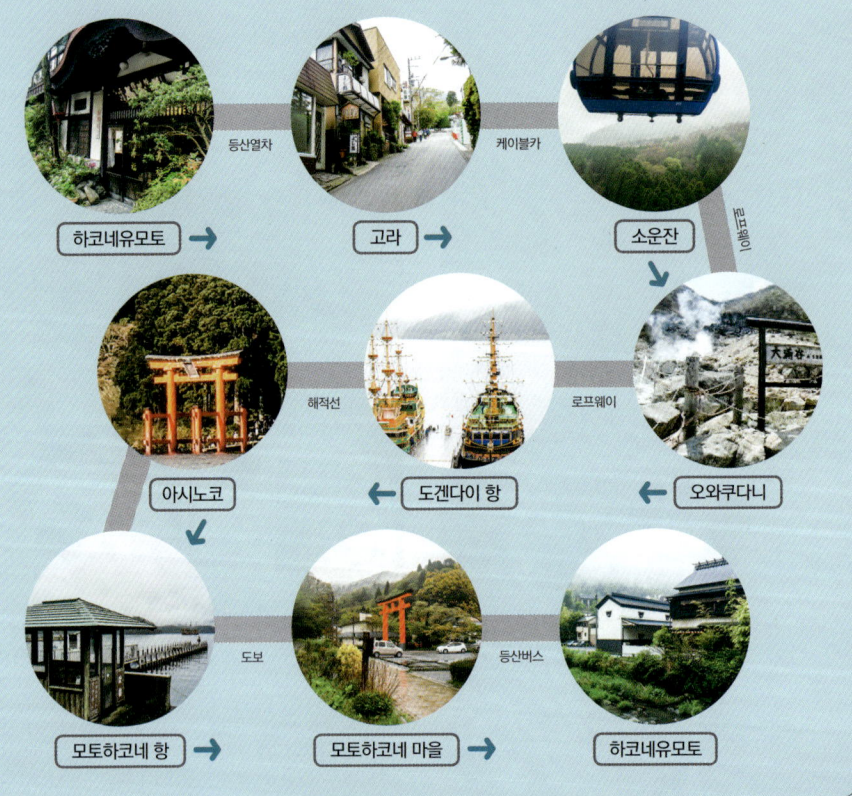

tokyo special tips

【 하코네 내의 이동을 책임질 교통수단 】

하코네 등산열차 箱根登山電車

하코네유모토 역에서 고라 역 強羅駅까지 운행하는 등산열차는 445m의 경사를 올라간다. 급커브와 터널과 철교를 지나 급기야 아찔한 후행 스윗치백까지 경험하게 된다. 시간은 약 40분이다. 중간에 정차하는 역은 토노사와塔ノ沢, 오히라다이大平台, 미야노시타宮ノ下, 코와쿠다니小涌谷, 쵸고쿠노모리彫刻の森이며 중간에 내려 각 관광명소를 둘러볼 수 있다. ※하코네유모토에서 고라까지 논스톱 요금 ¥400, 한 정거장 이동 시 ¥130

하코네 등산 케이블카
箱根登山ケーブルカー

등산열차를 타고 고라強羅역에 도착하면 등산 케이블카로 갈아 타고 한층 급경사를 올라 소운잔早雲山까지 이동한다. 소운잔까지 요금 ¥420

하코네 로프웨이 箱根ロープウェイ

소운잔早雲山에서는 등산 로프웨이로 갈아 타고 도겐다이桃源台까지 이동하게 된다. 이때 하코네 로프웨이에서 하코네 3대 절경을 만나게 되는데, 오와쿠다니大涌谷, 후지산富士山, 아시노코 호수芦ノ湖가 바로 그것이다. 중간에 오와쿠다니大涌谷는 마치 지옥을 연상시키는 자연 풍경을 만들어 낸다. 이곳이야말로 하코네 여행의 하이라이트! 온천에서 구워내 온천의 좋은 성분이 베어 있는 계란, 쿠로타마고는 꼭 먹어야 하는 명물이다. 요금 ¥1,370

하코네 해적선 箱根海賊船

도겐다이桃源台에서 하코네마치코 까지는 하코네 해적선으로 이동한다. 해적선에서는 전망데크에서 멀어지는 도겐다이와 멀리보이는 하코네마치를 감상할 수 있다. 따뜻한 커피 한잔 하면서 도착을 기다린다. 1회 요금 ¥1,000

하코네 등산버스 箱根登山バス

등산버스는 하코네 전체를 다양한 방향으로 운행하는 버스이다. 열차로 이동할 수 없는 고텐바御殿場, 혹은 코와키타니小涌谷에서 등산 케이블카를 타지 않고 등산버스를 이용해 모토하코네코元箱根港로 갈 수 있다. 1회 요금 ¥170

※ 하코네의 각종 교통수단은 1회권을 구매하고 도중에 하차한 후 다시 목적지까지 가려면 승차권을 재구매해야 한다. 하코네 프리패스가 유용한 이유가 여기에 있다. 중간 중간에 위치한 관광지를 구경하기 위해 여러 번 하차해도 무제한 승하차가 가능하기 때문에 편리하고 저렴하다.

저렴하고 편리한,
하코네 프리패스 箱根フリーパス

신주쿠 역에서 하코네유모토 역까지의 오다큐 선 왕복 승차권과 하코네에 도착한 후 타게 되는 하코네 등산열차, 하코네등산 케이블카, 하코네 로프웨이, 하코네해적선, 하코네 등산버스를 무제한으로 사용할 수 있는 자유승차권이다. 중간중간에 볼거리가 많아 프리패스를 이용하면 그때그때 비용을 지불하지 않아도 되고 편리하고 저렴하다. 하코네 프리패스는 2일간 유효한 티켓과 3일간 유효한 티켓으로 나뉘어지므로 1박 2일 이상 머물 경우 매우 유용하다. 각종 온천과 레스토랑, 미술관 입장료 등을 할인 받을 수 있는 혜택도 더해진다.

• 하코네 프리패스 요금
신주쿠 역 출도착 2일 유효권 어른 ¥5,140, 어린이 ¥1,500
신주쿠 역 출도착 3일 유효권 어른 ¥5,640, 어린이 ¥1,750
※위 요금에는 특급 로망스카 요금은 포함되어 있지 않다.
특급 로망스카는 별도로 편도 ¥890이 추가로 발생한다.

• 구입방법
신주쿠 역 오다큐 선小田急線 승차권 자동발매기 및 창구에서 발권 가능

※하코네유모토 역에서 하코네의 교통 수단만 프리패스로 구매할 경우 요금 ¥4,000(2일간 유효)

Hakone Spot ❷

거장 피카소의 세계를 엿보다
조각의 숲 미술관 彫刻の森美術館 Hakone Open Air Museum

70,000㎡의 풍부한 하코네렌잔箱根連山의 자연 속에 개방되어 있는 미술관이다. 드넓은 숲속을 산책하다 보면 드문드문 조각품을 만나게 되는데 그 수량이 무려 120점에 이른다. 산책 기분으로 미술관 관람을 시작하면 좋겠다. 비눗방울이 여럿 뭉쳐 있는 형상을 한 비눗방울의 성은 마치 미로와 같이 복잡하다. 산책코스의 거의 마지막 단계에 이르면 피카소관에 다다른다. 이곳은 개인의 소장품을 모아놓은 곳으로 일본 최초의 사립 피카소 미술관이다. 조각의 숲 미술관이 재미있는 것은 이 미술관에는 총 5채의 온천 원류가 존재한다는 것이다. 원류를 활용해 뜨거운 온천에 발을 담글 수 있는 족욕탕은 필수 코스이다. 조각미술품을 바라다보며 족욕탕의 감귤 향이 여행의 피곤함을 말끔히 씻어 준다. 바로 옆에 ¥100으로 타올을 판매하고 있는 등 작은 것에 신경을 쓴 모습이 인상적이다.

ⓐ 1121, Ninotaira, Hakone, Ashigarashimo, Kanagawa 神奈川県足柄下郡箱根町二ノ平1121
ⓣ 0460-82-1161
ⓞ 09:00-17:00
ⓜ ¥1,200
ⓠ 하코네유모토 역에서 하코네 등산열차로 33분. 쵸고쿠노모리 역에서 내리면 바로
ⓖ 35.24471, 139.0515

Hakone
Spot ❸

하코네의 사계절을 느낄 수 있는
고라공원 強羅公園 Hakone Gora Park

고라強羅 지역은 메이지, 다이쇼 시대부터 온천이 딸려 있는 별장이 개발되기 시작해 지금도 주변에는 꽤 돈 많은 사람들의 별장이 남아 있을뿐 아니라 풍부한 자연과 함께 주변에 볼거리들이 많다. 고라공원은 1914년에 만들어진 일본 최초의 프랑스식 정원이다. 5월~6월 사이 로즈가든에는 장미가 가득하고, 열대 식물관에서는 중앙에 캐논볼트리라는 열대 식물을 중심으로 약 200여 종의 열대 식물을 감상할 수 있다. 사계절을 흠뻑 느낄 수 있는 공원 내에서는 도예나 유리공예, 스타일 비즈와 같은 다양한 체험교실과 전시실이 함께 운영되고 있다. 하코네의 기념품을 직접 만들어 보고자 하는 사람들이 제각각 무언가를 만드는데 한창이다. 유리공예는 체험료와 재료비를 포함해 ¥3,560부터, 소요시간은 약 15분. 냉각시켜 다음 날 택배 발송한다. 도예공예는 주로 컵이나 작은 접시를 만들고 체험료와 재료비를 포함해 ¥3,560부터, 소요시간은 약 60분이다. 톤보타마(유리구슬)와 스타일비즈는 비즈의 수량에 따라 ¥3,400정도. 톤보타마를 직접 만들 경우 소요시간 1시간 30분정도 소요된다. 스타일비즈는 톤보타마를 골라 끼우기만 하면 돼 시간은 30분 정도 소요된다. 요금은 약 ¥2,800. 드라이플라워는 ¥1,100부터, 30~60분 소요.

Ⓐ 1300, Gora, Hakone, Ashigarashimo, Kanagawa 神奈川県足柄下郡箱根町強羅1300
Ⓣ 0460-82-2825　Ⓞ 09:00-16:30
Ⓨ ¥550 (하코네프리패스 소유자는 무료 입장)
Ⓠ 하코네유모토 역에서 하코네 등산열차를 타고 고라 역까지 이동(40분), 고라 역에서 하코네 등산 케이블카를 타고 2분, 고엔모 역에서 하차하면 바로 위치
🅖 35.2484, 139.04499

Hakone
Spot ❹

지옥 계곡을 경험하게 될
오와쿠다니 大涌谷 Owakudani

하코네 등산 케이블카를 타고 소운잔에 내리면 소운잔에서 하코네 로프웨이에 탑승한다. 로프웨이를 타고 약 8분. 하코네 3대 절경에 해당하는 바위 사이의 틈 사이로 내뿜어 나오는 흰 연기가 압도적인 오와쿠다니는 약 3000년 전 하코네야마箱根山의 최고봉인 카미야마神山가 폭발 했을 때 생겨난 분화구의 유적이다. 황망한 대지에서 뿜어 나오는 흰 연기와 유황의 냄새는 지금도 지면 속은 화산 활동이 진행 중임을 알 수 있다. 로프웨이에 탑승할 때 유황가스에 대한 주의사항과 마크스를 지급해 주는데, 이때에도 이 지역이 활화산 지역임을 절실히 느끼게 된다. 이곳 온천에서 삶아져 나온 쿠로타마고(검은 계란)는 온천의 성분이 계란 껍질에 베어 검게 된 것이다. 뜨거운 온천수에 1시간 정도 삶은 후 뜨거운 증기를 씌어 완성시킨다. 물에 삶은 것보다 훨씬 맛있는 쿠로타마고는 오와쿠다니의 명물일 뿐만 아니라 하코네를 대표하는 명물이다. 이 쿠로다마고에는 한 가지 비밀이 숨어 있다. 1개 먹으면 7년 젊어진다는 사실. 5개들이 ￥500. 오와쿠다니를 제대로 보기 위해서는 울퉁불퉁한 바위를 오르락내리락 해야 하니, 편한 신발은 필수이다.

Ⓐ Sengokuhara, Hakone, Ashigarashimo, Kanagawa 神奈川県足柄下郡箱根町仙石原
☎ 0460-84-9605
소운잔 역에서 로프웨이를 타고 8분, 오와쿠다니 역에서 하차
35.2431, 139.01988

Hakone
Spot ⑤

하코네의 심볼
아시노코 芦ノ湖 Ashi Lake

아시노코에 하코네 해적선이 떠 있는 장면은 하코네를 상징하는 대표적인 모습이다. 아시노코는 3000년 전 하코네의 가장 높은 봉우리 카미야마의 대폭발로 생겨난 호수로, 그 주변으로 해적선이 출도착하는 도겐다이桃源台, 모토하코네 항元箱根港, 하코네마치箱根町, 하코네신사箱根神社 등 볼거리가 많다. 맑은 날에는 후지산이 보이는 아시노코의 조용한 호반은 낚시나 수상스키, 하이킹 코스가 있어 의외로 액티브한 즐길거리가 많은 곳이다. 도겐다이에서 해적선을 타고 아시노코를 건너가 하코네마치와 모토하코네 등 충분한 주변 산책을 즐기다가 버스로 하코네유모토로 돌아오는 코스를 추천한다.

ⓐ Hakone, Ashigarashimo, Kanagawa 神奈川県足柄下郡箱根町
로프웨이를 타고 도겐다이 항에서 하차
35.20956, 139.00346

하코네에 왔다면 해적선을 타보자!

**하코네의 명물,
하코네 해적선 箱根海賊船**
아시노코의 푸른 호수 위를 운항하는 하코네의 명물 하코네 해적선은 2013년 새롭게 데뷔한 붉은색 기선 로와이알 II 호, 용감한 영국 함대를 연상시키는 푸른색 빅토리호, 그린의 바사호 총 3대가 운항되고 있으며, 17~18세기의 기선전투함을 모델로 만들어졌다. 내부도 각각의 스토리에 맞추어져 17~18세기 풍의 인테리어로 분위기를 자아낸다. 선내에서 조용히 창밖을 내다볼 수도 있지만 커피 한 잔을 손에 들고 갑판으로 나와 하코네마치의 절경을 만끽하는 시간을 가져보자.
약 40분 소요, 요금 ¥1,000.

**하코네 해적선의 출도착 항구,
하코네마치 항箱根町港과 모토하코네 항元箱根港**
도겐다이 항을 출발한 하코네 해적선은 하코네마치 항과 모토히코네 항, 이 두 군데에 정착하게 되는데 두 곳은 도보로 약 30분 정도 소요되는 거리이다. 하코네마치 항에 먼저 내려서 삼나무 가로수길, 하코네시키쇼 관문 등 30분 정도 산책하면 모토하코네 항에 다다른다. 모토하코네 항에서는 하코네신사가 가까우니 둘러본 후 모토하코네 항으로 돌아와 등산버스로 하코네유모토로 이동하면 편리하다.

Hakone
Spot ❻

작고 조용한 호반 마을
모토하코네 元箱根 Motohakone

모토하코네는 하코네마치에 위치한 작은 마을이다. 아시노코 호수를 둘러싼 이 작은 마을은 호수만 바라보아도 좋을 이곳에 유적지와 신사, 미술관, 산책로, 식당, 카페 등 다양한 볼거리가 존재한다.

- Ⓐ 80-1 Motohakone, Hakone, Ashigarashimo, Kanagawa
- ⓣ 0460-83-7123
- 모토하코네 항에 하차 도보 10분
- 35.20305, 139.03081

Hakone
Spot ❼

하코네의 가장 트렌디한 카페
베이커리 & 테이블 ベーカリーアンドテーブル Bakery&Table

모토하코네 항 근처에 위치한 베이커리앤테이블의 입구에는 테라스 석에 따뜻한 온천에 발을 담글 수 있는 족욕탕이 있는 카페이다. 하코네다운 발상이라는 생각이 들어 따뜻한 온천에 발을 담궈 보니, 발만 담구었을 뿐인데 전신의 피로가 풀리는 기분이다. 베이커리앤테이블은 니이가타新潟의 묘코고원妙高高原의 노포 리조트호텔 아카쿠라관광호텔이 운영하는 베이커리앤카페이다. 호텔의 전통을 계승하는 베이커리가 이곳의 프라이드이다. 자체 제작하는 카스타드 크림이 가득 들어있는 크림빵이 인기메뉴이다. 가격은 ¥190. 어린 시절 추억이 새록새록 피어나는 병우유를 빼놓을 순 없지 않은가.

ⓐ 9-1, Motohakone, Hakone, Ashigarashimo, Kanagawa 神奈川県足柄下郡箱根町元箱根字御殿9-1
ⓞ 1F Bakery 10:00~17:00, 2F Café 08:00~17:00, 3F Restaurant 11:00~18:00
ⓣ 0460-85-1530
ⓠ 모토하코네 항에서 호수가 근처 바로
📍 35.20175, 139.03092

하코네 온천 즐기기

하코네유모토 숲 속 고요한
오카다 호텔 おかだホテル Okada Hotel

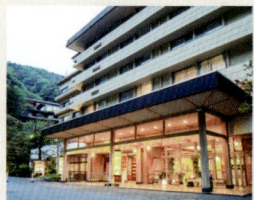 

하코네유모토 온천마을의 숲 속 호텔 오카다는 '5성 호텔' 상을 수상한 하코네에서도 유명한 역사를 자랑하는 호텔이다. 5개의 온천을 보유하고 있으며 풍부한 온천량과 계곡이 보이는 전망대 욕조 등 13종류의 온천을 즐길 수 있다. 무엇보다 푸른 숲에 아늑하게 위치하고 있어 도심을 떠나 혼잡을 잊고 조용한 시간을 보낼 수 있는 곳이다. 숙박을 하며 1박 2일 저녁과 아침 식사를 할 수 있는 일반적인 1박 2식 플랜과 당일 온천과 식사만 하고 돌아가는 플랜이 있어 선택할 수 있다. 1박 2식 플랜의 경우, 전통 일본식 다다미방과 침대룸과 개인 온천탕이 있는 객실이 1인 ￥13,889부터이다. 이 경우 저녁에는 오카다가 자랑하는 제철의 싱싱한 재료를 활용한 가이세키 혹은 레스토랑에서의 디너 뷔페가 제공되며 다음 날 아침에는 레스토랑에서 뷔페식으로 아침 식사가 제공된다. 이때 룸에서의 코스요리가 제공될 경우 요금은 숙박을 하지 않고 온천과 식사만 즐길 수 있는 히가에리가이세키프랜은 ￥4,262부터, 대욕조 온천탕만 입장할 경우 요금은 ￥2,160이다. 다양한 방법으로 하코네유모토의 고급 온천 호텔을 즐길 수 있다.

ⓐ 191 Yumotochaya, Hakone-machi, Ashigarashimo-gun, Kanagawa 神奈川県足柄下郡箱根町湯本茶屋191
ⓣ 0460-85-6000
ⓞ 하코네유모토 역에서 하코네유모토 인포메이션 센터 앞 온천마을 공동버스 '다키도리행 A코스' 5분
ⓦ www.hotel-okada.co.jp/korea
ⓖ 35.22651, 139.09075

하코네 고택에서의 당일 온천
하코네유료 箱根湯寮 Hakone Yuryo

풍부한 온천량과 알카리성 온천수인 하코네 온천은 예로부터 피부에 좋아 아름다운 피부를 위한 탕이라고 하여 여성들이 즐겨 찾았다. 하코네유모토 역 근처에 오랜된 하코네의 고택을 컨셉으로 한 하코네유료가 2013년 오픈하여 인기를 모으고 있다. 19개의 개인 노천탕과 다양한 온천탕을 갖춘 당일 온천만을 위한 시설이다. 하코네 유모토에서 가깝다는 점도 인기이며 시설 내에 별도로 레스토랑을 갖추고 있어 식사 걱정도 없다. 개인 노천탕 '유야 가덴 湯屋 花伝'과 대욕탕 '유라쿠안 오유 湯楽庵 大湯' 두 가지 시설로 나뉘어 지는데, 개인 노천탕의 경우 2인용은 60분 기준 ¥3,900, 30분 연장 시 추가 ¥1,950, 2~4인용은 60분 기준 ¥4,900, 30분 연장할 경우 ¥2,450이 추가된다. 룸의 크기에 따라 요금은 조금씩 달라진다. 대욕탕의 경우 어른 ¥1,400, 타올과 비누, 샴푸, 컨디셔너, 드라이기 등이 모두 준비되어 있다. 시설이 깨끗하고 마사지를 받을 수 있는 시설도 있어 여성들에게 인기이다. 휴게시설을 갖추고 있어 욕조에서 나와 편안한 휴식을 취할 수 있다.

Tip 알아두면 유용한 꿀팁!
일본 전통 료칸 이용 시 주의사항

체크인한 후 저녁 식사 전에 대욕조 탕을 이용하게 된다. 대욕조를 가기 전에 유타카 浴衣와 게타下駄로 갈아 신고 호텔 내를 거니는 것이 보통이니 경험해 보는 것도 좋겠다. 대욕조 이용은 한국의 공중탕 이용 시의 지켜야 할 예절과 크게 다르지 않지만 딜의실에 수의사항이 자세하게 설명되어 있으니 지키도록 특히 유의하자.

- 4, Tonosawa, Hakone-machi, Ashigarashimo-gun, Kanagawa 神奈川県足柄下郡箱根町塔之澤4
- 0460-85-8411 10:00-21:00(주말은 22:00까지)
- 하코네유모토 역에서 무료셔틀버스로 3분
- www.hakoneyuryo.jp 35.23365, 139.09586

❶ 특급호텔
❷ 비즈니스호텔
❸ 호스텔

TOKYO
chapter 5
STAY
도쿄 숙소의 모든 것
JAPAN

가격도 종류도 천차만별!
도쿄의 다양한 숙박시설

여행의 만족도에 있어 결정적인 요소가 숙소다. 식사가 맛있고 호텔이 깨끗하고 편하다면 모든 것은 OK. 잘 먹고 편하게 쉬었다 오는 것만으로도 여행은 풍요로워진다. 일본의 호텔은 오랜 세월을 잘 보전하고 다듬어 역사와 전통을 중시하며 최고의 호텔이라는 찬사를 받는 호텔이 있는가 하면, 몸 하나만 뉠 수 있는 캡슐과 같은 모양을 하고 있어 캡슐 호텔이라고 불리는 숙박시설도 번성하고 있다. 또한 '도미토리'라고 하는 일본어는 한국에서도 곧 잘 사용되는데, 나누어서 함께 잔다는 의미이다. 보통 2층 침대를 여러 개 두고 여러 명이 한방에 자는 경우이다. 게스트하우스나 호스텔에서 많이 볼 수 있는 형태이다. 최근에는 에어비앤비를 통해 숙소를 결정하는 사람이 많다. 일본은 안전하다는 이미지가 있어 에어비앤비 수요가 많은 나라이다. 홈스테이와 같은 개념이라고 볼 수 있지만, 프라이빗이 보장되고 독채 한 채를 내놓는 경우도 있어 잘 고르면 호텔보다 저렴하게 현지에서 살아보는 경험을 할 수 있다.

특급호텔

일본이 자신감을 가지는 것 중의 하나가 역사와 전통을 자랑하는 호텔이다. 최고의 서비스로 머문 사람들에게 특별한 존재감과 프라이드를 느끼게 해준다. 하얏트, 힐튼, 매리어트 등 외국발 특급호텔도 도쿄 시내 각 주요 지역에 위치하고 있다.
요금은 평균 1박 기준(2인 1실) ¥20,000~¥50,000 선이다.

캡슐 호텔

일본에서만 보이는 독특한 숙박시설의 형태로 겨우 누울 수 있을 정도의 공간에 침구만을 제공한다. 비즈니스호텔과 마찬가지로 역이나 오피스가나 번화가가 위치하는 경우가 많고 다행스럽게도 사우나 시설과 함께 있는 경우가 많다. 실내에는 침구와 시계, 라디오, 소형 텔레비전이 있다. 젊은 학생이나 여행객이 경비를 최소화하기 위해 이용하는 경우가 많다. 남성들이 주로 이용하지만 여성을 타겟으로 한 시설도 늘어나고 있다.
요금은 평균 1박 기준 ¥3,000 전후로 최근 새로운 캡슐 호텔의 경우 ¥5,000을 호가하는 경우도 있다.

비즈니스호텔

일반적인 호텔처럼 휴식공간이 따로 있지 않고 침대와 화장대 정도의 최소한의 비품만을 구비하고 있는 호텔이다. 주로 비즈니스맨을 위해 교통이 편리한 곳에 위치하고 있으며 요금이 비교적 저렴하다. 최근 새롭게 오픈하는 비즈니스 호텔이 많아 정보를 잘 챙겨보면 훌륭한 곳을 찾을 수 있다. 요금은 평균 1박 기준 ￥8,000~

호스텔

호스텔은 저렴하게 숙박하고자 하는 여행객을 위한 숙박시설이다. 최근 도쿄의 숙소에서 가장 주목할 만한 곳이 바로 호스텔이다. 이자카야와 함께하는 호스텔, 서점 공간을 연출해낸 호스텔, 거리 카페를 함께 연 호스텔 등 저렴한 이미지와 함께 독특한 컨셉을 가지고 생겨나고 있다. 특히 새로 오픈해 청결하다는 점도 반가운 일이다. 싸게 묵어 갈 수 있다는 것도 좋지만 도쿄를 알아 갈 수 있는 장치들이 있어 경험해 볼 만 하다. 가격은 도미토리룸 ￥3,000. 개인실, 2인실도 갖추고있어 호텔의 성격도 가진다.

• 에어비앤비 예약하는 방법

에어비앤비는 숙박 공유 플랫폼이다. 샌프란시스코의 한 아파트에서 시작된 이 사업은 자신의 집에 남은 공간을 빌려줄 사람과 빈 공간을 잠시 이용하고자 하는 사람들의 양자 간의 동의 하에 집을 빌려주고 에어비앤비이 과정에서 수수료를 받는 형태이다. 2008년 설립자가 자신의 집 빈 공간에 에어베드Airbed와 아침 Breakfast을 제공해주기 시작하면서 시작된 이 사업은 지금 여행 숙박에서 가장 뜨거운 키워드이다. 현재 무려 6천만 명이 이용한 것으로 알려지고 있다.

예약하는 방법은 스마트폰에 에이비앤비 어플을 깔거나 에어비앤비 사이트로 접속하여 여행하고자 하는 날짜와 지역을 입력하면 그 주변의 에어비앤비에 가입되어 있는 집들이 검색된다. 가격과 호스트의 얼굴과 집 내부, 주변 시설, 교통 액세스, 리뷰를 꼼꼼히 살핀 후 예약을 진행하고 카드로 결제까지 완료하면 예약도 완료되며 호스트로부터 이용과 관련한 자세한 정보들을 사전에 미리 받아 보는 것으로 예약이 진행된다.

www.airbnb.co.kr

• 안전한 호텔&호스텔 예약사이트

Expedia
익스피디아 www.expedia.co.kr

HotelsCombined
호텔스컴바인 www.hotelscombined.co.kr

Booking.com
부킹닷컴 www.booking.com

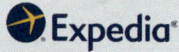
트리바고 www.trivago.co.kr

HOSTELWORLD

호스텔월드 www.korean.hostelworld.com

특급호텔

건축학적 가치를 지닌
호텔 뉴 오타니
Hotel New Otani

`도쿄 역&마루노우치`

전객실 오다이바 해변 뷰
힐튼 도쿄 오다이바
Hilton Tokyo Odaiba

`오다이바`

호텔 뉴 오타니는 1964년 도쿄올림픽을 방문하는 외국인 방문객을 위해 건설된 호텔이다. 약 20,000m²평 규모로 치요다쿠 기오이마치에 설립되었다. 지상 17층 객실 수 1,085실. 그 당시에는 처음으로 도입되는 다양한 시스템을 도입한 최고층의 빌딩으로 건축학적으로도 의미가 깊다. 일본의 고층 빌딩 시대를 개척한 역사적인 건축물이며 명품 브랜드 숍을 호텔 내에 처음으로 두면서 플라자형 호텔이라는 컨셉이 처음으로 도입되었다.

Ⓐ 4-1, Kioicho, Chiyoda-ku 千代田区紀尾井町4-1 Ⓣ 03-3265-1111
고지마치 역에서 도보 10분
체크인 14:00, 체크아웃 12:00 www.newotani.co.jp/tokyo/
35.68107, 139.73185

도심 속 리조트 오다이바에 위치한 힐튼 호텔은 전 객실에 프라이빗 발코니가 있어 도쿄 만의 아름다운 경치를 객실에서 바라볼 수 있는 호텔이다. 도쿄의 도심 절경과 레인보우 브리지, 도쿄 스카이트리, 도쿄타워를 바라볼 수 있는 최상의 뷰를 자랑한다. 유리카모메 선 다이바 역에서 직결, 공항에서의 액세스도 편리, 빅사이트와 같은 전시회장도 가깝다. 호텔에서 디즈니리조트로의 무료 셔틀버스를 운행하고 있다.

Ⓐ 1-9-1, Daiba, Minato-ku 港区台場1-9-1 Ⓣ 03-5500-5500
유리카모메 다이바 역에서 직결
체크인 15:00 www.hiltonodaiba.jp
35.6263, 139.77076

특급호텔

리뉴얼 오픈, 또 다시 정상에 서다
호텔 오쿠라
Hotel Okura

롯폰기

도쿄의 관청가 도라노몬에 위치한 호텔 오쿠라는 입지적인 특성상 세계의 최정상 셀렙들을 맞이해 온 호텔이다. 개업 50년을 맞으며 리뉴얼 오픈 하면서 더욱 편안한 객실, 정성이 담긴 요리, 숙련된 서비스 이 모든 것이 하나가 되어 최고의 서비스로 재탄생하였다. 건물 디자인과 객실에 일본의 전통 양식을 가미하고 있어 일본을 찾는 외국인에게 깊은 인상을 주는 호텔로 유명하다.

ⓐ 2-10-4, Toranomon, Minato-ku 港区虎ノ門2-10-4 ☎ 03-3582-0111
히비야 선 가미야마치 역 ab 출구에서 도보 10분
체크인 14:00, 체크아웃 12:00 www.hotelokura.co.jp
35.66696, 139.74405

도쿄타워가 가장 잘 보이는 호텔
더 프린스 파크 타워 호텔
The Prince Park Tower Tokyo

롯폰기

더 프린스 파크 타워 호텔은 도쿄타워가 가장 잘 보이는 호텔로 유명하다. 도심이라고 생각할 수 없는 넓은 시바 공원의 나무에 둘러싸여 있는 호텔이다. 지상 33층, 총 603개의 객실을 보유하고 있으며 도쿄의 호텔로서는 흔치 않은 천연온천 스파를 운영하고 있다. 롯폰기힐즈, 도쿄 미드타운과도 가깝고 오다이바로 이동하기도 편리하다.

ⓐ 4-8-1, Shibakoen, Minaato-ku 港区芝公園4-8-1 ☎ 03-5400-1111
오에도 선 아카바네바시 역에서 도보 2분
체크인 15:00, 체크아웃 12:00 www.princehotels.co.jp/parktower
35.65548, 139.74718

> 비즈니스 호텔

어메니티 품질 중시
호텔 유니조 긴자잇쵸메
Hotel Unizo Ginza 1Chome
`긴자`

머무는 것에서 생활하는 것으로
헌드레드 스테이 도쿄 신주쿠
HUNDRED STAY Tokyo Shinjuku
`신주쿠`

긴자잇초메에 위치한 비즈니스호텔 유니조는 2015년 1월에 오픈한 새로운 호텔이다. 청결함과 서비스, 침실과 어메니티 품질까지 중시한 긴자를 찾는 비즈니스맨을 위해 최상의 조건을 갖춘 호텔이다. 2층까지 뚫려 있어 개방감 넘치는 로비와 전면 창유리로 되어 있는 호텔 입구에서 긴자의 호텔다운 세련됨이 느껴진다.

헌드레드 스테이 도쿄 신주쿠는 일본에서는 많지 않은 호텔과 아파트가 일체화된 호텔이다. 최근 여행의 트렌드에 맞춘 숙박시설로 호텔과는 다른, 여행지에서 생활해 보는 느낌으로 머물 수 있는 곳이다. 전 102개의 객실로 이루어져 있으며 신주쿠 역에서 도보 15분, 오쿠보 역에서 3분, 코리아타운이 위치한 신오쿠보 역에서 8분 거리에 위치하고 있다.

Ⓐ 1-9-5, Ginza, Chuo-ku 東京都中央区銀座1-9-5　Ⓣ 03-3562-8212
🚇 긴자잇초메 역 10번 출구에서 도보 1분
Ⓒ 체크인 14:00, 체크아웃 12:00　🌐 www.unizo-hotel.co.jp/ginza1
📍 35.67412, 139.76906

Ⓐ 2-27-7, Hyakunincho, Shinjuku-ku 新宿区百人町2-27-7　Ⓣ 03-6890-9100
🚇 오쿠보 역에서 도보 2분
Ⓒ 체크인 14:00, 체크아웃 10:00　🌐 www.hundredstay.jp
📍 35.70231, 139.69528

비즈니스 호텔

믿고 이용하는
썬루트 호텔
Sunroute Hotel

신주쿠

일본 전역 77개의 호텔을 전개하고 있는 비즈니스호텔의 강자 썬루트 호텔은 시설이 깨끗하고 룸 자체도 그렇게 좁지 않아 일단 답답한 느낌을 지울 수 있다. 고풍스럽거나 대단히 고급스럽지는 않지만, 역에서 가까워 이동하기에 편리하고 무엇보다 청결관리가 잘 되어 있는 호텔이다. 도쿄 시내에서만 히가시신주쿠, 요요기, 긴자, 신바시, 시나가와, 아사쿠사, 다카다노바바 등 15개의 호텔이 운영되고 있다.

Ⓐ 7 Chome-27-9 Shinjuku, Shinjuku-ku, 160-0022 都新宿区新宿7-27-9
☏ 03-5292-3610 ℗ 히가시신주쿠 역 B-2출구 바로 옆에 위치
ⓘ 체크인 14:00, 체크아웃 11:00 ⓦ hotelsunroutehigashishinjuku.jp
ⓖ 35.69858, 139.70794

세계적인 명성, 디자이너 호텔스가 선택한
더 게이트 호텔 카미나리몬
The Gate Hotel Kaminarimon

아사쿠사

스타일리쉬한 감각의 호텔로 디자이너 호텔스에 선정된 일본의 유일한 호텔이다. 이것만으로도 들러볼 가치있는 호텔이지만 교통까지 편리해 여행자에게는 즐거울 따름이다. 2012년에 오픈, 지하철 아사쿠사 역과 아사쿠사의 심볼 붉은 제등 카미나리몬에서 도보 2분 이내에 위치하고 있다. 에도 분위기가 물씬 풍기는 마을과는 상반되는 이미지의 모던 스타일의 호텔은 시크한 객실, 다크우드 가구, 고급 어메니티 등 즐거운 요소가 한두 가지가 아니다.

Ⓐ 2-16-11, Raimon, Taito-ku 台東区雷門2-16-11 ☏ 03-5826-3877
℗ 긴자 선, 아사쿠사 선 아사쿠사 역에서 도보 2분
ⓘ 체크인 14:00, 체크아웃 11:00 ⓦ www.gate-hotel.jp/korean
ⓖ 35.71086, 139.7953

―――――――――――― 호스텔 ――――――――――――

카페 바가 이색적인
카이스
Kaisu

`롯폰기`

책 보다 잠드는 호텔
북 앤드 베드 도쿄
BOOK and BED TOKYO

`이케부쿠로`

아카사카의 60년 된 요리집을 개축하여 2015년에 오픈한 카이스는 호스텔 내부의 카페 바가 있다는 점이 이색적이다. 이곳은 신선한 재료를 이용한 식사와 프리미엄급 커피를 맛볼 수 있으며 카이스에 숙박하는 사람이 아니어도 이용할 수 있어 많은 사람과 만날 수 있는 공간이다. 롯폰기와 아오야마가 가까워 여행하기 편하다. 룸은 6명, 14명이 묵을 수 있는 도미토리룸과 여성 전용 10인실 도미토리룸, 그리고 2인실 개인룸으로 구성되어 있다.

Ⓐ 6-13-5, Akasaka, Minato-ku 港区赤坂6-13-5 ☎ 03-5797-7711
👥 치요다선 아카사카 역에서 도보 5분
🕒 체크인 15:00, 체크아웃 11:00 🌐 kaisu.jp
📍 35.66991, 139.73453

'잠자는 서점'이라는 컨셉의 호스텔이다. 푹신푹신한 호텔 침구는 없지만, 책을 보면서 잠들 수 있는 최고로 행복한 잠드는 순간을 모티브로 한 저렴한 숙박시설이다. 침대는 스탠다드와 콤팩트 2가지 종류로 총 30개, 화장실과 샤워룸은 공용이다. 편안하게 책을 볼 수 있는 서점을 연상시키는 로비스페이스와 커다란 책장은 책과 침대가 공유하고 있는 독특한 구조이다. 책과 함께 있으니 이 좁은 공간도 호텔 부럽지 않다.

Ⓐ 1-17-7, Nishiikebukuro, Toshima-ku 豊島区西池袋1-17-7
👥 이케부쿠로 역 C8 출구 도보 30초
🕒 체크인 16:00, 체크아웃 11:00 🌐 www.bookandbedtokyo.com/tokyo
📍 35.73108, 139.70708

호스텔

여성도 안심하고 묵을 수 있는
그리즈 아키하바라 호텔&호스텔
Grids Akihabara Hotel & Hostel

아키하바라

분위기 있는 이자카야가 함께하는
분카 호스텔 도쿄
Bunka Hostel Tokyo

아사쿠사

아키하바라 역에서 도보로 10분이라는 절대적인 입지조건과 깨끗한 도미토리형 객실을 보유하고 있는 그리즈는 2015년 새롭게 지어진 여성전용 공간을 갖추고 있는 숙박시설이다. 숙소 전관에서 무료 와이파이는 물론, 에어컨이 완비되어 있으며 전자레인지 등 주방용품이 비치되어 있는 간이 주방이 구비되어 있다. 구내 레스토랑에서 식사를 할 수도 있다.

아사쿠사에 위치한 디자인 호스텔이다. 2015년에 오픈, 2016년 굿디자인상을 수상한 분카 호스텔 1층은 일본 전국의 향토요리를 맛볼 수 있는 분위기 있는 이자카야가 있다는 점이 이색적이다. 일본 독특한 다양한 요리와 니혼슈를 중심으로 영양 밸런스까지 생각한 요리를 제공하는 다이닝 바이다. 센소지와 나카미세도리 등 에도 분위기가 가득한 아사쿠사의 정취가 느껴지는 마을에서 여러 나라의 여행객들과 함께 장소를 공유할 수 있는 색다른 경험을 할 수 있는 호스텔이다.

ⓐ 2-8-16, Higashi-kanda, Chiyoda-ku 千代田区東神田2-8-16 ⓣ 03-5822-6236
히비야 선 아키하바라 역에서 도보 6분
ⓒ 체크인 16:00, 체크아웃 11:00 ⓗ www.grids-hostel.com/hostels/akihabara
35.69656, 139.78032

ⓐ 1-13-5, Asakusa, Taito-ku 台東区浅草1-13-5
츠쿠바 익스프레스 아사쿠사 역에서 도보 1분
ⓣ 03-5806-3444 ⓒ 체크인 16:00, 체크아웃 10:00
ⓗ bunkahostel.jp 35.7121, 139.79322

일본 기본정보
위급상황 시 필요한 정보
비자와 여권 / 기후와 옷차림
주요 축제 및 연례행사 / 휴대전화 이용하기
유용한 어플리케이션&웹사이트
항공권 현명하게 구매하기
여행의 시작과 끝 예산짜기
환전하기 / 현명하게 짐 꾸리기
도쿄가 알고 싶다! 여행에 관한 궁금증
출국하기(공항소개)
출국 절차(인천국제공항)
일본어 일상회화

chapter 6
PLANNING
도쿄 여행을 준비하며

일본 기본정보

기본 정보

국명 일본(日本, JAPAN)
수도 도쿄(東京, TOKYO)
면적 총 면적은 약 377,915㎢이며 이는 남한 면적의 3.8배이고, 한반도 전체보다 1.7배 넓은 세계에서 62번째로 넓은 국가이다.
인구 약 126,702,133명 세계 11위(2016.11 CIA기준)
통화 화폐 단위는 엔(円)이다.
언어 일본어를 공용어로 사용하고 있다.
종교 신도神道, 불교, 기독교
기후 홋카이도와 혼슈 북부와 중부 내륙고지는 아한대다우 기후이며 그 외 지역은 온대다우 기후에 속한다. 해양성의 영향으로 겨울에 따뜻하고 여름에 습하다. 홋카이도와 오키나와까지 남북의 기온 차가 크며 그 차가 약 16℃에 이른다.
경제 GDP 1인당 기준 $3만 7,304, 세계 25위(2016년 IMF기준)
시간대 한국과 일본은 시차가 없다.
국제코드 +81
국가도메인 .jp

통화

일본의 공식 화폐는 엔화이다. ￥100 = KRW1,017.44원 (2017.01월 기준)

전화

일본 - 대한민국 전화
국가번호(대한민국은 82)+(0을 뺀) 지역번호+전화번호
예) 010-1234-5678로 전화 거는 경우 +82+10+1234-5678

인터넷

일본에서 사용하게 되는 인터넷망은 NTT, KDDI, 소프트뱅크의 회선을 이용하게 된다. 이 회사들은 각자의 회선망을 이용하는 스마트폰 각각 NTTdocomo, KDDI au, 소프트뱅크모바일을 운용하고 있다. 스마트폰을 활용한 통신속도는 절대적인 수치는 아니지만 보편적으로 안정된 곳에서는 소프트뱅크가 가장 빠른 것으로 발표되었다.

우편

일본에서 해외로 우편물을 보낼 때는 우체국을 이용한다. 엽서나 편지는 호텔에 맡기면 우송을 도와준다. 이때 엽서는 ￥70, 편지는 ￥90~￥1300이다. 우표는 우체국이나 편의점에서 구매가 가능하다. 우체국의 영업시간은 09:00~17:00이며 토, 일, 공휴일은 휴무이다. www.post.japanpost.jp

전압

일본의 전압은 100V, 주파수는 50/60Hz 이다. 노트북, 핸드폰 충전기 등 한국의 전자제품을 일본에서 사용할 경우, 한국과 일본은 전압이 달라 변압기를 사용해야만 한다. 일명 '돼지코'라고 불리는 2핀식 변압기를 끼우고 사용한다.

위급상황 시 필요한 정보

유용한 전화번호

경찰서 110, **화재 및 긴급부상** 119, **해상 사건사고** 118, **전화번호 안내** 104

위급상황 TIP

- **길을 잃었거나 물건을 분실 했을 경우**

곤란한 상황이 벌어지면 먼저 KOBAN(파출소)을 찾는다. 역 주변 사람이 많은 곳에 위치하고 있으며 경찰관이 24시간 상주하고 있다.

- **지진이 일어 났을 경우**

밖으로 나가지 말고 책상 밑으로 대피하고 흔들림이 멈추기를 기다린다.

주요 병원

의사를 불러야 하는 응급조치가 필요할 때에는 가장 먼저 호텔 프론트에 연락하자. 도쿄 시내에는 외국인을 위한 외국어 서비스를 실시하고 있는 의료기관이 있다.

의료정보센터

도쿄보건의료정보센터 3-5285-8181
국제의료정보센터 3-5282-8088
소방전화서비스(의료기관안내) 3-3212-2323

종합병원

국제카톨릭병원 東京都新宿區中落合2-5-1 81-3-3951-1111
일본적십자의료센터 東京都澁谷區廣尾4-1-22 81-3-3400-1311
St. Luke 국제병원 東京都中央區明石町9-1 81-3-3541-5151
도쿄 영생병원 東京都杉幷區天沼3-17 81-3-3392-6151

주 일본 대한민국 대사관

주소 106-0047 도쿄 도 미나토 구 미나미아자부 1-2-5 東京都港南麻布1-2-5
전화번호 : 81-3-3452-7611/9
긴급전화(휴일) : 81-3-6400-0736(경비실)

주 일본 대한민국 총영사관

주소 106-0047 도쿄 도 미나토 구 미나미아자부 1-7-32 東京都港南麻布1-7-32
전화번호 : 81-3-3455-2601~3
긴급전화(휴일) : 81-90-1693-5773(사건·사고)

비자와 여권

비자

일본은 2006년 3월 1일부터 90일 이내의 단순 관광 목적일 경우 한국인을 대상으로 비자 면제를 실시하고 있다. 여행을 비롯해 상업, 회의, 지인 방문 등이 목적인 경우 무비자로 입국이 가능하고 90일 체류할 수 있다. 다만 일본에서 보상을 받는 활동을 하게 될 경우이거나 정해진 체류 기간을 넘게 될 경우에는 비자를 취득해야 한다.

여권

일본을 방문하는 외국인은 6개월 이상의 기간이 남아있는 여권을 소지해야 한다. 여권은 외국 여행 시 신분을 증명할 신분증 역할을 한다. 외무부에서 발행하며 대한민국 국적을 가진 국민은 모두 발급이 가능하며 본인이 직접 신청해야 한다.

구비 서류
- 여권발급신청서(민원실 비치)
- 여권용 사진(6개월 이내 촬영한 사진. 단, 전자여권이 아닌 경우 2매)
- 신분증
- 병역관계서류 25~37세(병역미필 남성은 국외여행 허가서를 구비해야 한다.)

미성년자 여권 발급 시 구비서류
- 여권발급신청서
- 여권용 사진 1매(6개월 이내 촬영한 사진. 단, 전자여권이 아닌 경우 2매)
- 여권법 시행규칙 별지 제1호의2서식 "법적대리인 동의서"
  – 친권자(부 또는 모), 후견인 등 법정대리인이 작성
- 법정대리인 신분증
- 기본증명서 및 가족관계증명서

발급 절차
신분증과 사진을 준비하여 해당 시, 도, 군, 구청 방문 후 여권발급과에 비치된 여권발급신청서를 작성하여 담당자에게 전달하면 여권 찾는 날짜가 기재된 종이를 건네준다. 공휴일을 제외하고 4~5일 정도 소요되니 여행 출발 전에 미리 준비해 놓도록 한다.

기후와 옷차림

기후와 옷차림 (2016년 평균기온 / 일본기상청)

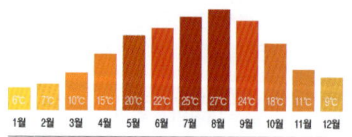

도쿄를 기준으로 봄과 가을은 한국과 비슷한 편. 여름은 한국보다 기온은 낮지만 습도가 높아 더 덥게 느껴진다. 최대한 얇은 옷을 준비하는 것이 좋다. 한겨울인 1, 2월에도 영하까지 내려가는 날이 드물다. 평균 영상 1, 2°C에 머물기 때문에 한국에 비해 따뜻한 편이다. 하지만 겨울인 만큼 코트와 패딩은 기본적으로 챙기는 것을 추천한다.

주요 축제 및 연례행사

1월

하츠모우데 : 해돋이 행사이다. 절이나 신사를 찾아 1년의 안전을 기원한다.

후쿠부쿠로 쇼핑 : 일본 전 지역의 백화점과 쇼핑센터에서 복주머니를 판매한다. 내용물은 알지 못해 열어보는 재미를 즐긴다.

2월

세츠분 : 계절이 바뀔 때 귀신이 든다고 하여 악령을 쫓는 행사를 한다. 절이나 신사, 혹은 집안에서도 행한다. 붉은 팥을 던지며 '귀신은 가고 복은 와라'고 외친다.

3월

히나마츠리 : 여자아이의 성장을 축하하는 행사이다. 히나라고 하는 인형을 장식해 놓고 백주나 스시와 같은 음식을 즐기는 날이다.

4월

하나미마츠리 : 지역에 따라 다소 차이는 있으나 3월 말에서 4월 초 벚꽃이 필 무렵에 열린다. 친구나 가족, 직장 동료들과 함께 벚꽃 명소로 찾아가 자리를 펴고 맛있는 음식과 음료를 즐기는 풍습이다.

5월

아사쿠사 산자마츠리 : 마을의 신을 모신 미코시가 센소지로 모여들 때 장관을 이룬다.

핼다마츠리 : 일본의 대표적인 3대 마츠리 중 하나.

6월

아지사이 마츠리 : 수국이 만개하는 6월에 수국 축제가 열린다. 지역마다 시기는 차이가 있지만 초여름 아지사이 마츠리가 열린다.

산노마츠리 : 도쿄의 대표적인 마츠리로 치요다 구에 위치한 히에 신사에서 열린다. 왕조의복을 입은 사람들이 조상신을 받드는 행사이다. 히비야, 마루노우치 등 도심을 행진하는 도쿄의 대표적인 마츠리이다.

7월

하나비 마츠리 : 뜨거운 여름밤을 불꽃으로 수놓는 아름다운 여름 축제이다. 일본 전역에서 하나비 마츠리가 열린다.

다나바타 마츠리 : 7월 7석 축제이다.

8월

오본 : 한국의 추석에 해당하는 명절이며 한국과 마찬가지로 고향을 찾는 민족 대이동이 이루어지는 때이다.

도쿄 고엔지 아와오도리 : 도쿠시마 현을 중심으로 전국에 아와오도리 행사가 열린다. 아와오도리는 북, 피리 등 악기와 노래에 맞추어 리듬감 있는 춤을 추는 축제이다.

12월

일루미네이션 : 도쿄 도심 곳곳에 밤을 밝히는 일루미네이션이 켜진다.

도쿄 죠죠지 카운트다운 : 31일 정각에 신년을 맞이하는 카운트다운 행사이다.

휴대전화 이용하기

USIM

일본 현지에서 SIM 카드를 구입하고 사용하던 폰에 갈아 끼우면 사용 가능하다. SIM 카드는 여러 회사의 것이 있지만 도쿄 시내에 있는 전자종합매장인 '빅크카메라(BIC CAMERA)'나 '요도바시카메라(YODOBASHI CAMERA)' 등에서 판매한다. 'U-Mobile 프리페이드'의 경우 나리타공항, 하네다공항에서도 취급하고 있어 여행자가 구매하기는 더 편리하다. SIM 카드의 가격대는 회사와 사용일수, 데이터 속도에 따라 달라지지만 'U-Mobile프리페이드'는 7일간 ￥2,000, 15일간 ￥3,500이다. (2016년 12월 시점)

- 빅카메라 : www.biccamera.com/bc/c/service/bicsim
- U-Mobile 프리페이드 : https://umobile.jp/d/lp/prepaid/eng.html

포켓 Wi-Fi

와이파이 기기는 보통 기기 1대당 3~4명씩 동시 사용이 가능하기 때문에 여러 명으로 여행을 갈 시 1명당 금액이 저렴해진다. 가격 때는 1일에 약 7천 원 전후. 회사마다 수령, 반납 방법이 달라 한국에서 출국할 때 인천이나 김포 공항에서 수령하고 반납할 경우도 있지만, 글로벌 와이파이'의 경우 온라인으로 예약 신청해두고 일본 공항에서 바로 수령 및 돌아올 때 반납할 수도 있다.

- 글로벌 와이파이 : https://www.globalwifi.co.kr/ (일본 공항에서 수령 가능)

외국인 여행자를 위한 무료 와이파이

일본 주요 지하철, 대단위 쇼핑몰에서는 여행자를 위한 무료 와이파이 서비스를 제공하고 있다.

- **NTT동일본 FREE Wi-Fi 재팬**
  NTT 동일본의 'NTT East FREE Wi-Fi Japan'은 동일본 지역 45,000개 이상의 장소에서 14일간 무료서비스를 이용할 수 있다. 관광안내소에서 여권을 제시하면 접속에 필요한 ID와 비밀번호가 적힌 카드를 받을 수 있다.

- **JR동일본 무료 Wi-Fi**
  EAST Travel Service Center 혹은 역내 액세스 포인트 설치 장소(나리타공항 역, 공항 제2 빌딩 역, 하네다공항 국제선 빌딩 역, 도쿄 역, 우에노 역, 아키하바라 역, 간다 역, 하마마츠초 역, 시부야 역, 하라주쿠 역, 신주쿠 역, 이케부쿠로 역 등) 부근에서 'JR-EAST FREE Wi-Fi에 이메일 주소를 등록하면 인터넷을 이용할 수 있다.

- **Japan Connected-free WiFi**
  일본 전국의 약 18,000개 이상의 Free WiFi를 이용할 수 있는 어플. 어플에 등록하면 주요 공항, 역, 관광지, 편의점 등의 Free WiFi를 인증 없이 이용할 수 있다.

유용한 어플리케이션 & 웹사이트

일본 여행 시 뭐니 뭐니해도 외국어인 일본어 해석과 교통편 찾기만 바로 해결이 되면 굉장히 순조로운 여행이 될 수 있을 것이다. 여기서는 일본 여행 시 도움이 되는 몇 가지 앱을 추천한다.

네이버파파고

자신이 말하는 내용을 상대방의 언어로, 상대방이 말하면 다시 한국어로 번역해주는 '1:1 대화 모드' 외에도, 카메라로 사진을 찍고 이미지 번역을 해주는 '이미지 번역', 환율 실시간 자동 변환해준다.

관광객을 위한 도쿄 지하철 가이드

오프라인으로 도쿄의 지하철(도쿄메트로 · 도에이 지하철)을 이용할 때 환승 경로 등을 검색할 수 있도록 도쿄메트로가 제공하는 무료 공식 앱이다. 노선도에 표시된 역을 터치만 하면 쉽게 경로를 검색할 수 있으며, 그 밖에 랜드마크 검색 기능을 활용하면 도쿄타워나 센소지 등 도쿄의 관광지 이름이나 주요 호텔 이름으로 출발역과 도착역을 선택할 수 있다.

구글지도

출발지와 목적지를 선택하면 대중교통 환승이나 소요시간까지 자세한 길안내를 해주는 지도앱. 지도 정보외에도 음식점이나 관광지에 대한 후기들이 올라와 있어 여행 시 도움이 된다.

구글번역기

도쿄 어디든 한국어 표기가 잘 되어 있지만, 그렇지 않은 곳에서 아주 유용한 앱이다. 굳이 일본어를 입력하지 않고도 구글번역기 앱을 실행하여 사진을 촬영하면 촬영된 글씨를 한국어로 번역해준다.

트립어드바이저

트립어드바이저에는 3억 5천만 건 이상의 여행자 리뷰와 의견이 올라와 있어 최저가 항공편, 최고의 호텔, 근사한 음식점 및 즐길 수 있는 관광명소를 찾는 데에 도움이 된다. 또한 호텔 및 음식점, 항공편 예약도 탭 몇 번으로 해결된다.

항공권 현명하게 구매하기

대한민국 - 일본 노선은 기존의 항공노선에 더하여 저가 항공사가 대거 참가, 항공권 가격 경쟁이 치열한 노선이다. 특히 서울 - 도쿄 구간은 수요가 많은 반면 오사카와 후쿠오카 대비 거리가 멀어 항공권 가격이 일본의 다른 도시에 비해 상대적으로 가격이 비싸고, 인천 - 나리타 노선에 비해 교통이 편리한 김포 - 하네다 노선이 비싸다. 여행 경비에서 가장 많은 부분을 차지하는 것이 항공권이기 때문에 쉼 없는 클릭으로 여러 날 뜬 눈으로 항공권을 비교하게 될 것이 분명하다. 저가항공사의 경우 막상 내가 떠나려고 할 때는 자리가 없는 경우가 많으니 무조건 일정을 빨리 잡아 남들보다 서두른다면 싼 항공권을 확보할 수 있을 것이다.

항공권 저렴하게 구매하는 다양한 TIP

- 2~3개월 전 미리 항공권을 구입하여 저렴한 좌석을 확보해 둔다.
- 저가항공사를 이용하다.
- 대한민국 - 일본 노선은 비수기인 2월, 11월이 가장 저렴하다.
- 금요일 출발 보다는 일요일 출발, 화요일 오후 편이 가장 저렴하다.
- 각 항공사가 1~2개월 전에 실시하는 얼리버드 항공권을 이용한다.(도쿄의 경우 얼리버드에서 제외되는 경우가 많다)
- 각 항공사의 프로모션을 노려본다. 프로모션 소식을 빨리 알고 싶다면 항공사에 들어가 뉴스레터를 신청하는 것도 방법이다.

항공권 가격 비교 사이트

- 인터파크투어 air.interpark.com
- 하나투어 www.hanatour.com
- 스카이스캐너 www.skyscanner.co.kr

인터파크투어와 하나투어 같은 경우에는 자체 온라인 박람회를 진행하기 때문에 항공권을 저렴하게 구매할 수 있는 확률이 높다.

저가항공사의 매력과 특징

저가항공사는 항공기 내의 서비스를 최소화하고 부대비용을 절감시켜 항공권 비용을 저렴하게 낮춘 항공사이다. 기내식이 제공되지 않고 위탁수하물에 요금 책정이 불리한 경우가 있지만, 자리만 있다면 저가항공사를 이용하면 여행 경비를 10만 원 정도는 낮출 수 있다.

여행경비에서 10만 원은 엄청나게 큰돈이다. 저렴한 항공권을 구매한다는 것은 너무나도 매력적인 요소이지만 나리타공항에 내렸을 경우, 도착 터미널이 불편해 도심으로 이동하는데 번거로움이 있다.

대한민국 – 일본 노선 대표 항공사 종류

- 대한항공 kr.koreanair.com **KOREAN AIR**

인천 – 나리타 기준 하루에 7회씩 왕복 운항한다. (스카이팀 항공 포함)
김포 – 하네다 기준 하루에 6회씩 왕복 운항한다. (스카이팀 항공 포함)

- 아시아나 flyasiana.com **ASIANA AIRLINES**

인천 – 나리타 기준 하루에 4회씩 왕복 운항한다.
김포 – 하네다 기준 하루에 6회씩 왕복 운항한다. (스타얼라이언스 항공 포함)

- 일본항공 www.kr.jal.com **JAPAN AIRLINES**

인천 – 나리타 기준 하루에 6회씩 왕복 운항한다.
김포 – 하네다 기준 하루에 6회씩 왕복 운항한다.

대한민국 – 일본 노선 저가 항공사 종류

- 이스타항공 www.eastarjet.com
- 제주항공 www.jejuair.net
- 진에어 www.jinair.com
- 티웨이항공 www.twayair.com/main.do
- 피치항공 www.flypeach.com/pc/kr
- 에어아시아 재팬 www.airasia.com/kr/ko/home.page

여행의 시작과 끝 예산짜기

출발 전 경비

여행을 준비하면서 가장 궁금한 점은 경비가 얼마나 들까 하는 점이다. 사실 한국에서 준비하는 항공권, 호텔에서부터 현지에서 발생하는 식사, 교통비, 입장료까지, 어떤 식사를 할 것인지, 어느 미술관을 갈 것인지 어느 전망대를 오를 것인지에 따라 가격은 천차만별이다. 여행 예산을 짜는 데 있어 가장 기본이 되는 것은 일정표이다. 여행 날짜별로 가는 지역을 설정하고 그곳에서 가고 싶은 레스토랑과 카페, 관광지를 기입하여 각각 입장료를 체크해 두면 대략적인 경비 산출이 가능하다. 경비는 크게 항공권, 호텔, 현지경비 이 세 가지로 나눈다.

꼭 필요한 비용!
- 항공권 : 200,000~300,000원
- 숙박비 : 1박 기준 50,000원~100,000원
- 현지경비 : 1일 기준 50,000원~70,000원

별도 필수 추가 비용!
- 여권 : 10년 복수 여권 발급 비용 53,000원,
- 여행자보험 : 2박 3일 기준 5,000원~10,000원 (보상내용에 따라 요금 상이)

현지 경비 산출 비용

여행에 앞서 일정을 대략적으로 짜면 숙박비, 교통비, 식비, 입장료, 그 외 쇼핑 비용 등을 계산해본다. 참고로 일본과 한국 물가를 비교하자면, 교통비만큼은 일본이 훨씬 비싸고 택시는 기본요금이 도쿄 기준으로 ¥730~, 지하철이나 버스 같은 대중교통은 가까운 거리는 ¥2~300으로 갈 수 있지만 한국과 달리 환승 할인이 없다. 도쿄 시내와 수도권에만 머문다면 교통편은 좋은 편이니 가격이 비싼 택시는 피하고 대중교통을 이용하는 것을 권장한다. 대중교통만 사용한다고 가정했을 때 이동 루트에 따라 달라지지만 한국 돈으로 하루 교통비는 15,000원 정도 잡아두면 좋을 것 같다.

2박 3일 머무는 경우의 현지 예상 비용

식사 아침 : 7,000원×2회 = 14,000원
     점심 : 10,000원×3회 = 30,000원
     저녁 : 15,000원×2회 = 30,000원
커피 3,500원×3회 = 10,500원
생수 1,000원×3회 = 3,000원
교통비 1일 약 15,000원×3일 = 45,000원
입장료 1일 10,000원×3일 = 30,000원

합계 약 162,500원

참고 물가지수 100 JPY=1,027.19원 (2016.12월 기준)

전철	대인 ￥140~ (JR야마노테선 기준)	
버스	대인 ￥210 *중학생 이상 (도쿄도에이 버스 기준)	
택시	￥730~ (승차 후 2,000m까지, 이후 280m당 ￥90, 1분 45초당 ￥90 가산, 시간 거리병용제운임) (도쿄23구 기준)	
맥도날드 Mcdonal's	빅맥 ￥370 (단품 기준)	
스타벅스 Starbucks	카페 아메리카노 Tall Size ￥367 (Hot/Ice동일)	
담배	말보로 ￥460	

※금액은 소비세 8% 포함 금액

환전하기

환전은 은행, 우체국, 호텔, 공항에서 할 수 있다. 큰 차이는 아니지만 공항보다는 시중에 위치한 주거래은행에서 환전하는 것이 조금이라도 이익이다. 혹은 시간이 된다면 주거래 은행과는 상관없이 환율 우대를 받을 수 있는 서울역 환전센터를 이용하는 것도 방법이다.
현지에서는 식사와 교통비, 혹은 숙소비용까지 생각하여 환전을 미리 해 둔다. 현지에 도착해서 ¥10,000권을 바로 사용할 수 없을 경우를 대비해서 ¥10,000권과 ¥1,000권으로 나누어서 환전해 두는 것이 좋다.

서울역 환전센터

공항철도의 시작과 종점이기 때문에 공항철도를 이용하는 여행객이 주로 찾는 환전센터이다. 운영시간도 일반 은행 운영시간보다 일찍 오픈하고 늦게 닫기 때문에 직장인이 이용하기에도 아주 좋다. 또한 주거래 고객이 아니어도 환율 우대를 받을 수 있다. (※환전 시 최대 금액 제한이 있으므로 주의)

- **IBK기업은행**
  운영시간 : 06:00~22:00
  찾아가는 방법 : 서울역 2층에 위치

- **KB국민은행**
  운영시간 : 06:00~22:00
  찾아가는 방법 : 서울역 공항철도 가는 방향 지하 2층에 위치

화폐 단위

일본의 화폐단위는 엔(JPY, 円)이다. 한국 원화와의 환율 차이는 100엔=1,028원이다. 화폐로 사용되는 지폐는 ¥1,000, ¥2,000, ¥5,000, ¥10,000권. 그중 ¥2,000권은 흔하지 않고 잘 통용되지 않아 행운의 지폐라고도 불린다. 동전은 ¥1, ¥5, ¥10, ¥50, ¥100, ¥500 동전이 있다. 일본은 점포, 레스토랑에서 소비세 8%를 추가하여 지불하여야 하므로 ¥1 동전까지 별도로 동전지갑을 지참하고 다닌다. ¥5 동전은 일본어 발음으로 '고엔'이라고 부르는데 이것은 '인연ご縁'이라는 단어와 발음이 같아 의미를 부여하기도 한다. 일본의 지폐는 한국의 지폐보다 사이즈가 크며 일반적으로 돈을 잘 관리하는 습관이 있어 대체로 깨끗하다.

ATM

해외 신용카드를 이용할 수 있는 ATM 기기

한국보다 신용카드 사용률이 현저하게 낮다는 점 알아두자. 그만큼 ATM기기의 효율도 한국에서보다는 불편할 수 있다. 일본에서 편리하게 이용할 수 있는 것은 일본우체국인 유쵸은행 ATM과 편의점 세븐일레븐의 SEVEN BANK ATM에서 VISA, MasterCard, Dainers Club, American Express 등의 신용카드와 전 세계 주요 은행에서 발행한 PLUS, Cirrus 등의 로고가 있는 현금카드를 이용하여 현금인출이 가능하다.

소비세

물건을 사거나 식사를 할 때 8%의 소비세를 추가로 지불해야 한다. 가격의 표시 방법에 있어 소비세를 포함하여 표기하는 방법과 그렇지 않은 경우가 있다. 세금이 포함된 경우는 '税込み'포함되지 않았을 경우는 '税抜き'라고 금액 밑에 표기되어 있다. 해외 여행자의 경우 면세취급점이나 백화점에서 여권을 제시하면 면세를 받을 수 있다.

신용카드

한국보다 신용카드 이용률이 낮지만 혹시 현금이 떨어질 때를 대비해서 가져가면 좋다. 단 JCB, VISA, MASTER가 대중적이며 이 외의 카드는 사용이 제한 될 수 있다. 본인의 카드가 해외 사용이 가능한지 카드사에 확인해 둘 필요가 있다.

현명하게 짐 꾸리기

옷, 화장품, 가이드북, 카메라 등 여러 가지 짐을 가방에 담게 되지만 짐은 최소한으로 줄이는 것이 좋다. 게스트하우스가 아니라 일반 비즈니스호텔 이상을 이용하면 잠옷과 칫솔, 샴푸 등 세면도구도 다 비치되어 있으니 가져갈 필요가 없다.

너 없이는 안돼!

여행을 떠난다면 꼭 필요한 필수품이 있다. 만약 챙기는 것을 잊어버렸다면 현지에서 어쩔 수 없이 구입할 수도 있지만 그럴 경우 여행경비가 무한대로 올라간다. 사소한 것 하나가 둘이 되고, 셋이 되어 여행경비는 예산을 초과하게 되는 것이다. 체크리스트를 만들어 놓고 하나씩 꼼꼼하게 미리 챙겨 두자.

상비약

진통제, 종합감기약은 기본이고 반창고, 연고, 위장약 정도는 챙겨가는 것이 좋다. 물이 바뀌면 배탈이 날 수도 있으니 설사약도 챙겨두자. 챙겨서 나쁠 것은 없다.

돼지코

돼지코는 2개 정도 있으면 더 좋다. 일본은 커피숍이든 어디든 충전할 곳이 없다. 충전을 해도 되냐고 묻는 사람도 없다. 모두 남의 것이기 때문에 쓰지 않는다. 그래서 밤에 자기 전에 가장 중요한 것은 보조배터리와 핸드폰 충전이다. 그 외에도 카메라, 노트북을 가지고 다닌다면 모두 잠들기 전에 충전해두어야 하므로 우리가 잠든 후에도 돼지코가 열일 한다.

보조배터리

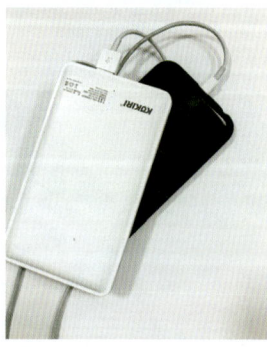

여행에서 가장 큰일 하는 것은 스마트폰이다. 지도도 봐야 하고 정보도 체크해야 하니 쉴 틈이 없다. 보조배터리 없이 하루를 버티지 못할 것이 분명하다. 보조배터리는 선택이 아니라 필수다.

의외로 필요해

동전 지갑

일본에서는 5,000원, 1,000원에 상당 되는 화폐도 동전을 사용하다 보니 쇼핑을 하다 보면 동전이 한없이 쌓일 수도 있다. 동전 지갑을 따로 가져가면 편하다.

국제면허증

여행 시 차를 렌트하게 될 경우를 대비해서 미리 가져가면 좋다.

비닐봉투

바로 세탁하기 어려울 수 있으니 입은 옷들을 담는 용도로 가져가면 좋다.

우산

비 오는 경우를 대비해서 경량의 삼단 우산을 가방에 넣고 다니면 좋다.

나만의 짐 싸는 노하우

옷이나 양말은 돌돌 말고, 화장품은 다이소에서 파는 여행용 미니 용기에 여행 동안 쓸 만큼 담아 가져가면 부피를 줄일 수 있다. 케리어 케이스 바닥이나 면은 딱딱해서 의외로 빈 공간이 발생할 수 있다. 되도록 작게 접어 빈 틈새를 이용하는 것이 관건이다. 여행에서 돌아올 때는 짐이 불어날 확률은 100%이니 이때 케리어에서 빼낼 것은 가벼운 옷뿐이다. 옷을 별도로 담을 가벼운 재질의 빈 가방을 챙겨가면 좋다.

도쿄가 알고 싶다! 여행에 관한 궁금증

여행을 떠나기 전에는 불안함과 설렘, 그것은 궁금증으로 꿈틀거리기 시작한다. 준비는 잘했는지, 혹시 놓친 것은 없는지, 현지에서 난처한 상황을 맞게 되면 어떻게 대처할지. 아주 작은 정보 하나도 알아두는 것과 모르는 것은 천지 차이다. 알아둘 것은 알아두고, 불안함은 버리자. 그리고, 나머지는 육감에 맡기자.

Q 도쿄 여행은 언제가 가장 좋을까요?

A 도쿄는 사계절이 뚜렷하고 온난해 어느 계절이든 좋지만, 녹음이 지는 4~5월과 청명한 날씨가 계속되는 10월~11월이 가장 좋습니다. 오히려 반대로 피해야 하는 시기을 알아두는 것이 좋습니다. 6월에서 7월은 츠유梅雨라고 하는 일본의 장마 기간입니다. 7월 말~9월 초까지는 무더운 날씨가 계속되는 데 말 그대로 찜통 날씨가 이어지니 혹시 여름방학을 이용한다면 대비를 하고 떠나야 합니다. 도쿄의 경우 오히려 겨울은 영하까지 내려가는 일이 거의 없고 최저 기온이 영상 2°C 정도, 낮에는 10°C까지 올라 따뜻합니다. 그래서 여름보다는 겨울이 지내기 수월합니다. 그리고 5월 5일을 전후(4월 29일부터 5월 5일까지) 골든 위크라는 일본이 연중 가장 긴 연휴를 보내는 때입니다. 정월 연휴도 12월 27일~1월 3일 까지 거의 모든 기업, 관광서가 쉬므로 반대로 도심은 굉장히 붐비는 시기입니다.

Q 도쿄의 치안상태는 어떤가요?

A 도쿄의 치안상태는 매우 좋다고 할 수 있습니다. 여성이 혼자 떠나는 여행지로는 최고라는 생각 들 정도로 도쿄의 치안상태는 안전합니다. 역 주변에는 고반KOBAN이라고 하는 파출소가 있어 24시간 경찰이 대기 중입니다. 소매치기나 절도 등 범죄에 대한 걱정도 크게 하지 않아도 됩니다. 습득한 물건을 '인 마이 포켓'하는 사람은 거의 없고 쇼핑센터의 인포메이션이나 유실물센터에 신고하므로 찾을 수 있는 확률이 높습니다.

Q 에어비앤비를 통한 숙소 예약, 안전할까요?

A 최근 에어비앤비를 통한 숙소 예약과 관련하여 안전성에 대한 문제가 국제적인 이슈로 떠오르고 있습니다만, 일본은 그 부분에서 다소 안전하다고 할 수 있습니다. 화면상의 사진과 비교해 실제 상태가 다소 떨어질 수는 있으나, 전반적으로 요금과 숙소의 상태는 상식적인 선에서 결정지어져 있습니다. 그렇지만, 여행자가 여성일 경우 가능하다면 호스트가 여성인 곳을 선택하세요. 가격이 싼 남성 혼자인 아파트에 룸을 하나 빌려주는 형태는 위험할 수도 있습니다.

Q 지진에 대한 두려움이 있어요. 만약, 지진이 일어나면 어떻게 해야 하나요?

A 일본 여행에 있어 지진에 대한 두려움은 클 수 있습니다. 지진에 대해 안전하다고 말할 수는 없습니다만, 일본은 위기대처가 빠르고 모든 기업과 상업공간, 학교, 기관이 오랜 기간 정기적인 훈련을 받아와 대응능력이 뛰어나다고 볼 수 있습니다. 만약, 흔들림이 느껴지면 먼저 책상이나 식탁 등 테이블 밑으로 머리를 숨기세요. 이유는 낙하하는 물건에 머리를 다치는 것을 방지하기 위함입니다. 이후에는 멈추기를 기다리고 상업공간이나 호텔의 담당자의 지시에 따르시기 바랍니다.

Q 전철과 버스의 막차 시간은 몇 시인가요? 만약, 막차를 놓치면 어떻게 하죠?

A 순환하는 야마노테 선을 기준으로 설명하겠습니다. 신주쿠 역 기준으로 시계방향으로 도는 것은 소토마와리外回り, 시계 반대방향으로 도는 것은 우치마와리内回り라고 합니다. 순환하는 한 바퀴는 약 1시간 소요됩니다. 신주쿠 역에서 출발하여 이케부쿠로 다바타 우에노 방면으로 가는 소토마와리 막차는 오사키 행 23:59, 시나가와 행은 24:30, 이케부쿠로 행은 새벽 01:00이 막차입니다. 신주쿠 역에서 출발하여 시부야, 메구로, 시나가와로 가는 우치마와리 막차 이케부쿠로 행은 24:06, 오사키 행은 24:47, 시나가와 행은 새벽 01:00입니다. 버스는 보통 23시경에 마감이 되며 이후 23시 10분~20분경에 심야버스가 운행이 되는데 정규 요금의 2배 요금을 지불해야 합니다. 막차를 놓치면 택시를 이용할 수도 있겠지만, 일본사람들은 역 근처 넷카페, 만화카페에서 저렴하게 시간을 보내기도 합니다. 요금은 30분 ￥150, 추가 10분에 ￥75. 3시간 패키지 ￥780, 나이트 5시간 패키지는 ￥9100이며 신주쿠, 이케부쿠로에서는 흔히 볼 수 있습니다.

넷카페 'BAGUS' 니시신주쿠점
www.bagus-99.com/shops/gcc_shinjuku_nishiguchi/

Q 도쿄의 교통이 복잡해서 불안해요. 편리하게 이용하기 위한 팁을 알려주세요.

A 도쿄의 지하철은 거미줄처럼 얽혀 있는 것은 사실입니다. 노선마다 회사가 달라 환승에 대한 할인이 없고 노선도도 각 회사가 자사의 노선만을 표기하기 때문에 노선 간의 환승을 파악하기가 쉽지 않습니다. 본서에 올려진 노선표는 도쿄에서 운행하는 모든 노선도를 통합적으로 표기하고 있으니 목적지에 가장 가까운 역, 혹은 움직이기 편한 노선을 확인하시고 해당 역에 도착하는 노선 중 자신에게 편리한 노선을 선택하시기 바랍니다. 환승 할인이 없기 때문에 다른 회사의 노선으로 환승 할 경우에는 승차권도 다시 구매하여야 하는 불편함이 있습니다. 이러한 불편함을 해소하기 위해서는 전 노선을 함께 사용할 수 있는 IC카드(스이카 등)를 구입하여 일정 금액을 적립한 후 사용하는 것이 편리합니다.

Q 1일 프리패스권을 사는 것과 IC카드(스이카)를 이용하는 것 중 어떤 것이 유리할까요?

A 도쿄 도심을 운행하는 철도 노선은 각 사에서 발행하는 1일 프리패스권을 이용할 수 있습니다. 이는 각 사가 자사의 노선을 하루 동안 무제한으로 사용할 수 있는 프리패스권입니다. 단, 각 노선, 혹은 특정 노선만 이용할 수 있기 때문에 숙소에서부터의 움직임을 생각하면 별도의 비용이 들 수도 있어 프리패스가 꼭 유리하다고는 볼 수 없습니다. 편리성에서는 IC카드를 이용하여 적립 후 사용하는 것이 가장 편리하고, 여행코스에 따라 1일 프리패스권이 유리할 때도 있습니다. 예를 들어 오다이바의 경우, 유리카모메 1일 프리패스권을 이용하면 교통비를 걱정하지 않고 오다이바 전체를 둘러볼 수 있어 추천합니다. 이와 같이 코스에 따라 판단할 필요가 있습니다.

Q 패키지여행과 자유여행 중 어느 것이 저렴할까요?

A 비행기와 호텔, 현지여행의 내용에 따라 전체 여행비용은 크게 달라집니다. 패키지여행이 반드시 비싸다, 싸다는 것을 판단하기는 어려운 부분이 바로 이것입니다. 여행이라는 것은 가장 주관적인 행동의 결정체이므로 어떤 여행을 할지에 따라 판단을 달라진다고 생각합니다. 부모님을 모시고 가는 여행이라면 패키지를 추천합니다. 편하게 꼭 볼 것만 보고 올 수 있으므로 부모님도 편하고 자녀도 편합니다. 자유 여행은 항공권, 호텔, 여행지 등 모든 것을 여행자 본인이 결정하고 본인이 행동의 주체가 되어야 하므로 귀찮은 것이 한두 가지가 아닙니다. 어느 것이 만족스러울지는 개인적인 판단입니다. 어떤 여행이든 여행은 준비한 만큼 즐겁습니다.

출국하기
(공항 소개)

도쿄의 주요 공항인 나리타국제공항과 하네다국제공항으로 가는 한국의 공항은 세계 최고의 서비스와 시설을 자랑하는 인천국제공항과, 서울 도심에서 가까워 편리한 김포국제공항, 부산 및 경남의 주요 허브 김해국제공항, 제주의 관문 제주국제공항 등 총 4개의 공항에서 도쿄행 직항편이 운행 중이다. 김포국제공항은 주로 도쿄 도심 내에 위치한 하네다공항과 연결되는 노선이 배치되어 있으며 그 외 인천, 김해, 제주국제공항은 나리타행 노선으로 이루어져 있다.

인천국제공항

명실공히 한국의 대표 공항이자 동북아시아의 물류 허브인 인천국제공항은 2018년 1월 18일에 제2 터미널을 오픈하며 그 기세를 확장했다. 제1 터미널은 아시아나항공과 저가항공, 대부분의 외국 국적 항공사가 드나들며, 제2 터미널은 대한항공, 에어프랑스, KLM 네덜란드항공, 델타항공이 이용한다(변동 가능성 있음). 두 터미널 모두 공통적으로 외국으로 출발할 경우 3층 출발층 여객터미널을, 한국에 도착했을 경우 1층 도착층 터미널을 이용한다.

인천국제공항 가는 방법

- **버스&리무진 버스**
  서울지역, 경기지역, 지방 도시에서 출발하는 인천공항행 버스를 이용할 수 있다. 리무진 버스는 서울 시내 총 19개의 노선이 운행되고 있다.
  www.airportlimousine.co.kr

- **공항철도**
  서울역에서 출발하는 공항 철도는 제1, 2 터미널 교통센터 지하 1층에 도착한다. 에스컬레이터나 엘리베이터를 이용하여 여객터미널 3층으로 이동한다.
  www.arex.or.kr

김포국제공항

국내선과 국제선으로 나뉘어 국제선의 경우 주로 상하이, 하네다 등 주요 국가의 도시를 연결하는 도심 공항으로 그 자리를 굳건히 지키고 있다. 1층은 입국 시 이용하게 되는 도착층, 2층은 각 항공사의 체크인 카운터, 3층은 출발층으로 보안검사, 출국심사가 이루어진다. 4층은 에어라운지 카페와 레스토랑으로 이루어져 있다. 시티면세점, 롯데면세점, 면세품 인도장은 3층 출발층에 위치하고 있다.

김포국제공항 가는 방법

- **버스&리무진 버스**
  서울 시내버스, 시외버스, 리무진 버스 등의 다양한 버스가 운행되고 있다.
  www.airportlimousine.co.kr

> - **지하철**
>   지하철 5호선과 9호선 김포공항역에 하차. 개찰구를 나와 국제선 방면으로 이동한다. 서울역에서 출발하는 공항철도 또한 김포공항역에서 도착한다.
>   www.arex.or.kr

김해국제공항

김해국제공항에서는 대한항공, 일본항공, 에어부산, 제주항공으로 나리타국제공항까지 하루에 총 7회 운항 중이다. 국제선을 이용할 경우 출국 층은 2층이며 2번 게이트로 들어오면 가장 편리하다.

> **김해국제공항 가는 방법**
> - **버스**
>   일반버스 307번, 급행버스 1009번, 공항리무진 1, 공항리무진 2, 울산을 운행하는 노선이 운행 중이다.
> - **지하철**
>   부산김해경전철 공항역에 도착, 1번 출구와 나와 국제선 방향으로 이동한다.

제주국제공항

주로 중국 쪽으로의 노선이 많고 일본은 나리타가 유일한 노선이며 대한항공이 주 3회 운항한다. 출발층은 3층이며 3번 게이트로 들어오면 편리하다.

> **제주국제공항 가는 방법**
> - **버스&리무진 버스**
>   70번, 100번, 500번, 1002번, 1003번, 2,400(심야버스), 36번, 38번, 90번, 95번을 이용하면 된다. 리무진 버스의 경우 600번(공항과 서귀포 칼 호텔 운행), 서귀포혁신도시, 공항 심야 리무진 버스(거리요금제), 공항리무진버스(거리비례제)가 운행 중이다.

출국 절차
(인천국제공항)

1. 여객터미널 도착

공항 도착은 비행기 출발시각 3시간 전을 권장하고 있다. 특히 인천공항의 경우, 관광객이 많아 혼잡을 예상하여 늦어도 2시간 전에는 반드시 공항에 도착하도록 한다. 도착하기 전 인천국제공항 홈페이지를 통해 터미널과 체크인 카운터 정보를 확실히 체크하고 해당 터미널에 도착해 3층 출발층의 체크인 카운터로 향한다. 보통 아시아나항공과 저가항공, 외국 국적 항공사를 이용하면 제1 터미널, 대한항공을 이용하면 제2 터미널로 가면 된다. 한 가지 주의할 점은 일본항공(JAL)을 예약했더라도 대한항공과의 공동운항편이라면 제2 터미널을 이용하게 되니 꼼꼼히 체크한다. 만일 다른 터미널로 이동하고 싶다면 무료 셔틀버스를 이용하면 편하다. 제1 터미널은 3층 중앙 8번 출구에 탑승장이 있고, 5분 간격으로 출발하며 약 15분이 소요된다. 제2 터미널은 3층 중앙 4, 5번 출구 사이에 탑승장이 있고 5분 간격으로 출발하며 약 18분이 소요된다. 무료 셔틀버스 외에 공항철도로도 터미널 간 이동이 가능(소요시간 6분, 금액 900원)하다.

2. 탑승 수속 및 수하물 위탁

- **탑승 수속**

  항공사 직원에게 여권과 준비한 전자항공권을 제시하고 좌석 배정 및 탑승권을 발급받는다. 여권은 반드시 유효기간이 6개월 이상 남아 있는 여권을 소지한다. 체크인 카운터 업무 개시 시간은 대한항공은 오전 06시 10분, 아시아나는 오전 06시 15분, 외항사는 항공기 출발 2~3시간 전에 업무를 개시한다.

  > **셀프 체크인**
  > 셀프 체크인 기계가 보급되면서 최근에는 주요 항공사가 셀프 체크인을 유도하고 있다. 순서는 먼저 셀프 체크인 기계에서 항공권을 발권하고 항공사의 체크인 카운터에서 수하물을 접수하게 되는 흐름이다.

- **수하물 위탁**

  항공사별, 좌석 등급별로 기내 반입 물품 기준에 차이가 있으니 미리 확인하는 것이 좋다. 대한민국 – 일본 노선의 경우 일반석에 적용되는 수하물 기준은 대한항공 23kg 1개, 아시아나는 20kg 1개이다. 개인 휴대품이나 고가품은 본인이 들고 타고 공통적으로 기내 반입이 가능한 수하물 사이즈는 가로+세로+폭=115cm 이내이며 100ml 이상의 화장품 등 액체류는 수하물에 맡기고, 폭발의 위험성이 있는 스프레이나, 라이터도 반입에 제한이 있다.

3. 보안검색

탑승 수속과 수하물 수속을 완료한 후 출국장으로 이동하여 보안 검색대에서 대기하고 순서를 기다린다. 출국 심사 전에 먼저 소지품을 검색하는 보안 검사가 이루어지는데 외투를 벗고, 소지하고 있던 가방, 핸드폰, 노트북, 지갑 등을 모두 내려놓고 X레이 선을 통과하게 된다. 노트북은 따로 담아 두면 진행이 빠르다.

4. 출국 심사

2017년부터 출국 심사가 간편해졌다. 이제 앞으로 만 19세 이상의 대한민국 국민이라면 사전 신청이나 등록절차 없이 자동출입국 심사가 가능해졌기 때문이다. 보안 검사가 완료되면 자동출입국심사 기기에 여권을 스캔한 뒤 지문 인식과 얼굴 인식을 거치면 출국 심사가 완료된다. 단 전자여권 소지자와 만 19세 성인부터만 가능하니 이에 해당이 되지 않는 여행객은 사무소에 찾아가 문의를 해야 한다.

5. 탑승구로 이동

탑승권에 기재되어 있는 탑승구 번호로 이동한다. 비행기 출발시각 30분 전부터 탑승이 시작되니 비행기 출발시각 30~40분 전에는 탑승구에 도착해서 대기한다.

6. 탑승

출발시각 30분 전부터 탑승이 시작된다. 상위 클래스 좌석부터 탑승이 시작되고, 일반석의 경우 어린이나 노약자를 동반한 승객부터 탑승을 시작한다.

출국 전 알아두면 좋은 Tip

도심에서 수속을 할 수 있다?
서울역과 삼성동 두 곳에 위치한 도심공항터미널에서 탑승 수속을 마치고 인천국제공항에 도착하면 보안검색 후 출국 심사를 거치지 않고 바로 전용 통로를 통해 통과하게 된다.

- **서울역 도심공항터미널(공항철도 서울역 지하 2층)**
  당일 인천공항에서 출발하는 국제선 항공편에 한하여 탑승 수속, 수하물 탁송, 출국 심사를 받게 된다. 단 항공기 출발 3시간 전에 수속을 마감해야 한다. 수속 가능한 항공사는 대한항공, 아시아나, 제주항공, 티웨이, 이스타항공이다. 외항사와의 공동운항편은 탑승수속이 불가능하다.

- **삼성동 도심공항터미널(삼성동 코엑스 도심공항터미널)**
  도심공항터미널 1층에서 탑승 수속을 마친 후 2층 법무부 출국심사 카운터에서 출국심사를 받고 2층에 위치한 리무진 버스 승강장에서 공항으로 이동하면 편리하다. 수속 가능한 항공사는 대한항공, 아시아나, 제주항공 등 다수의 항공사 이용이 가능하다. www.calt.co.kr

일본어
일상회화

인사 및 기본회화

한국어	일본어	일본어 한국 발음
안녕하세요 (아침)	おはようございます	오하요고자이마스
안녕하세요 (점심)	こんにちは	곤니치와
안녕하세요 (저녁)	こんばんは	곤방와
감사합니다	ありがとうございます	아리가토우고자이마스
죄송합니다	すみません	스미마셍
괜찮습니다	だいじょうぶです	다이죠부데스

교통 회화

한국어	일본어	일본어 한국 발음
○○는 어디입니까?	○○はどこですか？	○○와 도코데스까?
○○까지는 얼마나 걸리나요?	○○はどれぐらいかかりますか？	○○와 도레구라이 가가리마스까?

레스토랑 회화

한국어	일본어	일본어 한국 발음
저기요	すみません	스미마셍
메뉴판을 주세요	メニューをください	메뉴오구다사이
주문할게요	ちゅうもんします。	츄몬시마스
이걸 주세요	これをください	코레오 구다사이
얼마예요?	いくらですか？	이쿠라데스까?
계산해주세요	おかいけい おねがいします	오카이케이 오네가이시마스
영수증을 주세요	りょうしゅうしょをください	료슈쇼 구다사이

숙소 회화

한국어	일본어	일본어 한국 발음
체크인하고 싶습니다	チェックインおねがいします	쳇쿠인 오네가이시마스
체크아웃 하겠습니다	チェックアウトおねがいします	쳇쿠아우또 오네가이시마스

생존 회화

한국어	일본어	일본어 한국 발음
아파요	痛いです	이따이데스
감기약 주세요	風邪薬をください	카제구스리오 구다사이
소화제 주세요	消化剤をください	쇼카자이오 구다사이

유용한 단어

한국어	일본어	일본어 한국 발음
화장실	トイレ	토이레
쇼핑센터	ショッピングセンター	쇼핑구센타
역	えき	에끼
출구	でぐち	데구치
병원	びょういん	뵤인
호텔	ホテル	호테르

숫자

한국어	일본어	일본어 한국 발음
1	(一) いち	이치
2	(二) に	니
3	(三) さん	산
4	(四) し、よん	시, 욘
5	(五) ご	고
6	(六) ろく	로쿠
7	(七) しち、なな	시치, 나나
8	(八) はち	하치
9	(九) きゅう	큐
10	(十) じゅう	쥬
20	(二十) にじゅう	니쥬
30	(三十) さんじゅう	산쥬
40	(四十) よんじゅう	욘쥬
50	(五十) ごじゅう	고쥬
60	(六十) ろくじゅう	로쿠쥬
70	(七十) ななじゅう	나나쥬
80	(八十) はちじゅう	하치쥬
90	(九十) きゅうじゅう	큐쥬
100	(百) ひゃく	햐쿠
1,000	(千) せん	센
10,000	まん	이치망

2018년 4월 3일 제 1 개정판 1쇄 발행
2018년 6월 12일 제 1 개정판 2쇄 발행

지은이	김진희, 김현숙
발행인	송민지
기획	강제능, 오대진
디자인	구혜민, 김경진, 김현숙
마케팅	김주영
경영지원	한창수
광고	서병용
제작지원	이현상
발행처	도서출판 피그마리온 서울시 영등포구 선유로 55길 11, 4층 전화 02-516-3923 팩스 02-516-3921 이메일 books@pygmalionbooks.com www.pygmalionbooks.com
브랜드	EASY&BOOKS EASY&BOOKS는 도서출판 피그마리온의 여행 출판 브랜드입니다.
등록번호	제313-2011-71호
등록일자	2009년 1월 9일

ISBN 979-11-85831-48-0
ISBN 979-11-85831-17-6(세트)
정가 18,000원

Copyright © EASY&BOOKS
EASY&BOOKS와 저자가 이 책에 관한 모든 권리를 소유합니다. 본사의 동의 없이 이 책에 실린 글과 사진, 그림 등을 사용할 수 없습니다.